内容简介

　　《会计学原理（第13版）》由著名会计学家杰里·韦安特、保罗·基梅尔和唐纳德·基索撰写。全书以清晰的结构和创新的教学艺术，全面展现了会计学原理及相关知识。本书注重实用性，详略得当，体系简洁；注重理论联系实际，案例与实际相结合，生动深入。

　　第13版的特色包括：

- 全面更新章首引例，并通过在书中引入真实企业案例让读者关注商业世界的问题和解决方案。
- 通过公式、图表、举例直观展示会计核算步骤、企业数据处理场景。

　　本书可作为会计学、财务管理、金融学、管理学专业本科生、研究生，MPAcc、MBA学员以及各类在职人员的会计入门用书。

作者简介

　　杰里·韦安特（Jerry J. Weygandt）　美国威斯康星大学麦迪逊分校会计系荣誉教授，在*The Accounting Review*，*Journal of Accounting Research*等专业学术期刊发表多篇论文，并撰写了多部会计学著作。获得美国会计学会杰出会计教育者奖等。

　　保罗·基梅尔（Paul D. Kimmel）　美国威斯康星大学密尔沃基分校会计系副教授。曾任职于德勤会计师事务所，获得威斯康星大学商业咨询委员会教学奖和威斯康星大学杰出助教奖。

　　唐纳德·基索（Donald E. Kieso）　美国北伊利诺伊大学会计系荣誉教授。曾任职于普华永道会计师事务所、安达信会计师事务所，以及美国注册会计师协会，曾在加州大学伯克利分校从事博士后工作。著有多部会计学畅销书，多次获得北伊利诺伊大学最佳教学奖和金苹果教学奖。

主要译者简介

　　陈宋生　北京理工大学管理学院会计系主任、教授、博士生导师，全国会计领军人才。中国会计学会高等工科院校分会副会长、中国审计学会教育分会副秘书长、中国内部审计协会准则委员会副主任。在《会计研究》《审计研究》和*Journal of Business Research*等杂志发表论文数十篇。

工商管理经典译丛·会计与财务系列

Business Administration Classics

会计学原理

Accounting Principles（Thirteenth Edition）

杰里·韦安特（Jerry J. Weygandt）

[美] 保罗·基梅尔（Paul D. Kimmel） 著

唐纳德·基索（Donald E. Kieso）

陈宋生
龙雪莹
谭 韵   译
雷华超

第13版

中国人民大学出版社

·北京·

图书在版编目（CIP）数据

会计学原理：第 13 版 /（美）杰里·韦安特，（美）
保罗·基梅尔，（美）唐纳德·基索著；陈宋生等译. --
北京：中国人民大学出版社，2024.4
（工商管理经典译丛·会计与财务系列）
ISBN 978-7-300-32578-1

Ⅰ.①会… Ⅱ.①杰… ②保… ③唐… ④陈… Ⅲ.
①会计学 Ⅳ.①F230

中国国家版本馆 CIP 数据核字（2024）第 044102 号

工商管理经典译丛·会计与财务系列

会计学原理（第 13 版）

杰里·韦安特
［美］ 保罗·基梅尔 著
唐纳德·基索

陈宋生 龙雪莹 谭 韵 雷华超 译
Kuaijixue Yuanli

出版发行	中国人民大学出版社			
社　　址	北京中关村大街 31 号		**邮政编码**	100080
电　　话	010 - 62511242（总编室）			010 - 62511770（质管部）
	010 - 82501766（邮购部）			010 - 62514148（门市部）
	010 - 62515195（发行公司）			010 - 62515275（盗版举报）
网　　址	http://www.crup.com.cn			
经　　销	新华书店			
印　　刷	三河市恒彩印务有限公司			
开　　本	890 mm×1240 mm　1/16		**版　　次**	2024 年 4 月第 1 版
印　　张	24.75 插页 2		**印　　次**	2024 年 4 月第 1 次印刷
字　　数	638 000		**定　　价**	89.00 元

随着"一带一路"建设的深层推进，国际化人才尤其是国际化会计人才的供需矛盾日益凸显，会计国际化教学也成为势不可挡的潮流。目前双语教学甚至全英语教学在许多高校得以实现，这有助于开拓学生的视野，提升学生的英语阅读与写作水平，培养国际化会计人才。但是在教学的探索过程中，老师们遇到了一些难题，其中，缺乏权威的会计学参考教学用书的问题最为突出。外国原版图书内容庞杂、逻辑松散、价格高昂，且与我国制度背景差异较大，授课老师在选择与使用上十分困惑，影响教学目标的实现。学生对一门课程的掌握程度不仅取决于老师的水平与修养，参考教学用书也十分重要。一本优质的会计双语教材不仅要具备国际权威、知识系统等特点，而且要与本土的具体情况相结合。

为满足国内高校开展双语会计教学的需求，根据教育部对课程的设置要求，北京理工大学陈宋生教授组织团队对杰里·韦安特、保罗·基梅尔、唐纳德·基索的著作《会计学原理》（第13版）进行了翻译。

原书内容较多，北京理工大学在读博士生吴倩依据原书的架构和风格，按照国内高校的课时要求突出重点内容，压缩篇幅。具体改编思路如下：（1）删除原书第12章、第20~27章；（2）精选了满足教学和学习需要的章后练习，删除内容重复、质量较低的练习和综合案例分析题等；（3）删除部分专栏和附录；（4）删除与我国现实背景差异较大的内容。

经改编后，本书共18章，分为3部分。第1章到第5章为会计学原理，包括会计学的基本概念以及传统的记账方法，如记账、过账、调账、结账以及编制报表等；第6章到第17章为财务会计部分，主要讲述重要的资产负债项目的会计核算方法、现金流量表的编制以及财务分析，第8章特别引入了内部控制的相关内容；第18章是管理会计部分。

北京理工大学会计系硕士研究生龙雪莹、谭韵、雷华超进行了翻译及校对工作。北京理工大学硕士研究生明靖博、彭雨欣、王晓丽、陈明坤也以不同的方式参与校稿、讨论与修改，感谢他们付出的辛苦劳动！全书删减及翻译由陈宋生教授负责组织协调以及最终审校。

　　本书适合会计全英语及双语教学使用，也是会计专业外语课程的理想用书，还可作为会计与财务专业本科生、MPAcc 和 MBA 学员以及各类管理人员的会计入门读物。

　　由于译者的视野、水平以及能力有限，疏漏在所难免，希望广大读者提出批评和建议。

　　最后，真诚地感谢中国人民大学出版社管理分社的各位编辑，他们的敬业精神温暖并激励着我们！

为什么选择会计课程？还记得高中的生物课吗？是否有一个人体模型（或者比这更高科技的东西），让你可以观察人体的构造？会计课程也有相似之处。要了解企业，就必须了解企业的财务状况。会计课程将帮助你了解企业的基本财务要素。无论你关注的是苹果或星巴克这样的大型跨国公司，还是个人所有的咨询公司或咖啡店，了解会计基础知识有助于你理解公司业务及财务状况。作为一名员工、经理、投资者、企业主或财务总监，你学习过会计课程后，会做出更好的决策。

为什么选择这本书？你的指导教师为你选择这本书是因为作者的声誉值得信赖。作者们努力撰写了一本引人入胜、内容准确的教学用书。这还是一本让学生在"做中学"的书，配套了大量的习题。你在家庭作业上花的时间越多——使用这本书提供的各种工具和练习题，你就越有可能学懂会计的基本概念、技巧和方法。

祝你在学习中好运。我们希望你喜欢这段经历，并希望你能终生善用在本书中获得的知识取得成功。我们相信你不会失望的。

杰里·韦安特

保罗·基梅尔

唐纳德·基索

Contents | **目 录**

第 1 章

会计在行动

本章预览

　　拥有良好的会计信息并能利用这些信息做出有效的商业决策是十分重要的。无论你的职业或追求是什么，都不可避免地会用到会计信息。在工作、消费、投资、纳税等过程中都离不开对会计信息的接收、使用或发送。高明的决策离不开优质的会计信息。

▶ 引 例

了解数字

　　有许多选修这门课程的学生并不打算成为会计师。如果你也属于这个群体，你可能会想，"如果我不打算成为一名会计师，我为什么需要了解会计？"国际电话电报公司（ITT）前总裁哈罗德·吉宁（Harold Geneen）曾说过："要想做好你的生意，你必须要了解这些冰冷的数字。"在商业活动中，会计和财务报表是传递数字的载体。如果不知道如何阅读报表，你就不能真正了解你的业务。了解这些数字有时甚至关乎企业的生存。以总部位于俄勒冈州波特兰市的哥伦比亚运动服装公司（Columbia Sportswear Company）为例。在格特·博伊尔（Gert Boyle）13岁时，她的家人带她逃离了纳粹德国，然后在俄勒冈州购买了一家小型帽子公司——哥伦比亚帽子公司。1971年，格特的丈夫突发心脏病去世，当时他正在经营这家公司，该公司正处于积极扩张之中，销售额首次突破100万美元，但也给公司带来了财务压力。在儿子蒂姆（Tim）的帮助下，格特接管了这家陷入困境的小公司。蒂姆当时是俄勒冈大学（University of Oregon）的本科四年级学生。他俩设法使公司维持了下去。如今，哥伦比亚运动服装公司拥有4 000多名员工，年销售额超过10亿美元。旗下品牌包括Columbia、Mountain Hardwear、Sorel和Montrail。格特是董事会主席，蒂姆则是公司的总裁兼首席执行官。

　　哥伦比亚运动服装公司不仅注重经济上的成功，而且高度重视企业、社会和环境责任。例如，它的几家工厂参与了一项提高发展中国家女性工人健康意识的项目。该公司还是可持续服装联盟（Sustainable Apparel Coalition）的创始成员之一，致力于减少服装行业对环境和社会的不利影响。此外，它监控所有生产其产品的独立工厂，以确保它们符合公司的生产实践标准。这些标准涉及不能强迫他人劳动、雇用童工、骚扰，还涉及工资和福利、健康和安全以及环境。

　　像哥伦比亚运动服装公司这样的组织通常认为公司所有部门的经理都是"财务专家"。为了帮你做好准备，本书将带领你学习如何阅读和编制财务报表，以及如何使用基础工具来评估财务结果。

1.1 会计活动和会计信息使用者

　　一直以来，被认为最富有商机的职业是什么？大学最受欢迎的专业是什么？耐克公司创始人菲尔·奈特（Phil Knight）、家得宝公司（Home Depot）联合创始人阿瑟·布兰克（Arthur Blank）、美国联邦调查局（FBI）前代理局长托马斯·皮卡德（Thomas Pickard）以及众多美国国会议员选择的本科专业是什么？会计。为什么他们选择就读会计专业呢？因为他们想要了解企业和机构的财务状况。会计正是能帮助他们深入了解这些状况的信息系统。简而言之，要了解所在企业和机构，就必须了解这些会计信息。

会计（accounting）由三个基本职能组成：确认、计量和报告。接下来会深入讲解这三大职能。

1.1.1 三大职能

公司确认与业务相关的经济事件是会计处理的起点。例如，百事公司（PepsiCo）的零食销售、美国电话电报公司（AT&T）的手机供应服务以及脸书公司（Facebook）的工资支付。

一旦发生经济业务，像百事这样的公司就会确认这些事件，以便保留发生过的经济活动的历史。确认是以美元和美分为单位的，将事件按系统、时间顺序登记为日记账。在确认过程中，百事这样的公司还会对经济活动进行分类和总结。

最后，百事公司通过会计报告将收集到的信息传递给感兴趣的用户。这些报告通常称为财务报表。为了使所报告的会计信息更有意义，百事公司以标准化的方式报告所确认的数据。这一方式会归集类似业务的信息。例如，百事公司将一段时期内的所有销售交易汇总起来，并以数字的形式在财务报表中加以报告。一般来说，这些数据是全盘报告的。通过汇总呈现确认的数据，会计处理简化了海量交易，使经济活动更容易理解和富有意义。

影响报告经济活动的一个重要因素是会计人员分析和说明信息的能力。分析包括使用比率、百分比、图片和表格来强调重要的财务趋势和关系。说明包括说明报告数据的用途、意义和局限性。附录A～F分别展示了苹果公司、百事公司、可口可乐公司、亚马逊公司、沃尔玛公司和路易威登公司的财务报表。[①] 本书会在不同地方提到这些企业的财务报表。你可能会觉得这些报表复杂且令人困惑，然而，在本课程结束时，你会惊讶于自己能够理解、分析和说明它们。

图1-1反映了会计工作流程中的职能。会计工作流程包括簿记的功能。簿记（bookkeeping）通常仅包括计量经济活动。因此，这只是会计工作流程的一部分。总的来说，会计包括全过程中对经济活动的确认、计量和报告。[②]

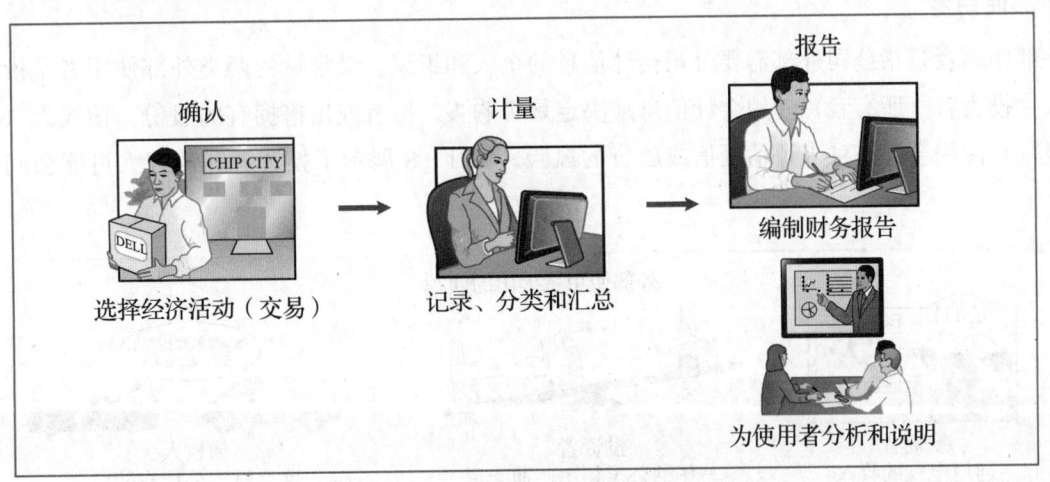

图1-1 会计工作流程中的职能

---

① 附录A～F为二维码资源，见本书末。

② 会计的起源通常被认为是意大利文艺复兴时期数学家卢卡·帕乔利（Luca Pacioli）的功劳。帕乔利是列奥纳多·达·芬奇的密友和导师，也是克里斯托弗·哥伦布同时代人。帕乔利在1494年的著作《算术、几何、比及比例概要》中描述了一种确保财务信息有效、准确记录的系统。

1.1.2　会计信息有哪些使用者

使用者需要什么样的会计信息取决于他们要做什么类型的决策。会计信息的使用者可以分为两大类：内部使用者和外部使用者。

内部使用者

会计信息的内部使用者是指企业的管理者，他们负责计划、组织和经营企业。这些使用者包括市场经理、生产主管、财务主管和公司管理人员。在经营企业时，内部使用者必须应对许多重要的问题，如图1-2所示。

图1-2　内部使用者提出的问题

为了回答这些和其他更多的问题，内部使用者需要及时获得详细的信息。管理会计（managerial accounting）提供内部报告，帮助使用者对企业做出相关决策。例如，从财务角度出发，比较不同经营决策，预测新销售活动的收入，以及预测下一年的现金需求。

外部使用者

外部使用者是指公司外部需要公司会计信息的个人和组织。最常见的两类外部使用者是投资者和债权人。投资者（所有者）使用会计信息来决定是否购买、持有或出售拥有的股份。债权人（如供应商和银行）使用会计信息来评估授信或放贷的风险。图1-3展示了投资者和债权人可能会问的一些问题。

图1-3　外部使用者提出的问题

财务会计（financial accounting）回答了这些问题，它为投资者、债权人和其他外部使用者提供经济和会计信息。

外部使用者对信息的需求千差万别。美国国税局（Internal Revenue Service）等税务机关想知道公司是否遵守了税法。美国证券交易委员会（Securities and Exchange Commission，SEC）或美国联邦贸易委员会（Federal Trade Commission）等监管机构希望了解公司是否在既定的规则范围内运作。消费者想了解公司（如特斯拉汽车公司）是否会继续对产品保修并支持其产品线。工会（如美国职业棒球大联盟球员协会）想知道公司是否有能力提高员工的工资和福利待遇。

1.2 会计基础

医生治疗病人会遵照一定的方案。建筑师设计建筑时会遵循一定的结构原则，同样，会计人员在报告会计信息时也要遵守一定的标准。这些标准基于特定的原则和假设。然而，要使这些标准奏效，必须先提出一个基本的商业概念——职业道德。

1.2.1 财务报告中的职业道德

如果人们觉得赌场被人为操纵，他们就不会去赌博。同样，如果人们认为股价被人为操纵，他们就不会投资股市。曾经财经媒体上充斥着安然（Enron）、世通（WorldCom）、南方保健（Health-South）和美国国际集团（AIG）的财务丑闻。随着曝光的丑闻越来越多，公众对财务报告越来越不信任。《华尔街日报》的一篇文章指出，"被媒体频繁报道的可疑会计操作，损害了投资者对收益报告可靠性的信任，进而导致股价暴跌。"想象一下，如果你尝试开展一项业务或进行一笔投资，所依据的财务报表却是不真实的，你将会怎样做。财务报表的信息将会失去可信度。毫无疑问，健康、运转良好的经济依赖于准确、可靠的财务报表。

美国监管机构和立法者忧心忡忡，如果投资者因为不道德的财务报告而失去对公司会计的信任，美国经济将会遭受劫难。为了应对这一困境，美国国会通过了《萨班斯-奥克斯利法案》（Sarbanes-Oxley Act，SOX），以抑制企业的不端行为，并降低未来发生企业丑闻的可能性。因为出台了《萨班斯-奥克斯利法案》，如今，最高管理层必须证明会计信息的准确性。同时，这一法案对财务造假的惩罚更加严厉了。此外，针对审查公司财务报表准确性的外部审计师，SOX提高了对其独立性的要求，并强化了董事会的监督作用。

在分析职业道德案例和你自身的道德经历时，你可以采用图1-4中的三个步骤。

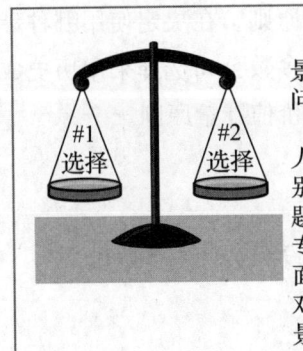

1.识别道德情景和涉及的道德问题。	2.识别和分析情景中的主要因素。	3.拟定可选方案，并权衡每种方案对不同利益相关者的影响。
使用你的个人道德准则来识别道德情景和问题。一些企业和专业机构提供书面的道德准则，对特定的商业情景进行指导。	确定利益相关者——可能受到利益损失或受益的个人或团体。提出这样一个问题：利益相关者的责任和义务是什么？	选择最符合道德标准的方案，考虑所有的后果。有时只有一个正确的方案，有时存在多个正确的解决方案。这时需要对每一种方案进行评估，选择最佳的方案。

图1-4 分析职业道德案例和情景的步骤

1.2.2 公认会计原则

会计行业制定了一套被广泛接受和普遍执行的行业标准。这套通用标准被称为公认会计原则（Generally Accepted Accounting Principles，GAAP）。这套标准规范了如何报告经济活动。

美国主要的会计准则制定机构是财务会计准则委员会（Financial Accounting Standards Board，FASB）。SEC 是美国的一个政府机构，负责监督美国金融市场并制定会计准则。SEC 基于 FASB 制定上市公司必须遵守的会计准则。美国以外的许多国家都采用了国际会计准则委员会（International Accounting Standards Board，IASB）发布的会计准则。这些准则被称为国际财务报告准则（International Financial Reporting Standards，IFRS）。

随着全球化的进程，不同国家的企业使用不同的会计准则，市场往往需要对这些企业业绩进行比较，为了增加可比性，这两个制定会计准则的机构近年在努力减少美国公认会计原则与国际财务报告准则之间的差异，这个过程被称为会计趋同（convergence）。通过努力达到会计趋同，也许有一天全球的公司会使用同一套高质量的会计准则。由于会计趋同非常重要，我们在每章末的"IFRS 概览"专栏中深入讨论两种会计准则的差异。

1.2.3 计量属性

公认会计原则通常采用历史成本计量或公允价值计量中的一个。选择哪种计量属性通常涉及相关性和真实性表示之间的权衡。相关性（relevance）意味着会计信息能够对决策产生不同的影响。真实性（faithful representation）意味着数字和描述与真实存在或发生的事情——对应——它们是真实的。

历史成本原则

在历史成本原则（historical cost principle）下，公司按照成本记录资产。这不仅适用于购买资产时，而且适用于持有资产期间。例如，如果百思买集团（Best Buy）以 300 000 美元购买土地，该公司最初在会计分录中记录的金额为 300 000 美元，但如果到下一年年底，这块地的公允价值上涨到 400 000 美元，百思买公司会怎么做呢？按照历史成本原则，它记录的土地价值依然是 300 000 美元。

公允价值原则

公允价值原则（fair value principle）规定，资产和负债应按公允价值（出售资产或清偿负债的价格）计量。对于某些类型的资产和负债来说，公允价值信息可能比历史成本更适用。例如，某些证券的市场价格信息通常很容易获得，所以这类资产的报告会采用公允价值原则。在决定使用哪种计量属性时，公司会权衡成本的事实性质与公允价值的相关性。一般来说，大多数公司选择采用历史成本原则计量。只有在投资证券等交易活跃的资产的情况下，公司才采用公允价值计量原则。

1.2.4 会计假设

会计假设奠定会计处理的基础。主要的两个会计假设是货币计量假设和会计主体假设。

货币计量假设

货币计量假设（monetary unit assumption）要求公司在会计记录中只涵盖可以用货币表示的交易数据。这个假设使会计能够量化经济活动。货币计量假设是采用历史成本原则的关键。

　　这种假设阻碍了在会计记录中列入其他相关信息。例如，公司老板的健康状况、公司服务质量和员工的士气都不包括在内。出现这种情况是因为公司无法用货币来量化这些信息。虽然这些信息很重要，但公司只记录能用货币计量的经济活动。

会计主体假设

　　会计主体可以是社会中的任何组织或单位。它可能是一家公司（如卡骆驰公司（Crocs）），一个政府单位（如俄亥俄州州政府），一个市（如西雅图），一个学区（如圣路易斯 48 区），或一个教会（如美南方浸信会）。会计主体假设（economic entity assumption）要求会计主体的活动独立于其所有者和所有其他经济实体的活动。举例来说，Sally's Boutique 服装公司的所有者莎莉·赖德（Sally Rider）必须将其个人生活成本与企业支出分开。同样，基于会计目标，J. Crew 公司和 Gap 公司被视为两个独立的会计主体。

　　(1) 独资企业。由一个人投资经营的企业通常是独资企业（proprietorship）。独资企业的所有者通常也是企业的经理或者经营者。小型服务型企业（如管道疏通公司、美容院和汽车修理店）、农场和小型零售商店（古玩店、服装店和二手书店）一般是独资企业。通常情况下，开办独资企业只需要相对较少的资金。企业所有者享有全部利润，承担全部损失，并以个人承担企业的所有债务。考虑经济主体时，企业和所有者之间在法律上没有区别，但企业活动的会计记录与所有者个人活动的记录是分开的。

　　(2) 合伙企业。由两个或两个以上的人作为合伙人拥有的企业称为合伙企业（partnership）。在大多数情况下，合伙企业就像独资企业，只是企业的所有者不止一个。通常合伙协议（包括书面和口头协议）规定了初始投资、每个合伙人的责任、净利润（或净损失）的分配以及在合伙人死亡或退出时的清算等条款。每个合伙人通常对合伙企业的债务承担无限的个人责任。和独资企业一样，为了实现会计目标，合伙企业的交易必须与合伙人的个人活动分开。合伙关系通常出现在零售业企业和服务型企业，还包括专业实践型职业（律师、医生、建筑师和注册会计师）。

　　(3) 法人企业。法人企业是根据公司法建立独立法律实体的、其所有权划分为可转让的股份的企业。股份持有人（股东）承担有限责任，也就是说，他们个人不对公司的债务负责。股东可以在任何时候将其所有或部分股权转让给其他投资者（例如，出售他们的股份）。所有权改变的简易性增添了投资公司的吸引力。因为可以在不解散公司的情况下转移所有权，所以可以认为法人公司的生命周期没有终止期限。

　　尽管美国独资企业和合伙企业的总数是法人企业的五倍多，但法人企业的收入是前两者的八倍多。美国大多数大公司是法人企业，如埃克森美孚公司（Exxon-Mobil）、福特公司（Ford）、沃尔玛公司（Wal-Mart Stores，Inc.）、花旗集团（Citigroup）和苹果公司（Apple）。

1.3　会计恒等式

　　企业的两个基本要素分别是它所拥有的和所欠的。资产是企业拥有的资源。例如，阿尔法贝特公司（Alphabet Inc.）的总资产约为 1 675 亿美元。负债和所有者权益是对这些资产的权益或索偿权。因此，阿尔法贝特公司对其 1 675 亿美元的资产，拥有 1 675 亿美元的被索偿权。债权人的索偿权构成企业的负债。所有者的索偿权构成企业的所有者权益。阿尔法贝特公司的负债为 285 亿美元，所有者权益为 1 390 亿美元。

可以将资产、负债和所有者权益之间的关系表示为一个等式：

资产＝负债＋所有者权益

这种关系被称为会计恒等式（basic accounting equation）。资产必须等于负债和所有者权益的总和。在会计恒等式中，负债放在所有者权益之前，这是因为如果企业被清算，优先支付负债。

会计恒等式适用于所有规模、业务性质和组织形式的会计主体。它既适用于街角杂货店这样的小型独资企业，又适用于百事公司这样的大型法人企业。该等式是记录和总结经济活动的基本框架。

接下来更深入地介绍会计恒等式的要素。

1.3.1 资产

如上所述，资产是企业拥有的资源。企业利用其资产进行生产和销售等活动。所有资产的共同特征是具有在未来享受服务或收益的能力。在企业中，潜在的服务或未来的经济利益最终会带来现金收入。设想有一家校园比萨餐厅，它拥有一辆送比萨的货车，且能从送比萨中获得经济效益。校园比萨餐厅的其他资产还有桌子、椅子、点唱机、收银机、烤箱和餐具，当然，还包括现金。

1.3.2 负债

负债是对资产的索偿权，即现有的债务和义务。各种规模的企业通常都会借钱和赊账购买商品。以下经济活动会带来各种应付款项：

● 例如，校园比萨餐厅从供应商那里赊购奶酪、香肠、面粉和饮料，这些债务被称为应付账款。

● 校园比萨餐厅还有应付给第一国家银行（First National Bank）的应付票据，借款用于偿还购买送货车的贷款。

● 校园比萨餐厅也可能有应付职工薪酬，以及应付给当地政府的应付营业税和应付不动产税。

需要校园比萨餐厅付钱的这些人或经济实体全部都是其债权人。

债权人可以合法地对没有偿还债务的企业进行强制清算。在这种情况下，法律要求企业在向其他所有者支付前先偿还债权人的债务。

1.3.3 所有者权益

所有者拥有的对总资产的索偿权是所有者权益（owner's equity）。它等于总资产减去总负债。原因是向企业索偿资产的人要么是债权人，要么是所有者。为了明确哪些资产属于所有者，应从资产中减去债权人的债权（即负债），剩余部分就是所有者对资产的索偿权——所有者权益。由于债权人的债权必须在所有权索偿之前支付，所以所有者权益通常被称为剩余权益。

所有者权益的增加

在独资企业里，所有者的投资和收入会使所有者权益增加。

（1）所有者投资。所有者投资（investments by owner）是所有者投入企业的资产。这些投资增加了所有者权益。这类投资记入名为"实收资本"的会计科目中。

（2）收入。收入（revenues）是指在正常经营过程中，由于销售商品或提供服务而增加的资产或减少的负债。收入通常引起资产的增加。收入可能来自不同的业务，根据业务的性质不同有不同的名称。例如，校园比萨餐厅有两类销售收入——比萨销售收入和饮料销售收入。

所有者权益的减少

在独资企业中，所有者的提款和费用会造成所有者权益的减少。

（1）提款。企业所有者可以提取库存现金或其他资产供个人使用。采用一个叫作"提款"（drawings）的单独分类来确定每个会计期间的提款总额。提款会减少所有者权益，它们被记录在一个名为"所有者提款"的会计科目中。

（2）费用。费用（expenses）是在获取收入的过程中所消耗的资产或享有服务的成本。费用因经营企业而产生，会导致所有者权益的减少。例如，校园比萨餐厅确认以下费用：配料成本（肉类、奶酪、番茄酱、蘑菇等）；饮料成本；工资费用；水电费（电费、煤气费、水费）；运杂费（汽油、维修、证照等）；物料费用（餐巾纸、洗涤剂、围裙等）；租金费用；财务费用；财产税费用。

简而言之，推动所有者权益增长的因素包括所有者投资的增加和企业经营收入的增加。所有者权益会因所有者提款和企业费用支出而减少。表 1-1 通过展开所有者权益的构成项目，扩展了基础会计恒等式。这种扩展后的等式被称为扩展会计恒等式（expanded accounting equation）。

表 1-1　扩展会计恒等式

基础会计恒等式	资产＝负债＋所有者权益
扩展会计恒等式	资产＝负债＋实收资本－所有者提款＋收入－费用

1.4　分析业务交易

分析	编制日记账	过账	试算平衡	调整分录	调整后试算平衡	编制财务报表	结账分录	结账后试算平衡

收集和处理交易数据并向决策者传达会计信息的系统称为会计信息系统（accounting information system）。影响会计信息系统的因素包括公司业务的性质、交易的类型、公司的规模、数据量、管理层的信息需求等。

大多数公司使用会计电算化系统，有时也称为电子数据处理（electronic data processing，EDP）系统。这些系统会处理并记录会计信息，从最初的数据输入开始，直至财务报表的编制结束。为了保持竞争力，公司不断改进会计信息系统，为决策提供准确、及时的数据。例如，在最近的年报中，图齐·罗尔（Tootsie Roll）说："我们还在这一年增加了数据处理和数据存储硬件方面的投资。我们将信息技术视为重要的策略工具，并致力于在这方面应用先进科技。"此外，许多公司已根据《萨班斯-奥克斯利法案》的要求升级了会计信息系统。

会计信息系统依赖于一个被称为会计循环的过程。从流程图（见图 1-5）可以看出，会计循环开始于分析业务交易，结束于结账后试算平衡。本章及后续的第 2～4 章将继续说明会计循环的每一个步骤。

为了突出展现基本的概念和准则，本书把重点放在人工会计系统上。无论会计信息系统由计算机处理还是由人工处理，其中的会计概念和准则是相同的。

1.4.1 会计交易

会计交易（transactions）是会计人员记录的企业经济活动。会计交易可能发生在企业外部，也可能发生在企业内部。外部交易是公司与外部企业之间的经济活动。例如，校园比萨餐厅从供应商那里购买烹饪设备，向房东支付租金，向顾客出售比萨，这些都是外部交易。内部交易是完全在一个公司内部发生的经济活动，使用烹饪设备和清洁用品就属于校园比萨餐厅的内部交易。

公司进行的许多活动并不属于会计交易。例如雇用员工、回复电子邮件、与客户交谈以及下商品订单。其中一些活动也许会发生业务交易。比如员工即将获得工资，供应商将交付订购的商品。公司必须分析每一事件，查明它是否影响了会计恒等式的会计要素，如果发生了影响，公司将记录下这笔交易。图1-5展现了会计交易识别过程。

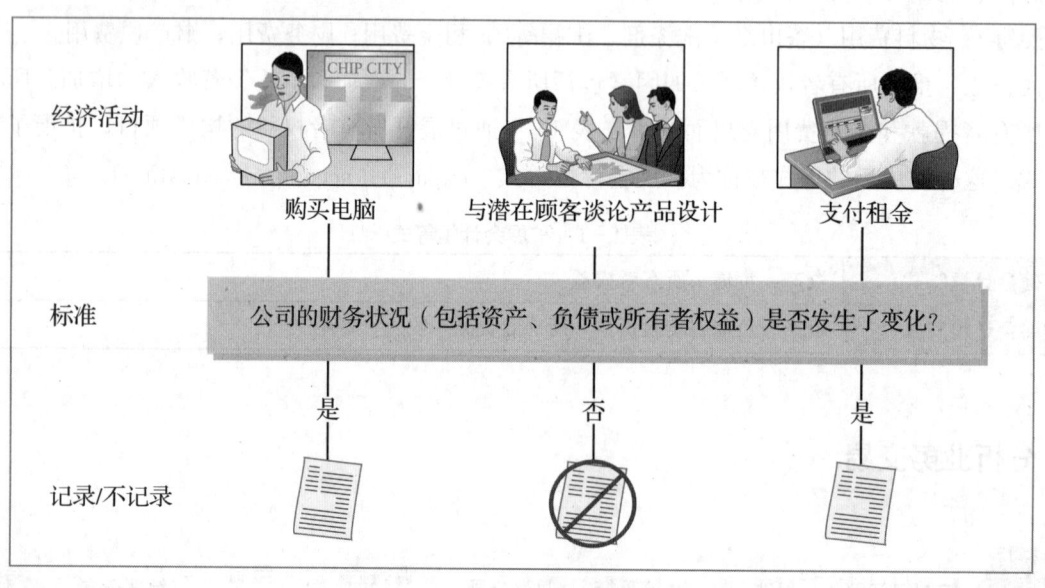

图1-5 会计交易识别过程

每笔会计交易一定会对会计恒等式产生双重影响。例如，如果一项资产增加了，相应地就一定有：

- 另一项资产减少了；
- 某项负债增加了；
- 所有者权益增加了。

一项会计要素的变动会影响一个甚至多个会计要素的变动。例如，一项资产增加了10 000美元，另一项资产则可能减少6 000美元，同时一项负债可能增加4 000美元。负债或所有者权益的所有变化都要经过类似的分析。

1.4.2 交易分析

为了演示如何根据会计恒等式分析交易，我们将审查Softbyte公司的业务活动，这是一家智能手机应用程序开发公司。Softbyte公司是企业家雷·尼尔（Ray Neal）创建的，他希望创建有针对性的应用程序激励和吸引所有年龄的用户。在"食品警报"（FoodAlert）成功后，雷受到鼓舞，开始自己创业。"食品警报"是他开发的一款可定制的应用程序，可以跟踪当地食品卡车的每日位置。以下业务交易发生在 Softbyte 公司营业的第一个月。

交易（1）：所有者投入现金。雷·尼尔创办了一家名为 Softbyte 的智能手机应用程序开发公司。2020 年 9 月 1 日，他向该公司投资 15 000 美元现金。本次交易导致资产和所有者权益等额增加。

基本分析	属于资产类别的库存现金增加15 000美元，所有者权益（具体来说，实收资本）增加15 000美元。

等式分析	资产 = 负债 + 所有者权益
	库存现金 = 　　　　实收资本
	（1）+15 000美元 = 　　+15 000美元　　初始投资额

可以观察到，会计恒等式一直保持着相等。请注意，所有者的投资不代表收入，在确定净利润时不包括这些投资。因此，有必要明确这种增加是一种投资（增加实收资本）而不是收益。

交易（2）：以现金购买设备。Softbyte 公司以 7 000 美元现金购买计算机设备。虽然资产构成发生了变化，但本次交易导致总资产等额增加。

基本分析	现金资产减少7 000美元，设备资产增加7 000美元。

等式分析	资产 = 负债 + 所有者权益
	库存现金 + 设备 = 　　实收资本
	15 000美元 　 15 000美元
	（2）−7 000美元 　+7 000美元
	8 000美元 + 7 000美元 = 15 000美元
	15 000美元

可见，总资产仍然是 15 000 美元。所有者权益也保持在 15 000 美元，这是雷·尼尔最初的投资金额。

交易（3）：赊购设备。Softbyte 公司以 1 600 美元的价格从 Mobile Solutions 公司购买耳机（以及其他预计使用几个月的电脑配件）。Mobile Solutions 公司允许 Softbyte 公司在 10 月份支付这笔费用。本次交易为赊账购买（赊购）。资产增加是因为使用耳机和计算机配件预期在未来能给企业带来收益，而负债增加是因为需要向 Mobile Solutions 公司支付账款。

基本分析	资产类账户物料增加1 600美元，负债类账户应付账款增加1 600美元。

等式分析	资产			=	负债	+	所有者权益
	库存现金 + 物料 + 设备			=	应付账款	+	实收资本
	8 000美元		7 000美元				15 000美元
	（3）	+1 600美元			+1 600美元		
	8 000美元 + 1 600美元 + 7 000美元			=	1 600美元	+	15 000美元
	16 600美元				16 600美元		

现在的总资产为 16 600 美元。这一总额是由 1 600 美元的债权人索偿权和 15 000 美元的所有者索偿权相加得来的。

交易（4）：为取得现金而提供的服务。Softbyte 公司从客户那里获得了 1 200 美元的现金，用于提供应用程序开发服务。这笔交易代表了 Softbyte 公司的主要创收活动。回顾一下，收入增加了所有者权益。

基本分析	资产中的库存现金增加1 200美元，因服务收入，所有者权益增加1 200美元。

	资产			=	负债	+	所有者权益	
	库存现金 +	物料 +	设备	=	应付账款 +	实收资本 +	收入	
等式分析	8 000美元	1 600美元	7 000美元		1 600美元	15 000美元		
（4） +1 200美元							+ 1 200美元	服务收入
	9 200美元 +	1 600美元 +	7 000美元	=	1 600美元 +	15 000美元 +	1 200美元	
	17 800美元				17 800美元			

等式两边的期末余额为 17 800 美元。在计算 Softbyte 公司的净利润时，将服务收入包括在其中。请注意，由于篇幅有限，此示例省略了每个单独收入和费用账户的详细信息，因此，收入和费用汇总在收入和费用大类账户下。然而，因为在本章后面编制财务报表时将用到被影响类别（账户）的名称（例如，服务收入），所以跟踪这些账户是重要的。

交易（5）：赊购广告。Softbyte 公司从《每日新闻》收到了一份 250 美元的账单，该款项用于其在网站做广告，但该公司推迟了付款日期。本次交易导致负债增加，所有者权益减少。

基本分析	负债中的应付账款增加250美元，所有者权益因广告费用减少250美元。

	资产			=	负债	+	所有者权益		
	库存现金 +	物料 +	设备	=	应付账款 +	实收资本 +	收入	－	费用
等式分析	9 200美元	1 600美元	7 000美元		1 600美元	15 000美元	1 200美元		
（5）					+250美元				−250美元 广告费用
	9 200美元 +	1 600美元 +	7 000美元	=	1 850美元 +	15 000美元 +	1 200美元	－	250美元
	17 800美元				17 800美元				

等式两边仍然是 17800 美元。当 Softbyte 公司发生费用时所有者权益减少。费用并不总是在发生时以现金支付。当 Softbyte 公司在之后的某日支付时，代表负债中的应付账款将减少、资产中的库存现金将减少（见交易（8））。广告成本是一项费用（而不是资产），因为公司已经获得了这些好处。在确定净利润时确认广告费用。

交易（6）：以收取现金和赊销的方式提供服务。Softbyte 公司为客户提供 3 500 美元的应用程序开发服务。该公司从客户那里收到 1 500 美元的现金，并将余额 2 000 美元记入会计科目。本次交易导致资产和所有者权益等额增加。

| 基本分析 | 三个具体的会计要素会受到影响：因为服务收入，现金资产增加 1 500 美元，应收账款增加 2 000 美元，所有者权益增加 3 500 美元。 |

等式分析	资产				=	负债	+	所有者权益		
	库存现金	应收账款	物料	设备	=	应付账款	实收资本	收入	−	费用
	9 200美元	1 600美元		7 000美元	=	1 850美元	15 000美元	1 200美元		250美元
（6）	+1 500美元	+2 000美元						+3 500美元		服务收入
	10 700美元 +	2 000美元 +	1 600美元 +	7 000美元	=	1 850美元 +	15 000美元 +	4 700美元	−	250美元
	21 300美元					21 300美元				

Softbyte 公司在提供服务时确认 3 500 美元的收入。作为这项服务的对价，它收到了 1 500 美元的现金和 2 000 美元的应收账款。该应收账款代表了客户承诺在未来向 Softbyte 公司支付 2 000 美元。之后，当 Softbyte 公司收到账款时，库存现金将增加，应收账款将减少（参见交易（9））。

交易（7）：费用的支付。9 月，Softbyte 公司以现金支付下列各项开支：办公室租金 600 美元，员工薪酬 900 美元，水电费 200 美元。这些费用导致资产和所有者权益等额减少。

| 基本分析 | 现金资产减少 1 700 美元，所有者权益减少 1 700 美元，这是由具体的费用类别（租金费用、薪酬费用和水电费用）造成的。 |

等式分析	资产				=	负债	+	所有者权益			
	库存现金	应收账款	物料	设备	=	应付账款	实收资本	收入	−	费用	
	10 700美元	2 000美元	1 600美元	7 000美元		1 850美元	15 000美元	4 700美元		250美元	
（7）	−1 700美元									−600美元	租金费用
										−900美元	薪酬费用
										−200美元	水电费
	9 000美元 +	2 000美元 +	1 600美元 +	7 000美元	=	1 850美元 +	15 000美元 +	4 700美元	−	1 950美元	
	19 600美元					19 600美元					

现在，等式两边的余额为 19 600 美元。等式分析中有三行表示已经发生的不同类型的费用。

交易（8）：应付账款的支付。Softbyte 公司以现金支付《每日新闻》的账单 250 美元。本公司以前在（交易（5））中将该账单记录为应付账款的增加和所有者权益的减少。

| 基本分析 | 这种对于应付账款的现金支付使资产中的库存现金减少了 250 美元，也使负债中的应付账款减少了 250 美元。 |

等式分析	资产				=	负债	+	所有者权益		
	库存现金	应收账款	物料	设备	=	应付账款	实收资本	收入	−	费用
	9 000美元	2 000美元	1 600美元	7 000美元	=	1 850美元	15 000美元	4 700美元		1 950美元
（8）	−250美元					−250美元				
	8 750美元 +	2 000美元 +	1 600美元 +	7 000美元	=	1 600美元 +	15 000美元 +	4 700美元	−	1 950美元
	19 350美元					19 350美元				

可以看到，与以前记录的费用相关的负债支付并不影响所有者权益。这家公司在交易（5）中记

录了该费用，不应再次记录。

交易（9）：收到应收取的现金。Softbyte公司从（交易（6））中赊购服务的客户那里收到600美元的现金。交易（9）不改变总资产，但改变了资产的构成。

基本分析	现金资产增加600美元，应收账款资产减少600美元。

	资产				=	负债	+	所有者权益		
等式分析	库存现金	应收账款	物料	设备	=	应付账款	实收资本	收入	−	费用
	8 750美元	2 000美元	1 600美元	7 000美元	=	1 600美元	15 000美元	4 700美元		1 950美元
（9）	+600美元	−600美元								
	9 350美元	1 400美元	1 600美元	7 000美元	=	1 600美元	15 000美元	4 700美元	−	1 950美元
	19 350美元					19 350美元				

需要注意的是，以前开出账单并记录的服务的应收账款的收回并不影响所有者权益。Softbyte公司已经在交易（6）中记录了该收入，不应该再次记录。

交易（10）：所有者提取现金。雷·尼尔从公司提取了1 300美元的现金供他自己使用。本次交易导致资产和所有者权益等额减少。

基本分析	资产中的库存现金减少1 300美元，所有者权益减少1 300美元。

	资产				=	负债	+	所有者权益			
等式分析	库存现金	应收账款	物料	设备		应付账款	实收资本	所有者提款	收入	−	费用
	9 350美元	1 400美元	1 600美元	7 000美元		1 600美元	15 000美元		4 700美元		1 950美元
（10）	−1 300美元							−1 300美元			提款
	8 050美元	1 400美元	1 600美元	7 000美元	=	1 600美元	15 000美元 − 1 300美元		+ 4 700美元	−	1 950美元
	18 050美元					18 050美元					

请注意，所有者提款的影响与所有者投资的影响正好相反。所有者提款不是费用。费用是为了赚取收入而发生的。所有者提款不产生收入，它是一种撤资。与所有者投资一样，该公司在确定净利润时不包括所有者提款。

1.4.3 会计交易摘要

表1-2汇总了Softbyte公司9月份的多项交易，以显示其对基础会计恒等式的累积影响，它还展现了交易编号和每笔交易的具体影响。

表1-2说明了一些重要的事实：

（1）每一笔交易都要根据其对以下方面的影响进行分析：

　　a. 基础会计恒等式的三个组成部分（资产、负债和所有者权益）。

　　b. 每个要素具体的种类（如资产中的"库存现金"）。

（2）等式的两边必须保持相等。

（3）"实收资本""所有者提款""收入"和"费用"栏表明了所有者索偿权发生变化的原因。

表 1-2　Softbyte 公司会计事项汇总表　　　　　　　　　　　　　　　金额单位：美元

交易	库存现金	应收账款	物料	设备	应付账款	实收资本	所有者提款	收入	费用	
	资产				= 负债	+ 所有者权益				
(1)	+15 000					+15 000				初始投资
(2)	-7 000			+7 000						
(3)			+1 600		+1 600					
(4)	+1 200							+1 200		服务收入
(5)					+250				-250	广告费用
(6)	+1 500	+2 000						+3 500		服务收入
(7)	-600								-600	租金费用
	-900								-900	薪酬费用
	-200								-200	水电费
(8)	-250				-250					
(9)	+600	-600								
(10)	-1 300						-1 300			提款
	8 050	+ 1 400	+ 1 600	+ 7 000	= 1 600	+ 150 000	- 1 300	+ 4 700	- 1 950	
	18 050				18 050					

看！你已经完成了第一次交易分析。如果你对其中一些交易理解得不太透彻，可以趁这个时候站起来休息一下，再回来对这些交易进行一个短暂的（10～15 分钟）复习回顾。先确保你理解了这些知识，再继续学习下一节。

1.5　四种财务报表

公司根据汇总的会计信息编制四张财务报表：

（1）利润表，反映一段时期内的收入和费用，以及由此产生的净利润或净损失。

（2）所有者权益变动表，是对一段时期内所有者权益变化的汇总。

（3）资产负债表，是对某一特定日期的资产、负债和所有者权益进行报告。

（4）现金流量表，是对某一具体时期内现金流入（收入）和流出（支出）情况的汇总。

这些报表为内部使用者和外部使用者提供了相关的财务数据。表 1-3 展示了 Softbyte 公司的财务报表。

需要注意，表 1-3 中的各报表之间是相互关联的：

（1）利润表上 2 750 美元的净利润会与所有者权益变动表中实收资本的期初余额相加。

（2）所有者权益变动表显示，实收资本的期末余额为 16 450 美元，这一金额会被报告在资产负债表上。

（3）资产负债表显示库存现金为 8 050 美元，这一金额会列示在现金流量表上。

此外，解释性附注和附表是每一套财务报表的组成部分。本书的后面章节会介绍这些附注和附表。

一定要仔细检查表 1-3 中每个报表的格式和内容。我们将在以下内容中描述每种报表的基本特性。

表 1-3 财务报表和各报表间的内在关联

Softbyte 公司 利润表 截至 2020 年 9 月 30 日（月度）		
		金额单位：美元
收入		
服务收入		4 700
费用		
工资费用	900	
租金费用	600	
广告费用	250	
水电费	200	
总费用		1 950
净利润		**2 750**

Softbyte 公司 所有者权益变动表 截至 2020 年 9 月 30 日（月度）		
		金额单位：美元
实收资本，9 月 1 日		0
增加：所有者投资	15 000	
净利润	**2 750**	17 750
		17 750
减少：所有者提款		1 300
实收资本，9 月 30 日		**16 450**

Softbyte 公司 资产负债表 2020 年 9 月 30 日		
		金额单位：美元
资产		
库存现金		**8 050**
应收账款		1 400
物料		1 600
设备		7 000
总资产		18 050
负债和所有者权益		
负债		
应付账款		1 600
所有者权益		
实收资本		**16 450**
负债和所有者权益总计		18 050

Softbyte 公司 现金流量表 截至 2020 年 9 月 30 日（月度）		
		金额单位：美元
经营活动产生的现金流量		
收入取得的现金		3 300
费用支付的现金		(1 950)
经营活动产生的现金流量净额		1 350
投资活动产生的现金流量		
购买设备支付的现金		(7 000)
筹资活动产生的现金流量		
吸收投资收到的现金	15 000	
所有者提款支付的现金	(1 300)	13 700
现金及现金等价物的净增加额		8 050
期初现金及现金等价物余额		0
期末现金及现金等价物余额		**8 050**

注：每张报表的标题标明了公司、报表类型以及报表所涵盖的具体日期或时间段。注意，最终金额用双下划线标出，（在现金流量表中）负金额用括号表示。箭头表示四种财务报表之间的相互关系。

1. 首先计算净利润，以确定所有者权益的期末余额。

2. 编制资产负债表时需要所有者权益的期末余额。

3. 在编制现金流量表时需要用到资产负债表上列示的库存现金的金额。

1.5.1　利润表

利润表报告一段时期内的收入和费用（以 Softbyte 公司为例，是"截至 2020 年 9 月 30 日的一个月"）。

利润表首先列示的是收入，然后是费用，最后列示净利润（或净损失）。当收入超过费用时，就产生净利润（net income）。当费用超过收入时，就产生净损失（net loss）。

本书的表和课后习题中选择了按金额大小列出费用（后面的章节会考虑利润表的其他格式）。

注意，利润表在计算净利润时不包括所有者对企业进行的投资和提取交易。例如，正如前面所说明的，雷·尼尔从 Softbyte 公司提取的现金并不视为业务费用。

1.5.2　所有者权益变动表

所有者权益变动表报告了在一段时期内所有者权益的变化。这个报告期间与利润表所涵盖的期间相同（在 Softbyte 公司的案例中，报告期间是"截至 2020 年 9 月 30 日的一个月"）。编制所有者权益变动表的数据来自汇总表（见表 1 - 2）中的所有者权益栏和利润表中的数据。报表的第一行列示了所有者权益的期初余额（在业务开始时为零）。然后是所有者投资、净利润（或净损失）和所有者提款。该报表说明了本期所有者权益增减的原因。

如果 Softbyte 公司在第一个月产生了净损失该怎么办？假设 Softbyte 公司在 2020 年 9 月损失了 10 000 美元。表 1 - 4 显示所有者权益变动表中的净损失。

表 1 - 4　净损失的列示

Softbyte 公司 所有者权益变动表 截至 2020 年 9 月 30 日		
		金额单位：美元
实收资本，9 月 1 日		0
增加：所有者投资		15 000
		15 000
减少：所有者提款	1 300	
净损失	**10 000**	**11 300**
实收资本，9 月 30 日		**3 700**

如果所有者进行任何额外投资，公司将在所有者权益变动表中将其作为投资进行报告。

1.5.3　资产负债表

Softbyte 公司的资产负债表在一个特定日期（以 Softbyte 公司为例，为 2020 年 9 月 30 日）对资产、负债和所有者权益进行报告。该公司根据汇总表（见表 1 - 2）的列标题和最后一行显示的期末余额编制资产负债表。

注意，资产负债表把资产列在最上面，然后是负债和所有者权益。总资产必须等于总负债和所有者权益的总和。Softbyte 公司在其资产负债表中只报告一种负债——应付账款。在大多数情况下，公司有不止一项的负债。当涉及两项或两项以上负债时，通常的列示方法见表 1 - 5。

表 1-5　负债的列示方法

负债	金额单位：美元
应付票据	10 000
应付账款	63 000
应付职工薪酬	18 000
负债总额	**91 000**

资产负债表是公司在特定时点（通常是月底或年底）财务状况的快照。

1.5.4　现金流量表

现金流量表的主要目的是提供公司在特定时期内现金收入和现金支付的会计信息。为了帮助投资者、债权人和其他报表使用者分析公司的现金状况，现金流量表对公司经营、投资和融资活动的现金效果进行报告。此外，该报表还显示了本期现金净增加额或净减少额以及期末现金数额。

投资者、债权人和其他报表使用者都想知道公司最具流动性的资源发生了什么变化，因此对现金的来源、使用和变化进行报告是有益的。现金流量表回答了下面这些简单却重要的问题。

（1）在一定期间内，现金从何而来？

（2）在一定期间内，现金用于哪里？

（3）在一定期间内，现金余额的变化是多少？

如 Softbyte 公司在表 1-3 中的现金流量表所示，在此期间现金增加了 8 050 美元。经营活动的现金净流入使现金增加了 1 350 美元（收入项下的现金收入减去费用项下的现金支出）。由投资活动带来的现金流量使现金减少了 7 000 美元（购买设备）。筹资活动产生的现金流量为 13 700 美元（所有者投资减去所有者提款）。此时，你先不必关心这些金额是如何确定的。

◀ **选择题①** ▶

1. 下列哪项不是会计程序中的步骤？（　　）

A. 确认　　　　　　　　B. 计量　　　　　　　　C. 会计主体　　　　　　D. 报告

3. 历史成本原则规定（　　）。

A. 资产应按成本入账，并在公允价值变动时进行调整

B. 会计主体的活动应该与它的所有者分开

C. 资产应按成本入账

D. 只有能够用货币表示的交易数据才做会计记录

5. 企业的三种类型分别是（　　）。

A. 独资企业、小型企业和合伙企业

B. 独资企业、合伙企业和股份有限公司

C. 独资企业、合伙企业和大型企业

① 由于篇幅限制，全书习题有所删减，序号保持不变。——译者

D. 金融、制造和服务公司

7. 截至 2020 年 12 月 31 日，Kent 公司拥有 3 500 美元的资产和 2 000 美元的所有者权益。截至 2020 年 12 月 31 日，Kent 公司的负债是多少？（　　）

A. 1 500 美元　　　　　　B. 1 000 美元　　　　　　C. 2 500 美元　　　　　　D. 2 000 美元

9. 以下哪项不属于会计记录范围？（　　）

A. 设备是赊购的

C. 对企业进行现金投资

B. 雇员被解雇

D. 所有者提取现金供其个人使用

11. 支付应付账款会通过下列哪种方式影响会计恒等式的要素？（　　）

A. 减少所有者权益，减少负债

B. 增加资产，减少负债

C. 减少资产，增加所有者权益

D. 减少资产，减少负债

13. 在会计期间的最后一天，Alan Cesska 公司赊购了一台价值 900 美元的设备。该交易将（　　）。

A. 只影响利润表

B. 只影响资产负债表

C. 只影响利润表和所有者权益变动表

D. 影响利润表、所有者权益变动表和资产负债表

◀◆ 简答题 ▶▶

1. 年初，Ortiz 公司的总资产为 900 000 美元，总负债为 440 000 美元。回答下列问题。

A. 如果当年总资产减少了 100 000 美元，总负债增加了 80 000 美元，那么年末所有者权益是多少？

B. 若这一年的时间里，总负债减少 100 000 美元，所有者权益增加 200 000 美元。年末的总资产是多少？

C. 如果当年总资产增加了 50 000 美元，所有者权益增加了 60 000 美元，那么年末的总负债是多少？

3. 确定下列三种交易对资产、负债和所有者权益的影响。

A. 为客户提供现金结算服务

B. 以应付票据向银行借款

C. 用现金支付了一个月的房租

5. 以下为 Feagler 公司 2020 年 12 月 31 日的资产负债表项目。卡罗尔·费格勒（Carole Feagler）是该公司的所有者。按照表 1-3 的格式编制资产负债表。

	单位：美元
应收账款	12 500
现金	38 000
应付票据	40 000
实收资本	10 500

练习题

1. 以下为一家公司的交易：

（1）用现金投资创业。

（2）赊购设备。

（3）支付工资。

（4）向客户收取服务费。

（5）收到第4项交易中客户账单的现金。

（6）提取现金，供所有者个人使用。

（7）已发生广告费用，但尚未支付。

（8）现金购买辅助设备。

（9）提供服务，并收到客户支付的现金。

要求：

描述每一笔交易对资产、负债和所有者权益的影响。例如，第一项交易的答案是：资产增加和所有者权益增加。

实践题

琼·罗宾逊（Joan Robinson）于2020年7月1日开设自己的律师事务所。在公司运营的第一个月，发生了以下交易：

（1）琼向律师事务所投资现金11 000美元。

（2）支付办公室租金800美元。

（3）赊购设备3 000美元。

（4）为客户提供法律服务，并收到现金1 500美元。

（5）从银行借到现金700美元，形成应付票据。

（6）为客户提供2 000美元的法律服务。

（7）每月支付的费用：工资500美元，水电费300美元，广告费100美元。

（8）琼取出1 000美元现金供个人使用。

要求：

a. 编制交易的汇总表。

b. 为琼·罗宾逊律师事务所编制2020年7月31日的利润表、所有者权益变动表和资产负债表。

IFRS 概览

大多数人认为有必要制定一套国际会计准则。这是由于：

（1）跨国公司。现在的公司把整个世界视为它们的市场。例如，可口可乐、英特尔和麦当劳超过50%的销售额来自美国以外的国家和地区。许多外国公司，如丰田、雀巢和索尼，它们最大的市场在美国。

（2）兼并和收购。菲亚特与克莱斯勒公司、沃达丰与曼内斯曼公司的合并表明，未来更多来自不同国家的公司会出现类似的企业合并。

（3）信息技术。随着技术的进步，交流的障碍不断被打破，不同国家和市场的公司和个人能够越来越便捷地购买和销售各自的产品和服务。

（4）金融市场。如今的金融市场具有国际意义。无论是货币、股票、债券还是衍生品，世界各地都有这些种类的金融工具的活跃市场和交易。

要点

以下是 GAAP 和 IFRS 在会计基础方面的主要相似点和不同点。

相似点

● 对美国和国际公司来说，记录商业交易的基本方法是相同的。

● IFRS 和 GAAP 都强调财务报告的透明度。这两套标准主要是为了满足投资者和债权人的需求。

● 三种最常见的商业组织形式（独资企业、合伙企业和有限公司）也出现在使用国际会计准则的国家。

不同点

● 国际标准称为国际财务报告准则（IFRS），由国际会计准则委员会制定。美国的会计准则称为公认会计原则（GAAP），由财务会计准则委员会制定。

● 国际财务报告准则对会计和披露的要求往往较为简单，有些人说它更"基于原则"（principles-based）。公认会计原则更详细，有些人说它更"基于规则"（rules-based）。

● 适用于《萨班斯-奥克斯利法案》的内部控制标准仅适用于在美国上市的大型公司。关于非美国公司是否应该遵守这一法案还存在争论。

展望未来

IASB 和 FASB 都在努力制定能够消除某些交易核算和报告方式的重大差异的会计准则。

第 2 章

会计记录的步骤

本章预览

第 1 章从会计恒等式的角度分析了商业交易，并以表格的形式展示了这些交易的累积影响。想象一下，如果像全球曼氏金融（MF Global，正如在下文"引例"中提到的）这样的公司使用与 Softbyte 公司相同格式的表格来记录其交易，那会是什么样。仅一天，全球曼氏金融公司就能进行数千笔商业交易。可见，以表格方式记录每一笔交易是不切实际、昂贵和不必要的。相反，公司使用一套程序去记录能够更容易地跟踪交易数据。本章介绍并举例说明这些基本程序和记录方法。

⟩ 引 例

意外发生

你在财务上是否有条理？做一个小测试，用"是"或"否"回答每一个问题：

● 你的钱包里有大量的提款机收据，你已经被人认定为行走的火灾源吗？

● 你是否会等到你的借记卡被拒绝时才去查看自己的资金状况？

● 你上次核实你银行账户的准确程度时，亚伦·罗杰斯（Aaron Rodgers，绿色海湾队的四分卫）还在高中橄榄球队效力吗？

如果你认为追踪构成你生活的许多交易很不容易，那么想象一下这对一个大公司来说有多么困难。对一个大公司来说，有优质的会计记录非常重要，特别是如果这个公司掌握着你毕生的积蓄。全球曼氏金融就是这样一家公司。作为大型投资经纪公司，它为客户提供数十亿美元的投资。假如你把毕生积蓄都投在了全球曼氏金融，当你听到该公司的一位代表说："你知道吗，我记得有一个人的账户，名字和你的差不多——现在我们该怎么办呢？"你可能会有点不高兴。

不幸的是，在全球曼氏金融公司申请破产后不久，它的客户几乎就经历了这种情况。在公司申请破产后的几天里，监管者和审计师努力把记录拼凑起来。用一位监管者的话来说："它的账簿是一场灾难……我们试图弄清楚这些数据中哪些是真实的。"一家曾考虑收购全球曼氏金融公司部分股权的公司最终放弃了该笔交易，因为它"无法了解全球曼氏金融公司的资产负债表上有什么"。该公司表示，本应立即得到的信息花了几天时间才生成。

现在看来，全球曼氏金融公司并没有恰当地将客户账户与公司账户分开，而且由于其草率的记录，当公司出现财务问题时，客户权益得不到保护，客户损失资金总额约为 10 亿美元。如你所见，会计工作非常重要！

资料来源：S. Patterson and A. Lucchetti, "Inside the Hunt for MF Global Cash," *Wall Street Journal Online* (November 11, 2011).

2.1 会计账户、借方和贷方

2.1.1 会计账户

会计账户（account）是对于特定资产、负债或所有者权益中的某一项目增加和减少情况的单独会计记录。例如，第 1 章中讨论的 Softbyte 公司拥有库存现金、应收账款、应付账款和服务收入、工资费用等独立的会计账户。

简单来说，会计账户由三部分组成：（1）一个标题；（2）左方，或者称为借方；（3）右方，或者称为贷方。因为账户的格式类似于字母 T，所以我们称它为 T 型账户（T-account）。图 2-1 展示了账户的基本格式。

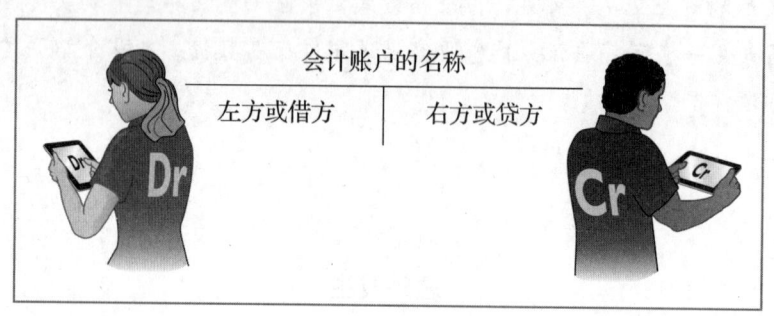

图 2-1 账户基本格式

本书会经常使用这种 T 型账户来说明基本的会计关系。

2.1.2 借方和贷方

借方（debit）在账户的左方，贷方（credit）在账户的右方。它们通常缩写为 Dr. 和 Cr.。与平时熟知的内容不同，它们并不意味着增加或减少。在记账过程中，我们反复使用借方和贷方这两个术语来描述账户中的分录。例如，在账户左方录入金额称为记入账户的借方，在账户右方做分录就是记入账户的贷方。

比较借贷双方的总额，如果借方金额超过贷方金额，会计账户的期末余额就记在借方。如果贷方金额超过借方金额，则会计账户的期末余额记在贷方。注意图 2-1 中借方和贷方的位置。

对于影响 Softbyte 公司库存现金账户的交易，会计账户中借方和贷方的记录程序如图 2-2 所示。数据取自表 1-2 汇总表的库存现金栏。

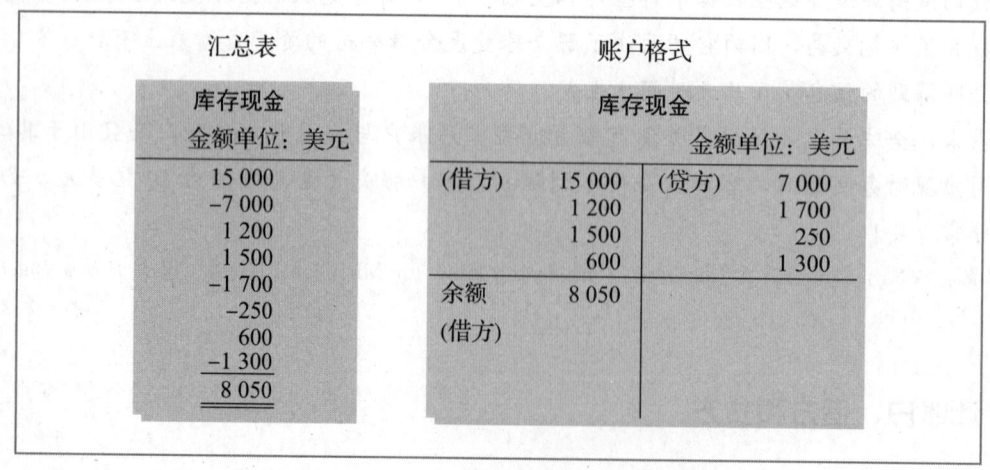

图 2-2 Softbyte 公司现金账户的汇总表和账户格式

汇总表中的每一个正数都表示现金收入，每一个负数都代表一次现金支出。注意，在账户格式中，我们将库存现金的增加记在借方，库存现金的减少记在贷方。例如，收到的 15 000 美元现金需要在库存现金账户中记入借方，-7 000 美元表示现金支出，在库存现金账户中记入贷方。

在会计账户中一边记录增加，另一边记录减少的做法可以减少记录错误，有助于确定账户借贷双方各自的总额和整个账户的余额。余额是由借贷双方的差值（一方减去另一方）确定的。8 050 美元的账户余额表明 Softbyte 公司增加的库存现金比减少的库存现金多 8 050 美元。换句话说，Softbyte 公司的库存现金账户一开始余额为 0，现在有 8 050 美元。

借贷程序

第 1 章介绍了单笔交易对会计基本恒等式的影响。请记住，每笔交易必然会影响两个或两个以上的账户，从而保持会计基本恒等式的平衡。换句话说，每笔交易的借方一定等于贷方。借方和贷方的恒等为记录交易的复式记账法（double-entry system）提供了基础。

在复式记账法下，每笔交易的双重影响都记录在相应的账户上。这种做法为记录交易提供了一种有逻辑的方法，有助于确保记录金额的准确性并发现错误。如果每笔交易都以相等的金额记入借方和贷方，那么账户上所有借方的金额总和一定等于所有贷方的金额总和。

能决定会计恒等式恒等的复式记账法比第 1 章使用的加减法要有效得多。接下来会介绍复式记账法中的借贷处理步骤。

资产和负债的借贷处理程序

反映 Softbyte 公司库存现金情况的图 2-2 中，现金资产的增加记录在会计账户的左方，现金资产的减少记录在账户的右方。我们知道会计基本恒等式的两边（资产＝负债＋所有者权益）必须相等，负债的增减必须与资产的增减的记录方向相反，因此，负债的增加记在账户的右方或贷方，负债的减少记在账户的左方或借方。借方和贷方对资产和负债的影响如下：

借方	贷方
资产增加	资产减少
负债减少	负债增加

资产账户的期末余额通常在借方，也就是说，资产账户的借方余额应超过贷方余额。同样，负债账户的期末余额通常在贷方，也就是说，负债账户的贷方余额应超过借方余额。一般来说，账户的期末余额在账户增加额的那一方。下面列示了资产和负债的期末余额。

资产		负债	
借方增加	贷方减少	借方减少	贷方增加
期末余额			期末余额

了解账户期末余额的位置可以帮助你识别记账错误。例如，资产账户（如土地）的期末余额在贷方或负债账户（如应付职工薪酬）的期末余额在借方通常意味着记账错误。然而，在少数情况下，余额出现在不常见的位置也可能是正确的。例如，当一家公司透支其银行存款时，其库存现金账户的期末余额就会出现在贷方。

所有者权益的借贷程序

如第 1 章所述，所有者投资和收入能够增加所有者权益。所有者提款和费用会减少所有者权益。

公司为每一种类型的交易记账。

（1）实收资本。所有者的投资记入实收资本账户。贷方表示增加，借方表示减少。当所有者向企业投入现金时，公司借记（增加）库存现金，贷记（增加）实收资本。当所有者对企业的投资减少时，就借记（减少）实收资本。以下展示了实收资本账户的借贷规则。

借方	贷方
实收资本减少	实收资本增加

我们可以用图画出实收资本期末余额的位置，如下所示：

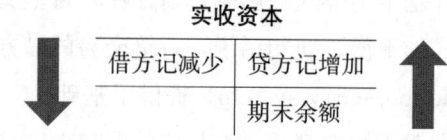

（2）所有者提款。所有者可以提取现金或其他资产供个人使用。提款可以直接借记实收资本账户，以表明所有者权益减少。然而，最好使用一个名为所有者提款的单独账户。通过设立单独的账户，计算每个会计期间的提款总额会更加容易。所有者提款的借方记增加，贷方记减少。通常所有者提款账户的期末余额在借方。以下展示了所有者提款账户的借贷规则。

借方	贷方
所有者提款增加	所有者提款减少

期末余额所在位置如下所示：

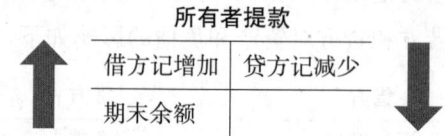

所有者提款账户减少了所有者权益。它与收入和费用不同，不属于利润表里的账户。

（3）收入和费用。赚取收入的目的是让企业的所有者受益。当公司确认收入时，所有者权益增加。因此，借方和贷方对收入账户的影响与它们对实收资本账户的影响是一样的。也就是说，收入账户贷方记录增加，借方记录减少。

费用会产生相反的效果。费用会减少所有者权益。因为费用减少了净利润，而收入增加了净利润，所以从逻辑上可以推断，费用账户的增加和减少的方向应该与收入账户相反。因此，费用账户借方记增加，贷方记减少。下面展示了收入和费用的借贷规则。

借方	贷方
收入减少	收入增加
费用增加	费用减少

收入账户的贷方余额应超过借方余额。费用账户的借方余额应超过贷方余额。因此，收入账户的期末余额通常在贷方，费用账户的期末余额通常在借方。下面展示了收入和费用的期末余额的位置。

2.1.3 借贷规则小结

图 2-3 总结了借贷记账规则及其对每种账户的影响。仔细研究这张图，它将帮助你理解复式记账法的基本原理。

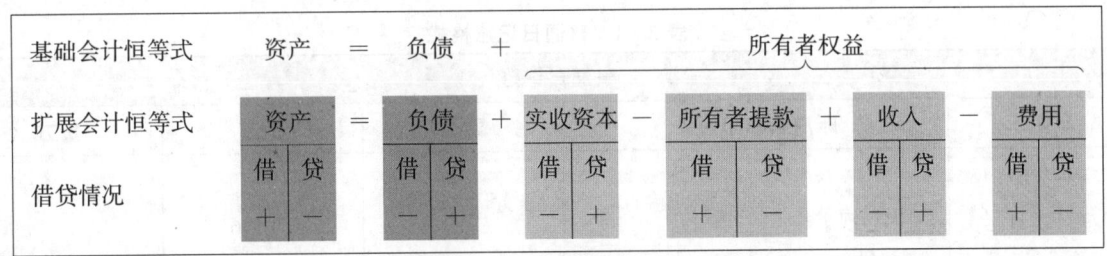

图 2-3 借贷规则的总结

2.2 日记账

2.2.1 会计记录的过程

虽然可以直接将交易信息输入账户，但很少有企业这样做。实际上，每个企业在记录过程中都遵循如图 2-4 所示的基本步骤：

（1）分析每一笔交易对账户的影响。

（2）在日记账中录入交易信息。

（3）将日记账信息过账到分类账中相应的账户。

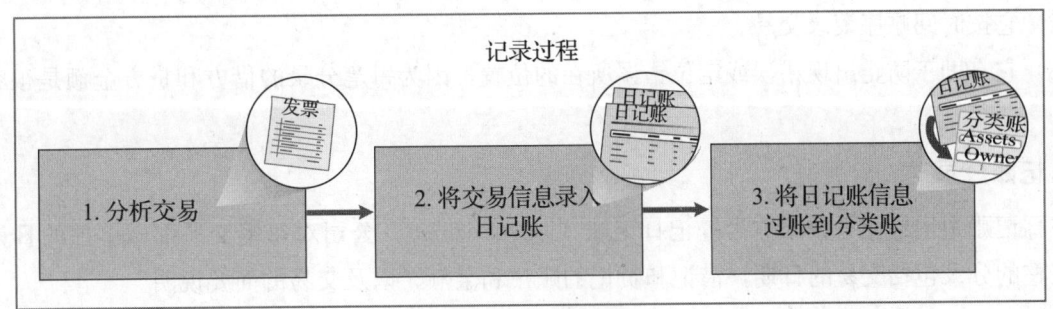

图 2-4 会计记录的过程

会计记录过程会重复发生上述步骤。第 1 章介绍了第一步（分析交易），本章和后续章节将给出更多案例。下一节将说明会计记录过程中的其他两个步骤。

2.2.2 日记账

企业是按时间顺序（交易发生的顺序）记录最初交易的。因此，日记账（journal）也称为原始分录簿。对于每一笔交易，日记账都会记录特定账户的借贷情况。

企业可以使用各种各样的日记账，但是每个企业的日记账都有最基本的形式，即普通日记账（general journal）。一般来说，普通日记账的内容包括日期、账户名称和摘要、索引、借贷两列金额栏（参见表 2-1 的日记账格式）。除非另有说明，本书的"日记账"指的是普通日记账。

表 2-1 普通日记账格式

普通日记账				J1
日期	账户名称和摘要	索引	借方	贷方
2020 年		⑤		
① 9 月 1 日	② 库存现金		15 000	
	③ 实收资本			15 000
	④ （所有者向企业投入现金）			
1 日	设备		7 000	
	库存现金			7 000
	（现金购买设备）			

① 交易日期记录在"日期"栏。

② 借方账户的名称（要借记的账户）首先记在标题为"账户名称和摘要"这一栏下，借方的金额记在借方栏。

③ 贷方账户的名称（要贷记的账户）是需要缩进的，并在标题为"账户名称和摘要"这一栏下记录，贷方的金额记录在贷方栏中。

④ 对交易的简要说明记录在贷方账户名称的下一行。日记账分录之间应留有空白。这个空白区域将单个日记账分录分隔开，使整个日记账更易于阅读。

⑤ 在做日记账分录时，标题为"索引"（英文缩写为 Ref.，即 reference）的列是空白的。这一栏会在以后将日记账分录过账到不同账户时使用。

日记账对记录过程做出了几个重要的贡献：

（1）它集中披露了一笔交易的全部效果。

（2）它按时间顺序记录交易。

（3）它有助于防止出现错误或定位错误所在的位置，因为每笔分录的借方和贷方金额是很容易比较的。

日记账分录

在日记账中记录业务数据称为登记日记账（journalizing）。公司对每笔交易都做单独的日记账分录。完整的分录包括交易的日期，借记和贷记的账户和金额，以及交易的简要说明。

表 2-1 基于 Softbyte 公司的交易展示了编制日记账的方法。9 月 1 日雷·尼尔向公司投入了15 000 美元现金，而且 Softbyte 公司以 7 000 美元现金购买了电脑设备。数字 J1 表示这两个分录记录在日记账的第一页。表 2-1 展示了这两笔交易的日记账账户的标准格式（方框内的数字与表下方的

说明相对应）。

　　在编制会计分录时使用正确的会计科目是很重要的。会计账户名称错误会导致财务报表错误。然而，在最初选择会计账户名称时，存在一些灵活性。主要的选择标准是账户名称必须恰当地描述账户的内容。一旦公司选择了要使用的特定会计科目，它应该在该科目下记录所有涉及该科目的后续交易。在课后作业中，如果题目给定了特定的账户名称，就应该遵照要求使用给定的名称。当没有指定会计账户时，你可以选择那些能够标识账户性质和内容的账户。在会计分录中使用的会计科目不应包括诸如"付现"或"收现"的说明。

简单分录和复合分录

　　有些分录只涉及两个会计账户，一个填借方，一个填贷方（例如，参见表 2－1 中的分录）。这种类型的分录称为简单分录（simple entry）。然而，有些交易在记入日记账时涉及两个以上的会计账户。涉及三个或更多会计账户的分录是复合分录（compound entry）。举例来说，假设 7 月 1 日，Butler 公司购买了一辆价值 14 000 美元的送货卡车。该公司支付 8 000 美元现金，并承诺支付剩余的6 000 美元的应付账款（以后支付）。表 2－2 展示了复合分录。

表 2－2　日记账复合分录

普通日记账				J1
日期	账户名称和摘要	索引	借方	贷方
2020 年				
7 月 1 日	设备		14 000	
	库存现金			8 000
	应付账款			6 000
	（用现金购买卡车，且账户上有余额）			

　　在复合分录中，按照标准格式，先列示所有的借方，然后列示贷方。

2.3　分类账和过账

2.3.1　分类账

　　公司管理的所有账户就是分类账（ledger）。总账列示每个会计账户的期末余额，并跟踪这些账户期末余额的变动。

　　公司可以使用各种分类账，但每个公司都有总分类账。总分类账（general ledger）包含所有的资产、负债和所有者权益账户，如图 2－5 所示。除非另有说明，本书使用的"总账"一词都是指总分类账。

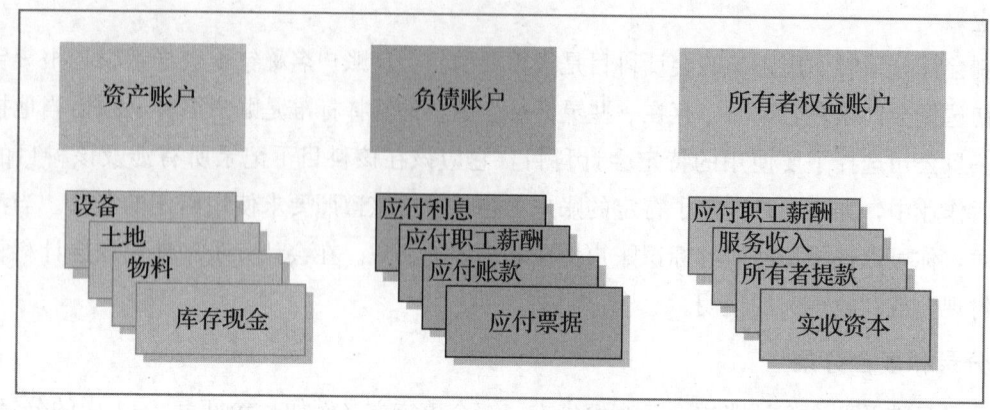

图2-5 涵盖了公司所有账户的总分类账

按在财务报表中列示的项目的先后顺序，分类账从资产和负债账户开始排列。首先是资产账户，其次是负债账户、实收资本、所有者提款、收入和费用。为了便于识别，每个账户都有编号。

分类账列示了每个账户的期末余额。例如，库存现金分类账列示了可用于支付当前债务的现金金额。应收账款分类账列示了客户应付的款项。应付账款分类账列示所欠债权人的金额。

会计账户的标准格式

在会计教材举例时，简单的 T 型账户通常非常有效。然而，在实际操作中，分类账中使用的记账方式更加结构化。表2-3使用了来自库存现金账户的模拟数据，展现了会计账户的标准格式。

表2-3 三栏式账户

库存现金					101号
日期	摘要	索引	借方	贷方	余额
2020 年					
6 月 1 日			25 000		25 000
2 日				8 000	17 000
3 日			4 200		21 200
9 日			7 500		28 700
17 日				11 700	17 000
20 日				250	16 750
30 日				7 300	9 450

这种格式叫作三栏式账户（three-column form of account），它有三个与货币金额相关的列——借方、贷方和余额。在记录每笔交易后可以确定会计账户的余额。公司用摘要栏和索引栏记载关于交易的特殊信息。

2.3.2 过账

将日记账分录转入分类账的程序称为过账（posting）。这一记录过程将日记账交易的累计影响分配到相应会计科目。过账包括以下步骤：

（1）在分类账的相应栏中填入日期、日记账页码和日记账中的借方金额。

（2）在日记账的索引栏中，填入过账后的借方账户所对应的会计科目的编号。

（3）在分类账中，在贷记的会计科目的相应栏中填入日期、日记账页码、日记账中的贷方金额。

（4）在日记账的索引栏中，填入过账后的贷方账户所对应的会计科目的编号。

图 2-6 通过 Softbyte 公司的第一个日记账分录展示了以上四个步骤。方框内的数字表示步骤的顺序。

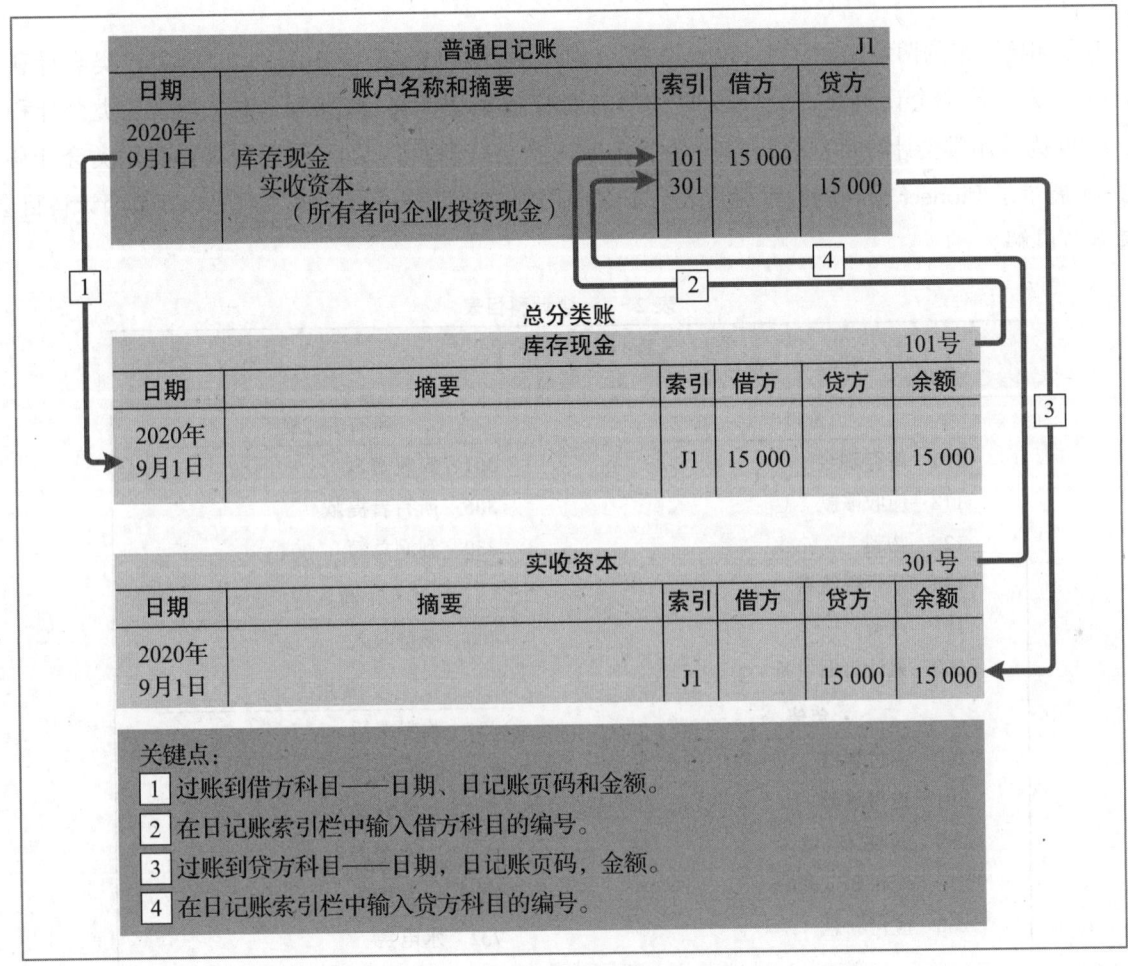

图 2-6 对日记账分录过账

过账应该按时间顺序进行，也就是说，公司在开始对下一个日记账过账之前，应当完成对当前日记账中所有借方和贷方的过账。过账应当遵循及时原则，以确保分类账相应更新。在课后题中，你可以在对任何日记账分录过账之前用日记账记录所有交易。

分类账的当前索引栏表示是从日记账的哪一页过账的（完成最后一条分录的过账之后，会计人员应当浏览日记账的当前索引栏，确保对所有的分录都进行了过账）。因为日记账中已经有摘要栏了，所以分类账很少使用摘要栏。

2.3.3 会计科目表

每个公司会计科目的数量和类型都不同。会计科目数量取决于管理层期望的详细程度。例如，一家公司的管理层可能希望所有类型的水电费都放在一个会计科目中。在另一种情况下，为每一种水电费项目（如煤气、水和电）设立单独的费用科目。像 Softbyte 公司这样的小公司的会计科目比戴尔公司这样的大公司要少。Softbyte 公司能够管理和报告其活动的会计科目估计有 20～30 个，而戴尔公司可能需要数千个会计科目以跟踪其在全球的经济活动。

大多数公司都有一份会计科目表（chart of accounts）。这张表列出了会计科目和用于确定其在分类账中位置的会计科目编号。会计科目的编号体系通常从资产负债表的会计科目开始，然后是利润表的会计科目。

本章和接下来的两章说明了 Pioneer 广告公司的会计科目。账户 101～199 为资产类会计科目；200～299 为负债类会计科目；301～350 为所有者权益类会计科目；400～499 为收入类会计科目；601～799 为费用类会计科目；800～899 为其他收入类会计科目；900～999 为其他费用类会计科目。表 2-4 展示了 Pioneer 公司的会计科目表。本章使用到的会计科目用黑体字列示，其余会计科目会在后续章节讲解。

表 2-4　会计科目表

Pioneer 广告公司 **会计科目表**			
资产		**所有者权益**	
101	**库存现金**	**301**	**实收资本**
112	应收账款	**306**	**所有者提款**
126	**物料**	350	利润总额
130	**预付保险费**	**收入**	
157	**设备**	**400**	**服务收入**
158	累计折旧设备	**费用**	
负债		631	物料费用
200	**应付票据**	711	折旧费用
201	**应付账款**	722	保险费用
209	**预收服务收入**	**726**	**工资费用**
212	应付职工薪酬	**729**	**租金费用**
230	应付利息	**732**	**水电费**
		905	利息费用

你可能会注意到 Pioneer 广告公司的会计科目表的编号有间隔，留出间隔是便于在经营期间根据需要加入新的会计科目。

2.3.4　图示会计记录过程

图 2-7 至图 2-16 展示了会计记录过程中的基本步骤，使用的是 Pioneer 广告公司 10 月份的交易数据，会计期间是一个月。在这些图中，在记录每笔交易的日记账分录和过账之前都要进行基本分析、等式分析和借贷分析。为简单起见，举例分析时使用的是 T 型账户而没有使用标准的账户格式。

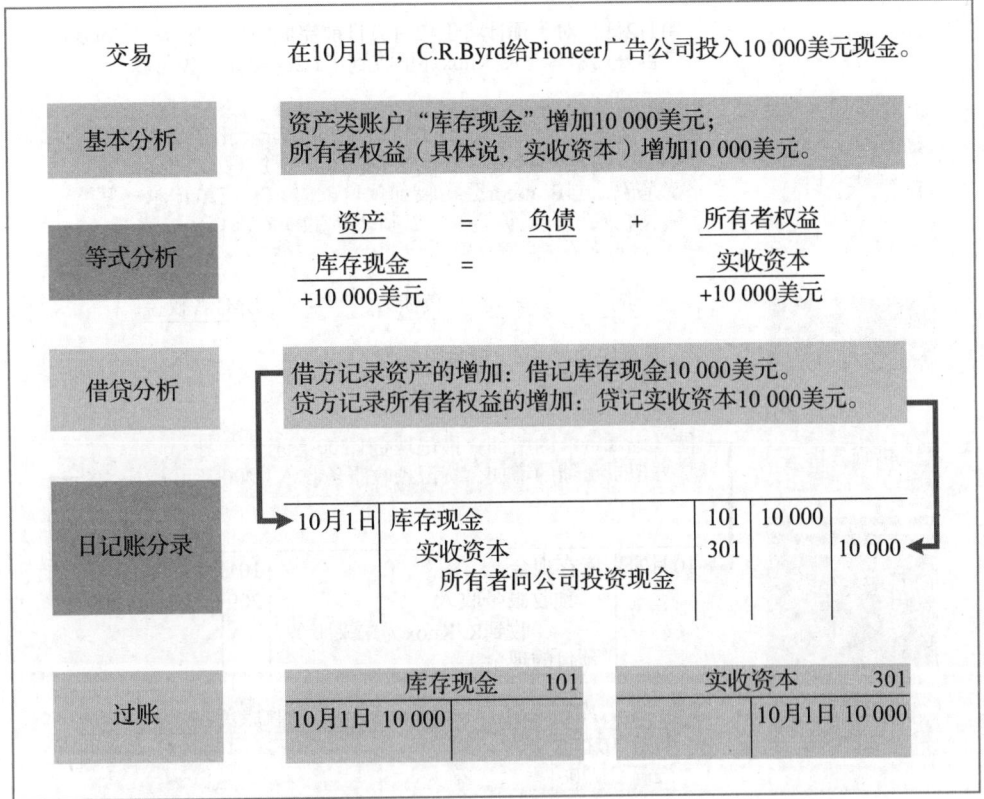

图 2-7　所有者投入现金

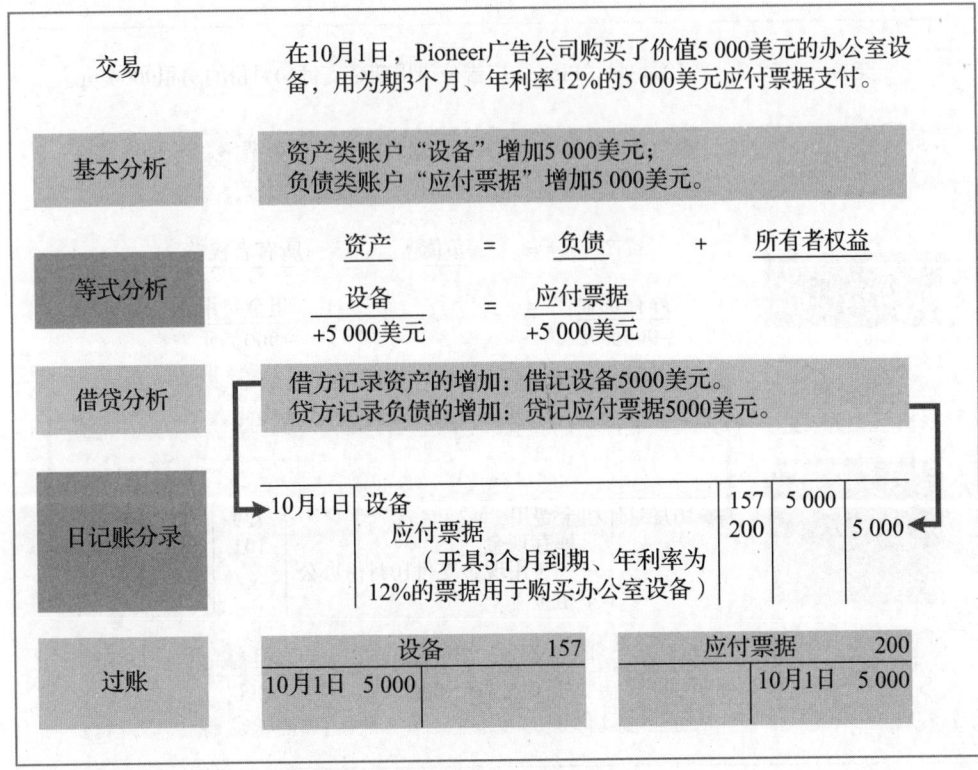

图 2-8　购买办公室设备

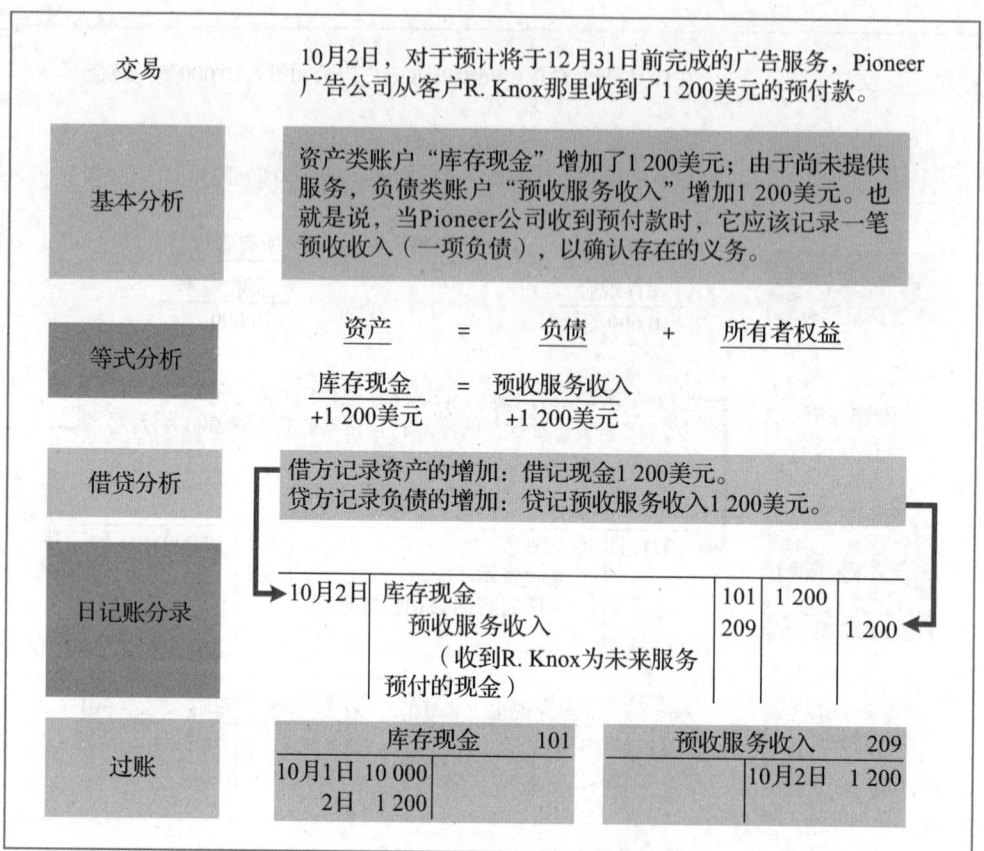

图 2-9　为未来服务收取现金

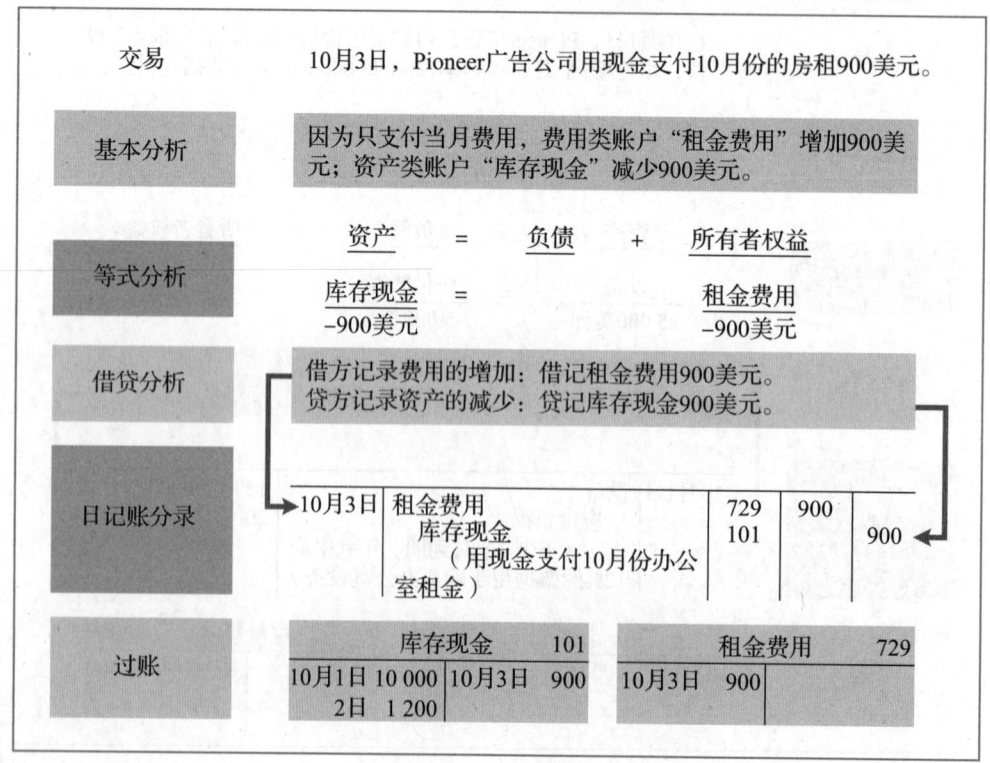

图 2-10　支付月度租金

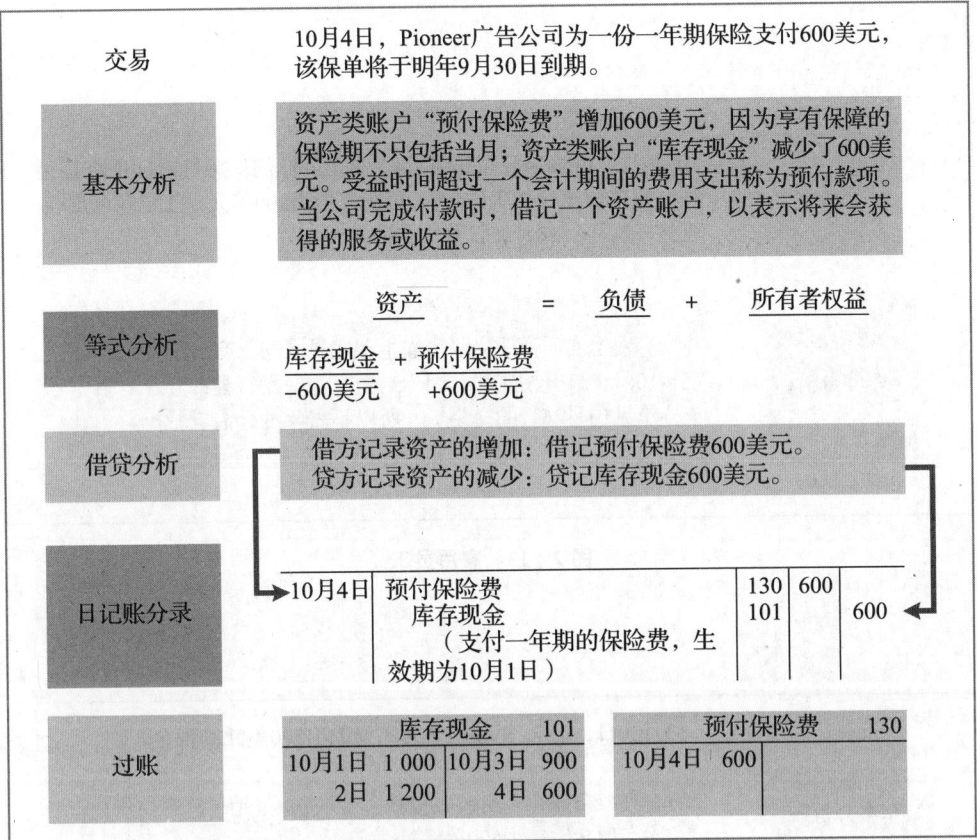

图 2-11 支付保险费

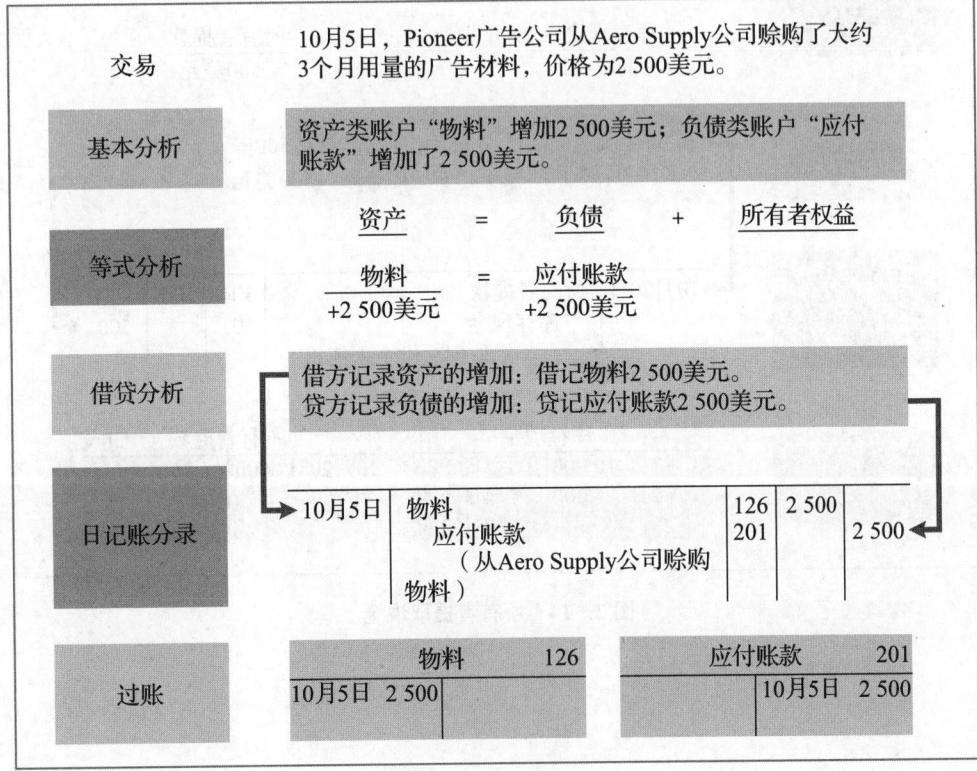

图 2-12 赊购物料

交易

10月9日，Pioneer公司雇用了4名员工，他们从10月15日开始工作。每位员工每周工作5天，每周工资为500美元，工资每两周支付一次——10月26日首次支付。

基本分析

并没有发生实质商业交易。雇主和雇员之间只有一个协议，约定从10月15日开始履约。因为这个事件中没有会计分录（第一个分录见10月26日的交易），所以不需要进行借贷分析。

图 2－13　雇用员工

交易

10月20日，C. R. Byrd因个人需要取出500美元的现金。

基本分析

所有者权益账户“所有者提款”增加500美元；资产类账户“库存现金”减少500美元。

等式分析

资产	=	负债	+	所有者权益
库存现金	=			所有者提款
−500美元				−500美元

借贷分析

借方记录提款的增加：借记所有者提款500美元。
贷方记录资产的减少：贷记库存现金500美元。

日记账分录

10月20日	所有者提款	306	500	
	库存现金	101		500
	（提取现金供个人使用）			

过账

库存现金　101

10月1日	10 000	10月3日	900
2日	1 200	4日	600
		20日	500

所有者提款　306

10月20日	500		

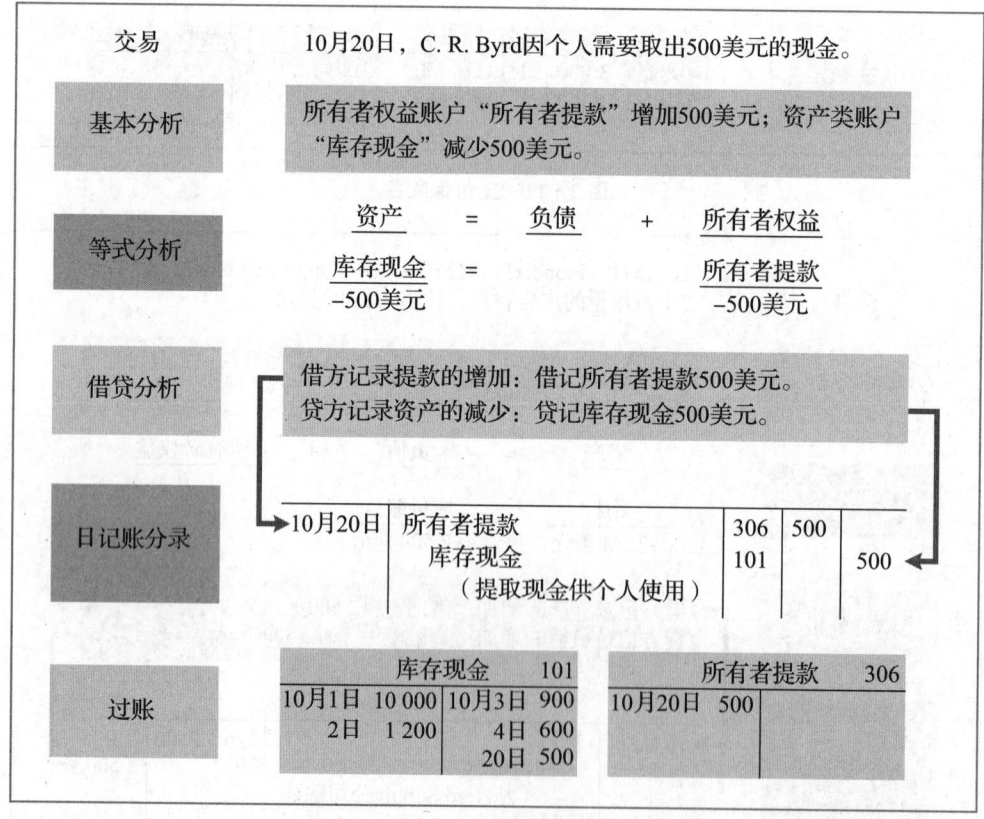

图 2－14　所有者提取现金

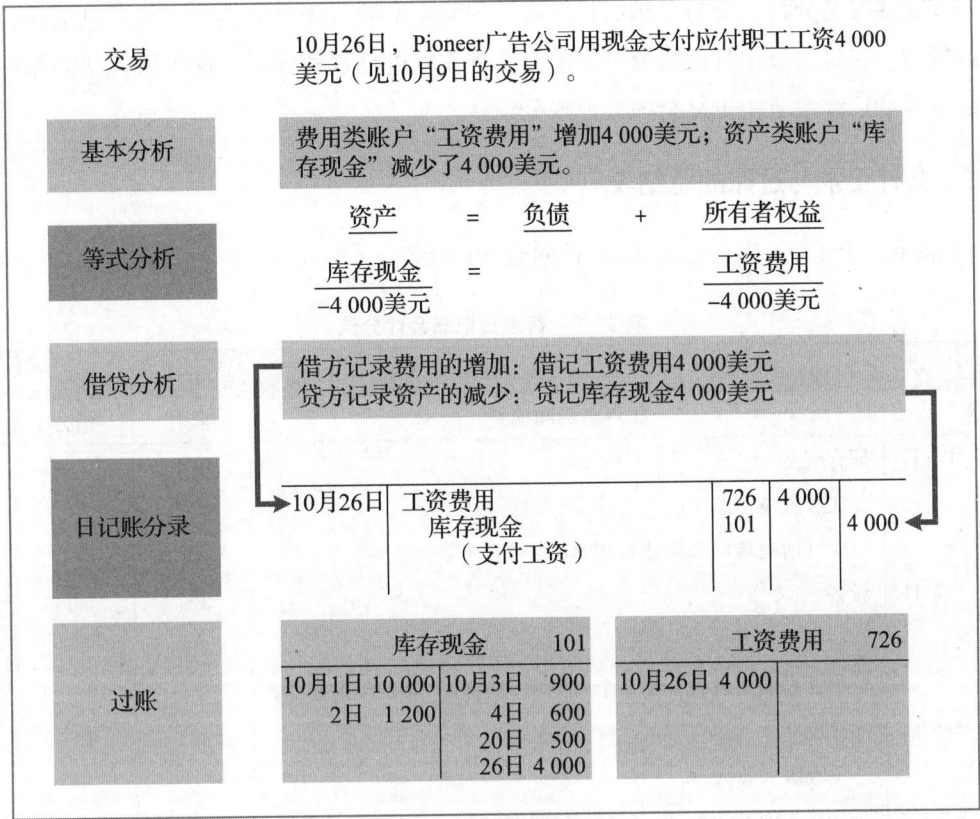

图 2 - 15 支付工资

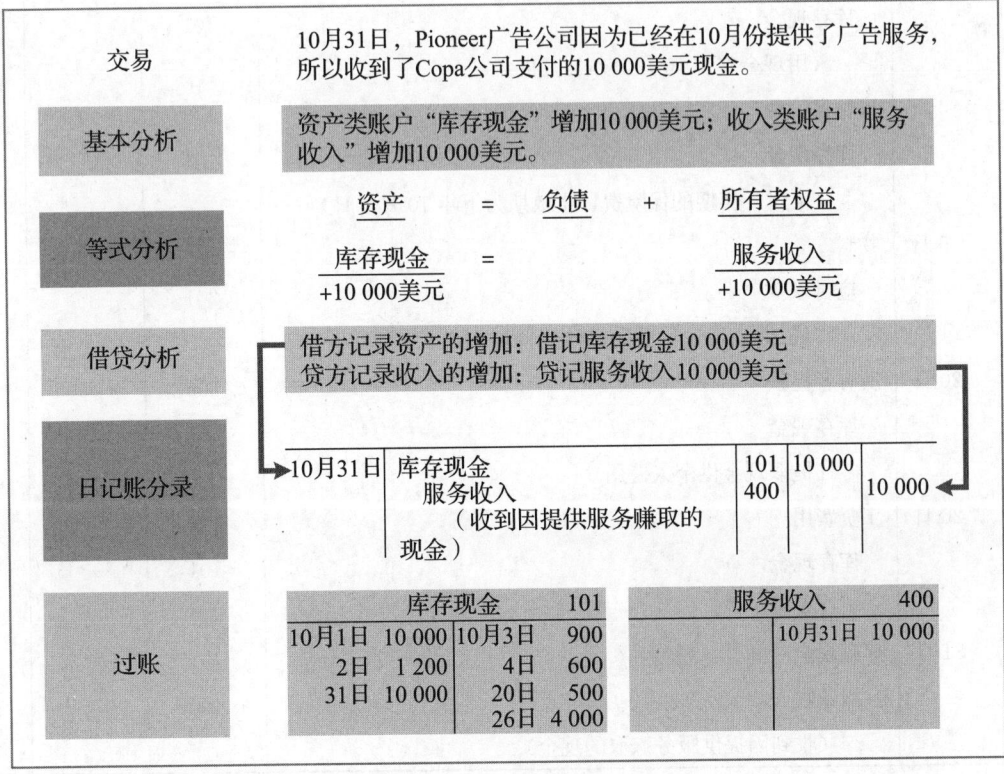

图 2 - 16 提供服务收取现金

仔细研究这些交易分析。交易分析的目的是首先确定所涉及账户的类型，然后决定是否对该账户进行借记或贷记。在每次登记日记账分录之前，你都需要进行这种分析。这样做将帮助你理解本章讨论的日记账分录和后续章节中更复杂的日记账分录。

2.3.5 会计记录与过账的总结表

表2-5展示了Pioneer广告公司10月份的会计记录。

表2-5 普通日记账会计分录

普通日记账				J1
日期	账户名称和摘要	索引	借方	贷方
2020年10月1日	库存现金	101	10 000	
	实收资本	301		10 000
	（所有者向公司投资现金）			
1日	设备	157	5 000	
	应付票据	200		5 000
	（为购买设备开具3个月到期，年利率为12%的票据）			
2日	库存现金	101	1 200	
	预收服务收入	209		1 200
	（收到R.Kox为未来服务预付的现金）			
3日	租金费用	729	900	
	库存现金	101		900
	（用现金支付10月份办公室租金）			
4日	预付保险费	130	600	
	库存现金	101		600
	（支付一年期的保险费，生效期为下年10月1日）			
5日	物料	126	2 500	
	应付账款	201		2 500
	（从Aero Supply公司赊购物料）			
20日	所有者提款	306	500	
	库存现金	101		500
	（提取现金供个人使用）			
26日	工资费用	726	4 000	
	库存现金	101		4 000
	（支付工资）			
31日	库存现金	101	10 000	
	服务收入	400		10 000
	（收到因提供服务赚取的现金）			

表2-6展示了总分类账，账户余额加粗显示。

表 2-6　总分类账

	总分类账				金额单位：美元

库存现金　　101 号

日期	摘要	索引	借方	贷方	余额
2020 年					
10 月 1 日		J1	10 000		10 000
2 日		J1	1 200		11 200
3 日		J1		900	10 300
4 日		J1		600	9 700
20 日		J1		500	9 200
26 日		J1		4 000	5 200
31 日		J1	10 000		15 200

物料　　126 号

日期	摘要	索引	借方	贷方	余额
2020 年					
10 月 5 日		J1	2 500		2 500

预付保险费　　130 号

日期	摘要	索引	借方	贷方	余额
2020 年					
10 月 4 日		J1	600		600

设备　　157 号

日期	摘要	索引	借方	贷方	余额
2020 年					
10 月 1 日		J1	5 000		5 000

应付票据　　200 号

日期	摘要	索引	借方	贷方	余额
2020 年					
10 月 1 日		J1		5 000	5 000

应付账款　　201 号

日期	摘要	索引	借方	贷方	余额
2020 年					
10 月 5 日		J1		2 500	2 500

预收服务收入　　209 号

日期	摘要	索引	借方	贷方	余额
2020 年					
10 月 2 日		J1		1 200	1 200

实收资本　　301 号

日期	摘要	索引	借方	贷方	余额
2020 年					
10 月 1 日		J1		10 000	10 000

所有者提款　　306 号

日期	摘要	索引	借方	贷方	余额
2020 年					
10 月 20 日		J1	500		500

服务收入　　400 号

日期	摘要	索引	借方	贷方	余额
2020 年					
10 月 31 日		J1		10 000	10 000

工资费用　　726 号

日期	摘要	索引	借方	贷方	余额
2020 年					
10 月 26 日		J1	4 000		4 000

租金费用　　729 号

日期	摘要	索引	借方	贷方	余额
2020 年					
10 月 3 日		J1	900		900

2.4　试算平衡表

分析 ▸ 编制日记账 ▸ 过账 ▸ **试算平衡** ▸ 调整分录 ▸ 调整后试算平衡 ▸ 编制财务报表 ▸ 结账分录 ▸ 结账后试算平衡

　　试算平衡表是记录一系列会计科目及其在特定时间的余额的列表。公司通常在会计期末编制试算平衡表，试算平衡表一般按照会计科目在分类账上出现的先后顺序将其列出。借方余额在左边一栏，贷方余额在右边一栏。左右两栏的总金额一定是相等的。

　　试算平衡表证明了借方和贷方在过账后的金额是相等的。在复式记账法下，当借方账户期末余额总和与贷方账户期末余额总和相等时，等式就成立了。试算平衡表还可以发现记账和过账过程中的错误。例如，试算平衡表很可能发现引例中讨论的全球曼氏金融公司的错误。此外，试算平衡表对财务报表的编制也很有帮助，接下来的两章会加以说明。

编制试算平衡表的步骤如下：

（1）在适当的借方或贷方栏中列出会计科目名称及其余额。

（2）将借方金额和贷方金额分别合计。

（3）验证借贷双方总额是否相等。

表 2-7 展示了根据 Pioneer 广告公司的分类账编制的试算平衡表。注意借方总额等于贷方总额。

表 2-7 试算平衡表

Pioneer 广告公司
试算平衡表
2020 年 10 月 31 日

金额单位：美元

	借方	贷方
库存现金	15 200	
物料	2 500	
预付保险费	600	
设备	5 000	
应付票据		5 000
应付账款		2 500
预收服务收入		1 200
实收资本		10 000
所有者提款	500	
服务收入		10 000
工资费用	4 000	
租金费用	900	
	28 700	28 700

注意，试算平衡表内的列示顺序为：资产→负债→所有者权益→收入→费用。

试算平衡表是发现某些类型错误的必要检查工具。例如，如果只过账了日记账分录中的借记部分，试算平衡表就会识别出这个错误。

2.4.1 试算平衡表的局限性

试算平衡表并不一定能发现可能存在的错报。即使试算平衡表左右两栏的总额相等，仍可能存在许多错误。例如，试算平衡表可以在以下情况下保持试算平衡：

（1）日记账漏记了某项经济活动。

（2）某项日记账分录正确，但是没有对其过账。

（3）重复过账某项日记账分录。

（4）在分录或过账时记错账户。

（5）在记录一笔交易时，多记的金额正好等于少记的金额。

即使是账户错误或金额错误，只要过账的借方金额和贷方金额相等，试算平衡表的借方总额仍然等于贷方总额。试算平衡表不能证明公司记录了所有的交易，也不能证明分类账是正确的。

2.4.2　确定出现差错的根源

试算平衡表中的差错通常是由数额差错、过账有误或仅仅是不正确地转录数据造成的。如果遇到试算平衡表不平衡的情况，你会怎么做？首先，确定试算平衡表左右两栏金额之间的差额。在知道这个差额之后，以下步骤通常是有帮助的：

（1）如果差额是 1 美元、10 美元、100 美元或 1 000 美元，则对试算平衡表的两列重新加总，重新计算账户余额。

（2）如果差额能被 2 整除，请检查试算平衡表，看看等于差额一半的余额是否被记入错误的借贷方。

（3）如果这个差额能被 9 整除，就重新检查试算平衡表上的账户余额，看看它们是不是从分类账上抄错了。例如，如果余额是 12 美元，而它被列为 21 美元，就会出现 9 美元的差错。颠倒数字顺序的差错叫作换位差错。

（4）如果差错不能被 2 或 9 整除，就查看分类账，看看在试算平衡表中是否遗漏了与错误金额相同的账户的余额，然后检查日记账，看看是否遗漏了对该金额的过账。

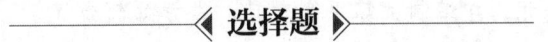

◀ 选择题 ▶

1. 下列关于账户的陈述哪一项是正确的？（　　）

A. 账户的右方是借方或增加方

B. 账户是对特定资产、负债和所有者权益项目的增加和减少的单独的会计记录

C. 资产和负债有单独的账户，但所有者权益项目只有一个账户

D. 账户的左方是贷方，或减少部分

3. 收入类账户（　　）。

A. 借方记增加　　　　　　　　　　　B. 贷方记减少

C. 期末余额记在借方　　　　　　　　D. 贷方记增加

5. 扩展会计恒等式为（　　）。

A. 资产＋负债＝实收资本＋所有者提款＋收入＋费用

B. 资产＝负债＋实收资本＋所有者提款＋收入－费用

C. 资产＝负债－实收资本－所有者提款－收入－费用

D. 资产＝负债＋实收资本－所有者提款＋收入－费用

7. 下列关于日记账的叙述哪一项是错误的？（　　）

A. 它不是记录原始分录的账簿

B. 它按时间顺序记录交易

C. 因为每个分录的借方和贷方金额都可以很容易地进行比较，所以它有助于定位错报

D. 它在一个地方披露一笔交易的全部影响

9. 分类账账户的顺序为（　　）。

A. 资产，收入，费用，负债，实收资本，所有者提款

B. 资产，负债，实收资本，所有者提款，收入，费用

C. 实收资本，资产，收入，费用，负债，所有者提款

D. 收入，资产，费用，负债，实收资本，所有者提款

11. 过账（　　）。

A. 通常发生在编制日记账之前

B. 将分类账的交易数据转录到日记账

C. 是记录过程中的一个可选步骤

D. 将日记账分录转录到分类账上

13. 关于试算平衡表的表述，以下正确的是（　　）。

A. 试算平衡表是关于一定时间内账户及其余额的列表

B. 试算平衡表证明日记账记录的交易是正确的

C. 如果一个正确的日记账分录被重复过账，试算平衡表将无法平衡

D. 试算平衡表说明所有的交易都被记录了

15. Jeong 公司试算平衡表的期末余额如下：库存现金 5 000 美元，服务收入 85 000 美元，应付职工薪酬 4 000 美元，工资费用 40 000 美元，租金费用 10 000 美元，实收资本 42 000 美元，所有者提款 15 000 美元，设备 61 000 美元。在编制试算平衡表时，借方总额为（　　）美元。

A. 131 000　　　　B. 216 000　　　　C. 91 000　　　　D. 116 000

◀ 简答题 ▶

1. 以下是沃伦·波特公司（Warren Potter Company）5月份的交易情况。确定每笔交易借记和贷记的账户。5月1日，沃伦·波特（Warren Potter）向这家公司投资了 22 000 美元。6日，支付办公室租金 900 美元。12日，提供了咨询服务，并向客户收取 4 400 美元。18日，赊购 1 200 美元的设备。

3. 卡洛斯·桑塔纳公司（Carlos Santana Company）的部分交易如下：

日期		账户名称和摘要	索引	借方	贷方	J1
6月	6日	库存现金		22 000		
		实收资本			22 000	
		（所有者向公司投资现金）				
	13日	应收账款		8 200		
		服务收入			8 200	
		（按所提供的服务收费）				
	14日	库存现金		3 700		
		应收账款			3 700	
		（收到现金付款）				

将交易过账到 T 型账户。为每个账户设置一个 T 型账户，并确定每个账户的期末余额。

5. 根据下面的分类账户，为邦迪公司（Bundy Company）编制一份 2020 年 12 月 31 日的试算平衡表。按本书所示的顺序列出账目。所有账户的期末余额如下（金额单位：美元）。

应收账款	10 000	工资费用	2 300
物料	4 100	租金费用	1 200
应付账款	3 500	实收资本	10 200
所有者提款	1 100	库存现金	6 000
服务收入	11 000		

◀◀ 练习题 ▶▶

以下是 Hammond 房地产公司的相关信息。

10 月 1 日　莉娅·贝尔热（Lia Berge）作为房地产经纪人，以 30 000 美元的现金投资开始了她的生意。

　　2 日　支付了 700 美元的办公室租金。

　　3 日　赊购了 2 800 美元的办公设备。

　　6 日　将房地产出售给哈尔·史密斯（Hal Smith）；哈尔·史密斯为此支付了 4 400 美元。

　　27 日　就 10 月 3 日的交易支付了尾款 1 100 美元。

　　30 日　收到 10 月份的水电费账单，为 130 美元（此时未付）。

要求： 用日记账记录这些交易（可以省略摘要项）。

◀◀ 实践题 ▶▶

鲍勃·桑普尔（Bob Sample）于 2020 年 9 月 1 日开办了校园自助洗衣店。在经营的第一个月，发生了以下交易。

9 月 1 日　鲍勃（Bob）向公司投资了 20 000 美元现金。

　　2 日　公司用 1 000 美元现金支付了 9 月份的店面租金。

　　3 日　花费 25 000 美元购买洗衣机和烘干机，其中的 10 000 美元以现金支付，并签发了一张 15 000 美元、为期 6 个月、利率为 12% 的应付票据。

　　4 日　支付了 1 200 美元的一年期意外保险。

　　10 日　《每日新闻》为自助洗衣店开业提供在线广告，收到其发出的 200 美元账单。

　　20 日　鲍勃取出 700 美元现金供个人使用。

　　30 日　该公司确定本月因提供洗衣服务获取现金收入 6 200 美元。

公司的会计科目与 Pioneer 广告公司支付广告费用的会计科目相同。

要求：

a. 将 9 月份的交易记入日记账（使用 J1 作为日记账页码）。

b. 开立分类账户并将 9 月份的交易过账。

c. 在 2020 年 9 月 30 日编制试算平衡表。

IFRS 概览

国际公司使用相同的程序和记录来跟踪交易数据。因此，第 2 章中有关会计科目、借贷的一般规则和记录过程的步骤（包括日记账、分类账和会计科目表）在 GAAP 和 IFRS 下是相同的。

要点

以下是 GAAP 和 IFRS 在记录过程方面的主要相似点和不同点。

相似点

- IFRS 和 GAAP 的交易分析是相同的。
- IASB 和 FASB 都超越了本书对财务报表关键要素的基本定义，即资产、负债、所有者权益、收入和费用，在较高级的会计课程中会讨论扩展定义。
- 如本书所示，美元通常只在试算平衡表和财务报表中使用。IFRS 遵循相同的做法，使用报告公司总部所在国家的货币。
- IFRS 下的试算平衡表采用与教科书所示相同的格式。

不同点

- 与 FASB 标准相比，IFRS 更少地依赖历史成本，更多地受公允价值的影响。
- 内部控制是一种检查和制衡体系，旨在预防并发现欺诈和账务错误。虽然大多数美国上市公司都有这样的系统，但很多非美国公司从来没有完整的控制制度，也没有请独立的审计师证明制度的有效性。

展望未来

本书所展示的基本会计记录过程被全球各地的公司采用。这种会计记录过程在未来不太可能改变。按照 IASB 和 FASB 对其制定的会计准则的总体概念框架进行的评估，资产、负债、所有者权益、收入和费用的定义结构可能会随着时间发生变化。

第 3 章

调整账户

本章预览

第1章介绍了一个简洁的公式：净利润＝收入－费用。第2章介绍了一些记录收入和费用交易的规则。想想看，现实场景并没有这么的理想和简单。事实上，公司通常很难确定一些收入和费用应该在什么时间报告。换句话说，在衡量净利润时，时间就是一切的基础。

❯❯ 引 例

跟踪团购网站

谁不喜欢以折扣价买东西呢？这就是高朋团购公司（Groupon，Inc.）在成立三年后估值能达到160亿美元也不足为奇的原因。这意味着它平均每天增加近1 500万美元的价值。

现在想想，高朋团购公司之前的估值甚至比这还要高。到底发生了什么事？会计监管机构和投资者开始质疑高朋团购公司对其部分交易的记账方式。高朋团购公司主要销售优惠券（coupon发音与"Groupon"相近），所以准确地报账有多难？事实证明，计算优惠券并不像你想象的那么容易。

首先，考虑一下高朋团购公司销售时会发生什么。假设高朋团购公司以30美元的价格把优惠券出售给Highrise汉堡包公司。当它从顾客那里收到30美元时，它必须将其中的一半（15美元）交给Highrise汉堡包公司。那么，高朋团购公司到底应该以30美元的全额价格记录营业收入，还是只记录15美元？直到最近，高朋团购公司记录了全部的30美元。但是，为了回应美国证券交易委员会对这一问题的裁决，高朋团购公司现在将记录的收入改为15美元。

第二个是时间问题。高朋团购公司应该在什么时候记录这15美元的收入？它是应该在销售团购优惠券时记录收入，还是必须等到客户在Highrise汉堡包公司使用团购优惠券时才记录收入？你可以在高朋团购公司的财务报表附注中找到这个问题的答案。一旦"拼团的顾客人数超过预定的阈值，团购优惠券就会以电子方式交付给购买者，公司同时向商家提供已售出的团购优惠券列表"，公司就会确认收入。

当考虑到公司的忠诚计划时，会计变得更加复杂。当用户介绍新客户或参与促销活动时，高朋团购公司向用户提供免费或打折的团购服务。这些团购优惠券将用于未来的购买，但公司必须在顾客收到团购优惠券时记录费用。这些项目的成本对高朋团购公司来说是巨大的，所以确认这些费用的时间肯定会影响其报告的收入。

最后，像其他公司一样，高朋团购公司在其财务报告中依赖于许多估计。例如，高朋团购公司报告称，"估值用于但不限于基于股票的薪酬、所得税、收购取得的商誉和无形资产的估值、客户退款、或有负债和固定资产的可折旧年限。"还指出，"实际结果可能与估计值有重大差异。"下次你使用优惠券时，想想这对公司的会计师意味着什么！

3.1 权责发生制会计和调整分录

如果可以等到一家公司结束全部的生命周期后再编制财务报表，就不需要再做会计调整了。到那时，我们可以很容易地确定它最终的资产负债表及其最终赚取的收入。

然而，大多数公司需要获得它们在一段时间内表现如何的反馈。例如，管理层通常需要月度财务报表。美国国税局要求所有企业提交年度纳税申报表。因此，会计师将企业的会计期间人为地划分为多个时间段。这项便利的假设称为会计期间假设（time period assumption）。

许多商业交易影响的会计期间不止一个。例如，五年前美国西南航空公司购买的飞机至今仍在使用。因为飞机在购买之后的多个时期都在使用，所以将购买飞机的花费全部记入购买飞机当期费用的做法是不恰当的，与此相反，公司必须将成本分摊到使用的各个期间。

3.1.1　会计年度和日历年

不论规模大小，公司都会定期编制财务报表，以评估其财务状况和经营成果。会计期间通常是一个月、一个季度或一年。月度和季度的时间段称为过渡期间（interim periods）。大多数大公司必须编制季度和年度财务报表。

时长为一年的会计期间称为会计年度（fiscal year）。一个会计年度通常从一个月的第一天开始，在第 12 个月的最后一天结束。许多企业使用日历年（calendar year；1 月 1 日至 12 月 31 日）作为会计期间。另一些企业使用其他的方法。不采用日历年的公司有以 6 月 30 日为起点的达美航空公司（Delta Air Lines）和以 9 月 30 日为起点的华特迪士尼公司。有时公司选取的年终时间在不同年份会有变化。例如，百事公司会计年度的结束时间是 12 月的最后一个星期五。

3.1.2　权责发生制与收付实现制

在这一章，你将学到权责发生制会计（accrual-basis accounting）。在权责发生制下，公司在交易发生的会计期间里记录会改变公司财务报表的交易。例如，使用权责发生制来确定净利润意味着公司在提供服务时确认收入（而不是在收到现金时），它还意味着在费用发生时（而不是支付时）确认费用。

与权责发生制相对应的另一种会计核算方法是收付实现制。在收付实现制会计（cash-basis accounting）下，公司在收到现金时记录收入，在支付现金时记录费用。收付实现制的简单性使它很有吸引力，但它经常产生误导性财务报表。例如，对于已经提供了服务但尚未收到付款的交易，它没有记录收入。在收付实现制下，履行义务期间不能确认收入。

权责发生制会计与 GAAP 相一致。然而，个人和一些小公司确实采用收付实现制会计。因为小企业通常很少有应收账款和应付账款，所以对于它们来说收付实现制是合理的选择。大中型公司通常采用权责发生制会计。

3.1.3　确认收入和费用

确定报告收入和费用的会计期间是有难度的。收入确认原则和费用确认原则有助于完成这项任务。

收入确认原则

当一家公司同意为顾客提供服务或销售产品时，它就有了履行职责的义务。公司在履行完义务时确认收入。因此，收入确认原则（revenue recognition principles）要求公司在履行义务的会计期间确认收入。公司通过向顾客提供服务或商品来履行义务。

举例来说，假设 Dave 干洗店在 6 月 30 日清洗了衣服，但是顾客直到 7 月的第一个星期才来取他的衣物并支付干洗费用。这家干洗店应该在 6 月完成清洁服务（履行义务）时记录收入，而不是在 7 月收到现金时记录收入。6 月 30 日，这家干洗店将在资产负债表上记录一笔应收账款，并在利润表上记录服务收入。

费用确认原则

会计人员在确认费用时遵循一条简单的原则："让费用追随收入。"因此，费用确认与收入确认是联系在一起的。在 Dave 干洗店的例子中，该干洗店在确认 6 月 30 日提供的清洁服务所产生的服务收入的同时，应该报告该项服务所产生的工资费用。确认费用的关键问题在于费用是在什么时候对收入做出了贡献。可能是支付费用的同一时期，也可能不是。如果 Dave 干洗店到 7 月份还没有支付 6 月 30 日的工资，那么它将在 6 月 30 日的资产负债表上报告应付职工薪酬。

这种确认费用的做法称为费用确认原则（expense recognition principle）。它要求公司在其努力（消耗资产或者产生负债）创造收入的期间确认费用。在费用确认中，有时使用"匹配"一词来表示所付出的努力与所产生的收入之间的关系。图 3-1 总结了收入和费用确认的原则。

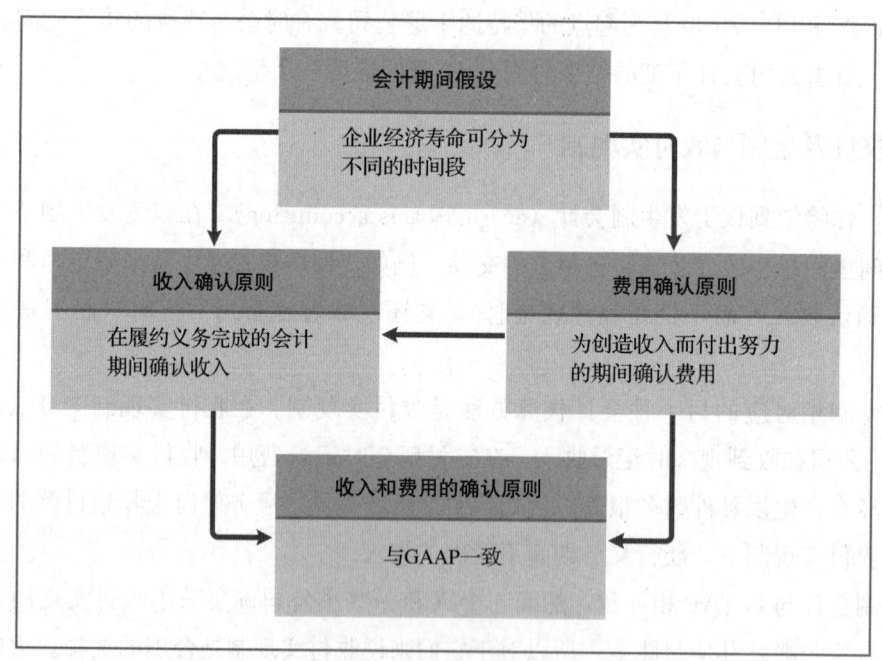

图 3-1　收入和费用的确认原则及其与 GAAP 的关系

3.1.4　调整分录的必要性

为了在提供服务的当期确认收入，在费用发生的当期确认费用，公司应编制调整分录。调整分录（adjusting entries）确保公司遵守收入确认和费用确认的原则。

调整分录是必要的，因为试算平衡表——第一个把所有交易数据汇总在一起的表——可能不包含最新的和最完整的数据。原因如下：

（1）为避免降低效率，有些事件没有每天记录。例如，物料的使用和雇员的工资。

（2）有些成本在会计期间没有入账，这是因为这些成本是随着时间的推移而到期的，而不是由于日常重复的交易。例如与建筑物和设备、租金以及保险有关的费用。

（3）有些项目可能不被记录。例如直到下一个会计期间才会收到这一期的水电费账单。

公司每次编制财务报表都需要调整分录。公司分析试算平衡表中的每个账户，以确定它们在编制财务报表时是完整的和最新的。每个调整分录将包含一个利润表账户和一个资产负债表账户。

3.1.5　调整分录的种类

调整分录分为递延项目（deferrals）和应计项目（accruals）。如表 3-1 所示，每个类别都有两个子类。

表 3-1　调整分录的种类

递延项目：
1. 待摊费用：在使用或消费之前用现金支付的费用。
2. 预收收入：在提供服务之前收到的现金。
应计项目：
1. 应计收入：已提供服务但尚未收到现金或尚未记录的收入。
2. 应计费用：已发生但尚未以现金支付或尚未记录的费用。

后面的章节给出了每种调整分录的例子。每个示例都基于第 2 章 Pioneer 广告公司 10 月 31 日的试算平衡表，前文内容转载至表 3-2。

表 3-2　试算平衡表

Pioneer 广告公司 试算平衡表 2020 年 10 月 31 日		
		金额单位：美元
	借方	贷方
库存现金	15 200	
物料	2 500	
预付保险费	600	
设备	5 000	
应付票据		5 000
应付账款		2 500
预收服务收入		1 200
实收资本		10 000
所有者提款	500	
服务收入		10 000
工资费用	4 000	
租金费用	900	
	28 700	28 700

我们假设 Pioneer 广告公司以一个月为会计期间。因此公司需每月编制调整分录。后文所述调整分录的日期为 10 月 31 日。

3.2 递延项目的调整分录

递延意为推迟或延迟。递延项目是指在最初收付现金的日期后才确认的费用或收入。递延分录的两种类型是待摊费用和预收收入。

3.2.1 待摊费用

当某项费用的收益期间超过一个会计期间时，将其记录为一项资产，并称之为待摊费用（prepaid expenses）或预付款项（prepayments）。提前支付费用时借记资产账户，以表示公司将在未来获得相应的服务或利益。常见的预付款项有保险、物料、广告费用和租金等。此外，公司在购买建筑和设备时也要提前付款。

待摊费用是指随着时间的推移（如租金和保险）或通过使用（如物料）而到期实现的费用。这些费用不需要每天记录入账到期实现的情况，每天更新是不切实际也是不必要的。公司在编制财务报表时才确认这些费用按期实现的情况。公司在每个报表日编制调整分录，以记录当期的费用，并显示资产账户的余额。

在编制调整分录之前，资产被高估，费用被低估。如图 3-2 所示，待摊费用的调整分录导致费用账户增加（借方），而资产账户减少（贷方）。

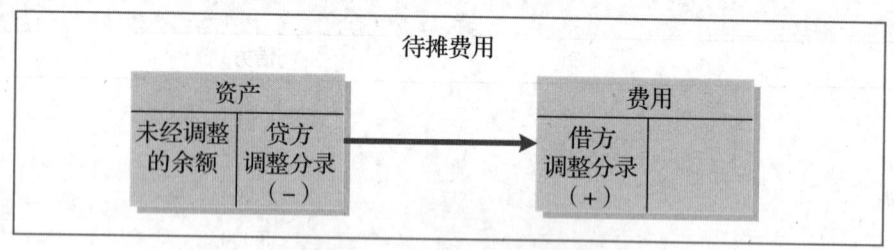

图 3-2 待摊费用的调整分录

接下来会从物料开始详细地讲解某些特定类型的待摊费用。

物料

购买物资，如纸张和信封，会导致资产账户增加（借方）。在会计期间，公司会消耗物料。公司在会计期末确认物料费用，而不是在消耗物料时记录耗材费用。在会计期末，公司清点剩余的物料。如图 3-3 所示，物料（资产）账户的未调整余额与现有物料的实际费用之间的差额为该期间所消耗的物料（费用）。

回顾第 2 章，Pioneer 广告公司在 10 月 5 日购买了价值 2 500 美元的广告材料，该公司记录这次购买时借记物料。10 月 31 日试算平衡表显示物料账户有 2 500 美元的余额。10 月 31 日的库存盘点显示还有 1 000 美元的库存。因此，所使用物料的费用为 1 500 美元（2 500 美元－1 000 美元）。这表明消耗了一项资产——物料，同时，增加了物料费用，减少了所有者权益。具体如图 3-3 所示。

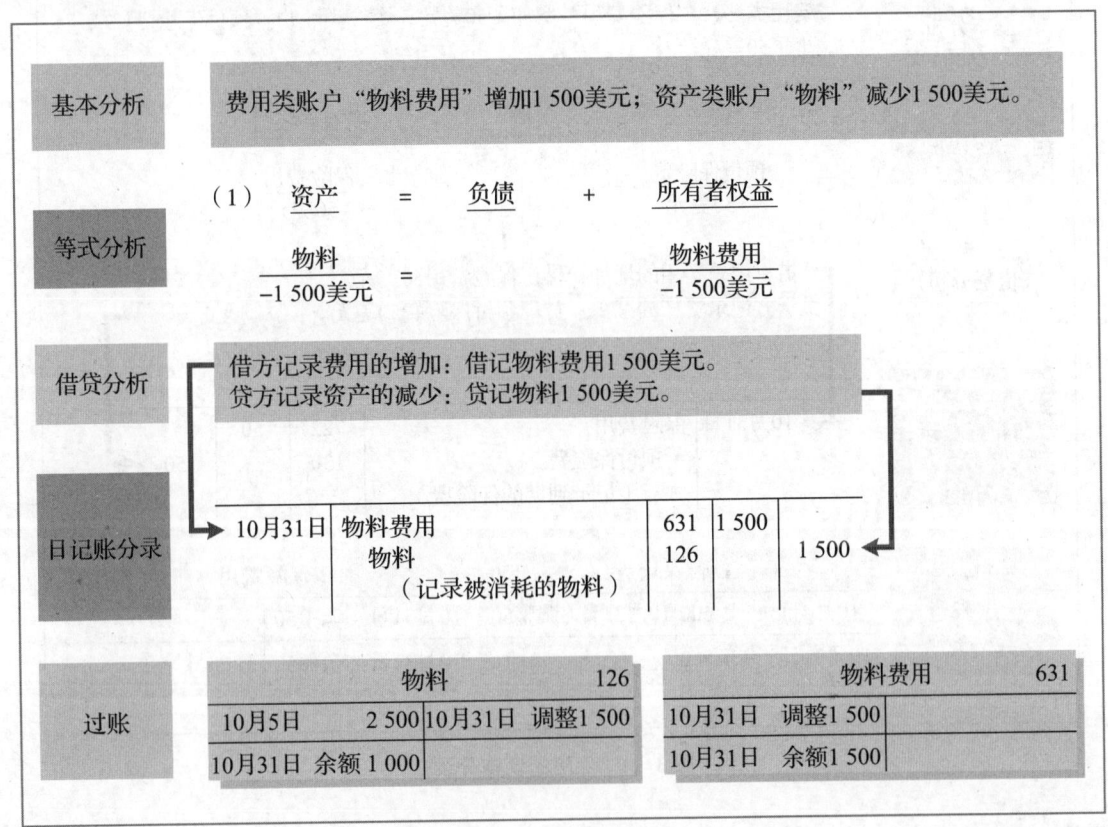

图 3-3 物料的调整分录

调整后，资产账户"物料"的期末余额为 1 000 美元，等于资产负债表日剩余物料的价值。此外，物料费用为 1 500 美元，等于 10 月份因消耗物料而产生的成本。如果 Pioneer 广告公司不做调整分录，10 月份的费用就少报了，净利润多报了 1 500 美元，在 10 月 31 日的资产负债表上，资产和所有者权益都将被高估了 1 500 美元。

保险

公司购买保险是为了保护自己免受火灾、盗窃和其他不可预见事件的损失。保险必须提前支付，通常是提前几个月。预付的保险费（保费）借记资产类账户"预付保险费"。在资产负债报表日，对于在支付期间到期的保险，公司借记保险费用，贷记预付保险费。

10 月 4 日，Pioneer 广告公司花 600 美元购买了一年期的保险。Pioneer 广告公司记录这笔款项时借记预付保险费。10 月 31 日的试算平衡表显示这个账户有 600 美元的余额。每月有 50 美元（600 美元÷12）的保险到期。预付保险费的到期会减少一项资产类账户"预付保险费"，它还会增加费用类账户"保险费用"，进而减少所有者权益。

如图 3-4 所示，资产类账户"预付保险费"的期末余额为 550 美元，这是剩余 11 个月保险期的未到期费用。同时，"保险费用"的余额等于 10 月份到期的保险的费用。如果 Pioneer 广告公司不做此调整，10月份的费用将少报50美元，净利润将多报50美元，在10月31日的资产负债表上，资产和所有者权益都将被高估50美元。

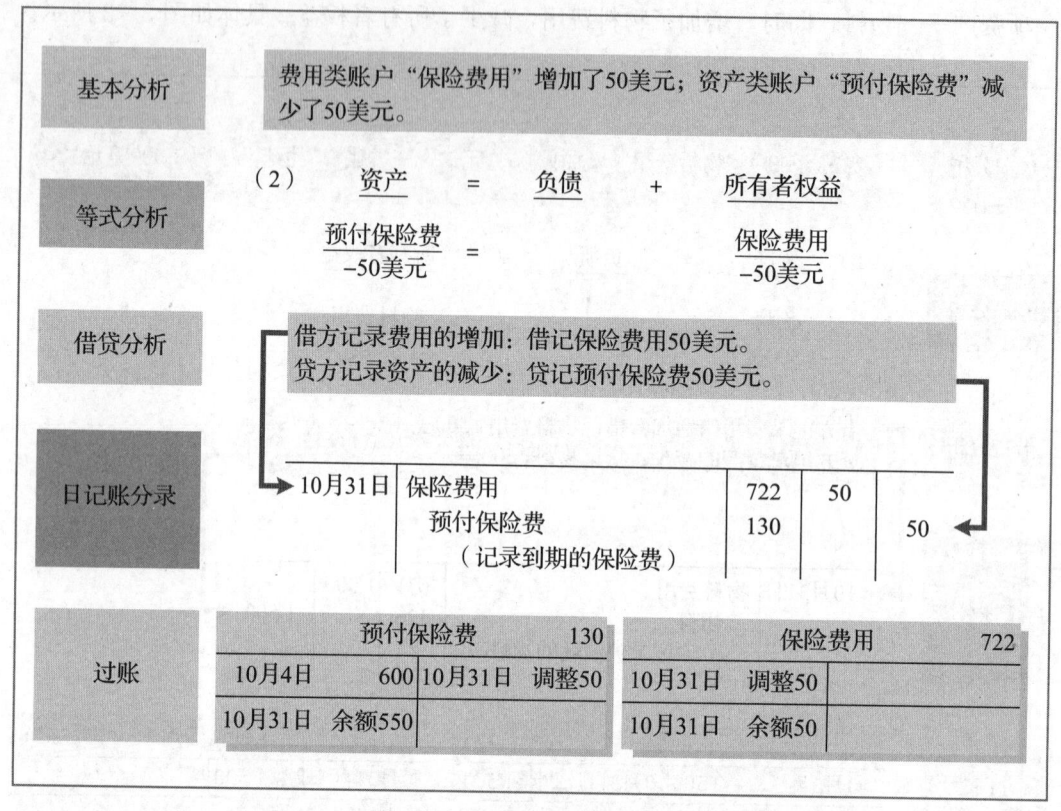

图3-4 保险的调整分录

折旧

公司通常拥有多种长使用年限的资产，如建筑物、设备和机动车辆。它们的服务期被称为资产的使用年限（useful life）。因为一栋建筑预计可以使用很多年，所以在购买日，它将被记录为资产而不是费用。如第1章所述，公司按照历史成本原则按成本记录这些资产。为了遵循费用的确认原则，公司在资产使用年限内的每个阶段都对部分成本进行分摊，将其计入费用。折旧（depreciation）是将资产的成本在其使用年限内分摊为费用的过程。

（1）对调整的需求。获取长使用年限的资产实质上是为使用该资产做了长期预付。编制折旧的调整分录是为了确认当期已使用的成本（费用）和报告期末尚未使用的成本（资产）。需要理解的一个要点是：折旧是一个分摊概念而不是一个估值概念，也就是说，折旧将资产的成本分摊到使用它的各期间。折旧并不是为了报告资产价值的实际变化。

对于Pioneer广告公司而言，假设设备的折旧额为每年480美元，或者每月40美元。如图3-5所示，Pioneer广告公司不是直接减少（贷记）资产账户，而是贷记"累计折旧——设备"。累计折旧被称为资产备抵类账户（contra asset account）。这个账户可以与资产负债表上的资产账户相抵减。因此，"累计折旧——设备"账户抵了资产类账户"设备"。这个账户记录了资产在整个使用寿命期间发生的折旧费用总额。为了保持会计恒等式的平衡，Pioneer广告公司通过增加费用类账户"折旧费用"账户来减少所有者权益。

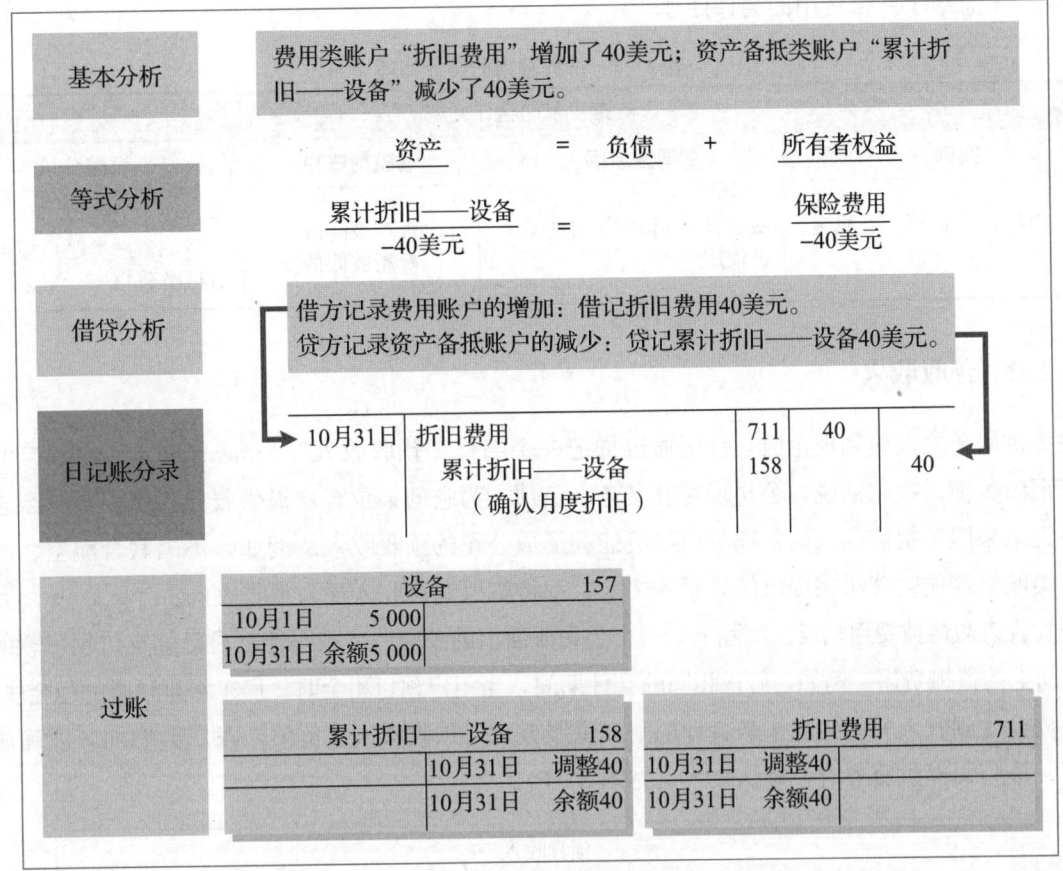

图 3-5　折旧的调整分录

"累计折旧——设备"账户的余额将每月增加 40 美元，而"设备"账户本期的余额将保持为 5 000 美元。

(2) 报表列示。"累计折旧——设备"是一种资产备抵类账户，它与资产负债表上的"设备"账户相抵减。资产备抵类账户的期末余额在贷方。对于使用资产备抵类账户，理论上有一种替代性的方法，即在各个会计期间从资产账户中减少（贷记）对应的折旧金额。但使用资产备抵账户的做法更优，原因很简单，它既披露了设备的原始成本，又列示了迄今为止已支出的总成本。因此，在资产负债表中，Pioneer 广告公司从相关资产账户中扣除累计折旧——设备，如表 3-3 所示。

表 3-3　资产负债表中列示的累计折旧

设备	5 000 美元
减：累计折旧——设备	40 美元
	4 960 美元

账面价值（book value）是任何可折旧资产的历史成本与其相关的累计折旧之间的差额。在表 3-3 中，资产负债表日设备的账面价值为 4 960 美元。资产的账面价值和公允价值通常是两种不同的价值。如前所述，折旧的目的不是估价，而是成本分摊的一种手段。

折旧费用是指资产的成本中在该期间（本例中为 10 月份）到期确认的那部分。会计恒等式表明，如果没有这个调整分录，总资产、所有者权益和净利润被高估了 40 美元，折旧费用被低估了 40 美元。表3-4总结了待摊费用的会计处理。

表3-4　待摊费用的会计处理

待摊费用的会计处理			
实例	调整原因	调整前账户	调整分录
保险、物料、广告费用，租金、折旧	最初计入待摊费用的资产已使用	资产被高估 费用被低估	借：费用类账户 　　贷：资产类账户或者资产备抵类账户

3.2.2　预收收入

在提供服务之前收到现金时，公司通过贷记一个叫作"预收收入"（unearned revenues）的负债账户来记录负债。换句话说，公司现在有义务（负债）为它的某位客户提供服务。像租金、杂志订阅和客户为未来服务提前存入的款项等项目可能会形成公司的预收收入。例如，美国联合航空、西南航空和达美航空等航空公司在提供航班服务之前，都将机票销售收入视为预收收入。

预收收入与待摊费用相反。实际上，一个公司账面上的预收收入很可能就是已经支付预付款的那家公司账面上的待摊费用。例如，假设相同的会计期间，当租户预付租金时，房东将有预收的租金收入。

当提前收到收入并需要在未来会计期间提供服务时，预收收入（负债）账户会增加，以确认存在的负债。该公司提供服务时，确认收入（见图3-6）。

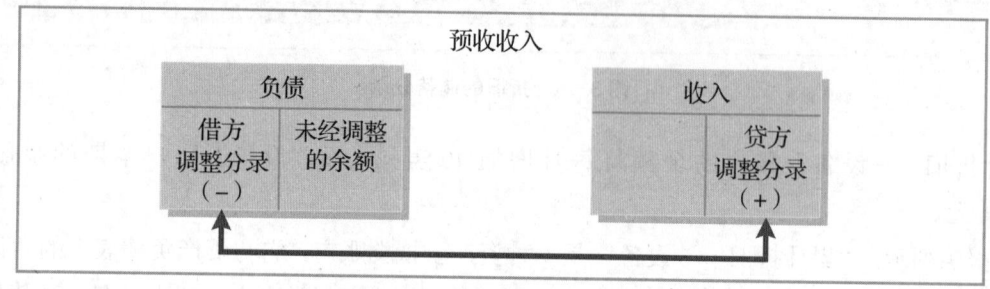

图3-6　预收收入的调整分录

由于公司经常提供服务，因此在会计期间内日常做分录是不切实际的，相反，公司会将收入确认的时间推迟到调整时。公司编制调整分录，以记录在该期间提供服务所带来的收入，并列示在会计期末仍存在的负债。通常在会计调整之前，负债被高估，收入被低估。预收收入的调整分录会导致负债账户减少（借记），收入账户增加（贷记）。

Pioneer广告公司在10月2日收到了P. Knox公司预付的1 200美元的广告服务费用，该项服务预计将在12月31日前完成。Pioneer广告公司将这笔钱贷记为预收服务收入。在10月31日，在试算平衡表中这个负债账户（预收服务收入）的期末余额为1 200美元。Pioneer广告公司评估10月份为P. Knox公司提供的服务，判断自己应该在10月份确认400美元的收入。因此，负债（预收收入）减少了，所有者权益（服务收入）增加了。

如图3-7所示，负债类账户预收服务收入的期末余额为800美元。这一金额表示Pioneer广告公司应在未来继续履行提供广告服务的义务。同时，"服务收入"账户表明，10月份确认的总收入为10 400美元。如果没有这次会计调整，收入和净利润在利润表中都被低估了400美元，在10月31日的资产负债表上，负债将被高估，所有者权益将被低估 400 美元。

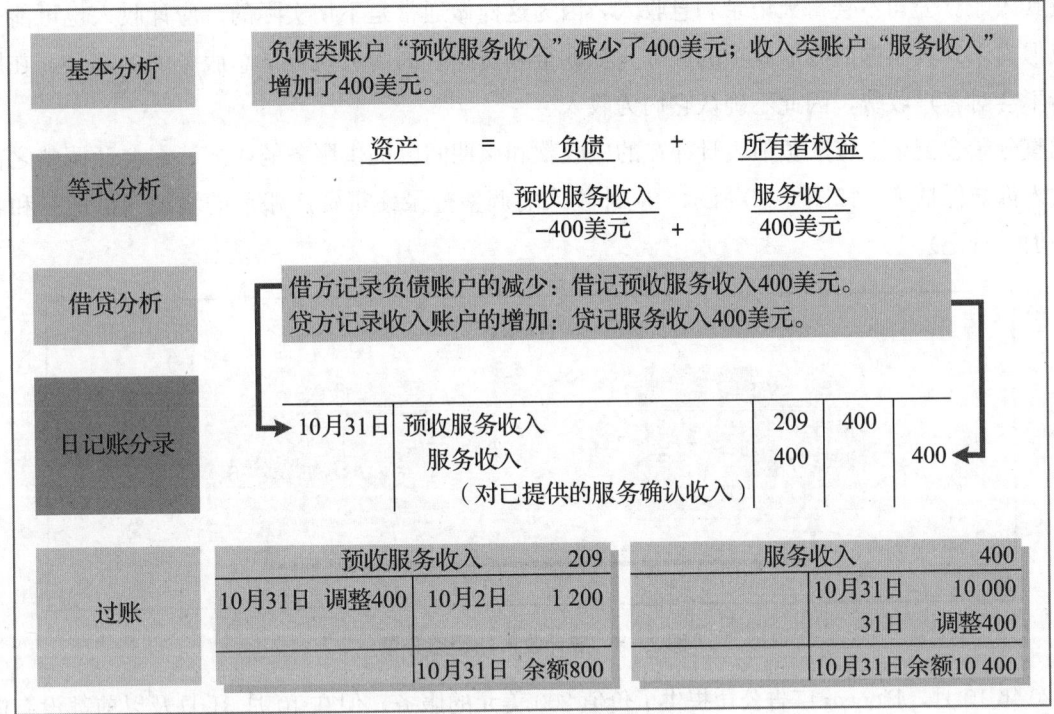

图 3-7　服务收入的调整分录

表 3-5 对预收收入的会计处理进行了总结。

表 3-5　预收收入的会计处理

预收收入的会计处理			
实例	调整原因	调整前账户	调整分录
租金、杂志订阅、客户为未来服务提前存入的款项	之前记入负债类账户的预收收入现在确认为服务收入	负债被高估收入被低估	借：负债类账户 贷：收入类账户

3.3　应计项目的调整分录

分析　编制日记账　过账　试算平衡　**调整分录**　调整后试算平衡　编制财务报表　结账分录　结账后试算平衡

第二类调整分录是应计项目。在调整应计项目之前，收入账户（和相关的资产账户）或费用账户（和相关的负债账户）被低估。因此，应计项目的调整分录将增加资产负债表和利润表的账户余额。

3.3.1　应计收入

在资产负债表日已发生但尚未入账的服务带来的收入为应计收入（accrued revenues）。应计收入可能随时间的推移而累积（增加），如利息收入。由于日常交易不涉及利息收入，所以没有在发生时马上将其入账。公司不会每天记录利息收入，因为这样做通常是不切实际的。应计收入也可能来自已经完成但尚未开具票据或收取款项的服务，如佣金和费用。因为只执行了总服务的一部分，在服务完成之前不会对客户收费，因此不确认它们为收入。

调整分录会记录下资产负债表日存在的应收款和该期间已提供服务的收入。在会计调整之前，资产和收入都被低估了。如图3-8所示，应计收入的调整分录使得资产账户的增加（借记）和收入账户的增加（贷记）。

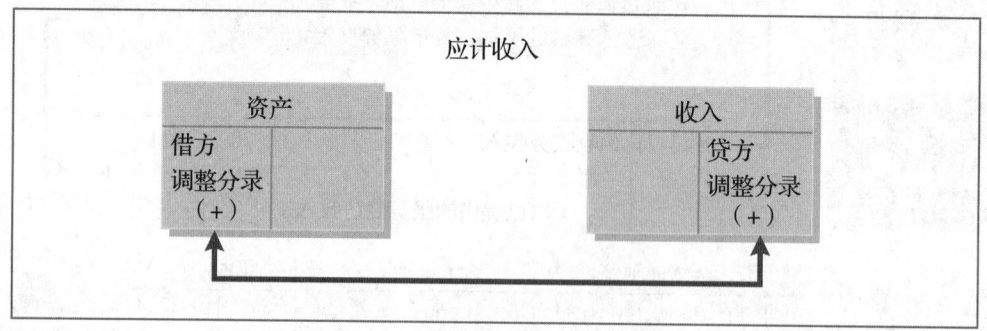

图3-8　应计收入的调整分录

2020年10月，Pioneer广告公司提供了价值200美元的服务，但在10月31日及以前都没有向客户收取费用。因为没有收到这些服务的款项，所以这些交易也没有被确认。未确认的应计收入使资产账户增加，即增加了应收账款，它还通过增加收入账户（服务收入）增加了所有者权益，如图3-9所示。

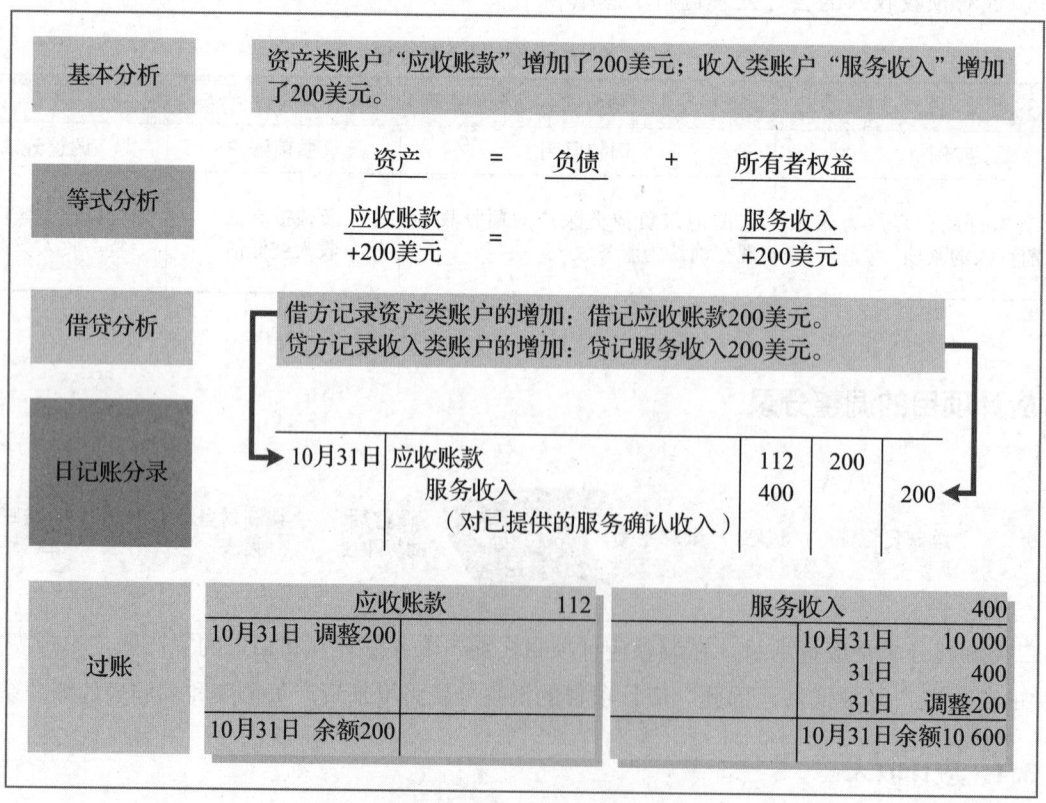

图3-9　应计收入的调整分录

在资产负债表日，资产类账户应收账款显示，客户欠 Pioneer 广告公司 200 美元。服务收入账户的期末余额为 10 600 美元，是 Pioneer 广告公司在该月所提供服务的总收入（10 000 美元＋400 美元＋200 美元）。如果没有调整分录，资产负债表上的资产和所有者权益以及利润表上的收入和净利润都被低估了。

11 月 10 日，Pioneer 广告公司收到了 10 月份因提供服务而应收取的 200 美元现金，并做如下会计分录。

11 月 10 日	库存现金		200	
	应收账款			200
	（记录到账的现金）			

公司通过借记（增加）库存现金和贷记（减少）应收账款对实际收到的应收款进行记录。

表 3-6 总结了应计收入的会计处理。

表 3-6　应计收入的会计处理

应计收入的会计处理			
实例	调整原因	调整前账户	调整分录
利息、租金、服务	履行了服务，但是还没有收到现金或者尚未确认	资产被低估 收入被低估	借：资产类账户 贷：收入类账户

3.3.2　应计费用

在资产负债表日已发生但尚未支付或记录的费用称为应计费用（accrued expenses）。利息、税费和工资是常见的应计费用。

公司对应计费用进行调整，从而记录资产负债表日存在的义务，并确认属于当前会计期间的费用。在调整之前，负债和费用都被低估了。如图 3-10 所示，应计费用的调整分录会导致费用账户增加（借记）和负债账户增加（贷记）。

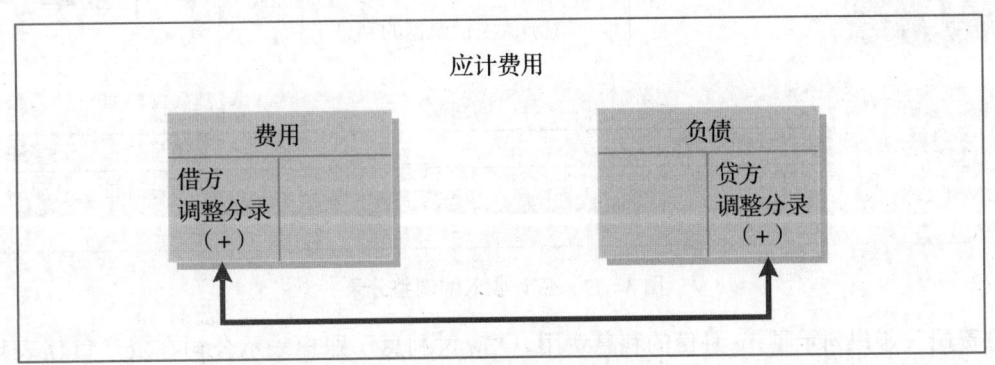

应计费用

| 费用 | | 负债 | |
| 借方
调整分录
（＋） | | 贷方
调整分录
（＋） | |

图 3-10　应计费用的调整分录

接下来会从应计利息开始详细地介绍特定类型的应计费用。

应计利息

Pioneer 广告公司于 10 月 1 日签发了一张为期 3 个月、面额为 5 000 美元的应付票据。这张票据要求 Pioneer 广告公司每年支付 12% 的利息。

利息的金额由三个因素决定：（1）票据的面值；（2）利率，通常以年利率表示；（3）票据有效期限。对 Pioneer 广告公司来说，在 3 个月后到期的 5 000 美元的应付票据的到期利息是 150 美元 $\left(5\,000 \times 12\% \times \dfrac{3}{12}\right)$，或者说是每月 50 美元。表 3-7 展示了计算利息的公式及其应用于计算 Pioneer 广告公司 10 月份利息的情况。

表 3-7 利息的计算公式

票据的面值	×	年利率	×	一年中所处的期限	=	利息
5 000 美元	×	12%	×	$\dfrac{1}{12}$	=	50 美元

如图 3-11 所示，10 月 31 日的应计利息增加了负债类账户"应付利息"，它还通过增加费用类账户"利息费用"来减少所有者权益。

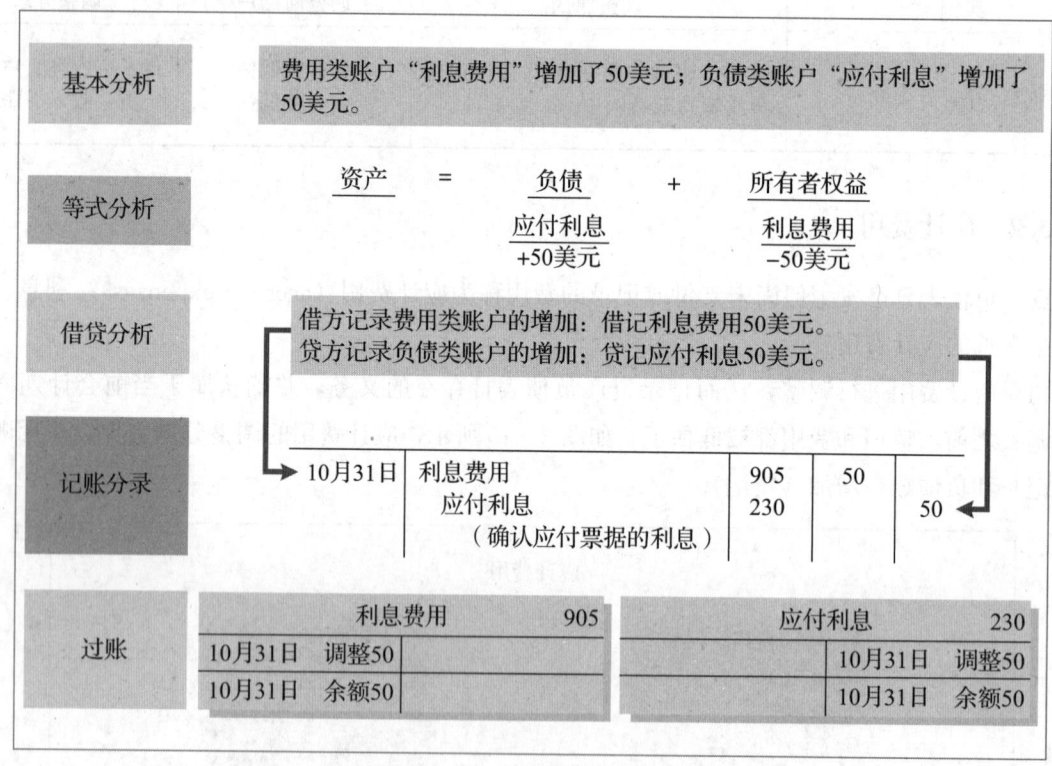

图 3-11 应计收入的调整分录

"利息费用"账户列示了 10 月份的利息费用。"应付利息"账户表示公司在资产负债表日尚未支付的利息金额。Pioneer 广告公司在票据 3 个月即将到期时才会支付利息。公司使用"应付利息"账户而不是贷记"应付票据"，是为了在账户和报表中披露两种不同类型的债务——利息和本金。没有这种调整分录，负债和利息费用就被低估了，而净利润和所有者权益被高估了。

应计工资

公司在提供服务后需要支付一些费用，如工资费用。Pioneer 广告公司在 10 月 26 日为员工前两周的工作支付了工资。下次发工资要等到 11 月 9 日。如图 3 - 12 所示，10 月还有 3 个工作日（10 月 29—31 日）。

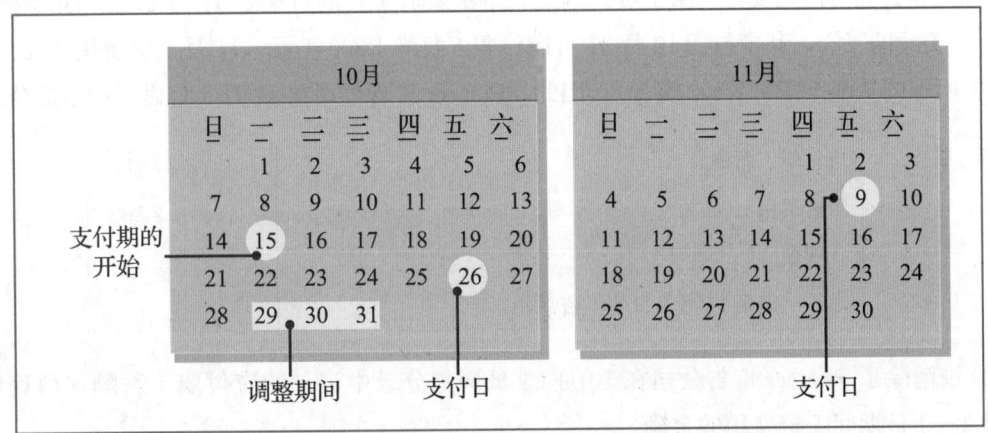

图 3 - 12　Pioneer 广告公司薪酬支付周期日历表

10 月 29—31 日这三天的工资属于应计的费用，是 Pioneer 广告公司应承担的一项负债。员工一周的工资总额为 2 000 美元，也就是每周工作五天，每天 400 美元。因此，10 月 31 日的应计工资为 1 200 美元（400 美元×3 天）。这笔经济活动通过增加负债和工资费用来减少所有者权益，如图 3 - 13 所示。

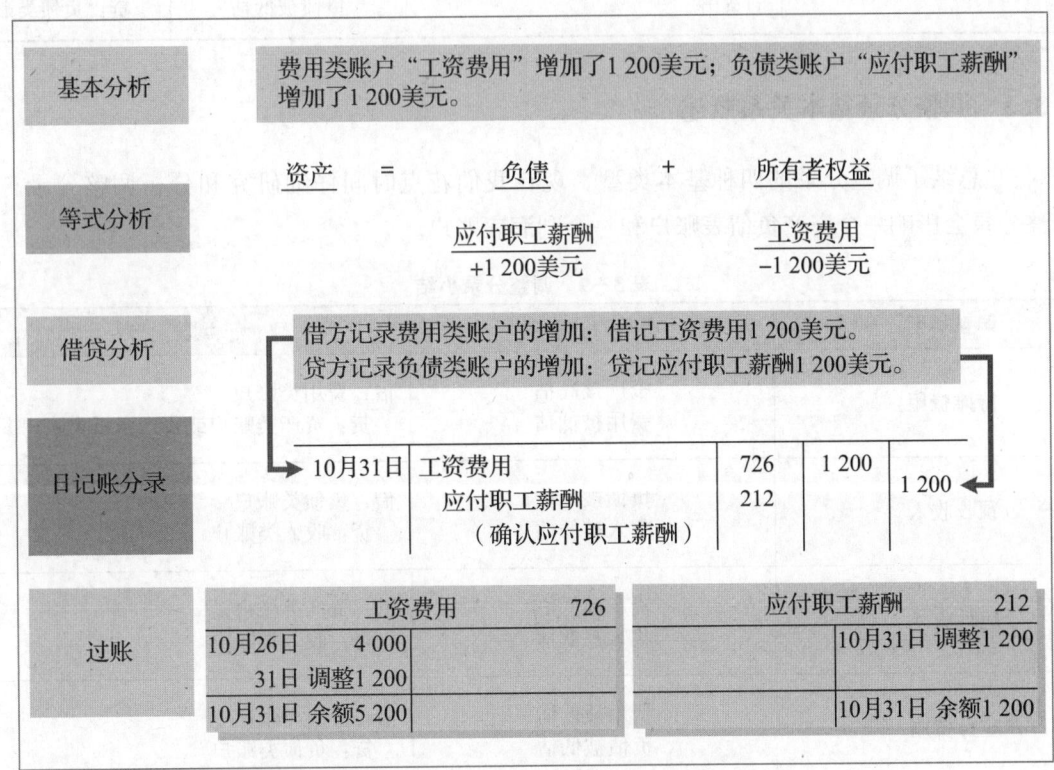

图 3 - 13　应计职工薪酬的调整分录

调整后，"工资费用"账户的期末余额为 5 200 美元（13 天×400 美元），属于 10 月份的实际工资费用。"应付职工薪酬"账户的期末余额是 1 200 美元，表示截至 10 月 31 日 Pioneer 广告公司因应付工资而产生的负债的金额。如果不对 1 200 美元的工资编制调整分录，Pioneer 广告公司的费用就少报告了 1 200 美元，其负债也会少报告 1 200 美元。

Pioneer 广告公司每两周支付一次工资。因此，下次发放工资的日期是 11 月 9 日，届时公司将支付总额为 4 000 美元的工资，其中包括 10 月 31 日应付职工薪酬 1 200 美元，11 月工资费用 2 800 美元（如 11 月日历中所示的 7 个工作日×400 美元）。因此，Pioneer 广告公司在 11 月 9 日做了如下的分录。

11 月 9 日	应付职工薪酬	1 200	
	工资费用	2 800	
	现金		4 000
	（记录 11 月 9 日的工资总额）		

这一分录消除了 Pioneer 广告公司在 10 月 31 日调整分录中记录的应付职工薪酬这项负债，并记录了 11 月 1—9 日期间工资费用的金额。

表 3-8 总结了对应计费用的会计处理。

表 3-8　应计费用的会计处理

应计费用会计处理			
实例	调整原因	调整前账户	调整分录
利息、租金、工资	已发生但尚未以现金支付或入账的费用	费用被低估 负债被低估	借：费用类账户 贷：负债类账户

3.3.3　调整分录基本关系概述

表 3-9 总结了调整分录的四种基本类型。现在我们花点时间仔细研究和分析调整分录。注意，每个调整分录会影响一个资产负债表账户和一个利润表账户。

表 3-9　调整分录小结

调整类型	调整前的账户	调整分录
待摊费用	资产被高估 费用被低估	借：费用类账户 　　贷：资产类账户或资产备抵类账户
预收收入	负债被高估 收入被低估	借：负债类账户 　　贷：收入类账户
应计收入	资产被低估 收入被低估	借：资产类账户 　　贷：收入类账户
应计费用	费用被低估 负债被低估	借：费用类账户 　　贷：负债类账户

表 3-10 和表 3-11 展示了 Pioneer 广告公司 10 月 31 日日记账和调整分录的过账情况。因为它们都记录在普通日记账的第 2 页，所以总分类账通过在索引栏中标注 J2，确定所有的调整分录。公司可以在日记账的最后一笔交易分录和第一笔调整分录之间插入一个行标题"调整分录"。当你在表 3-11 中查看总分类账时，用黑色加粗字体突出显示的分录就是调整分录。

表 3-10　显示调整分录的普通日记账

普通日记账				J2
日期	账户名称和摘要	索引	借方	贷方
2020 年	调整分录			
10 月 31 日	物料费用	631	1 500	
	物料	126		1 500
	（确认被消耗的物料）			
31 日	保险费用	722	50	
	预付保险费	130		50
	（确认到期的保险费）			
31 日	折旧费用	711	40	
	累计折旧——设备	158		40
	（确认月度折旧）			
31 日	预收服务收入	209	400	
	服务收入	400		400
	（对已提供的服务确认收入）			
31 日	应收账款	112	200	
	服务收入	400		200
	（对已提供的服务确认收入）			
31 日	利息费用	905	50	
	应付利息	203		50
	（确认应付票据的利息）			
31 日	工资费用	726	1 200	
	应付职工薪酬	212		1 200
	（确认应付职工薪酬）			

（1）调整分录不应涉及借记或贷记库存现金。

（2）评估会计调整是否有意义。例如，确认已用物料的会计调整时，应增加物料费用。

（3）复核所有计算。

（4）每一个会计调整分录影响资产负债表里的一个会计账户和利润表里的一个会计账户。

表 3-11 调整后的总分类账

总分类账

金额单位：美元

库存现金 101 号

日期	摘要	索引	借方	贷方	余额
2020 年					
10 月 1 日		J1	10 000		10 000
2 日		J1	1 200		11 200
3 日		J1		900	10 300
4 日		J1		600	9 700
20 日		J1		500	9 200
26 日		J1		4 000	5 200
31 日		J1	10 000		15 200

应收账款 112 号

日期	摘要	索引	借方	贷方	余额
2020 年					
10 月 31 日	调整分录	J2	200		200

物料 126 号

日期	摘要	索引	借方	贷方	余额
2020 年					
10 月 5 日		J1	2 500		2 500
31 日	调整分录	J2		1 500	1 000

预付保险费 130 号

日期	摘要	索引	借方	贷方	余额
2020 年					
10 月 4 日		J1	600		600
31 日	调整分录	J2		50	550

设备 157 号

日期	摘要	索引	借方	贷方	余额
2020 年					
10 月 1 日		J1	5 000		5 000

累计折旧——设备 158 号

日期	摘要	索引	借方	贷方	余额
2020 年					
10 月 31 日	调整分录	J2		40	40

应付票据 200 号

日期	摘要	索引	借方	贷方	余额
2020 年					
10 月 31 日		J1		5 000	5 000

应付账款 201 号

日期	摘要	索引	借方	贷方	余额
2020 年					
10 月 5 日		J1		2 500	2 500

预收服务收入 209 号

日期	摘要	索引	借方	贷方	余额
2020 年					
10 月 2 日		J1		1 200	1 200
31 日	调整分录	J2	400		800

应付职工薪酬 212 号

日期	摘要	索引	借方	贷方	余额
2020 年					
10 月 31 日	调整分录	J2		1 200	1 200

应付利息 230 号

日期	摘要	索引	借方	贷方	余额
2020 年					
10 月 31 日	调整分录	J2		50	50

实收资本 301 号

日期	摘要	索引	借方	贷方	余额
2020 年					
10 月 1 日		J1		10 000	10 000

所有者提款 306 号

日期	摘要	索引	借方	贷方	余额
2020 年					
10 月 20 日		J1	500		500

服务收入 400 号

日期	摘要	索引	借方	贷方	余额
2020 年					
10 月 31 日		J1		10 000	10 000
31 日	调整分录	J2		400	10 400
31 日	调整分录	J2		200	10 600

物料费用 631 号

日期	摘要	索引	借方	贷方	余额
2020 年					
10 月 31 日	调整分录	J2	1 500		1 500

折旧费用 711 号

日期	摘要	索引	借方	贷方	余额
2020 年					
10 月 31 日	调整分录	J2	40		40

保险费用 722 号

日期	摘要	索引	借方	贷方	余额
2020 年					
10 月 31 日	调整分录	J2	50		50

工资费用 726 号

日期	摘要	索引	借方	贷方	余额
2020					
10 月 26 日		J1	4 000		4 000
10 月 31 日	调整分录	J2	1 200		5 200

租金费用 729 号

日期	摘要	索引	借方	贷方	余额
2020					
10 月 3 日		J1	900		900

利息费用 905 号

日期	摘要	索引	借方	贷方	余额
2020					
10 月 31 日	调整分录	J2	50		50

3.4　调整后的试算平衡表与财务报表

| 分析 | 编制日记账 | 过账 | 试算平衡 | 调整分录 | 调整后试算平衡 | 编制财务报表 | 结账分录 | 结账后试算平衡 |

将所有调整分录记入日记账并过账后，再根据分类账编制另一张试算平衡表，这张试算平衡表称为调整后的试算平衡表（adjusted trial balance），它列示了在会计期末所有账户的余额，包括调整后的账户余额。编制调整后的试算平衡表的目的是证明调整后的分类账中借方余额与贷方余额依然相等。由于这些会计账户包含了财务报表所需的全部数据，调整后的试算平衡表是编制财务报表的主要依据。

3.4.1　编制调整后的试算平衡表

表 3-12 展示了根据表 3-11 中的总分类账编制的 Pioneer 广告公司的调整后的试算平衡表。用黑色加粗字体突出显示受调整分录影响的金额。将这些金额与表 3-2 中未经调整的试算平衡表中的金额进行比较。通过比较，你会发现由于月末编制了调整分录，调整后的试算平衡表中有更多的会计账户。

表 3-12　调整后的试算平衡表

Pioneer 广告公司
试算平衡表
2020 年 10 月 31 日

金额单位：美元

	借方	贷方
库存现金	15 200	
应收账款	**200**	
物料	**1 000**	
预付保险费	**550**	
设备	5 000	
累计折旧——设备		**40**
应付票据		5 000
应付账款		2 500
应付利息		**50**
预收服务收入		**800**
应付职工薪酬		1 200
实收资本		10 000
所有者提款	500	
服务收入		**10 600**
工资费用	**5 200**	
物料费用	**1 500**	
租金费用	900	
保险费用	**50**	
利息费用	**50**	
折旧费用	**40**	
	30 190	**30 190**

3.4.2 编制财务报表

公司可以直接由调整后的试算平衡表来编制财务报表。图3-14和图3-15展示了调整后的试算平衡表和财务报表中的数据的相互关系。

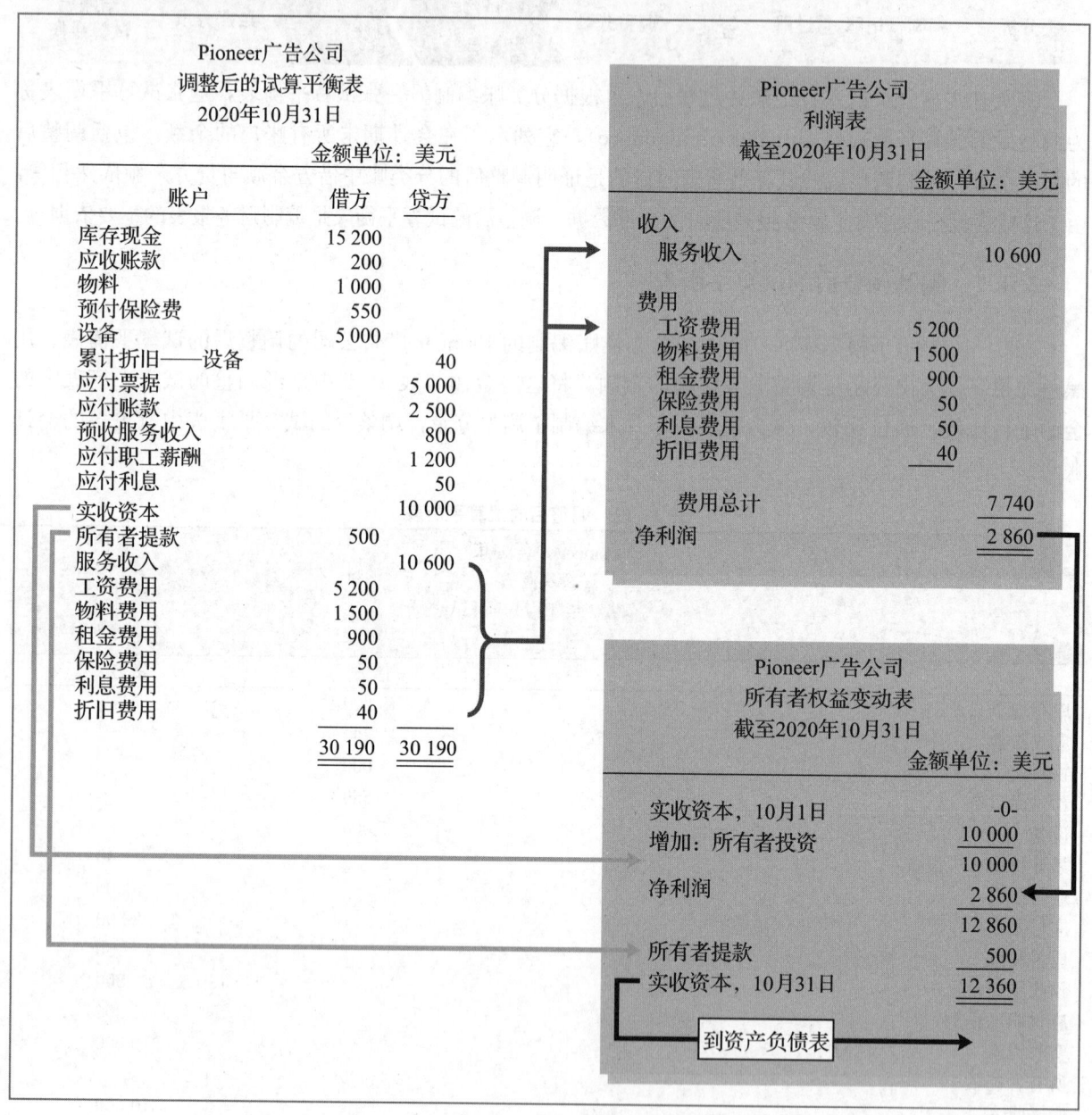

图3-14 根据会计调整后的试算平衡表编制利润表和所有者权益变动表

如图3-14所示，公司依据收入和费用账户编制利润表。然后，根据实收资本和所有者提款账户以及利润表中的净利润（或净损失）来编制所有者权益变动表。

如图3-15所示，公司根据资产负债表中的报告内容和所有者权益变动表中所有者权益的期末余额编制资产负债表。

Pioneer广告公司
调整后的试算平衡表
2020年10月31日

金额单位：美元

账户	借方	贷方
库存现金	15 200	
应收账款	200	
物料	1 000	
预付保险费	550	
设备	5 000	
累计折旧——设备		40
应付票据		5 000
应付账款		2 500
预收服务收入		800
应付职工薪酬		1 200
应付利息		50
实收资本		10 000
所有者提款	500	
服务收入		10 600
工资费用	5 200	
物料费用	1 500	
租金费用	900	
保险费用	50	
利息费用	50	
折旧费用	40	
	30 190	30 190

Pioneer广告公司
资产负债表
2020年10月31日

金额单位：美元

资产

库存现金		15 200
应收账款		200
物料		1 000
预付保险费		550
设备	5 000	
减少：		
累计折旧——设备	40	4 960
总资产		21 910

负债和所有者权益

负债

应付票据	5 000
应付账款	2 500
预收服务收入	800
应付职工薪酬	1 200
应付利息	50
总负债	9 550

所有者权益

实收资本	12 360
负债和所有者权益合计	21 910

来自所有者权益变动表10月31日的实收资本余额

图 3-15 由调整后的试算平衡表编制资产负债表

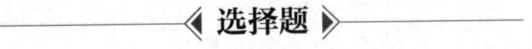

◀ 选择题 ▶

1. 收入确认原则规定（　　）。

A. 应在履行义务的会计期间确认收入

B. 费用应与收入匹配

C. 企业的生命周期可以被人为地划分为不同时间段

D. 会计年度应与日历年度一致

3. 下列哪项有关权责发生制会计的陈述是错误的？（　　）

A. 将改变公司财务报表的经济活动记录在该业务发生的会计期间

B. 在履行服务的当期确认收入

C. 它依据的是 GAAP

D. 只在收到现金时记录收入，只在支付现金时记录费用

5. 调整分录是为了确保（　　）。

A. 在费用发生的会计期间对其进行确认

B. 在履行服务的会计期间确认收入

C. 在会计期末，资产负债表和利润表中账户的期末余额在合理的位置

D. 以上回答都是正确的

7. 根据试算平衡表，物料总金额为 1 350 美元，物料费用为 0 美元。物料的期末余额为 600 美元，编制的调整分录是（　　　）。

| A. 物料 | 600 | |
| 物料费用 | | 600 |

| B. 物料 | 750 | |
| 物料费用 | | 750 |

| C. 物料费用 | 750 | |
| 物料 | | 750 |

| D. 物料费用 | 600 | |
| 物料 | | 600 |

9. 累计折旧为（　　　）。

A. 资产备抵类账户

B. 费用类账户

C. 所有者权益类账户

D. 负债类账户

11. 针对预收收入的调整分录是（　　　）。

A. 减少负债，增加收入

B. 有资产–收入账户的关系

C. 增加资产和收入

D. 减少收入和资产

13. 安妮卡·威尔逊（Anika Wilson）在 9 月的最后一周挣到了 400 美元的薪酬，她将在 10 月 1 日收到工资。她的雇主在 9 月 30 日的调整分录为（　　　）。

A. 不需要编制分录

| B. 工资费用 | 400 | |
| 应付职工薪酬 | | 400 |

| C. 工资费用 | 400 | |
| 库存现金 | | 400 |

| D. 应付职工薪酬 | 400 | |
| 库存现金 | | 400 |

◀ 简答题 ▶

1. 戴伊公司（Dey）的分类账包括下列会计账户。请解释为什么下列账户可能需要进行会计调整。

A. 物料　　　　　B. 预收服务收入　　　　　C. 应付职工薪酬　　　　　D. 应付利息

3. 请编制下列经济活动在 12 月 31 日的应计项目调整分录。

（1）已提供服务但未进行确认的收入金额为 4 200 美元。

（2）已发生水电费但未支付的金额为 660 美元。

（3）尚未支付的职工薪酬为 3 000 美元。

请使用下列会计科目：应付账款、应收账款、服务收入、工资费用、应付职工薪酬、水电费。

5. 和谐公司 2020 年 12 月 31 日调整后的试算平衡表包括这些会计账户：库存现金 12 000 美元，实收资本 22 000 美元，所有者提款 3 000 美元，服务收入 41 000 美元，租金费用 900 美元，应付职工薪酬 6 000 美元，物料费用 700 美元，折旧费用 1 800 美元。请编制当年的利润表。

◆◆ **实践练习题** ▶▶

口腔科医生伊万·瓦茨（Evan Watts）于 2020 年 1 月 1 日开了一家牙科诊所。在运营的第一个月，诊所发生了下列经济活动。

（1）瓦茨为患者提供了价值总计为 2 400 美元的服务，尚未对这些服务进行会计确认。

（2）1 月 31 日前已发生但未支付的水电费共计 400 美元。

（3）1 月 1 日以 80 000 美元的价格购买了牙科设备，其中，20 000 美元以现金支付并签发了面值为 60 000 美元、为期 3 年的应付票据。该设备每月折旧 500 美元。利息为每月 600 美元。

（4）1 月 1 日购买了一份为期 1 年、金额为 12 000 美元的医疗事故保险。

（5）购买了 2 600 美元的牙科用品。1 月 31 日，确定物料的期末余量价值为 900 美元。

要求：

在 1 月 31 日编制调整分录。会计科目包括累计折旧——设备、折旧费用、服务收入、应收账款、保险费用、利息费用、应付利息、预付保险费、物料、物料费用、水电费和应付水电费。

◆◆ **实践题** ▶▶

绿色拇指草坪护理公司（Green Thumb Lawn Care Company）于 4 月 1 日开始营业。4 月 30 日，试算平衡表的账户余额显示如下。

预付保险费	3 600 美元
设备	28 000 美元
应付票据	20 000 美元
预收服务收入	4 200 美元
服务收入	1 800 美元

分析显示了下列附加数据：

（1）预付保险费是指从 4 月 1 日起生效、为期 2 年的保险的费用。

（2）设备的折旧费用为每月 500 美元。

（3）应付票据的发生日期是 4 月 1 日。该票据为期 6 个月，利率为 12%。

（4）7 名顾客订购了从 4 月份开始、为期 6 个月的草坪服务套餐，支付了 600 美元。公司于 4 月为这些客户提供了服务。

（5）截至 4 月 30 日，已为客户提供草坪服务但没有进行会计确认的服务总价值为 1 500 美元。

要求：

编制 4 月份的调整分录并展示计算过程。

IFRS 概览

公司通常很难确定应该在什么时间报告特定的收入和费用。IASB 和 FASB 正在推进一个发展共同概念框架的联合项目，以期使不同公司能够更好地使用相同的原则来持续记录交易。

要点

以下是 GAAP 和 IFRS 在权责发生制会计方面的主要相似点和不同点。

相似点

● 本章讲解了 GAAP 下的权责发生制会计。采用 IFRS 的公司也会使用权责发生制会计，以确保它们在事件发生期间记录那些改变公司财务报表的交易。

● 与 GAAP 相似，收付实现制会计不符合 IFRS。

● 国际财务报告准则人为地将公司的经营周期划分为不同时间段。在 GAAP 和 IFRS 下，这被称为会计期间假设。

● 本书中使用的 GAAP 要求的一般收入确认原则与 IFRS 下使用的类似。

● 收入确认方面存在的会计欺诈是美国财务报告中的一个主要问题。其他国家也出现了同样的情况，例如荷兰软件公司博安公司（Baan NV）、日本电子巨头日本电气公司（NEC）和荷兰超市运营商阿诺德公司（Ahold NV）的收入确认都出现了问题。

不同点

● 在 IFRS 下，土地和建筑物等项目允许进行重估（使用公允价值）。IFRS 允许发生基于资产重估的折旧，这在 GAAP 下是不允许的。

● 收益和收入、费用和损失的术语在 IFRS 和 GAAP 有所不同。例如，IFRS 下的收益（income）既包括正常经营活动期间产生的收入（revenues），又包括正常商品和服务销售活动以外产生的利得（gains）。在 GAAP 下，收入一词不以这种方式使用。在 GAAP 下，收益（income）指的是收入（revenues）和费用之间的净差额。

● 在 IFRS 下，费用（expenses）既包括在正常经营过程中发生的成本（costs），又包括不属于正常经营的损失（losses）。这些与 GAAP 不同，GAAP 对这两项分别进行了定义。

展望未来

IASB 和 FASB 正在推进一个关于收入确认的联合项目。这一项目的目的是建立关于何时确认收入的全面指导。希望这一方法能够使这方面的核算更加一致。

第 4 章

完成会计循环

本章预览

在公司中，例如犀牛食品股份有限公司的财务报表都助员工了解公司业务当下的进展。本书第3章讲解了如何根据调整后的试算平衡表直接编制财务报表。然而，由于期末会计处理程序包含很多细节，这种编报方式很容易产生会计差错。编制工作底稿可以有效减少记录错误并简化期末会计处理程序。

本章我们将介绍工作底稿在会计中的作用，此外，还将介绍会计循环的其余步骤，特别是结账过程，我们仍以 Pioneer 广告公司为例。后续我们会讲解更正分录和分类资产负债表。

❯ 引 例

每个人都喜欢赢

当泰德·卡斯尔（Ted Castle）还在佛蒙特大学（University of Vermont）当曲棍球教练时，他的球员都被赢球欲望激励。曲棍球是一种非赢即输的游戏。但在他于佛蒙特州伯灵顿创立的烘焙食品公司——犀牛食品股份有限公司（Rhino Foods, Inc.）中，他发现生产线上的工人没有那么积极主动。泰德想，如果他把食物生产变成一种游戏，有规则、策略和奖品，那会怎么样？

在比赛中，知道比分是最重要的。泰德认为，只有员工知道分数——确切地知道公司每天、每周和每月的经营情况，他们才能把制作食物变成一种游戏。但犀牛食品股份有限公司是一家私人控制的家族企业，其财务报表和利润情况都是保密的。泰德想知道，他是否应向员工开放犀牛食品股份有限公司的账簿？

一位咨询顾问通过合理的假设打消了泰德的顾虑，他说："想象你在玩触身式橄榄球。你玩了一两个小时，整个过程中我都拿着一个本子坐在那里记录分数。突然，我吹了口哨，说，'好吧，就这样。大家都回家吧。'我合上本子走开了。此时你会有什么感觉？"听完，泰德就开放了账簿信息，向他的员工展露了公司财务报表的情况。

接下来是向员工讲授规则，并阐明如何在制作食物方面"获胜"。第一课："在犀牛食品股份有限公司，你的对手是费用。你必须削减和控制开支。"泰德和他的员工将这些经验提炼成每日记分卡——生产报告和利润表，让犀牛食品股份有限公司的员工了解游戏的最新情况。每天中午，泰德都会把前一天的成果贴在生产间的入口处。每个人都会检查他们前一天生产的产品是赚钱了还是赔钱了。这不仅仅是对学术的实践，在每四周"游戏"结束时，每个员工都将获得一张奖金支票，支票金额符合盈利准则。

从第一场游戏开始，犀牛食品股份有限公司的员工们就表现得很好。公司员工人数逐渐从20人增加到130人，公司收入和利润都实现大幅增长。

4.1 工作底稿

工作底稿是调整过程和编制财务报表过程中使用的一种多栏表格。顾名思义，工作底稿是一种工具。它并不是永久性的会计记录，既不是日记账，又不是总分类账的一部分。工作底稿只是用于编制调整分录和财务报表的一种工具。公司通常使用电子表格程序（如 Microsoft Excel）电子化工作表。

图 4-1 展示了工作底稿的基本形式和编制的五个步骤。每个步骤都是按顺序执行的。是否使用工作表是可以自由选择的。当一家公司选择使用工作底稿时，它直接根据工作底稿编制财务报表。它在工作底稿各列中输入调整项目，然后在编制财务报表时对这些调整项进行记录和过账。因此，工作底稿使公司能够以更早的时间向管理层和其他感兴趣的各方提供财务报表。

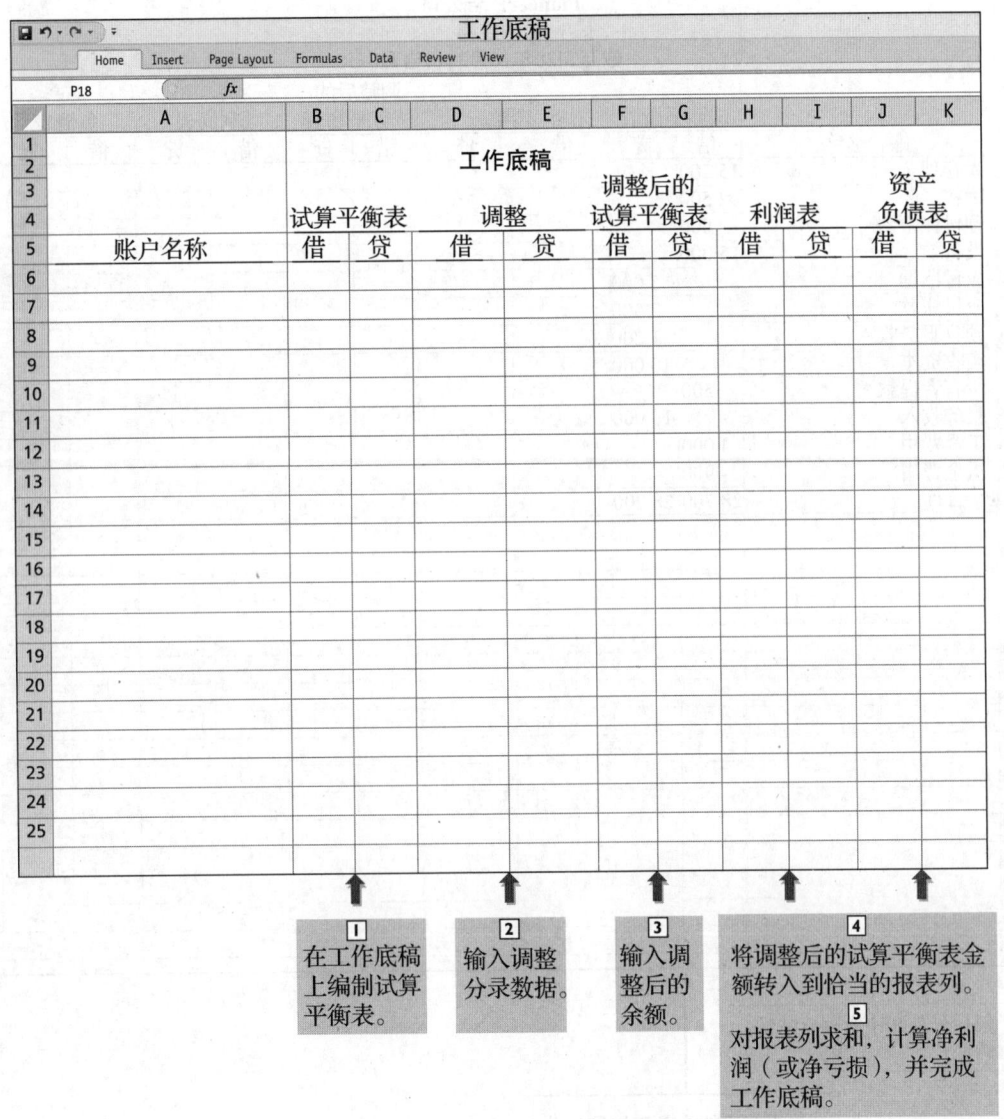

图 4-1　工作底稿的格式和程序

4.1.1　编制工作底稿的步骤

我们将使用第 3 章中 Pioneer 广告公司 10 月 31 日的试算平衡表和调整数据来说明如何编制工作底稿。在接下来的内容中，我们将描述并演示该过程的每个步骤。

第一步　在工作底稿上编制试算平衡表

编制工作底稿的第一步是在账户名称栏中输入所有有余额的分类账账户的名称，然后在试算平衡表栏中输入分类账的借方和贷方金额。图 4-2 展示了 Pioneer 广告公司工作底稿试算平衡表。此试算平衡表与表 2-7 和表 3-2 中出现的试算平衡表相同。

账户名称	试算平衡表 借	试算平衡表 贷	调整 借	调整 贷	调整后的试算平衡表 借	调整后的试算平衡表 贷	利润表 借	利润表 贷	资产负债表 借	资产负债表 贷
库存现金	15 200									
物料	2 500									
预付保险费	600									
设备	5 000									
应付票据		5 000								
应付账款		2 500								
预收服务收入		1 200								
实收资本		10 000								
所有者提款	500									
服务收入		10 000								
工资费用	4 000									
租金费用	900									
合计	28 700	28 700								

Pioneer广告公司
工作底稿
截至2020年10月31日当月

包括分类账中所有有余额的账户。

试算平衡表的金额直接取自分类账的账户。

图 4-2　编制试算平衡表

第二步　在调整分录列中输入调整分录数据

如图 4-3 所示，使用工作底稿的第二步是在调整列中输入所有调整数据。在输入调整项目时，使用适用的试算平衡表账户。如果需要额外的账户，请将它们插入试算平衡表合计下面的行中。不同的字母（Dr. 和 Cr.）表示每个调整分录的借方和贷方。用来描述这一过程的术语是键入（keying）。公司在完成工作底稿和编制财务报表之后将调整项目记入日记账。

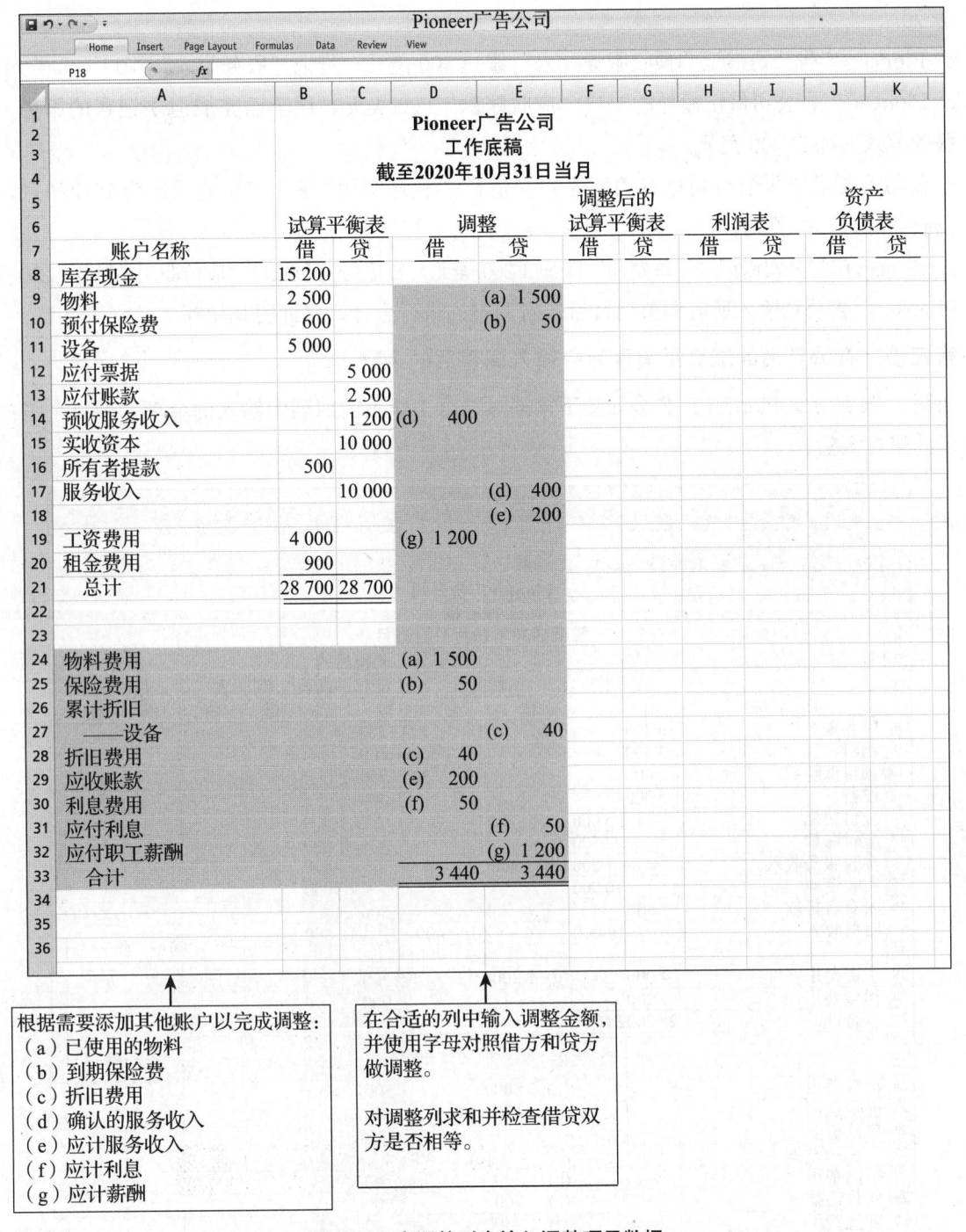

图 4-3 在调整列中输入调整项目数据

Pioneer 广告公司的调整项目与表 3-23 中的调整分录相同，它们被列入工作底稿的调整列中。

a. Pioneer 广告公司借记额外的账户"物料费用"1 500 美元，作为所使用物料的成本，并贷记"物料"1 500 美元。

b. Pioneer 广告公司借记额外的账户"保险费用"50 美元，用于已到期的保险，并贷记"预付保险费"50 美元。

c. 公司需要增加两个折旧账户。借记当月"折旧费用"账户 40 美元，贷记"累计折旧——设备"账户 40 美元。

　　d. Pioneer 广告公司借记"预收服务收入"账户 400 美元，贷记"服务收入"账户 400 美元。

　　e. Pioneer 广告公司借记额外的账户"应收账款"200 美元，用于已完成但未记账的服务，并贷记"服务收入"账户 200 美元。

　　f. 公司需要增加两个与利息有关的账户。借记"利息费用"账户 50 美元作为应计利息，贷记"应付利息"账户 50 美元。

　　g. Pioneer 广告公司借记"工资费用"账户 1 200 美元，贷记另一个账户"应付职工薪酬"1 200 美元。

　　Pioneer 广告公司输入所有调整项目后，对调整列进行合计，以证明其相等。

第三步　在调整后的试算平衡表列中输入调整后的余额

　　如图 4-4 所示，Pioneer 广告公司接下来通过结合工作表前四列中输入的金额，为每个账户确定调整后的账户余额。

账户名称	试算平衡表 借	试算平衡表 贷	调整 借	调整 贷	调整后的试算平衡表 借	调整后的试算平衡表 贷	利润表 借	利润表 贷	资产负债表 借	资产负债表 贷
库存现金	15 200				15 200					
物料	2 500			(a) 1 500	1 000					
预付保险费	600			(b) 50	550					
设备	5 000				5 000					
应付票据		5 000				5 000				
应付账款		2 500				2 500				
预收服务收入		1 200	(d) 400			800				
实收资本		10 000				10 000				
所有者提款	500				500					
服务收入		10 000		(d) 400		10 600				
				(e) 200						
工资费用	4 000		(g) 1 200		5 200					
租金费用	900				900					
合计	28 700	28 700								
物料费用			(a) 1 500		1 500					
保险费用			(b) 50		50					
累计折旧										
——设备				(c) 40		40				
折旧费用			(c) 40		40					
应收账款			(e) 200		200					
利息费用			(f) 50		50					
应付利息				(f) 50		50				
应付职工薪酬				(g) 1 200		1 200				
合计			3 440	3 440	30 190	30 190				

　　结合试算平衡金额和调整分录金额，进而获得调整后的试算平衡金额。对调整后的试算平衡表列求和，并检查借贷双方总额是否相等。

图 4-4　在调整后的试算平衡表列中输入调整后的余额

例如，试算平衡项下的预付保险费账户有 600 美元的借方余额和 50 美元的贷方余额，其结果是在调整后的试算平衡表列项下记录了 550 美元的借方余额。对于每个账户，调整后的试算平衡表项下的金额是对调整分录记录和过账后将出现在分类账上的余额。这些栏中的余额与表 3 - 11 中调整后的试算平衡表中的余额相同。

在 Pioneer 广告公司将所有账户余额输入调整后的试算平衡表项下后，合计各列以证明其相等。如果列合计金额不一致，财务报表列将不平衡，财务报表将是不正确的。

第四步　将调整后的试算平衡表列的金额转入到恰当的报表列

如图 4 - 5 所示，第四步是将调整后的试算平衡表列的金额转入到工作底稿中的利润表和资产负债表项。Pioneer 广告公司将资产负债表账户记入相应的资产负债表的借方和贷方栏。例如，将"库存现金"记入资产负债表的借方栏，将"应付票据"记入资产负债表的贷方栏。Pioneer 广告公司将"累计折旧——设备"转入到资产负债表的贷方，这是因为累计折旧是一个余额在贷方的资产备抵类账户。

将所有的收入和费用账户余额转入到利润表列。

将所有的资产和负债账户余额，以及实收资本和所有者提款账户的余额，都转入到资产负债表列。

图 4 - 5　将调整后的试算平衡表列的金额转入到恰当的报表列

由于工作底稿没有所有者权益表列，Pioneer 广告公司将实收资本中的余额转入到资产负债表的贷方栏。此外，因为所有者提款属于余额在借方的所有者权益类账户，所以该公司还将所有者提款账户的余额转入到资产负债表的借方栏。

这家公司在相应的利润表列中输入费用和收入账户的金额，如工资费用和服务收入。图 4-5 将调整后的试算平衡金额转入到适当的利润表列。

第五步　对报表列求和，计算净利润（或净损失），并完成工作底稿

如图 4-6 所示，Pioneer 广告公司现在必须对财务报表的每一列求和。当期净利润或净损失是利润表两栏合计数之差。如果贷方总额超过借方总额，结果就是净利润。在这种情况下，公司在账户名称处插入"净利润"字样。然后在利润表的借方栏和资产负债表的贷方栏输入金额。此外，资产负债表中的贷方余额表明了净利润带来的所有者权益的增加。

账户名称	试算平衡表 借	试算平衡表 贷	调整 借	调整 贷	调整后的试算平衡表 借	调整后的试算平衡表 贷	利润表 借	利润表 贷	资产负债表 借	资产负债表 贷
库存现金	15 200				15 200				15 200	
物料	2 500			(a) 1 500	1 000				1 000	
预付保险费	600			(b) 50	550				550	
设备	5 000				5 000				5 000	
应付票据		5 000				5 000				5 000
应付账款		2 500				2 500				2 500
预收服务收入		1 200	(d) 400			800				800
实收资本		10 000				10 000				10 000
所有者提款	500				500				500	
服务收入		10 000		(d) 400		10 600		10 600		
				(e) 200						
工资费用	4 000		(g) 1 200		5 200		5 200			
租金费用	900				900		900			
合计	28 700	28 700								
物料费用			(a) 1 500		1 500		1 500			
保险费用			(b) 50		50		50			
累计折旧										
——设备				(c) 40		40				40
折旧费用			(c) 40		40		40			
应收账款			(e) 200		200				200	
利息费用			(f) 50		50		50			
应付利息				(f) 50		50				50
应付职工薪酬				(g) 1 200		1 200				1 200
合计			3 440	3 440	30 190	30 190	7 740	10 600	22 450	19 590
净利润							2 860			2 860
合计							10 600	10 600	22 450	22 450

利润表两栏合计的差额决定是净利润还是净损失。

净利润转入资产负债表的贷方栏（净损失转入借方栏）。

图 4-6　计算净利润或净损失并完成工作底稿

如果利润表列的借方总额超过贷方总额怎么办？在这种情况下，Pioneer 广告公司出现了净损失。

它在利润表的贷方栏和资产负债表的借方栏输入净损失的金额。

在输入净利润或净损失后，Pioneer 广告公司确定新的合计数。在利润表的借方和贷方列中显示的总额将是一样的。在资产负债表借方和贷方列中显示的总额也是一样的。如果在输入净利润或净损失后，利润表列或资产负债表列借贷金额不相等，那么说明工作底稿中有错误。

4.1.2　基于工作底稿编制财务报表

公司编制工作底稿后，手头就有了编制财务报表所需的所有数据。利润表是根据利润表栏编制的。所有者权益变动表和资产负债表是根据资产负债表栏编制的。表 4-1 展示了依据 Pioneer 广告公司的工作底稿编制的财务报表。此时尚未对调整分录登记日记账或过账。因此，有些账户的分类账余额与财务报表中的金额不一样。

表 4-1　基于工作底稿的财务报表

Pioneer 广告公司 利润表 截至 2020 年 10 月 31 日当月		
		金额单位：美元
收入		
服务收入		10 600
费用		
工资费用	5 200	
物料费用	1 500	
租金费用	900	
保险费用	50	
利息费用	50	
折旧费用	40	
费用合计		7 740
净利润		2 860

Pioneer 广告公司 所有者权益变动表 截至 2020 年 10 月 31 日当月		
		金额单位：美元
实收资本，10 月 1 日		-0-
加：所有者投资	10 000	
净利润	2 860	12 860
		12 860
减：所有者提款		500
实收资本，10 月 31 日		12 360

续表

Pioneer 广告公司 资产负债表 截至 2020 年 10 月 31 日		
		金额单位：美元
资产		
库存现金		15 200
应付账款		200
物料		1 000
预付保险费		550
设备	5 000	
减：累计折旧——设备	40	4 960
总资产		21 910
负债和所有者权益		
负债		
应付票据	5 000	
应付账款	2 500	
应付利息	50	
预收服务收入	800	
应付职工薪酬	1 200	
总负债		9 550
所有者权益		
实收资本		12 360
负债和所有者权益总计		21 910

在工作底稿上列示的实收资本是在考虑所有者提款和净利润（或损失）之前的账户余额。当所有者在本期内没有追加资本投资时，该工作底稿中的实收资本金额为本期期初的余额。

利用工作底稿，公司可以在对调整分录登记日记账和过账之前编制财务报表。然而，完成的工作底稿并不能代替正式的财务报表。工作底稿中财务报表各栏数据的格式与财务报表各栏的格式不一致。工作底稿实质上是会计人员的工作工具，公司不会将其分发给管理层和其他各方。

4.1.3 根据工作底稿编制调整分录

工作底稿不是日记账，也不能作为过账到分类账的依据。为了调整这些账户，公司必须将调整项计入日记账，并将其过账到分类账上。调整分录是根据工作底稿的调整栏编制的。调整栏中的索引栏和工作底稿底部对调整的备注有助于识别调整分录。在使用工作底稿时，先编制财务报表，随后对调整分录登记日记账和过账。10 月 31 日 Pioneer 广告公司的调整分录与表 3-23 所示的分录相同。

4.2 结账

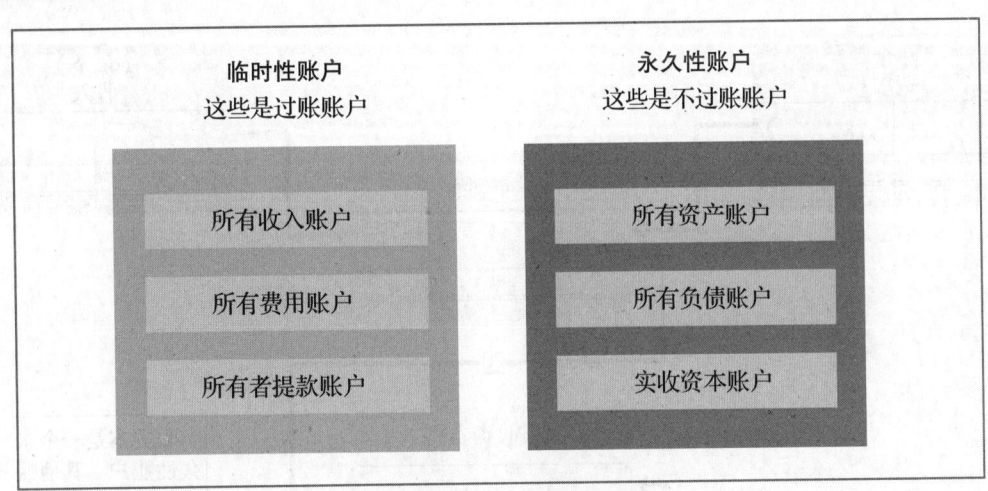

在会计期末，公司会结束账户在本会计期间的记录并为下一会计期间做好准备，这个过程叫作结账。结账时公司会区分临时性账户和永久性账户。

临时性账户（temporary accounts）只影响一个特定的会计期间。它们包括所有者提款账户和所有的利润表账户。公司会在期末结清所有临时性账户。

相比之下，永久性账户（permanent accounts）影响一个或多个未来会计期间。永久性账户由资产负债表的所有账户组成，其中包括实收资本账户。当从一个会计期间到另一个会计期间时，公司不需要对永久性账户进行结账。公司只需将永久性账户的余额结转到下一个会计期间。图 4 - 7 标识了每个类别的会计账户。

图 4 - 7　临时性账户与永久性账户

4.2.1 编制结账分录

在会计期末，公司通过结账分录的方式，将临时性账户的余额转入所有者权益中的永久性账户，即实收资本。

结账分录（closing entries）一般视为将分类账中正式确认的净利润（或净损失）和所有者提款转入实收资本。所有者权益变动表列示了这些分录的结果。结账分录会使每个临时性账户的期末余额为零。然后，这些临时性账户就可以在下一个会计期间临时记录与前一个会计期间不同的数据。但永久性账户不用进行结账。

对结账分录进行记录和过账是会计循环中的必要步骤（见图 4 - 10）。这一步骤在公司编制财务报表后进行。与前文所述会计循环中的步骤不同，公司通常只在年度会计期间结束时对结账分录进行记录和过账。因此，所有临时性账户都将包含整个会计期间的数据。

在编制结账分录时，公司可以将每个利润表账户直接结账到实收资本账户，然而，这样做会导致实收资本这一永久性账户过于详细。实际操作中会将收入和费用账户结账到另一个临时性账户——本年利润账户（income summary），然后将由此产生的净利润或净损失从这个账户转入实收资本。

在普通日记账中记录公司结账分录。在日记账中最后一个调整分录和第一个结账分录之间插入一个中心标题——结账分录，用来标识这些分录。然后公司将结账分录过账到分类账中。

公司通常直接根据分类账会计调整后的余额编制结账分录。它们可以为每个名义账户编制单独的结账分录，但以下四个分录能够更有效地实现预期效果：

（1）借记每个有余额的收入账户，并贷记本年利润账户汇总收入金额。

（2）借记本年利润账户汇总费用总额，并贷记每个有余额的费用账户。

（3）借记本年利润账户，贷记实收资本账户，两者记录的金额均等于净利润的金额。

（4）借记实收资本账户，金额为所有者提款账户的余额，贷记所有者提款账户，金额与借记的金额相同。

图4-8为结账过程的示意图。在图中，数字代表的是结账过程中的四个要点。

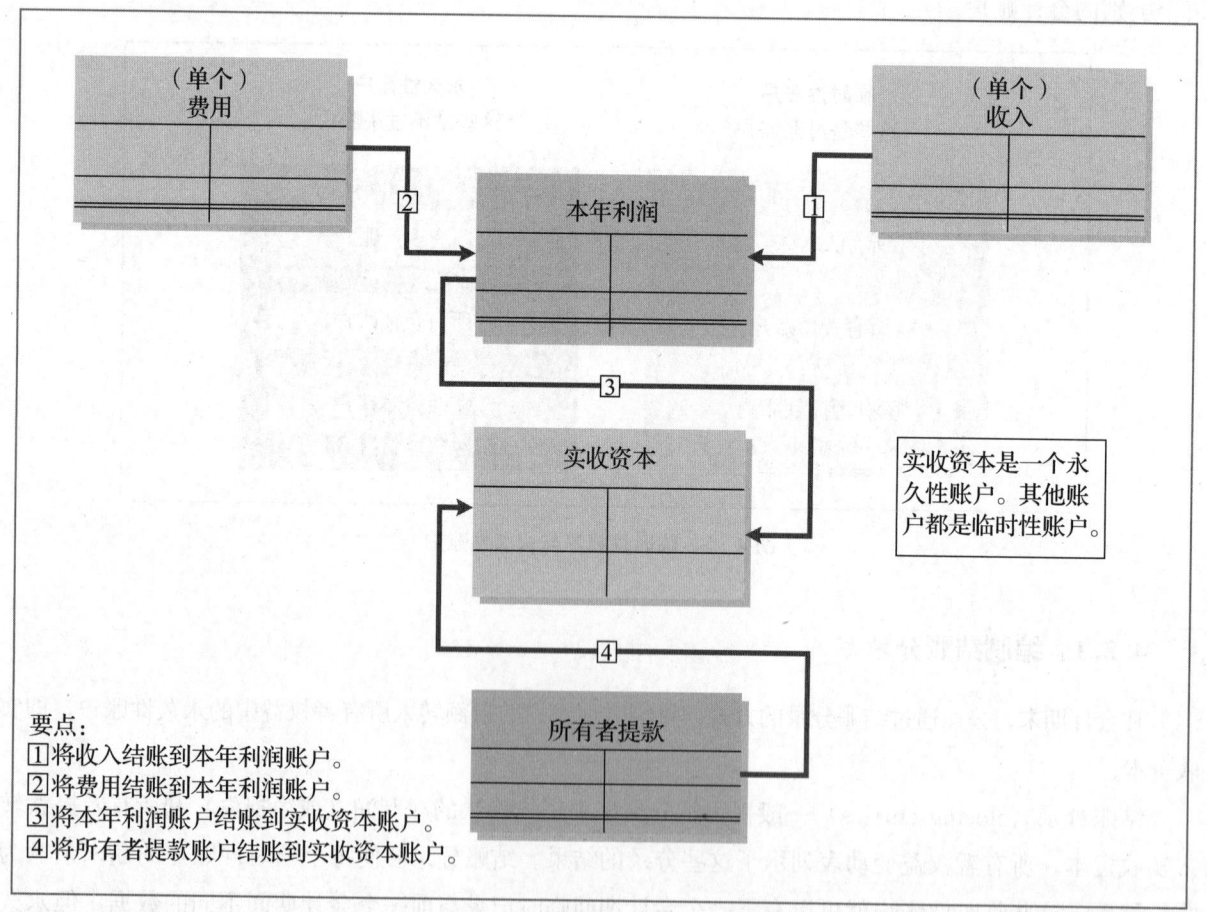

图4-8 结账流程图——个人独资企业

如果出现净损失（费用超过了收入），则图4-8中的第3项将编制相反的分录：将贷记本年利润账户，借记实收资本账户。

结账分录举例

实践中公司通常只在每年的会计期末编制结账分录。然而，为了说明对结账分录的记录和过账，我们假设 Pioneer 广告公司每月对它的账簿进行结账。表 4-2 列示了该公司在 10 月 31 日的结账分录（括号中的数字对应图 4-8 中所示的四个会计分录）。

表 4-2 编制结账分录

普通日记账				J3
日期	会计账户名称和摘要	索引	借方	贷方
	结账分录			
	(1)			
2020 年 10 月 31 日	服务收入	400	10 600	
	本年利润	350		10 600
	（对收入账户进行结账）			
	(2)			
31 日	本年利润	350	7 740	
	物料费用	631		1 500
	折旧费用	711		40
	保险费用	722		50
	工资费用	726		5 200
	租金费用	729		900
	利息费用	905		50
	（对费用账户进行结账）			
	(3)			
31 日	本年利润	350	2 860	
	实收资本	301		2 860
	（将净利润结账到实收资本）			
	(4)			
31 日	实收资本	301	500	
	所有者提款	306		500
	（将所有者提款结账到实收资本）			

注意，分录（1）和（2）中本年利润的金额是工作底稿中利润表贷方和借方各栏的总和。

编制结账分录时需要注意几个事项：（1）避免无意中使余额翻倍，而不是将其归零；（2）不要通过本年利润账户结清所有者提款。所有者提款不是一项费用，也不是决定净利润的一个因素。

4.2.2 对结账分录进行过账

图 4-9 展示了结账分录的过账和对会计账户的强调（判定）。

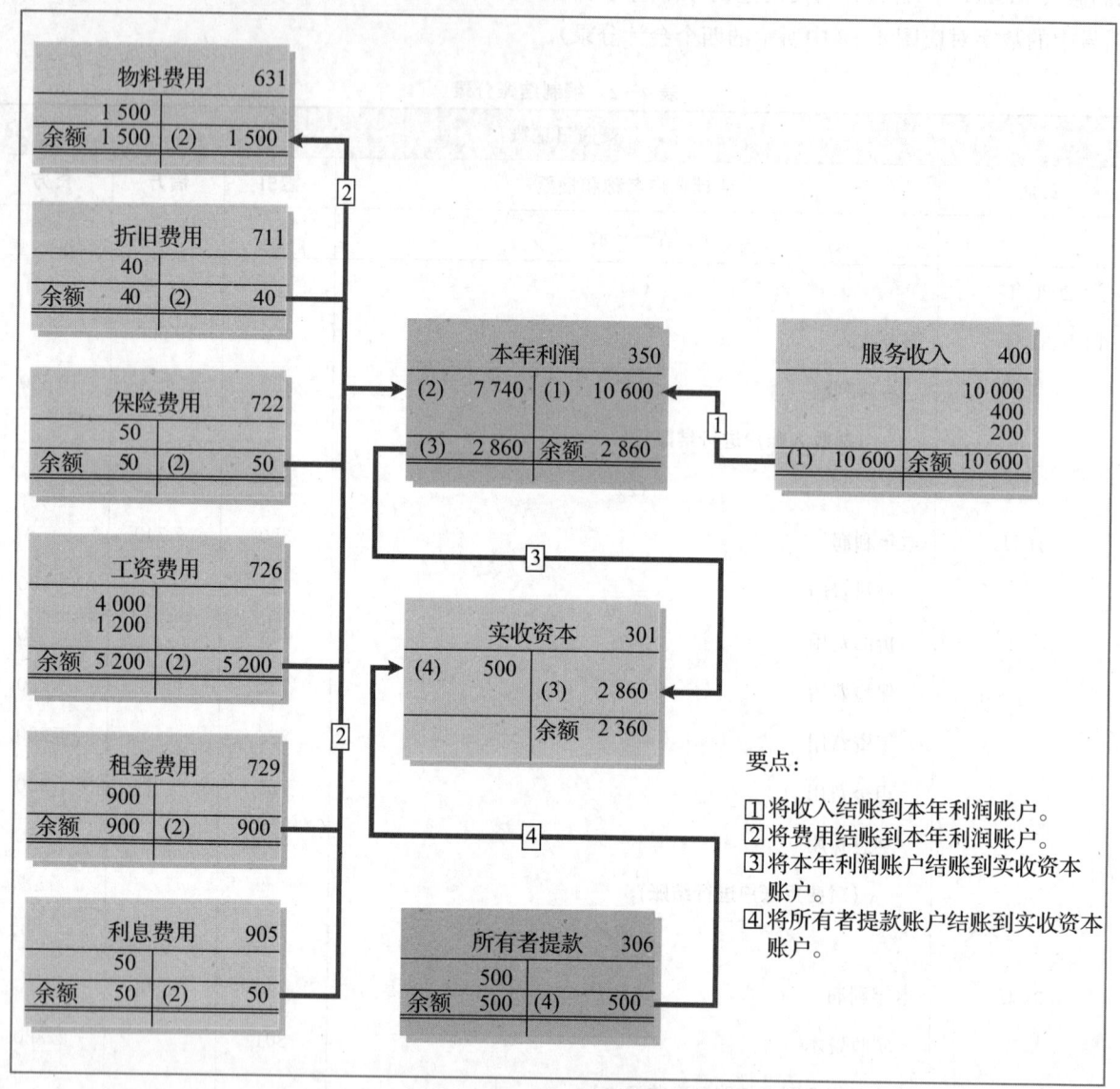

图 4-9 对结账分录进行过账

注意在对结账分录进行过账后，所有临时性账户的余额都是零。此外，注意实收资本的余额表示所有者在会计期末的总权益。这个余额列示在资产负债表上，而且是所有者权益变动表上报告资本的期末金额，如表 4-1 所示。Pioneer 广告公司只在结账时使用本年利润账户。在这一年的其他时间里，不会将会计分录记录或者过账到这个账户。

作为结账过程的一部分，Pioneer 广告公司汇总、结余并使用双下划线标记临时性账户——收入、费用和所有者提款，如图 4-9 中的 T 型账户所示。它不会对永久性账户——资产、负债和实收资本——结账。实际上，Pioneer 广告公司在永久性账户的本期余额下方画一个单横线。然后，账户余额记在单下划线下面，并结转到下一个会计期间（例如，实收资本）。

4.2.3　编制结账后的试算平衡表

Pioneer 广告公司将所有结账分录记入日记账并过账后，利用分类账编制另一份试算平衡表，称为结账后的试算平衡表。结账后的试算平衡表列出了永久性账户在对结账分录做记账和过账后的余额。编制结账后试算平衡表的目的是证明结转到下一个会计期间的永久性账户的余额与结转前的余额相等。因为所有的临时性账户都将变为零余额，所以结账后的试算平衡表将只包含永久性账户的余额。

表 4-3 展示了 Pioneer 广告公司结账后的试算平衡表。

表 4-3　结账后的试算平衡表

Pioneer 广告公司 结账后的试算平衡表 截至 2020 年 10 月 31 日		
		金额单位：美元
	借记	**贷记**
库存现金	15 200	
应收账款	200	
物料	1 000	
预付保险费	550	
设备	5 000	
累计折旧——设备		40
应付票据		5 000
应付账款		2 500
预收服务收入		800
应付职工薪酬		1 200
应付利息		50
实收资本		12 360
	21 950	**21 950**

Pioneer 广告公司根据分类账中的永久性账户编制结账后的试算平衡表。表 4-4 列示了 Pioneer 广告公司总分类账中的永久性账户。

结账后的试算平衡表可以证明公司已经正确地对结账分录进行了记账和过账，它还表明在会计期末会计恒等式是平衡的。但是，与试算平衡表一样，它不能证明 Pioneer 广告公司记录了所有的交易，也不能证明分类账是正确的。例如，即使一项交易没有记账并过账，或者一项交易被重复记账并过账，结账后的试算平衡表仍然会保持平衡。

表 4-4　总分类账中的永久性账户

| 总分类账 | | | | | | 金额单位：美元 |

库存现金 　101 号

日期	摘要	索引	借方	贷方	余额
2020 年					
10 月 1 日		J1	10 000		10 000
2 日		J1	1 200		11 200
3 日		J1		900	10 300
4 日		J1		600	9 700
20 日		J1		500	9 200
26 日		J1		4 000	5 200
31 日		J1	10 000		**15 200**

应收账款 　112 号

日期	摘要	索引	借方	贷方	余额
2020 年					
10 月 31 日	调整分录	J2	**200**		**200**

物料 　126 号

日期	摘要	索引	借方	贷方	余额
2020 年					
10 月 5 日		J1	2 500		2 500
31 日	调整分录	J2		**1 500**	**1 000**

预付保险费 　130 号

日期	摘要	索引	借方	贷方	余额
2020 年					
10 月 4 日		J1	600		600
31 日	调整分录	J2		**50**	**550**

设备 　157 号

日期	摘要	索引	借方	贷方	余额
2020 年					
10 月 1 日		J1	5 000		**5 000**

累计折旧——设备 　158 号

日期	摘要	索引	借方	贷方	余额
2020 年					
10 月 31 日	调整分录	J2		**40**	**40**

应付票据 　200 号

日期	摘要	索引	借方	贷方	余额
2020 年					
10 月 1 日		J1		5 000	**5 000**

应付账款 　201 号

日期	摘要	索引	借方	贷方	余额
2020 年					
10 月 5 日		J1		2 500	**2 500**

预收服务收入 　209 号

日期	摘要	索引	借方	贷方	余额
2020 年					
10 月 2 日		J1		1 200	1 200
31 日	调整分录	J2	400		**800**

应付职工薪酬 　212 号

日期	摘要	索引	借方	贷方	余额
2020 年					
10 月 31 日	调整分录	J2		**1 200**	**1 200**

应付利息 　230 号

日期	摘要	索引	借方	贷方	余额
2020 年					
10 月 31 日	调整分录	J2		**50**	**50**

实收资本 　301 号

日期	摘要	索引	借方	贷方	余额
2020 年					
10 月 1 日		J1		10 000	10 000
31 日	结账分录	**J3**		2 860	12 860
31 日	结账分录	**J3**	500		12 360

注：Pioneer 广告公司的永久性账户如上列示。表 4-5 展示了临时性账户。永久性账户和临时性账户都是总分类账的一部分，这里分别列示这些账户，以帮助学习。

总分类账中剩余的账户是临时性账户，见表 4 - 5。Pioneer 广告公司对结账分录正确过账后，每个临时性账户的余额为零。这些账户都加了双下划线以表示结账程序结束。

表 4 - 5　总分类账中的临时性账户

总分类账

所有者提款					306 号
日期	摘要	索引	借方	贷方	余额
2020 年					
10 月 20 日		J1	500		500
31 日	结账分录	J3		500	-0-

保险费用					722 号
日期	摘要	索引	借方	贷方	余额
2020 年					
10 月 31 日	调整分录	J2	50		50
31 日	结账分录	J3		50	-0-

本年利润					350 号
日期	摘要	索引	借方	贷方	余额
2020 年					
10 月 31 日	结账分录	J3		10 600	10 600
31 日	结账分录	J3	7 740		2 860
31 日	结账分录	J3	2 860		-0-

工资费用					726 号
日期	摘要	索引	借方	贷方	余额
2020 年					
10 月 26 日		J1	4 000		4 000
31 日	调整分录	J2	1 200		5 200
31 日	结账分录	J3		5 200	-0-

服务收入					400 号
日期	摘要	索引	借方	贷方	余额
2020 年					
10 月 31 日		J1		10 000	10 000
31 日	调整分录	J2		400	10 400
31 日	调整分录	J2		200	10 600
31 日	结账分录	J3	10 600		-0-

租金费用					729 号
日期	摘要	索引	借方	贷方	余额
2020 年					
10 月 3 日		J2	900		900
31 日	结账分录	J3		900	-0-

利息费用					905 号
日期	摘要	索引	借方	贷方	余额
2020 年					
10 月 31 日	调整分录	J2	50		50
31 日	结账分录	J3		50	-0-

物料费用					631 号
日期	摘要	索引	借方	贷方	余额
2020 年					
10 月 31 日	调整分录	J2	1 500		1 500
31 日	结账分录	J3		1 500	-0-

折旧费用					711 号
日期	摘要	索引	借方	贷方	余额
2020 年					
10 月 31 日	调整分录	J2	40		40
31 日	结账分录	J3		40	-0-

注：这里列示的是 Pioneer 广告公司的临时性账户。表 4 - 4 展示了永久性账户。永久性账户和临时性账户都是总分类账的一部分，这里分别列示这些账户，以帮助学习。

4.3　会计循环和更正分录

4.3.1　会计循环概述

图 4 - 10 总结了会计循环的步骤。可以看到，这个循环从分析商业交易开始，到编制结账后的试算平衡表结束。公司按顺序执行循环中的步骤，并在每个会计期间重复这些步骤。

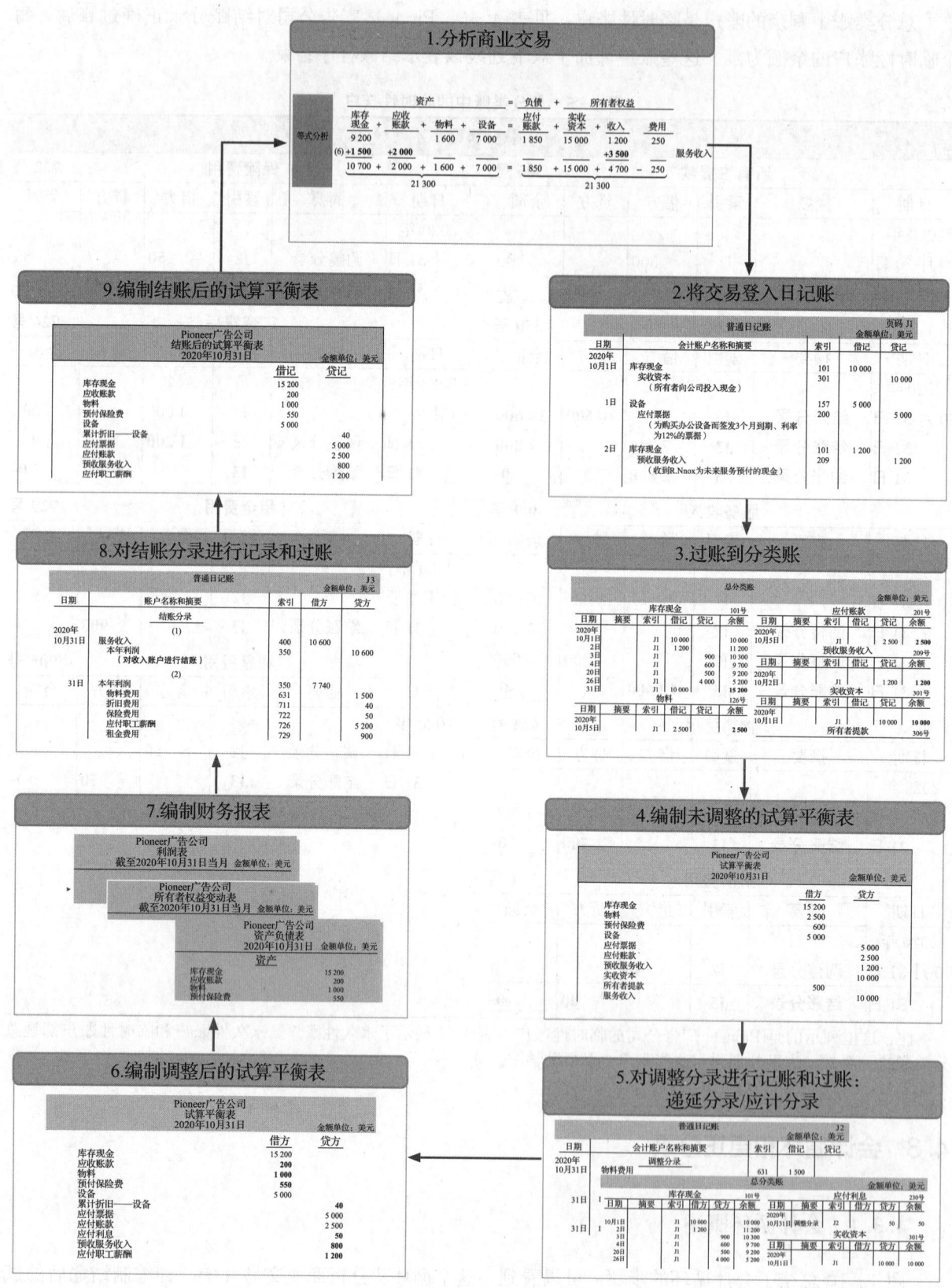

图 4-10 会计循环所需的步骤

步骤 1～3 可能在会计期间的每一天发生。公司定期执行第 4～7 步，例如每月、每季度或每年。第 8 步和第 9 步结账分录和结账后的试算平衡表通常只在会计年度末进行。

在会计循环中还有两个可选步骤。可以看到，公司可以使用工作底稿来编制调整分录和财务报表，公司也可以使用转回分录（reversing entries），如下所述。

4.3.2 转回分录——可选择的步骤

有些会计人员喜欢在下一个会计年度开始时编制转回分录以转回某些调整分录。转回分录与上期的调整分录正好方向相反。使用转回分录是一种可选的簿记程序，这不是会计循环中必需的步骤。

4.3.3 更正分录——可避免的步骤

不幸的是，记账过程中可能会发生错误。公司应该在发现错误后立即通过记录和过账去更正分录（correcting entries）以更正错误。如果会计记录没有错误，那就不需要编制更正分录。

你应该认识到更正分录和调整分录之间的几个区别。首先，调整分录是会计周期不可分割的一部分，相比之下，如果会计记录没有错误，就没有必要编制更正分录。其次，公司只在会计期末时记账和过账调整分录，相比之下，只要发现错误就会编制更正分录。最后，调整分录一定会影响至少一个资产负债表账户和一个利润表账户，相比之下，更正分录可能涉及任何需要更正的账户。更正分录必须在结账前过账。

为了确定更正分录，将错误的分录和正确的分录进行比较是十分有用的，这样做有助于确定账目和金额是否应该更正。在进行比较之后，会计人员将编制分录以更正账户。下面关于 Mercato 公司的两个案例介绍了这种方法。

案例 1

5 月 10 日，Mercato 公司将从客户那里收取的 50 美元现金记入日记账，借记库存现金 50 美元，贷记服务收入 50 美元。5 月 20 日公司在客户全额支付余款时发现了这个记账错误（见表 4-6）。

表 4-6 比较分录

错误分录（5 月 10 日）		正确分录（5 月 10 日）	
库存现金	50	库存现金	50
服务收入	50	应收账款	50

将错误分录与正确分录进行比较就会发现借记库存现金 50 美元的记录是正确的，然而，贷记服务收入的 50 美元应该贷记应收账款。因此，在分类账中，服务收入和应收账款都被高估了。Mercato 公司做了如表 4-7 所示的更正分录。

表 4-7 更正分录

5 月 20 日	服务收入	50	
	应收账款		50
	（对 5 月 10 日的分录进行更正）		

案例 2

5月18日，Mercato 以 450 美元的价格购买了记账设备。记录这笔交易时，借记设备 45 美元，贷记应付账款 45 美元。公司于6月3日发现记账错误，因当日 Mercato 公司从债权人那里收到了 5月份的月结单（见表 4 - 8）。

表 4 - 8　比较分录

错误分录（5月18日）		正确分录（5月18日）		
设备	45	设备	450	
应付账款	45	应付账款		450

比较这两个分录，原始分录的借贷方金额都是错误的。设备少报了 405 美元，应付账款少报了 405 美元。Mercato 公司做出正确的更正分录如表 4 - 9 所示。

表 4 - 9　更正分录

6月3日	设备	405	
	应付账款		405
	（对5月18日的分录进行更正）		

如果不编制更正分录，可以编制与错误分录方向相反的分录，然后编制正确的分录。这种方法会产生更多的分录且需要过账，虽不是更正分录，但它也能达到预期的结果。

4.4　分类资产负债表

资产负债表反映了公司在某一时刻的财务状况。为了提高财务报表使用者对公司财务状况的了解，公司经常使用分类资产负债表。分类资产负债表（classified balance sheet）通过一些标准的分类和部分把相似的资产和相似的负债组合在一起。这种分类很有帮助，因为同一类别的项目具有相似的经济特征。分类资产负债表通常包括表 4 - 10 所列的标准分类。

表 4 - 10　资产负债表的标准分类

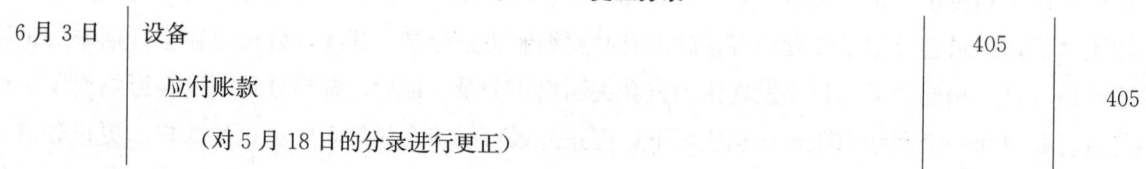

资产	负债和所有者权益
流动资产	流动负债
长期投资	长期负债
不动产、厂房和设备	所有者（股东）权益
无形资产	

这些分类可以帮助财务报表阅读者确定公司是否有足够的资产来偿还到期债务，以及短期和长期债权人对公司总资产的债权。在如表 4 - 11 所示的 Franklin 公司的资产负债表中可以看到许多这样的组合。接下来我们将讲解这些分类。

表 4 - 11 分类资产负债表

Franklin 公司 资产负债表 截至 2020 年 10 月 31 日		
		金额单位：美元
资产		
流动资产		
库存现金	6 600	
债券投资	2 000	
应收账款	7 000	
应收票据	1 000	
存货	3 000	
物料	2 100	
预付保险费	400	
流动资产合计		22 100
长期投资		
股票投资	5 200	
房地产投资	2 000	7 200
不动产、厂房和设备		
土地	10 000	
设备	24 000	
减：累计折旧——设备	5 000	19 000	29 000
无形资产		
专利		3 100
总资产		61 400
负债和所有者权益		
流动负债		
应付票据	11 000	
应付账款	2 100	
预收服务收入	900	
应付职工薪酬	1 600	
应付利息	450	
流动负债合计		16 050
长期负债		
应付抵押款	10 000	
应付票据	1 300	
长期负债合计		11 300
负债合计		27 350
所有者权益		
实收资本		34 050
负债和所有者权益总计		61 400

4.4.1 流动资产

流动资产（current assets）是指公司预期在一年或一个营业周期内将转换为库存现金或全部消耗的资产。在表 4 - 11 中，Franklin 公司的流动资产为 22 100 美元。对于大多数企业来说，划分为流动资产的截止时间是从资产负债表日起一年内。例如，应收账款是流动资产，因为公司将在一年内收回并将其转换为库存现金。物料是一种流动资产，因为公司预期在一年内使用完。

有些公司采用超过一年的期限来把资产归类为流动资产，这是因为这些公司的经营周期超过一年。一个公司的经营周期（operating cycle）是指它购买原料、赊销存货并从客户那里收回现金所花费的平均时间。对于大多数企业来说，这个周期不到一年，所以它们使用一年作为截止时间。对于另一些企业，如葡萄园和飞机制造商，这段时间可能超过一年。除特别注明外，我们假定公司以一年的时间为标准来确定一项资产或负债是流动的还是长期的。

流动资产的常见类型有：库存现金，投资（如短期美国政府证券），应收项目（应收票据、应收账款和应收利息），存货和待摊费用（物料和保险）。在资产负债表上，公司通常按照期望这些项目转换为库存现金的顺序进行列示。表 4 - 12 展示了美国西南航空公司（Southwest Airlines Co.）的流动资产。

表 4 - 12　流动资产部分

真实案例	西南航空公司资产负债表（部分）	
		金额单位：百万美元
流动资产		
现金及现金等价物		1 355
短期投资		1 797
应收账款		419
存货		467
待摊费用和其他流动资产		418
流动资产合计		4 456

正如在本章后面介绍的，一个公司的流动资产对评估该公司的短期偿债能力非常重要。

4.4.2　长期投资

长期投资（long-term investments）一般包括：持有多年的投资于其他公司的股票和债券；长期资产，如公司目前在经营活动中没有使用的土地或建筑物；长期应收票据。在表 4 - 11 中，Franklin 公司资产负债表上的长期投资总额为 7 200 美元。Alphabet 股份有限公司在其资产负债表中公布了长期投资，如表 4 - 13 所示。

表 4 - 13　长期投资部分

真实案例	Alphabet 股份有限公司资产负债表（部分）	
		金额单位：百万美元
长期投资		
不可转让的股权投资		1 469

4.4.3 不动产、厂房和设备

不动产、厂房和设备（property，plant and equipment）是公司经营中使用寿命相对较长的资产。这类资产包括土地、建筑物、机器设备、运输设备和家具。在表 4-11 中，Franklin 公司报告的不动产、厂房和设备金额为 29 000 美元。

折旧是将资产成本分摊到若干年的做法。为做到这一点，公司系统地分摊资产成本，每年将其一部分作为费用（而不是在购买当年记录全部的购买金额）。公司折旧的资产按成本减累计折旧后的金额在资产负债表上列示。累计折旧账户列示了公司资产在使用年限内已经记录为费用的折旧总额。在表 4-11 中，Franklin 公司报告的累计折旧额为 5 000 美元。表 4-14 展示了特斯拉汽车股份有限公司的不动产、厂房和设备。

表 4-14 不动产、厂房和设备

真实案例	特斯拉汽车股份有限公司 资产负债表（部分）	
		金额单位：千美元
不动产、厂房和设备		
机器、设备和办公家具		322 394
工具		230 385
租入资产改良		94 763
建筑物和建筑物改良		67 707
土地		45 020
计算机设备和软件		42 073
在建工程		76 294
		878 636
减：累计折旧总额		140 142
合计		738 494

4.4.4 无形资产

许多公司拥有寿命较长的资产，这些资产不具有实物形态，但往往非常有价值，我们称这些资产为无形资产（intangible assets）。有一项重要的无形资产叫作商誉。其他无形资产包括专利、版权、商标或者在某段时间内公司享有独家使用权的商标名称。在表 4-11 中，Franklin 公司报告了 3 100 美元的无形资产。表 4-15 展示了媒体和主题公园巨头华特迪士尼公司最近一年的无形资产。

表 4 - 15　无形资产部分

真实案例	华特迪士尼公司 资产负债表（部分）	
		金额单位：百万美元
无形资产和商誉		
角色/特许经营无形资产和著作权		5 830
其他可摊销无形资产		903
累计摊销		（1 204）
净摊销无形资产		5 529
FCC 许可证		667
商标		1 218
其他无存续限期的无形资产		20
		7 434
商誉		27 881
		35 315

4.4.5　流动负债

在资产负债表的负债和所有者权益部分，第一组就是流动负债。流动负债（current liabilities）是指公司将在未来一年或其经营周期内支付的债务，以较长的时间为准。常见的例子有应付账款、应付职工薪酬、应付票据、应付利息和应交所得税。流动负债也包括短期内会到期的长期贷款，即在未来一年内支付的长期债务。在表 4 - 11 中，Franklin 公司报告了五种类型的流动负债，总额为 16 050 美元。表 4 - 16 列示了基于马库斯公司（Marcus Corporation）资产负债表流动负债部分改编的数据。

表 4 - 16　流动负债部分

真实案例	马库斯公司 资产负债表（部分）	
		金额单位：千美元
流动负债		
应付票据		239
应付账款		24 242
一年内到期的长期负债		57 250
其他流动负债		27 477
应交所得税		11 215
应付职工薪酬		6 720
流动负债合计		127 143

财务报表的使用者会密切关注流动资产和流动负债之间的关系，这种关系在评估公司的流动性（liquidity，即公司支付明年到期债务的能力）时很重要。当流动资产超过流动负债时，顺利清偿负债的可能性很大；如果情况正好相反，短期债权人可能得不到偿付，公司最终可能被迫破产。

4.4.6 长期负债

长期负债（long-term liabilities）是指公司预期在一年之后偿还的债务。这类负债包括应付债券、应付抵押款、应付长期票据、租赁负债和养老金负债。许多公司在资产负债表中逐个报告一年后到期的长期负债的单个金额，并在财务报表附注中说明债务的详细情况。另一些公司则在资产负债表中直接列出各种类型的长期负债。在表 4-11 中，Franklin 公司报告了 11 300 美元的长期负债。表 4-17 列示了耐克股份有限公司在其资产负债表中报告的最近一年到期的长期负债。

表 4-17 长期负债部分

真实案例	耐克股份有限公司 资产负债表（部分）	
		金额单位：百万美元
长期负债		
应付债券		1 106
应付票据		51
递延所得税和其他		1 544
长期负债合计		2 701

4.4.7 所有者权益

所有者权益部分的内容因企业组织形式的不同而不同。独资企业只有一个资本账户。在合伙企业中，每个合伙人都有一个资本账户。公司将所有者权益分为两个账户——普通股（有时称为股本）和留存收益。公司通过借记资产账户和贷记普通股账户来记录所有者对公司的投资。将留存在企业中的收入记入留存收益账户。公司将普通股和留存收益账户合并，并在资产负债表上作为所有者权益报告（后面的章节将讨论这些会计账户）。Nordstrom 股份有限公司最近公布了其所有者权益情况，如表 4-18 所示。

表 4-18 所有者权益的情况

真实案例	**Nordstrom 股份有限公司** 资产负债表（部分）	
		金额单位：千美元
所有者权益		
普通股，271 331 股		685 934
留存收益		1 406 747
所有者权益合计		2 092 681

◀ 选择题 ▶

1. 下列哪项关于工作底稿的陈述是不正确的？（　　）

A. 工作底稿本质上是会计师的工作工具

B. 工作底稿是分发给管理层和其他相关方看的

C. 工作底稿不能作为过账到分类账的依据

D. 在对调整分录进行记录和过账前，可以直接根据工作底稿编制财务报表

3. 截至2020年12月31日，为期一年的未调整试算平衡表中，诺克斯公司报告的设备为120 000美元。年终编制调整分录需要调整设备的折旧费用为15 000美元。在完成编制会计调整后的试算平衡表之后，应在财务报表栏列示哪些金额？（　　）

A. 在资产负债的"设备"栏借记105 000美元

B. 在利润表的"折旧费用"栏贷记15 000美元

C. 在资产负债表的"设备"栏借记120 000美元

D. 在资产负债表的"累计折旧——设备"栏借记15 000美元

5. 发生净损失时，对收益汇总（　　）。

A. 进行借记，并贷记实收资本

C. 进行借记，并借记所有者提款

B. 进行贷记，并借记实收资本

D. 进行贷记，并贷记所有者提款

7. 结账后的试算平衡表上会出现哪些类型的会计账户？（　　）

A. 永久性（真实）账户

C. 工作底稿利润表栏的账户

B. 临时性（名义）账户

D. 以上选项都是错误的

9. 会计循环中下列步骤的正确顺序为（　　）。

A. 编制未调整试算平衡表、将交易登入日记账、过账到分类账、对调整分录进行记录和过账

B. 将交易登入日记账、编制未调整试算平衡表、过账到分类账、对调整分录进行记录和过账

C. 将交易登入日记账、过账到分类账、编制未调整试算平衡表、对调整分录进行记录和过账

D. 编制未调整试算平衡表、对调整分录进行记录和过账、将交易登入日记账、过账到分类账

11. 在提供服务的工作完成时，将收到的100美元现金记入日记账并过账，借记100美元库存现金，贷记100美元应收账款。假设没有对这项错误分录进行转回，正确的分录为（　　）。

A. 借记服务收入100美元，贷记应收账款100美元

B. 借记应收账款100美元，贷记服务收入100美元

C. 借记库存现金100美元，贷记服务收入100美元

D. 借记应收账款100美元，贷记库存现金100美元

13. 一家公司购买了一块土地。该公司预计将在大约5年内在这片土地上建造一座生产工厂。开工前5年，土地闲置。应对这块土地进行如下报告（　　）。

A. 不动产、厂房和设备

C. 长期投资

B. 土地费用

D. 无形资产

15. 按照（　　）列示流动资产。

A. 预期转换为现金的流动性

C. 寿命

B. 重要性

D. 字母顺序

◀ **简答题** ▶

1. Quintana 公司分类账的期末余额如下：实收资本 40 000 美元，所有者提款 3 000 美元，服务收入 65 000 美元，工资费用 39 000 美元，维护和维修费用 9 000 美元。编制 12 月 31 日的结账分录。

3. Miguel 公司资产负债表工作底稿的借方栏包括以下账户：应收账款 25 000 美元，预付保险费 7 000 美元，库存现金 8 000 美元，物料 11 000 美元，股票投资（短期）14 000 美元。请编制资产负债表中流动资产部分并按适当顺序列示会计账户。

◀ **练习题** ▶

Hercules 公司本期的财务年度在 2020 年 8 月 31 日结束。该公司会计年度末编制的调整后的试算平衡表如下。

	Hercules 公司 **调整后的试算平衡表** **2020 年 8 月 31 日**		
			金额单位：美元
编号	账户名称	借记	贷记
101	库存现金	10 900	
112	应收账款	6 200	
157	设备	10 600	
167	累计折旧——设备		5 400
201	应付账款		2 800
208	预收租金收入		1 200
301	实收资本		31 700
306	所有者提款	12 000	
404	服务收入		42 400
429	租金收入		6 100
711	折旧费用	2 700	
720	工资费用	37 100	
732	水电费	10 100	
		89 600	89 600

要求：

a. 在总账中使用 J15 页编制结账分录。

b. 过账到实收资本账户和本年利润账户（编号为 350）（使用三栏式表格）。

c. 编制 2020 年 8 月 31 日结账后的试算平衡表。

◀ **实践题** ▶

在经营的第一个月结束时，Pampered 宠物服务公司有如下未调整的试算平衡表。

Pampered 宠物服务公司
2020 年 8 月 31 日
试算平衡表

金额单位：美元

	借记	贷记
库存现金	5 400	
应收账款	2 800	
物料	1 300	
预付保险费	2 400	
设备	60 000	
应付票据		40 000
应付账款		2 400
实收资本		30 000
所有者提款	1 000	
服务收入		49 000
工资费用	3 200	
水电费	800	
广告费	400	
	77 300	77 300

其他数据：

1. 保险费每月 200 美元。

2. 截至 8 月 31 日，已有 1 000 美元的物料。

3. 设备的每月折旧费用为 900 美元。

4. 8 月份已计提应付票据的利息 500 美元

要求：

a. 编制一张工作底稿。

b. 编制一份分类资产负债表，假设应付票据中有 35 000 美元是长期票据。

c. 记录结账分录。

IFRS 概览

虽然国际上通常需要编制分类资产负债表，但按照 IFRS 进行编制和报告时，分类资产负债表在格式上有一些差异。

要点

以下是 GAAP 和 IFRS 在结账过程和财务报表方面的主要异同。

相似点

- 过账的程序适用于所有公司，无论它们使用的是 IFRS 还是 GAAP。
- IFRS 通常要求编制分类的财务状况表，类似于 GAAP 下的分类资产负债表。
- 在区分流动和非流动的资产和负债方面，IFRS 遵循与 GAAP 相同的准则。

不同点

- IFRS 建议但并不强制要求使用"财务状况表"代替资产负债表。
- 在 IFRS 下，财务状况表的格式通常不同。虽然不需要遵循特定的格式，但许多采用 IFRS 的公司按照如下顺序展现财务状况信息：
  □ 非流动资产
  □ 流动资产
  □ 股本
  □ 非流动负债
  □ 流动负债
- 在 IFRS 下，流动资产的列示顺序通常与流动性相反。例如，在 GAAP 下，库存现金列在第一条，但在 IFRS 下，它列在最后。
- 在术语上，IFRS 的术语与本书中的术语有很多不同。例如，在下面的财务状况表样本中我们可以看到，在投资类别中，股票被称为股份。

Franklin 公司
财务状况表
2020 年 10 月 31 日

金额单位：美元

资产			
无形资产			
专利			3 100
不动产、厂房和设备			
土地		10 000	
设备	24 000		
减：累计折旧	5 000	19 000	29 000
长期投资			
股份投资		5 200	
房地产投资		2 000	7 200
流动资产			
预付保险费		400	
物料		2 100	

续表

Franklin 公司
财务状况表
2020 年 10 月 31 日

金额单位：美元

存货	3 000	
应收票据	1 000	
应收账款	7 000	
债券投资	2 000	
库存现金	6 600	22 100
总资产		61 400

所有者权益和负债

所有者权益		
实收资本		34 050
非流动负债		
应付抵押款	10 000	
应付票据	1 300	11 300
流动负债		
应付票据	11 000	
应付账款	2 100	
应付职工薪酬	1 600	
预收服务收入	900	
应付利息	450	16 050
权益和负债合计		61 400

● GAAP 和 IFRS 都在更多地使用公允价值来报告资产。然而，就现在而言，IFRS 使用得更加广泛。例如，根据 IFRS，公司可以使用公允价值计量不动产、厂房和设备，在某些情况下还可以用于计量无形资产。

展望未来

国际会计准则理事会和财务会计准则委员会正在进行一个项目，以统一它们在财务报表列报方面的标准。已提议框架中的关键点是，每一份报表将以同样的格式组成，以便将一个实体的筹资活动与其经营和投资活动分开，并进一步将筹资活动分为与所有者和债权人的交易。因此，在财务状况表中使用的分类也将同样用于利润表和现金流量表。该项目目前分为三个阶段。你可以在 FASB 的网站上关注和跟进这个合作财务报告项目。

第 5 章

商业企业的会计处理

本章预览

商业是美国最大、最有影响力的产业之一。很可能你们中的一些人会为商业企业工作，因此，了解商业企业的财务报表很重要。在本章中，你将学习报告商业交易情况的有关基本知识。此外，你将学习如何编制和分析一种常用的利润表——多步式利润表。

▶ 引 例

现在买，以后投票

你在 REI 公司（户外用品公司）的商店购买过户外装备吗？如果买过，当售货员问你是不是会员时，你可能感到惊讶。会员？会员是什么意思？REI 公司是一个消费者合作社，简称"合作社"。要弄清楚消费者合作社意味着什么，可以了解该公司年度管理报告中的这句话：作为合作社，该公司由其会员拥有。每名会员在公司董事会选举中享有一票表决权。自2008年1月1日起，不可退还、不可转让的一次性会员费为20美元。截至2010年12月31日，该公司大约有1080万名会员。

投票权？这是你在沃尔玛超市买不到的东西。REI 公司的会员还可以获得其他福利，包括年底通过分红享有公司的利润。会员花费得越多，分红就越多。

由于 REI 公司是一个合作社，你也许想知道管理层的激励措施是否与其他公司略有不同。该公司管理层仍然关心盈利，因为这确保了公司的长期生存能力。REI 公司的会员希望该公司能够高效运营，这样价格就会保持在低位。为了让会员能够评估管理层的表现，REI 公司像上市公司一样发布经审计的年度报告。

这种商业模式对 REI 公司的作用如何？该公司被《财富》杂志评为美国最好的工作场所之一。自1998年《财富》榜单创建以来，该公司是仅有的五家每年上榜的公司之一。此外，早在社会责任这一概念在其他公司流行前，REI 公司就有了可持续的商业实践。首席执行官的管理报告指出："尽管开设了四家新店并发展了业务，我们仍减少了我们使用的绝对能源量；我们将森林管理委员会（FSC）认证的纸张数量增加到总用纸量的58.4%，包括收银机的收据用纸；我们提供了220万个小时的志愿服务，并向330余个保护性和娱乐性非营利组织提供了370万美元的援助。"

虽然 REI 公司与其他零售商一样，密切监控其财务业绩，但它也努力在其他领域取得成功。由于关乎1000多万张会员选票，REI 公司的管理层知道，他们必须不负众望。

5.1 商业企业和盘存方法

REI 公司、沃尔玛公司（Wal-Mart）和亚马逊公司（Amazon）由于以买卖商品而不是通过提供服务获得主要收入，于是被称为商业企业。直接购买商品并向消费者销售的商业企业也称为零售商。向零售商销售商品的商业企业被称为批发商。例如，零售商沃尔格林公司（Walgreens）可能从批发商麦克森公司（Mckesson）那里购买商品。零售商欧迪办公公司（Office Depot）可能从批发商联合文具公司（United Stationers）购买办公用品。商业企业收入的主要来源是商品的销售，这种收入通常称为销售收入（sales revenue）或销售额（sales）。商业企业有两类费用：销售成本和运营费用。

已售商品成本（cost of goods sold）是指会计期间销售商品的总成本。这项费用与货物销售的收入确认直接相关。图 5-1 展示了商业企业收入计量过程。两个加粗字体的项目是商业企业所特有的，服务企业不会使用到这些术语。

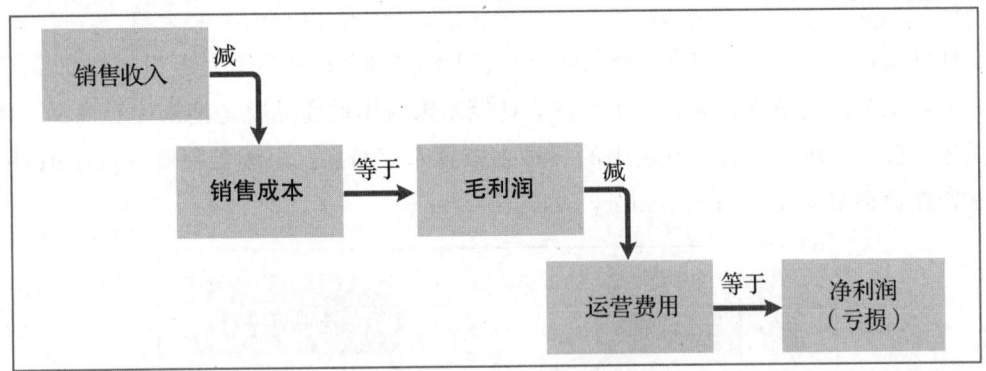

图 5-1　商业企业的收入计量程序

5.1.1　经营周期

商业企业的经营周期通常比服务企业的经营周期长。库存商品的购买和最终销售延长了这个周期。图 5-2 展示了一家服务企业的经营周期。

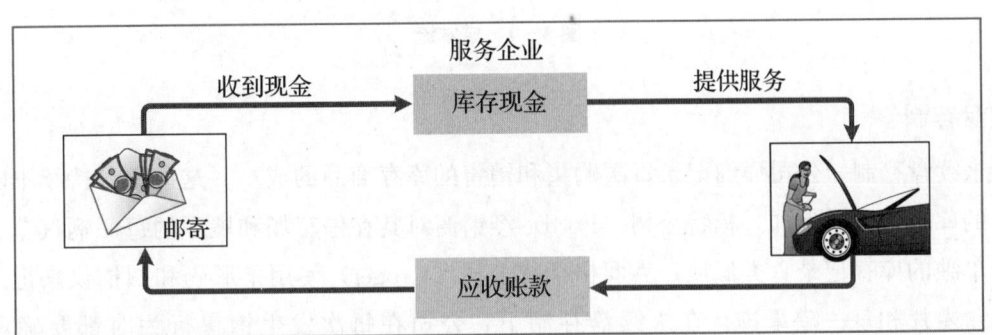

图 5-2　服务企业的经营周期

图 5-3 展示了一个商业企业的经营周期。

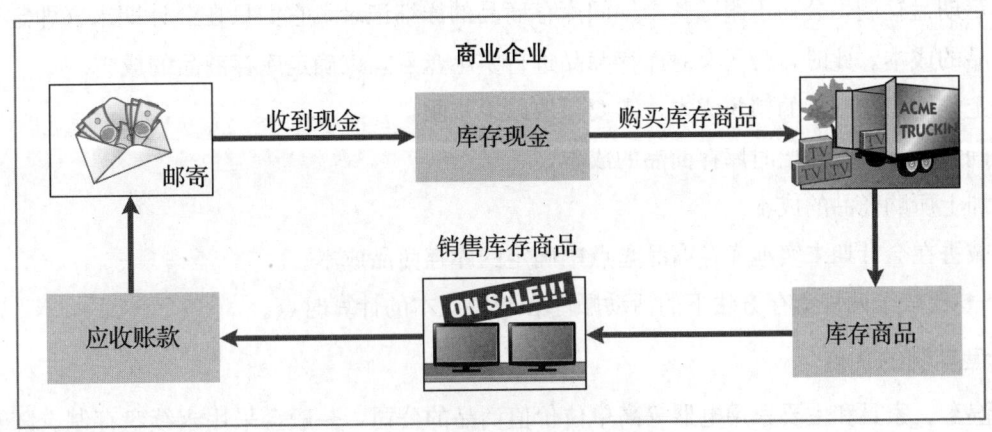

图 5-3　商业企业的经营周期

注意，商业企业额外拥有的一个资产账户是库存商品账户。在资产负债表上，公司将库存商品作为流动资产进行报告。

5.1.2 成本流

商业企业的成本流如下。期初库存商品的成本加上购进商品的成本就是可供销售商品的成本。销售商品时，成本被分摊到销售成本中。那些在会计期末未售出的商品就是期末库存商品。图 5-4 介绍了这一关系。公司使用两种盘存方法中的一种来核算库存商品：永续盘存制（perpetual inventory system）和定期盘存制（periodic inventory system）。

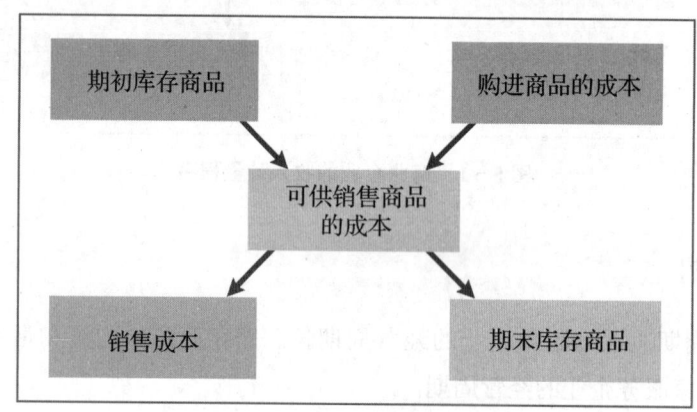

图 5-4　成本流

永续盘存制

采用永续盘存制，公司详细记录每次购买和销售的库存商品的成本。这些记录持续不断地列示每个项目的库存情况。例如，福特公司（Ford）经销商对其在停车场和展厅的每一辆汽车、卡车和货车都有单独的库存记录。类似地，克罗格杂货公司（Kroger）使用条形码和扫描仪来记录每天买卖的每一盒麦片和每一罐果冻。在永续盘存制下，公司在每次发生销售行为时都要确定商品的成本。

定期盘存制

采用定期盘存制，公司不跟踪整个期间库存商品的详细记录，它们只在会计期末（即定期）确定已销售商品的成本。此时，公司会对库存商品进行实际盘点，以确定库存商品的成本。

要确定定期盘存制下的销售成本，需要采取以下步骤：

（1）确定会计期间开始时库存商品的成本。

（2）加上所购商品的成本。

（3）减去在会计期末实地库存商品盘点中确定的库存商品成本。

图 5-5 比较了两种盘存方法下的活动顺序和销售成本的计算时点。

永续盘存制的优点

销售汽车、家具和主要家用电器等高单位价值商品的公司，一般会采用永续盘存制。随着电脑和电子扫描仪的使用越来越普遍，更多的公司能够安装永续盘存制系统。永续盘存制之所以这么称呼，

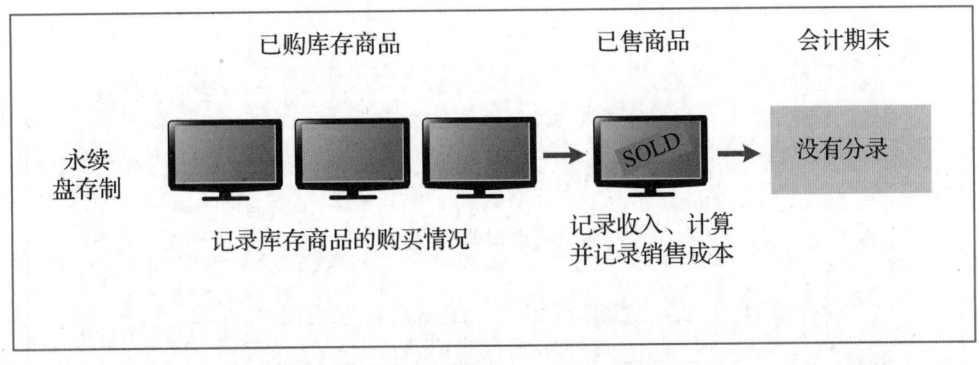

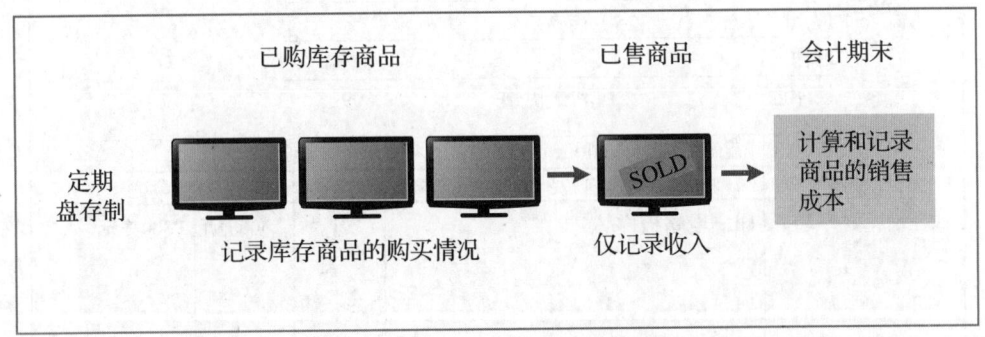

图 5 - 5　比较永续盘存制和定期盘存制

是因为它的会计记录可以连续、永久且随时列示现在应有的库存商品的数量和成本。

与定期盘存制相比，永续盘存制能更好地控制库存商品。由于库存记录列示了现在应有库存的数量，公司可以随时清点货物以查看实际库存商品的数量是否与应有库存的记录相符。如果发现短缺，公司可以立即进行调查。虽然永续盘存系统需要额外的文书工作和费用以维持辅助记录，但是计算机系统可以使这种费用降到最低。亚马逊公司的成功在很大程度上归因于其先进的库存管理系统。

一些企业发现投资于像亚马逊这样精细的、计算机化的永续盘存系统既没有必要又不经济。许多小型商品销售企业现在使用的是能实现永续盘存制效果的基本会计软件。此外，一些小型企业的管理者发现他们也可以使用定期盘存制掌控企业商品并管理日常运作。

由于永续盘存制的广泛使用，本章会对其进行详细介绍。

5.2　在永续盘存制下记录购货

公司用现金或赊账购买库存商品。当公司从卖方收到货物时，它们通常会记录购买情况。每一项购买都应该有作为交易书面证据的商业文件。每项现金购买，都应当有一张注明购买物品和支付金额的付讫支票或者收银机收据。公司通过增加库存商品和减少现金记录现金支付的购买活动。

购货发票（purchase invoice）可以为每次赊购作证明。这张发票列示了总的采购价格和其他相关信息。但是，买方不提供单独的购货发票。实际上，买方使用卖方发送的销售发票副本作为购买发票。例如，在图 5 - 6 中，Sauk 立体声公司（买方）使用 PW 音频供应公司（卖方）提供的销售发票作为购买发票。

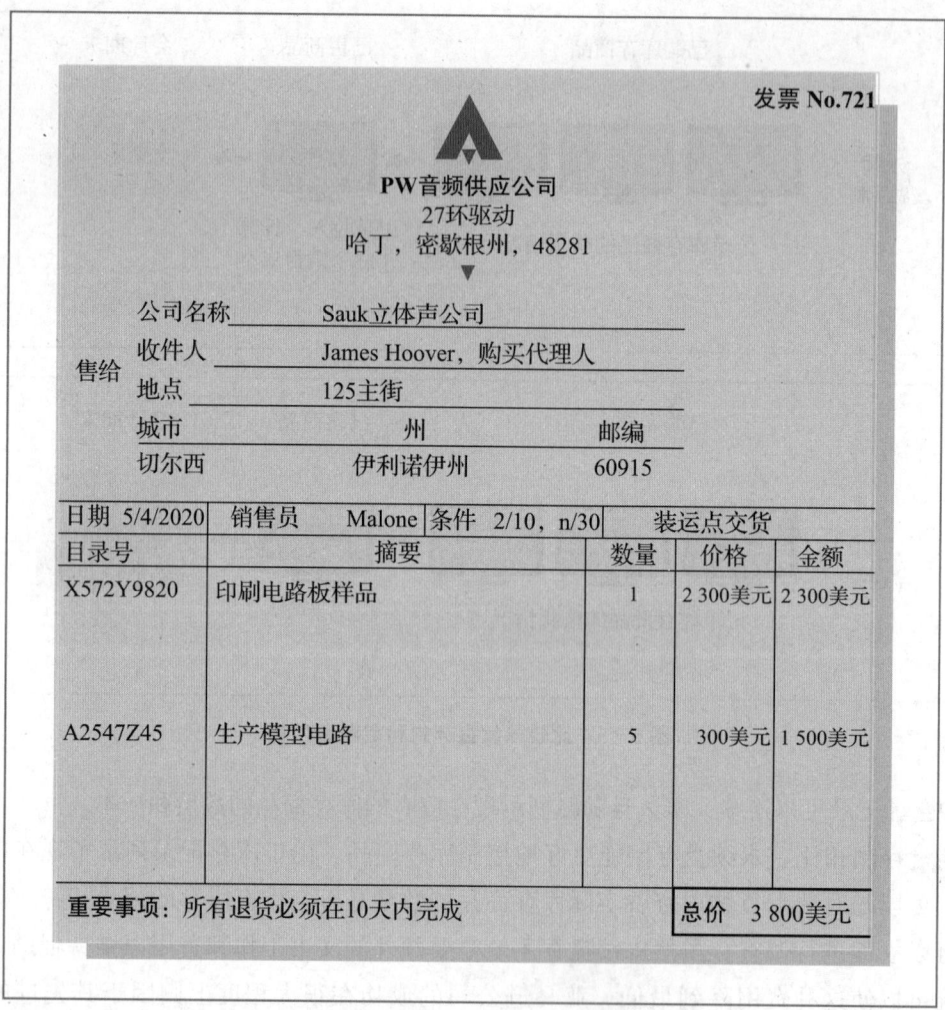

图 5-6 销售发票作为 Sauk 立体声公司的购货发票

为记录这笔从 PW 音频供应公司赊账的购买，Sauk 立体声公司编制以下日记账分录。这笔分录中记录库存商品（借项）的增加和应付账款（贷项）的增加。

5月4日	库存商品	3 800	
	应付账款		3 800
	（记录从 PW 音频供应公司赊购的商品）		

在永续盘存制下，公司把为了实现销售而购进的商品记录在库存商品账户中。因此，对于服装、体育用品和其他购买转售给客户的物品，REI 公司将增加（借记）库存商品。

然而，并不是购买的所有物品都借记到库存商品中。对于购买的用于使用而不是用于转售的资产，公司将其记入特定的资产账户而不是库存商品账户，如物料、设备和类似的其他物品。例如，记录购买用于制作货架标识的材料或购买收银机收据纸时，REI 公司将增加（借记）物料。

5.2.1 运费

销售协议应注明谁——卖方或买方——为将货物运送到买方营业地点支付费用。当如铁路、汽车运输公司或航空公司的普通承运人运输货物时，承运人应根据销售协议编制一张货运单。

运费由哪方支付要根据 FOB 装运点或 FOB 目的地条款确定。FOB 的意思是"船上交货"（free on board）。因此，FOB 装运点（FOB shipping point）是指卖方将货物放在承运人船上，由买方支付运费。FOB 目的地（FOB destination）是指卖方将货物装船后运到买方的营业地，运费由卖方支付。例如，图 5-6 中的购货发票指明了 FOB 装运点，因此，买方（Sauk 立体声公司）支付运费。图 5-7 说明了 FOB 条款。

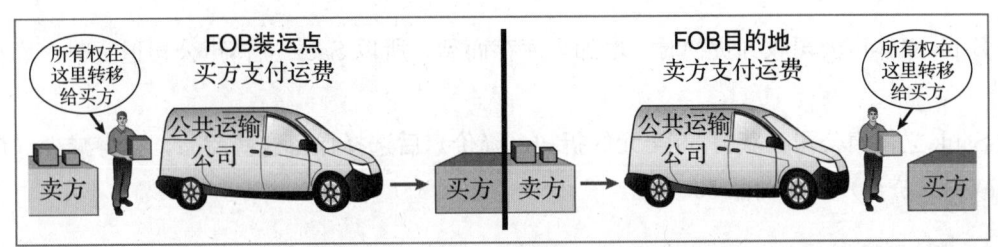

图 5-7 FOB 条款

由买方承担的运费成本

当买方产生运输成本时，这些成本被认为是购买库存商品成本的一部分，因此，买方借记（增加）库存商品账户。例如，如果 Sauk 立体声公司（买家）在 5 月 6 日向公共运输公司支付 150 美元的运费，那么 Sauk 立体声公司的会计账簿上就会写着：

5 月 6 日	库存商品	150	
	库存现金		150
	（记录购买货物而支付的运费）		

买方发生的任何运费成本都是购买商品成本的一部分。库存商品成本应包括获得存货的所有成本，包括将货物交付给买方所需的运费。公司在销售库存商品时将这些成本确认为已售货物的成本。

由卖方承担的运费成本

相比之下，卖方对出口商品所产生的运费成本是卖方的运营费用。这些成本增加了一个名为"销货运费"（freight-out）的费用账户（有时称为送货费用，delivery expense）。例如，如果图 5-6 中发票上的运费条款要求 PW 音频供应公司（卖方）支付运费，则 PW 音频供应公司的会计分录应为：

5 月 4 日	销货运费（或送货费用）	150	
	库存现金		150
	（记录因已售商品而支付的运费）		

当卖方支付运费时，卖方通常会为货物定下较高的发票价格来支付运费。

5.2.2　购货退回及折让

买方可能因为货物质量低劣，如损坏或有缺陷，或不符合买方的规格而对收到的商品不满意。在这种情况下，如果是赊购，买方可以将货物退还给卖方，如果是现金购买，则卖方可以将现金退还给买方。这种交易被称为购货退回（purchase return）。或者，如果卖方愿意对购买价格给予折扣（扣减），买方也可以选择保留商品，这种交易就是购货折让（purchase allowance）。

假设 Sauk 立体声公司在 5 月 8 日将价值 300 美元的商品退回了 PW 音频供应公司。以下为 Sauk 立体声公司因为退货而减少（借记）应付账款和减少（贷记）库存商品。

5 月 8 日	应付账款	300	
	库存商品		300
	（记录向 PW 音频供应公司退货）		

因为 Sauk 立体声公司收到货物时，增加了库存商品，所以 Sauk 立体声公司退货时，库存商品会减少。

假设 Sauk 立体声公司在获得 50 美元的折扣（降价）后选择保留这些商品，它将减少（借记）应付账款和减少（贷记）库存商品 50 美元。

5.2.3　购买折扣

赊购的信用条款允许买方获得因即期付款取得的现金折扣，买方称这种现金折扣为购买折扣（purchase discount）。这种激励对买卖双方都有好处，买方可以节省资金，而卖方可以通过将应收账款转化为现金来缩短经营周期。

信用条款规定了现金折扣的金额和提供折扣的期限，还表明了期望买方支付发票全部价格的期限。在图 5-6 的销售发票中，信用条款为 2/10，n/30，英文读作 "two-ten, net thirty"。这意味着如果在发票日期（折扣期）的 10 天内付款，买方可以获得发票价格 2% 的现金折扣，减去（"净"）所有的退回或折让，否则，扣除任何退回或折让后的发票价格应在发票日起 30 天内支付。

或者折扣期可以延长到销售发生月份之后的指定天数。例如，"1/10 EOM"（end of month，月底），意味着买方如果在下个月的前 10 天内支付发票价格，有 1% 的折扣。

如果卖方决定对即期付款不给予现金折扣，信用条款将只规定支付余款的最长期限。例如，发票可能将时间周期规定为 n/30、n/60 或 n/10 EOM。这意味着买方必须分别在 30 天、60 天或次月的前 10 天内支付净金额。

当买方在折扣期内付款时，折扣的金额会减少库存。为什么呢？因为公司按成本价记录库存，并且通过在折扣期内付款，买方降低了成本。举例来说，假设 Sauk 立体声公司在折扣期的最后一天，即 5 月 14 日支付了应缴余额 3 500 美元（发票总价格 3 800 美元减去退回和折扣 300 美元）。由于条款是 2/10，n/30，现金折扣是 70 美元（3 500 美元乘以 2%），Sauk 立体声公司支付 3 430 美元（3 500 美元－70 美元）。Sauk 立体声公司对其 5 月 14 日记录的分录减少了（借记）应付账款，金额为发票总价的金额，减少（贷记）了库存商品，金额为 70 美元，减少了（贷记）库存现金，金额为所欠的净额。

5 月 14 日	应付账款	3 500	
	库存现金		3 430
	库存商品		70
	（记录折扣期内的付款）		

如果 Sauk 立体声公司没有享受折扣，而是在 6 月 3 日全额支付了 3 500 美元，它将借记应付账款，贷记库存现金 3 500 美元。

6月3日	应付账款		3 500	
	库存现金			3 500
	（记录未享受折扣的付款）			

商业企业通常会利用所有能获得的折扣。放弃折扣可能被视为因为使用这些钱而支付利息。例如，放弃 PW 音频供应公司提供的折扣，就相当于 Sauk 立体声公司为使用 3 500 美元 20 天而支付 2% 的利率，这相当于大约 36.5%（2%×365/20）的年利率。显然，对 Sauk 立体声公司来说，以 6%～10% 的现行银行利率借款比失去折扣要好。

5.2.4 采购交易汇总表

下面的 T 型账户提供了 Sauk 立体声公司的交易对库存商品影响的总结。Sauk 立体声公司最初购买了价值 3 800 美元的库存商品，用于转售，然后退回了价值 300 美元的商品，并支付了 150 美元的运费，最后，因为它在折扣期内支付了欠款，因此享受了 70 美元的折扣，因此，库存商品余额为 3 580 美元。

库存商品

购货	5 月 4 日	3 800		5 月 8 日	300	购货退回
运费	6 日	150		14 日	70	购货折扣
余额		3 580				

5.3 在永续盘存制下记录销售情况

根据收入确认原则，公司在履约完成时记录销售收入。通常情况下，当货物从卖方转移到买方时，履行义务即告完成，此时，销售交易完成，销售价格确定。

销售可以赊账，也可以付现金。每一笔销售交易都应有商业文件作为支持，以提供销售的书面证据。收银单据可以提供现金销售证明。如图 5-6 所示，销售发票为赊销提供证明。发票的原始副本交给买方，卖方保留一份复印件用于记录销售。发票中会记录销售日期、客户名称、总销售价格和其他相关信息。

每笔销售中，卖家需要编制两个会计分录。第一个会计分录记录销售：卖方增加（借记）现金（如果是赊销的话，记为应收账款），并增加（贷记）销售收入。第二个会计分录记录销售商品的成本：卖方增加（借记）销售商品的成本，同时减少（贷记）库存商品的成本。因此，库存商品账户将随时列示仓库应有存货的数量。

为了讲解赊销交易，PW 音频供应公司记录其在 5 月 4 日与 Sauk 立体声公司的一笔价值 3 800 美元的销售交易如下（假定 PW 音频供应公司的商品成本为 2 400 美元）。

5 月 4 日	应收账款		3 800	
	销售收入			3 800
	（按照编号 731 发票记录 Sauk 立体声公司的赊购）			

4 日	已售商品的成本	2 400	
	库存商品		2 400
	（按照编号 731 发票记录销售给 Sauk 立体声公司的商品的成本）		

　　为了方便内部决策，商业企业可以使用多个销售账户。例如，PW 音频供应公司可能决定为其电视机、蓝光光盘播放器和耳机的销售设立单独的销售账户。REI 公司可能会为露营装备、儿童户外服装和滑雪装备设立和使用单独的账户，或者它可能有分类更细致的账户。通过为主要产品线设置单独的销售账户，而不是采用单一的合并销售账户，公司管理层可以更精确地掌握销售趋势，更具战略性地对销售模式的变化做出反应。例如，如果电视机销量增长，而蓝光光盘播放器销量下降，PW 音频供应公司可能会重新评估这些产品的广告和定价策略，以确保它们保持在最佳水平。

　　在向外部投资者提交的利润表上，商业企业通常只提供单一的销售数字——其所有独立销售账户的总和。这样做有两个原因：首先，提供所有单个销售账户的详细信息会使利润表增加相当长的篇幅；其次，公司不希望竞争对手知道其经营成果的细节。不过，微软公司最近将披露收入的方式从三种扩大到五种，原因是：更多类别的销售账户能使财务报表使用者更好地评估公司客户和互联网业务的增长情况。

5.3.1　销售退回及折让

　　接下来介绍退回和折让的另一方，即卖方将其记录为销售退回和折让（sales returns and allowances）。在这种交易中，卖方要么接受买方的退货（退回），要么降低价格（折让），以使买方留下商品。PW 音频供应公司在分录中对退回的商品进行贷记。（1）增加（借记）销售退回和折让（销售收入的备抵账户）和按售价 300 美元减少（贷记）应收账款。（2）增加（借记）库存商品（假设成本是 140 美元）和减少（贷记）已售商品的成本，如下所示（假设不存在有缺陷的货物）。

5 月 8 日	销售退回和折让	300	
	应收账款		300
	（记录对 Sauk 立体声公司的折让）		

5 月 8 日	库存商品	140	
	已售商品的成本		140
	（记录退回商品的成本）		

　　如果 Sauk 立体声公司因为商品损坏或有缺陷退回，那么 PW 音频供应公司在对库存商品和已售商品的成本进行入账时，应该按退回商品的公允价值而不是它们的历史成本记账。例如，如果退回的商品有缺陷，并且公允价值为 50 美元，PW 音频供应公司将借记库存商品 50 美元，贷记已售商品的成本 50 美元。

　　如果卖方通过降低价格给予买方折扣，约定不接受退回，该怎么编制分录呢？在这种情况下，卖方借记销售退回和折让，按照折让部分的金额贷记应收账款。折让对库存商品或已售商品的成本账户没有影响。

销售退回和折让是销售收入的备抵账户，这意味着它可以与利润表上的收入账户相抵减。一般情况下，销售退回和折让的期末余额在借方。公司使用备抵账户而不是借记销售收入，是为了在账户和利润表中披露销售退回和折让的金额。披露这一信息对管理层而言很重要。过多的退回和折让可能会透露出一些问题——商品劣质、订单的低效率、客户账单上的问题、交货或装运问题。此外，直接记入销售收入的减少（借记）会掩盖销售退回和折让在销售额中占比的相对重要性，还可能扭曲不同会计期间总销售额的比较情况。

在会计期末，如果公司预期销售退回和折让是实质重大的，公司应该做一个调整分录，以估计退回金额。在一些行业，比如那些与书籍和期刊销售有关的行业，销售退回通常是实质重大的。必须退回并进行会计估计的情况将在高级会计课程中讲解。

5.3.2　销售折扣

正如我们在讨论购买交易时提到的，卖方可以向客户提供现金折扣——卖方称之为销售折扣（sales discount），以换取客户及时支付到期余额。和购买折扣一样，销售折扣基于发票价格减去退回和折让（如果有的话）。卖方在销售折扣账户增加（借记）折扣额。例如，在 5 月 14 日，对于 Sauk 立体声公司在折扣期间支付的现金，PW 音频供应公司记录如下：

5 月 14 日	库存现金	3 430	
	销售折扣	70	
	应收账款		3 500
	（记录在 2/10，n/30 的折扣期内从 Sauk 立体声公司收到的款项）		

像销售退回和折让一样，销售折扣是销售收入的备抵账户。一般来说，它的期末余额在借方。PW 音频供应公司使用这个账户而不是借记销售收入，是为了披露顾客所享有现金折扣的金额。如果 Sauk 立体声公司不接受折扣，PW 音频供应公司增加（借记）库存现金 3 500 美元，在收款日期以相同的金额减少（贷记）应收账款。

在会计期末，如果潜在折扣的金额很大，公司应该为估计折扣编制调整分录。对于销售折扣通常不需要这么做，但对于其他类型的折扣（如数量折扣）可能是必要的，这将在更高级的会计课程中进行讨论。

下面的 T 型账户总结了三笔与销售相关的交易，并展示了它们对净销售额的综合影响。

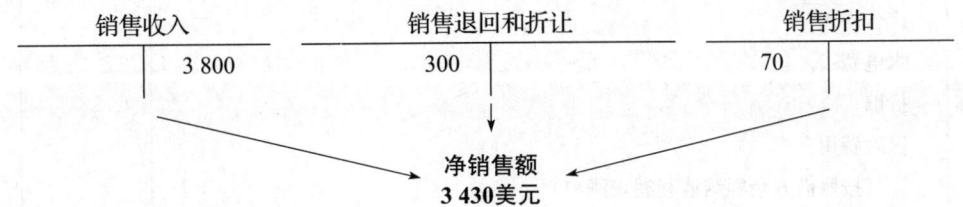

5.4　商业企业的会计周期

到目前为止，本书已经说明了永续盘存制中购销交易的基本分录。现在把商业企业会计周期的其余步骤也考虑进来。第 4 章所述的服务业企业每一个必需的步骤，均适用于商业企业。

5.4.1 调整分录

商业企业通常有与服务业企业相同类型的调整分录。然而，使用永续盘存制的卖方需要再做一次额外的调整，使记录与实际库存商品相符。原因是，在每个会计期末，为控制起见，采用永久盘存制的商业企业将对其库存商品进行盘点。通常公司未调整的库存商品余额与实际库存商品金额不一致。永续盘存记录可能由于记录错误、商品被盗或浪费而出现差错。因此，公司需要调整永续盘存记录，使记录的库存商品数量与实际库存商品数量一致，这包括调整库存商品和已售商品的成本。

例如，假设 PW 音频供应公司未调整时的库存商品余额为 40 500 美元。通过实际盘点，PW 音频供应公司确定其在 12 月 31 日的实际库存商品金额是 40 000 美元。公司将做如下调整分录：

12 月 31 日	已售商品的成本	500	
	库存商品（40 500 美元－40 000 美元）		500
	（调整库存商品至实际金额）		

5.4.2 结账分录

像服务企业一样，商业企业会把所有影响净利润的项目过账到本年利润账户。在编制日记账时，公司贷记所有有借方余额的临时性账户，借记所有有贷方余额的临时性账户，PW 音频供应公司情况如下所示。注意，PW 音频供应公司将已售商品的成本结账到本年利润账户。

12 月 31 日	销售收入	480 000	
	本年利润		480 000
	（按照贷方余额结清利润表余额）		
31 日	本年利润	450 000	
	销售退回和折让		12 000
	销售折扣		8 000
	已售商品的成本		316 000
	工资费用		64 000
	销货运费		7 000
	广告费用		16 000
	水电费		17 000
	折旧		8 000
	保险费用		2 000
	（按照借方余额结清利润表账户）		
31 日	本年利润	30 000	
	实收资本		30 000
	（将净利润结账到实收资本）		

31 日	实收资本	15 000	
	所有者提款		15 000
	（将所有者提款结账到实收资本）		

在 PW 音频供应公司完成对结账分录的过账后，所有临时性账户的余额均为零。此外，实收资本的余额可以结转到下一个会计期间。

5.4.3　商品销售的分录汇总

表 5-1 汇总了使用永续盘存制的商品销售的会计分录。

表 5-1　每日发生的分录、调整和结账分录

	交易	每日发生的分录	借	贷
销售交易	将商品销售给顾客	库存现金或应收账款 　销售收入 已售商品的成本 　库存商品	XX XX	 XX XX
	给予顾客的销售退回或折让	销售退回和折让 　库存现金或应收账款 库存商品 　已售商品的成本	XX XX	 XX XX
	支付已售商品的运费；FOB目的地	发货 　库存现金	XX	 XX
	在折扣期内收到顾客的支付款	库存现金 销售折扣 　应收账款	XX XX	 XX
购买交易	为了再次销售而购买的商品	库存商品 　库存现金或应付账款	XX	 XX
	支付购买的商品的运费；FOB起运点	库存商品 　库存现金	XX	 XX
	接受供应商给予的购货退回或折让	库存现金或应付账款 　库存商品	XX	 XX
	在折扣期内向供应商支付货款	应付账款 　库存商品 　库存现金	XX	 XX XX

事件	调整和结账分录	借	贷
因为账面金额高于确定的库存金额而进行调整。	已售商品的成本 　库存商品	XX	 XX
结清有贷方余额的临时性账户。	销售收入 　本年利润	XX	 XX
结清有借方余额的临时性账户。	本年利润 　销售退回和折让 　销售折扣 　已售商品的成本 　发货 　费用	XX	 XX XX XX XX XX

5.5 多步式利润表、单步式利润表和综合利润表

商业企业广泛使用第4章中介绍的分类资产负债表和两种形式的利润表中的一种。本节解释了商业企业如何使用这些财务报表。

5.5.1 多步式利润表

多步式利润表（multiple-step income statement）之所以如此命名，是因为它涵盖了确定净利润的几个步骤，其中两个步骤与公司的主要经营活动有关。多步式利润表还区分了经营活动和非经营活动。最后，报表突出了收入的中间组成部分和费用的细分组别。

利润表对销售收入的列报

多步式利润表从列示销售收入开始。然后从销售收入中扣除备抵收入的账户——销售退回和折让，以及销售折扣——得到净销售额（net sales）。表5-2用假设数据展示了PW音频供应公司的销售情况。

表5-2 净销售额的计算

PW音频供应公司 利润表（部分）		
		金额单位：美元
销售		
销售收入		480 000
减：销售退回和折让	12 000	
销售折扣	8 000	20 000
净销售额		460 000

毛利润

从表5-1中可以了解到公司从销售收入中扣除已售商品的成本以确定毛利润（gross profit）。在这种计算中，公司将净销售额（考虑了销售退回、折让和销售折扣）作为销售收入的金额。根据表5-2的销售数据（净销售额为460 000美元）和永续盘存制下已售商品的成本（假设为316 000美元），PW音频供应公司的毛利润为144 000美元，计算方法如表5-3所示。

表5-3 净利润的计算

净销售额	460 000 美元
已售商品的成本	316 000 美元
净利润	**144 000 美元**

公司的利润率可以用百分比来表示。为此，用毛利润除以净销售额。对于PW音频供应公司，毛利率为31.3%，计算如表5-4所示。

表 5 - 4　净毛利率的公式和计算

毛利润	÷	净销售额	=	毛利率
144 000 美元	÷	460 000 美元	=	31.3%

　　分析师通常认为毛利率比毛利润更有帮助。这个比率反映了净销售额和毛利之间更有意义的（定性的）关系。例如，1 000 000 美元的毛利润听起来可能很吸引人，但如果这是毛利率只有 7% 的结果，就没那么吸引人了。毛利率告诉我们每一笔销售收入中有多大比例是利润。

　　毛利润代表一个公司的销售利润。它因为尚未扣除经营费用，所以不是衡量整体盈利能力的指标。但是经理和其他感兴趣的人密切关注毛利润的金额和趋势。他们将当前的毛利润与过去报告的金额进行比较。他们还将本公司的毛利率与竞争对手的以及行业平均水平的毛利率进行比较，这种比较反映了关于公司销售职能有效性和价格策略可靠性的信息。

运营费用和净利润

　　运营费用（operating expenses）是衡量商业企业净利润的另一个指标。它是公司在获得销售收入的过程中发生的费用。这些费用在商业和服务企业中是相似的。公司有时会将运营费用分为销售费用和管理费用，以提供更多的信息。销售费用包括销售人员工资和广告费用等项目。管理费用包括保险费、水电费等。

　　在 PW 音频供应公司，运营费用为 114 000 美元。公司从毛利润中减去运营费用来确定净利润。如表 5 - 5 所示，净利润为 30 000 美元。

表 5 - 5　计算净利润时的运营费用

毛利润	144 000 美元
运营费用	**114 000 美元**
净利润	30 000 美元

　　净利润是公司利润表中所谓的"底线"。

非经营性活动

　　非经营性活动（nonoperating activities）包括与公司主营业务无关的各种收入、费用和损益。如果包括非经营性活动，则在其前面加上"经营性收入"（income from operations 或 operating income）的标签。这个标签清楚地展现了公司正常经营的结果，即从净销售额中减去已售商品的成本和运营费用而得到的金额。非经营性活动的结果在"其他收入和利得"（other revenues and gains）和"其他费用和损失"（other expenses and losses）两项中列示。表 5 - 6 列出了一些例子。

表 5 - 6　非经营性活动

其他收入和利得
应收票据和有价证券的**利息收入**
普通股投资的**分红收入**
转租部分店面的**租金收入**
出售不动产、厂房和设备的**利得**

续表

其他费用和损失
应付票据和贷款的**利息费用**
常见原因造成的**意外损失**，如破坏和事故
销售或废弃不动产、厂房和设备的**损失**
来自雇员或供应商罢工的**损失**

商业企业在经营活动结束后立即在利润表中报告非经营性活动。表5-7以假定的数据展示了PW音频供应公司这部分的信息。

表5-7 多步式利润表

PW音频供应公司
利润表
截至2020年12月31日

金额单位：美元

销售		
销售收入		480 000
减：销售退回和折让	12 000	
销售折扣	8 000	20 000
净销售额		460 000
已售商品的成本		316 000
毛利润		144 000
运营费用		
工资费用	64 000	
水电费	17 000	
广告费用	16 000	
折旧	8 000	
运费	7 000	
保险费用	2 000	
运营费用总计		114 000
经营性收入		30 000
其他收入和得		
利息收入	3 000	
厂房资产处置利得	600	3 600
其他费用和损失		
利息费用	1 800	
蓄意破坏造成的事故损失	200	2 000
净利润		31 600

对毛利润的计算 / 对经营性收入的计算 / 非经营性活动的结果

对于财务数据的许多外部使用者来说，区分经营性活动和非经营性活动是至关重要的。使用者认为经营性收入是可持续的，而许多非经营性活动是非经常性的。因此，在预测下一年的收入时，分析师将最大的权重放在本年度的营业收入上，而对本年度非经营性活动设置较低的权重。

5.5.2 单步式利润表

另一种利润表形式是单步式利润表（single-step income statement）。这样命名是因为在确定净利润时只需一个步骤——从总收入中减去总费用。

在单步式利润表中，所有数据被分为两类：（1）收入，既包括主营业务收入，又包括其他业务收入和利得；（2）费用，包括已售商品的成本、运营费用和其他费用及损失。表 5 - 8 展示了 PW 音频供应公司的单步式利润表。

表 5 - 8　单步式利润表

PW 音频供应公司 利润表 截至 2020 年 12 月 31 日		金额单位：美元
收入		
净销售额		460 000
利息收入		3 000
厂房资产处置利得		600
总收入		463 600
费用		
已售商品的成本	316 000	
运营费用	114 000	
利息费用	1 800	
蓄意破坏造成的事故损失	200	
总费用		432 000
净利润		31 600

使用单步式利润表主要有两个原因：（1）只有在总收入超过总费用时才会形成利润或收益，所以将报表分为这两类是有意义的；（2）单步式利润表更简单，更容易阅读。然而，在课后练习中，特别指出时才应该使用单步式利润表。

5.5.3　综合利润表

第 1 章论述了公允价值原则。会计准则要求公司在每个报告期末将某些类型的资产和负债的记录价值调整为公允价值。在一些情况下，因将账面金额调整为公允价值而导致未实现损益，这些损益被包括在净利润中。但是，在其他情况下，这些未实现损益不包含在净利润中。实际上，这些不被包括的项目将作为更具包容性的收益指标（即综合性利润（comprehensive income））的一部分进行报告。这类项目的例子有对养恤金计划资产的某些调整、外币折算损益以及某些类型投资的预计损益。它们不被包括在净利润中但被包含在综合性利润的项目中，可以在净利润和综合收益的合并表中报告，也可以单独在综合利润表中报告。综合利润表（comprehensive income statement）中列出的未计入净利润的项目称为其他综合性利润。表 5 - 9 展现了综合性利润如何在单独的综合利润表中呈现。它假设 PW 音频供应公司有 2 300 美元预收收入。（在课后练习时请使用这种格式。）

表 5－9　净利润和综合利润的合并报表

PW 音频供应公司 综合利润表 截至 2020 年 12 月 31 日的年报	
	金额单位：美元
净利润	31 600
其他综合性利润	
投资证券预收的持有收益	2 300
综合性利润	33 900

5.5.4　分类资产负债表

在资产负债表中，商业企业将库存商品作为一项流动资产，紧挨在应收账款之后列报。回顾第 4 章，公司通常会按照与库存现金（流动性）的接近程度来列示流动资产项目。与应收账款相比，库存商品更接近现金，因为货物必须先售出，才能收回客户的付款。表 5－10 展示了 PW 音频供应公司分类资产负债表的资产部分。

表 5－10　分类资产负债表中的资产部分

PW 音频供应公司 资产负债表（部分） 截至 2020 年 12 月 31 日		
		金额单位：美元
资产		
流动资产		
库存现金		9 500
应收账款		16 100
库存商品		40 000
预付保险费		1 800
总流动资产		67 400
不动产、厂房和设备		
设备	80 000	
减：累计折旧——设备	24 000	56 000
资产合计		123 400

◀ **选择题** ▶

1. 当（　　）时，会产生毛利润。

A. 运营费用低于净利润

B. 净销售额大于运营费用

C. 净销售额大于已售商品的成本

D. 运营费用大于已售商品的成本

3. 一般情况下，期末余额在借方的销售账户有（　　）。

A. 销售折扣

B. 销售退回和折让

C. A 和 B 都是

D. A 和 B 都不是

5. 永续盘存制下，账户（　　）通常会出现在商品销售公司的分类账中。

A. "购买货物"

B. "运费"

C. "已售商品的成本"

D. "购买折扣"

7. 除了（　　）情况外，商业企业与服务企业的会计循环步骤相同。

A. 商业企业可能需要额外的库存商品调整日记账分录

B. 商业企业不需要对日记账进行结账

C. 商业企业不需要编制结账后的试算平衡表

D. 商业企业需要编制分步式利润表

9. 如果净销售额是 400 000 美元，已售商品的成本是 310 000 美元，运营费用是 60 000 美元，那么毛利润是（　　）。

A. 30 000 美元

B. 90 000 美元

C. 340 000 美元

D. 400 000 美元

11. （　　）既出现在单步式利润表上，又出现在多步式利润表中。

A. 库存商品

B. 毛利润

C. 经营性收入

D. 已售商品的成本

◀▶ 简答题 ◀▶

1. 请确定（a）Frazier 公司、（b）Todd 公司和（c）Abreugno 公司已售商品的成本的组成部分。请补充缺失值（金额单位：美元）。

	期初库存商品	购货	可供出售商品的成本	期末库存	已售商品的成本
a.	120 000	150 000	?	?	160 000
b.	50 000	?	125 000	45 000	?
c.	?	220 000	330 000	61 000	?

3. Cabrera 公司以下账户有期末余额：销售收入为 300 000 美元，销售退回和折让为 10 000 美元，已售商品的成本为 174 000 美元，库存商品为 50 000 美元。编制将这些项目结账到本年利润账户时的会计分录。

◀▶ 练习题 ◀▶

6 月 10 日，Spinner 公司向 Lawrence 公司赊购了价值 10 000 美元的商品（FOB 装运点，付款条款为 2/10，n/30）。Spinner 公司在 6 月 11 日支付 600 美元的运费。总计 700 美元的受损货物已于 6 月 12 日归还 Lawrence 公司。这些货物的公允价值是 300 美元。6 月 19 日，Spinner 公司向 Lawrence 公司全额支付货款，并扣除了购买折扣。两家公司都采用永续盘存制。

要求：

a. 在 Spinner 公司的账簿上为每笔交易编制独立的会计分录。

b. 为 Lawrence 公司的每笔交易编制独立的会计分录。6 月 10 日，Spinner 公司购买的这批商品花费了 Lawrence 公司 6 400 美元的成本。

━━━━━━ ◆ **实践题** ◆ ━━━━━━

截至 2020 年 12 月 31 日，Falcetto 公司工作底稿的调整后试算平衡表如下所示：

	借记		贷记
库存现金	14 500	累计折旧——设备	18 000
应收账款	11 100	应付票据	25 000
库存商品	29 000	应付账款	10 600
预付保险费	2 500	实收资本	81 000
设备	95 000	销售收入	536 800
所有者提款	12 000	利息收入	2 500
销售退回和折让	6 700		673 900
销售折扣	5 000		
已售商品的成本	363 400		
运费	7 600		
广告费用	12 000		
工资费用	56 000		
水电费	18 000		
租金费用	24 000		
折旧	9 000		
保险费用	4 500		
利息费用	3 600		
	673 900		

要求：

为 Falcetto 公司编制多步式利润表。

📊 IFRS 概览

在 GAAP 和 IFRS 下，商品销售的基本会计分录是相同的。这两套准则都要求披露利润表。虽然两者的利润表存在一些差异，但基本格式是相似的。

要点

以下是 GAAP 和 IFRS 与库存商品相关的主要相似点和不同点。

相似点

● 在 GAAP 和 IFRS 下，公司可以选择使用永续盘存制或定期盘存制。

● 在 GAAP 和 IFRS 下，库存商品的定义基本相同。

● 如上所述，在 GAAP 和 IFRS 下，商品销售的基本会计分录是相同的。

● GAAP 和 IFRS 都要求利润表要呈现多年的信息。例如，IFRS 要求提供近 2 年的利润表信息，而 GAAP 要求提供近 3 年的。

不同点

● 在 GAAP 下，公司通常根据功能对利润表项目进行分类。按功能可以将其分类为管理、分销（销售）和制造。根据 IFRS，公司必须按性质或功能对费用进行分类。例如，按性质可以分类为工资、折旧和水电费。如果按功能对利润表上的费用分类，那么应在财务报表附注中按性质披露。

● 在 GAAP 下，利润表的列报遵循单步式或多步式。IFRS 没有提到单步式和多步式方法。

● 根据 IFRS，土地、建筑物和无形资产的重新估值是允许的。由重新估值造成的最初损益被报告为对权益的调整，通常称为其他综合收益。这种差异的影响是，使用 IFRS 导致更多的交易影响权益（其他综合收益）而不是净利润。

展望未来

IASB 和 FASB 正在推进一项重新设计财务报表结构的项目。具体来说，这个项目将解决如何在利润表中分类各种项目的问题。这种新方法的主要目标是更好地披露业务运行的信息。此外，这种方法将人们的注意力从一个数字——净利润上移开。它将采用与当前现金流量表（经营、投资和筹资）类似的主要分组，以便在报表中更容易追踪数字。例如，业务产生的收入金额可追溯至用于产生收入的资产和负债。最后，这种方法还将提供目前在大多数报表（GAAP 或 IFRS）中看到的细节，要求按功能和性质两种方法列示项目。新的财务报表格式较大程度受到财务报表分析师建议的影响。

第6章

存 货

▶ 引 例

卡特彼勒公司的存货管理

让我们来谈谈存货——大型的、推土机的存货。卡特彼勒公司（Caterpillar Inc.）是世界上最大的建筑和采矿设备、柴油和天然气发动机以及工业燃气轮机制造商，它的产品销往 200 多个国家和地区，这使其成为美国成功的出口商之一。其 70% 以上的生产性资产位于美国国内，近 50% 的销售额来自国外。

过去，卡特彼勒公司的盈利能力受过影响，但现在它非常成功。这在很大程度上可以归因于其有效的存货管理。想象一下，如果卡特彼勒公司有太多的推土机闲置，该公司将付出多大的代价——这是该公司绝对希望避免的情况。然而，卡特彼勒公司还必须确保有足够的存货来满足需求。

在 7 年的时间里，卡特彼勒公司的销售额增长了 100%，而存货只增长了 50%。为了实现存货的大幅减少，同时满足客户的需求，卡特彼勒公司采取了双管齐下的方法。首先，它完成了工厂现代化计划，大大提高了生产效率。该计划将公司在任何时候处理的存货数量减少了 60%。它还将制造一个零件所需的时间减少了 75%，令人难以置信。

其次，卡特彼勒公司大幅改善了零部件分销系统。它通过战略性布局每天在世界各地的 23 个配送中心（1 000 万平方英尺的仓库空间——记住，我们说的是推土机）运送超过 10 万件物品。该公司几乎可以保证在 24 小时内将任何零部件送到世界任何地方。

这些变化为卡特彼勒公司带来了创纪录的出口量、利润和收入。事情似乎不能再好了。但行业分析师以及该公司的高管们不这么认为。为了维持卡特彼勒公司的行业领导者地位，管理层开始了对存货生产和存货管理流程的又一次重大改革。这次改革的目标是：把维修次数减少一半，把生产率提高 20%，并把存货周转率提高 40%。

简而言之，卡特彼勒公司管理存货的能力一直是其成功的一个关键原因，也很可能对其未来的盈利能力发挥巨大作用。

6.1 存货的分类和确定

在会计期末对存货情况的报告包括两个重要步骤，其中一个步骤是根据存货的完整程度对存货进行分类，另一个步骤是确定存货的金额。

6.1.1 存货分类

对存货的分类取决于公司是商业企业还是制造企业。在一个商业企业中，存货包括许多不同的物品。例如，在杂货店里，罐头食品、奶制品、肉类和农产品只是存货的一小部分。这些物品有两个共同的特点：（1）它们为公司所有；（2）它们可以以当下的状态在日常业务中出售给客户。因此，商业企业只需要一种存货分类——商品存货——来描述构成全部存货的各种类目。

在制造业企业，一些存货可能还不满足直接出售的条件，因此，制造业企业通常将存货分为三类：产成品、在产品和原材料。产成品存货（finished goods inventory）是指已完成生产过程并准备出售的产成品。在产品（work in process）是指已进入生产过程但尚未完成的产品。原材料（raw materials）是指将用于生产但尚未投入生产的基本商品。

例如，卡特彼勒公司将已完成且准备销售的推土机归类为产成品。它将生产过程中处于装配线不同阶段的推土机归类为在产品。钢铁、玻璃、轮胎和其他准备用于生产推土机的材料和零部件被归类为原材料。表 6-1 是卡特彼勒公司年报附注 7 的节选。

表 6-1　卡特彼勒公司的存货构成　　　　　　　　　　　　　　　　　金额单位：百万美元

	12 月 31 日	
	2016 年	**2015 年**
原材料	2 102	2 467
在产品	1 719	1 857
产成品	4 576	5 122
物料	217	254
存货总量	**8 614**	**9 700**

通过观察这三类存货的水平和变化，财务报表使用者可以了解管理层的生产计划。例如，原材料处于低存货水平和产成品处于高存货水平表明，管理层认为手头有足够的存货，生产将会放缓——也许是由于预期衰退；相反，原材料处于高存货水平和产成品处于低存货水平可能表明管理层正计划加快生产。

许多公司使用准时制生产方式（just-in-time，JIT）显著降低了存货水平和成本。在"零库存"模式下，企业只在需要时生产或购买商品。戴尔公司开发了应个人客户要求定制电脑的生产模式，因此闻名。戴尔生产的每台电脑都符合客户的特定要求，且能在不到 48 小时内将电脑组装好并装上卡车。零库存制度的成功依赖于可靠的供应商。通过整合与供应商的信息系统，戴尔公司将库存商品减少到几乎为零。在产品快速更迭的行业，这有巨大的竞争优势。

本章讨论的会计概念适用于商业企业和制造企业的存货分类。这里的重点是库存商品。针对制造企业的具体议题属于管理会计讨论的范畴。

6.1.2　确定存货数量

无论使用的是定期盘存制还是永续盘存制，所有的公司都需要在会计期末确定存货数量。如果采用的是永续盘存制，公司进行实际盘存的原因如下：

（1）检查永续盘存记录的准确性。

（2）确定原材料浪费、入店行窃或员工盗窃造成的存货损失。

使用定期盘存制的公司进行实地盘存有两种目的：一是确定资产负债表日的存货数量；二是确定

本期的已售商品的成本。

确定存货数量的过程包括两个步骤:(1) 清点实际的存货;(2) 确定存货的所有权。

实地盘存

公司在会计期末进行实地盘存。实地盘存包括实际计数、称重或测量手头的每种存货。在许多公司,清点存货是一项艰巨的任务。像塔吉特公司(Target)、真值硬件公司(True Value Hardware)和家得宝公司(Home Depot)这样的零售商有成千上万种不同的库存商品。如果在存货盘点期间没有销售或收到商品,存货盘点通常会更准确。因此,当业务结束或业务增长缓慢时,公司通常会盘点存货。许多零售商会在 1 月份选定某一天,也就是在节日销售和退货之后,此时的存货处于最低水平,在这一天提前打烊,以便清点存货。例如,沃尔玛将会计年度的截止日期定于 1 月 31 日。

确定存货的所有权

清点存货过程中的一个挑战是确定公司拥有哪些存货。要确定存货的所有权,必须回答两个问题:清点的存货是否全部属于公司? 公司是否拥有任何未计入的存货?

(1) 在途物资。在确定所有权时面临的一个复杂问题是运输末期(在卡车、火车、轮船或飞机上)的在途物资。公司可能购买了尚未收到的货物,也可能销售了尚未发货的货物。为了得到准确的数量,公司必须确定这些货物的所有权。

在途物资应当列入对该货物具有法定所有权的公司的库存。法定所有权由贸易合同中的价格条款决定,如图 6-1 所示。

图 6-1 价格条款

①价格条款约定 FOB 装运点时,当承运人从卖方接受货物,货物的所有权转移到买方。

②价格条款约定 FOB 目的地时,在货物到达买方之前,货物的所有权属于卖方。

如果忽略报表日的在途物资,存货数量可能会出现严重的计算错误。例如,假设在 12 月 31 日哈格罗夫公司(Hargrove)的仓库里有 20 000 单位的存货,它也有以下在途物资:

①销售的 1 500 单位商品在 12 月 31 日至装运点。

②购买的 2 500 单位商品由卖方于 12 月 31 日在装运点运出。

哈格罗夫公司对售出的 1 500 单位的商品和购买的 2 500 单位的商品都拥有法定所有权。如果公司忽略了运输中的商品数量,那么它将少报 4 000 单位(1 500+2 500)的存货数量。

正如本章后续内容所述,存货计数不准确不仅会影响资产负债表上列示的存货数量,而且会影响利润表上已售商品的成本的计算。

（2）代售货物。在某些行业中，持有其他方的货物，并为其有偿销售货物，但不取得货物的所有权的情况是很常见的，这些货物叫作代售货物（consigned goods）。

例如，你可能想卖掉自己的一辆二手车，如果你把汽车开到经销商那里，经销商可能会愿意把汽车停在它的停车场，并在出售后向你收取佣金。根据这个协议，汽车经销商对这辆汽车没有所有权，汽车仍然属于你。因此，如果进行库存盘点，由于经销商不拥有这辆汽车的所有权，这辆汽车将不包括在经销商的存货中。

许多汽车、轮船和古董商通过委托销售的方式销售商品，以降低存货成本，以及避免购买商品却没能卖出的风险。今天，甚至一些制造商也与它们的供应商签订代售协议，以保持较低的库存水平。

6.2 存货计价方法及其财务影响

存货按照成本入账。成本包括购买货物和使货物处于待售状态所需的一切支出。例如，为了取得存货而发生的运费成本属于存货成本，将货物运送给客户的成本是销售费用。

在确定存货数量之后，采用单位成本来计算这些存货的总成本和已售商品的成本。如果一个公司在不同的时间以不同的价格购买存货，那么这个计算过程可能会很复杂。

例如，假设 Crivitz 公司在不同的日期分别以 720 美元、750 美元和 800 美元的价格购买了 3 台相同的 50 英寸电视机。去年，Crivitz 公司卖出了 2 台电视机，每台售价为 1 200 美元。表 6 - 2 对这些情况进行了概述。

表 6 - 2　存货成本举例的数据

购货			
2 月 3 日	1 台电视机	价格为	720 美元
3 月 5 日	1 台电视机	价格为	750 美元
5 月 22 日	1 台电视机	价格为	800 美元
销售			
6 月 1 日	2 台电视机	价格为	2 400 美元（1 200 美元×2）

售出的这 2 台电视机的成本金额有多种可能，依据不同的成本金额，销售商品的成本也会有所不同。例如，售出电视机的成本可能是 1 470 美元（720 美元＋750 美元），或 1 520 美元（720 美元＋800 美元），或 1 550 美元（750 美元＋800 美元）。下面将讨论 Crivitz 公司可用的成本计算方法。

6.2.1　个别计价法

如果 Crivitz 公司能够确定哪些产品已经售出，哪些产品仍属于期末存货，就可以使用存货成本的个别计价法（specific identification method）。例如，如果 Crivitz 公司销售了在 2 月 3 日和 5 月 22 日购买的电视机，那么其已售商品的成本为 1 520 美元（720 美元＋800 美元），其期末存货为 750 美元（见图 6 - 2）。使用这种方法，企业可以准确地确定期末存货和已售商品的成本。

个别计价法要求公司记录每个存货项目的原始成本。从历史上看，只有公司销售的产品成本高、

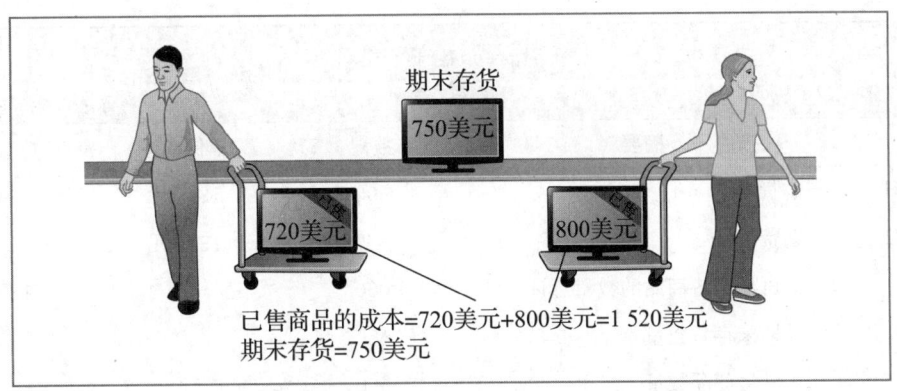

图 6-2　个别计价法

种类有限、在从购买到销售的过程中都能被清楚地识别出来时，才有可能采用个别计价法。这类产品的例子有汽车、钢琴或昂贵的古董。

如今，在理论上，条形码、电子产品代码和射频识别可以对几乎任何类型的产品进行特定的鉴别。然而，现实情况是，这种做法仍然相对少见。相反，大多数公司没有跟踪每一个特定产品的已售商品的成本，而是对销售的产品进行假设，称为成本流假设。

6.2.2　成本流方法

因为个别计价法通常是不切实际的，所以允许使用成本流方法。不同于个别计价法，成本流方法假定成本流可能与实物流无关。成本流方法有三种：

（1）先进先出法（first-in，first-out，FIFO）。

（2）后进先出法（last-in，first-out，LIFO）。

（3）平均成本法（average-cost）。

会计并不要求成本流假设与存货的实物流一致。公司管理层可以选择适合自己的成本流方法。

为了演示这三种成本流方法，我们将使用定期盘存制。之所以采用定期盘存制，是因为很少有公司在使用永续盘存制时使用后进先出法、先进先出法或平均成本法来计算它们的存货和已售商品的成本。使用永续盘存制的公司通常使用假定成本（称为标准成本）来记录销售时的已售商品的成本，然后，在期末清点存货时，它们使用定期盘存制的先进先出法、后进先出法或平均成本法重新计算销售商品的成本，并将已售商品的成本调整为重新计算的数字。

为了说明这三种库存商品的成本流方法，我们将使用 Houston 电子公司 Astro 冷凝器的数据，如表 6-3 所示。

表 6-3　Houston 电子公司的数据

Houston 电子公司 Astro 冷凝器				
日期	摘要	数量	单位成本	总成本
1 月 1 日	期初存货	100	10 美元	1 000 美元
4 月 15 日	购货	200	11 美元	2 200 美元

续表

Houston 电子公司 Astro 冷凝器				
日期	摘要	数量	单位成本	总成本
8 月 24 日	购货	300	12 美元	3 600 美元
11 月 27 日	购货	400	13 美元	5 200 美元
	可供销售商品的数量总计	1 000		12 000 美元
	期末存货数量	450		
	已售商品数量	550		

定期盘存制下已售商品的成本的计算公式为：

期初存货＋已购商品的成本－期末存货＝已售商品的成本

在此期间，Houston 电子公司共有 1 000 件产品可供销售（期初库存加上本期采购）。这 1 000 件产品的总成本为 12 000 美元，称为可供销售商品的成本。在 12 月 31 日进行了实物盘点，最终确定有 450 件存货。因此，Houston 电子公司在此期间卖出了 550 件产品（1 000－450）。为了确定售出 550 件商品的成本（已售商品的成本），将成本分摊至期末存货，并从可供销售商品的成本中减去该价值。期末存货的价值取决于我们使用的成本流的方法。不管我们采用哪种成本流假设，已售商品的成本加期末存货成本的总和必须等于可供销售商品的成本——在这里是 12 000 美元。

先进先出法

先进先出法（first-in first-out，FIFO）假设最先购买的商品最先售出。先进先出法常常与商品的实际流动同步。也就是说，首先出售最早购入的商品通常是一个不错的商业行为。因此，在先进先出法下，在确定已售商品的成本时首先确认最早购入商品的成本。（这并不一定意味着最先出售的是最早购入的商品，而是最先确认最早购入商品的成本。例如，在五金店的一堆衣架里，没有人真正知道和在意哪些衣架先被卖掉。）图 6-3 列示了先进先出法下 Houston 电子公司可供销售商品的成本分摊情况。

在先进先出法下，由于假定最先购入的商品即为最先售出的商品，期末存货以最近购入的商品的价格为基础。也就是说，在先进先出法下，公司以最近采购商品的单位成本计算期末存货的成本，并逆向计算直到所有单位的存货都已计算成本。在这个例子中，Houston 电子公司采用最近的价格作为 450 件期末存货的定价。最近的一笔购买交易发生在 11 月 27 日，以 13 美元的单位价格购买了 400 件商品。剩下的 50 件是用时间上第二近的购买单价来定价的，也就是在 8 月 24 日以 12 美元的单位成本购买的。接下来，Houston 电子公司从所有可供销售商品的成本中减去未销售的商品（期末存货）的成本，从而计算出已售商品的成本。

表 6-4 表明，企业也可以用前 550 件收购商品的价格来计算 550 件已售商品的价格。值得注意的是，在 8 月 24 日购买的 300 件产品中，假设已经售出的只有 250 件。这与我们对期末存货成本的计算是一致的，其中 50 件假设未售出，因此还属于期末存货。

可供销售商品的成本				
日期	摘要	数量	单位成本	总成本
1月1日	期初存货	100	10美元	1 000美元
4月15日	购货	200	11美元	2 200美元
8月24日	购货	300	12美元	3 600美元
11月27日	购货	400	13美元	5 200美元
	总计	1 000		12 000美元

第1步：期末库存				第2步：已售商品的成本	
日期	数量	单位成本	总成本		
11月27日	400	13美元	5 200美元	可供销售商品的成本	12 000美元
8月24日	50	12美元	600美元	减：期末存货	5 800美元
总计	450		5 800美元	已售商品的成本	6 200美元

图 6-3　成本分摊——先进先出法

表 6-4　已售商品成本的证明

日期	数量	单位成本	总成本
1月1日	100	10 美元	1 000 美元
4月15日	200	11 美元	2 200 美元
8月24日	250	12 美元	3 000 美元
总计	550		6 200 美元

后进先出法

后进先出法（last-in first-out，LIFO）假设最近购买的商品首先售出。后进先出法很少与存货的实际实物流相吻合。（例外情况包括堆在一起的存货，比如煤或干草，在出售时货物要从货物堆的顶部取货。）后进先出法是指在确定已售商品的成本时首先确认最近购入商品的成本。图 6-4 列示了在后进先出法下 Houston 电子公司对可供销售商品的成本分摊。

在后进先出法下，由于假设最先售出的商品是最近购入的商品，因此期末存货是以购入的最早产品的价格为基础的。也就是说，在后进先出法下，公司以最早可供销售的商品的单位成本为基准，一

可供销售商品的成本				
日期	摘要	数量	单位成本	总成本
1月1日	期初存货	100	10美元	1 000美元
4月15日	购货	200	11美元	2 200美元
8月24日	购货	300	12美元	3 600美元
11月27日	购货	400	13美元	5 200美元
	总计	1 000		12 000美元

第1步：期末库存				第2步：已售商品的成本	
日期	数量	单位成本	总成本		
1月1日	100	10美元	1 000美元	可供销售商品的成本	12 000美元
4月15日	200	11美元	2 200美元	减：期末存货	5 000美元
8月24日	150	12美元	1 800美元		
总计	450		5 000美元	已售商品的成本	7 000美元

图 6-4 成本分摊——后进先出法

直到所有存货单位都计算完后，就可以计算期末存货的成本。在这个例子中，Houston 电子公司使用最早的价格为 450 件商品的期末存货定价。在 1 月 1 日的期初库存中，第一次购买 100 件，价格为 10 美元。4 月 15 日以 11 美元的价格购买了 200 件。其余 150 件的价格为每件 12 美元（8 月 24 日购买时的单价）。接下来，Houston 电子公司从所有可供销售商品的成本中减去未销售的商品（期末存货）的成本，计算出已销售商品的成本。

表 6-5 表明，企业也可以用最近购买的 550 件商品的价格来计算 550 件商品的已售商品的成本。注意，在 8 月 24 日购买的 300 件商品中，假设已经售出的有 150 件。这与我们对期末存货成本的计算是一致的，其中 150 件假设未售出，因此被包括在期末存货中。

表 6-5 已售商品成本的证明

日期	数量	单位成本	总成本
11 月 27 日	400	13 美元	5 200 美元
8 月 24 日	150	12 美元	1 800 美元
总计	550		7 000 美元

这里使用的存货计量方法是定期盘存制，这种方法下，不论购买日期如何，所有在该期间购买的商品都被假定为首次销售。

平均成本法

平均成本法（average-cost method）是在已发生的加权平均单位成本（weighted-average unit cost）的基础上分摊可供销售商品的成本。平均成本法假设商品拥有相似的性质。表6-6给出了加权平均单位成本的公式和计算样例。

表6-6 加权平均单位成本的计算公式

可供销售商品的成本	÷	可供销售商品的数量	=	加权平均单位成本
12 000 美元	÷	1 000	=	12 美元

公司计算出加权平均单位成本后，将其应用于确定期末存货的成本。图6-5列示了用平均成本法对 Houston 电子公司可供销售商品的成本分摊。

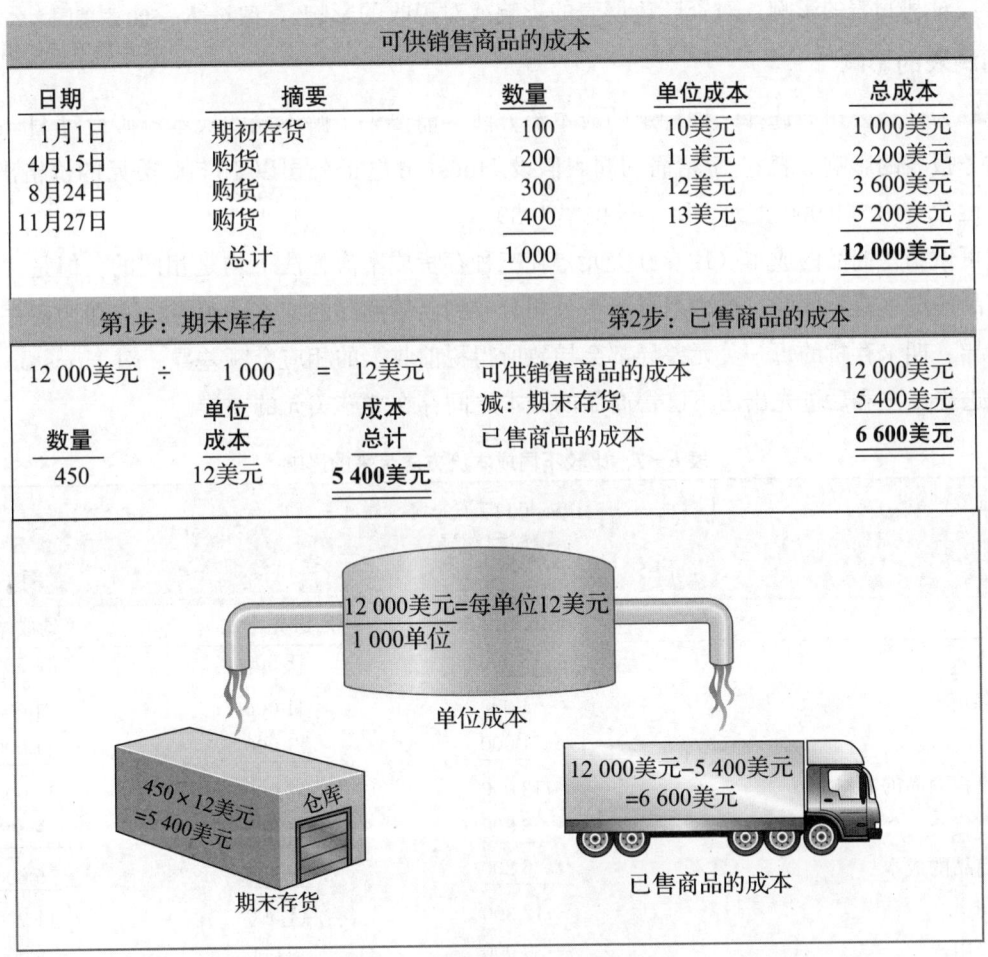

图 6-5 分摊成本——平均成本法

可以用已销售商品数量乘以加权平均单位成本（550×12 美元＝6 600 美元）来验证这种方法下的已售商品成本。注意，这种方法并不直接对单位成本取平均值。这个平均值是 11.50 美元（10 美元＋11 美元＋12 美元＋13 美元＝46 美元，46 美元÷4）。平均成本法采用加权平均值。

6.2.3 成本流方法对财务报表和税收的影响

这三种假设的计算成本流的方法都可以使用。例如，锐步国际有限公司（Reebok International Ltd.）和温迪国际公司（Wendy's International）目前使用先进先出法核算存货成本。金宝汤公司（Campbell Soup Company）、克罗格公司和沃尔格林制药公司（Walgreens Drugs）的部分或全部存货都采用后进先出法。百时美施贵宝公司（Bristol-Myers Squibb）、星巴克公司和摩托罗拉公司使用平均成本法。事实上，一个公司也可以同时使用一种以上的成本流方法。例如，史丹利百得制造公司（Stanley Black & Decker Manufacturing Company）对国内存货采用后进先出法，对国外存货采用先进先出法。图6-6展示了500家美国大公司中三种成本流方法的使用情况。

企业采用不同存货成本流方法的原因各不相同，通常考虑以下三个因素：对利润表的影响、对资产负债表的影响或对税收的影响。

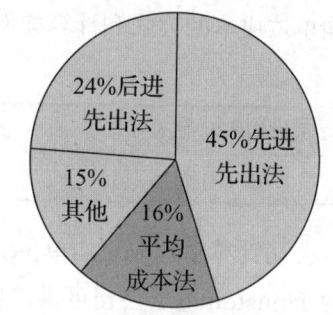

图6-6　500家美国大公司使用的成本流方法的情况

对利润表的影响

想理解为什么公司会选择一种特定的成本流方法，需要先了解不同的成本流假设对Houston电子公司的财务报表的影响。表6-7精简利润表假设Houston电子公司以18 500美元的价格出售了550件商品，运营费用为9 000美元，所得税税率为30%。

注意可供销售商品的成本（12 000美元）在三种存货成本流方法下均是相同的。但是，期末存货和已售商品的成本是不同的。这一差异源于公司分摊到已售商品的成本的单位成本和期末存货的单位成本的差异。期末存货的每一美元差异都会导致所得税前收入的相应金额差异。对Houston电子公司来说，先进先出法和后进先出法下已售商品的成本之间存在800美元的差异。

表6-7　比较不同成本流方法带来的影响

Houston 电子公司 精简利润表		
		金额单位：美元
	先进先出法	后进先出法	平均成本法
销售收入	18 500	18 500	18 500
期初存货	1 000	1 000	1 000
购货	11 000	11 000	11 000
可供销售商品的成本	12 000	12 000	12 000
期末存货	**5 800**	**5 000**	**5 400**
已售商品的成本	6 200	7 000	6 600
毛利润	12 300	11 500	11 900
运营费用	9 000	9 000	9 000
税前收入*	3 300	2 500	2 900
所得税费用30%	990	750	870
净利润	**2 310**	**1 750**	**2 030**

* 假设Houston电子公司是一家股份有限公司，而股份有限公司需要支付所得税。

在价格变动时期，成本流假设可以对收入及收入评价产生重大影响，例如：

（1）在通货膨胀时期，因为将最早购买商品的较低单位成本与收入匹配，所以先进先出法下的净利润更高。

（2）在通货膨胀时期，因为将最近购买商品的更高单位成本与收入匹配，所以后进先出法下的净利润较低。

（3）如果价格下降，使用先进先出法和后进先出法的结果会相反。先进先出法将报告最低的净利润，后进先出法将报告最高的净利润。

（4）无论价格是上升还是下降，平均成本法下的净利润介于先进先出法和后进先出法之间。

如 Houston 电子公司的例子（见表 6-7）所示，在价格上涨时期，先出先出法的净利润最高（2 310 美元），后进先出法的净利润最低（1 750 美元），平均成本法的净利润在这两者之间（2 030 美元）。

对管理层来说，更高的净利润是一个优势，这会让外部对公司有更好的评价。此外，如果奖金的发放以净利润为基础，那么管理层的奖金将会更高。因此，当价格上涨时（这是通常的情况），公司倾向于采用能带来更高净利润的先进先出法。

另一些人认为，后进先出法得出了一个更贴近现实的净利润数值。也就是说，后进先出法将近期的成本与当前的收入相匹配，从而更好地衡量净利润。在通货膨胀时期，许多人对非后进先出法带来的收益质量提出了质疑，他们指出，如果不能使当期成本与当期收入相匹配，就会导致低估已售商品成本而高估净利润。正如一些人指出的那样，使用先进先出法计算的净利润产生了"纸面的或虚幻的利润"，即实际上并不存在的收益。

对资产负债表的影响

先进先出法的一个主要优点是在通货膨胀时期分摊给期末存货的成本将接近当前的成本。例如，在先进先出法下，对于 Houston 电子公司来说，期末存货的 450 件商品中有 400 件以 11 月 27 日的较高单价 13 美元计价。

相反地，后进先出法的一个主要缺点是在通货膨胀时期，按当期成本计算可能大大低估分摊到期末存货的成本。如果存货中包括了在以前一个或多个会计期间购买的商品，在长期通货膨胀期间，这种低估就会更严重。例如，卡特彼勒公司使用后进先出法已经超过 50 年，其资产负债表列示期末的存货为 97 亿美元，但是如果使用先进先出法，存货当前的实际成本是 121.89 亿美元。

对税收的影响

通过上文介绍可以看出，当公司在通货膨胀时期使用先进先出法时，资产负债表上的存货和利润表上的净利润都会增加。然而，许多公司选择了后进先出法。为什么？原因是后进先出法导致在物价上涨时所得税最低（因为净利润较低）。例如，在 Houston 电子公司，采用后进先出法的企业所得税为 750 美元，而采用先进先出法的企业所得税为 990 美元。节省的 240 美元的税收能够节约更多的现金，这些节约出来的现金可用在经营业务上。

6.2.4　保持使用同一种存货成本流方法

公司无论选择何种成本流方法，都应该在不同的会计期间始终如一地使用这种方法，这通常被称为一致性原则（consistency concept），意思是公司每年使用相同的会计原则和方法。保持使用同一种存货成本流方法增强了财务报表在连续会计期间的可比性。相比之下，如果某一年使用先进先出法，下一年使用后进先出法，将很难比较这两年的净利润。

虽然采用一致的计量方法是最好的，但这并不意味着公司永远不能改变它的存货成本计算方法。公司采用不同方法时，应当在财务报表中披露其变化及其对净利润的影响。表6-8展示了一个典型的披露方式，使用的信息来自桂格燕麦公司（Quaker Oats，现为百事公司的一个下属企业）最近的财务报表。

表6-8 披露成本流方法的变化

真实案例	桂格燕麦公司 财务报表附注

附注1： 7月1日，该公司采用了后进先出法的成本流假设来评估美国食品杂货的大多数存货。公司认为使用后进先出法可以更好地匹配当期成本和当期收入。这一变动对公司本年度的影响是使净利润减少1 600万美元。

6.3 存货差错的影响

在清点存货时偶尔会出现差错。在某些情况下，差错是由于没有对存货正确计算或定价造成的。在其他情况下，发生差错的原因是公司没有正确认识到运输中货物的法定所有权转移。当发生存货差错时，利润表和资产负债表会受到影响。

6.3.1 对利润表的影响

一个会计期间的期末存货自动成为下一个会计期间的期初存货，因此，存货差错会影响两个会计期间的已售商品的成本和净利润的计算。

已售商品的成本的计算如表6-9所示。

表6-9 已售商品的成本的计算公式

期初存货	+	已购商品的成本	−	期末存货	=	已售商品的成本

如表6-9所示，如果少报期初存货，则会少报已售商品的成本。如果期末存货被低估，已售商品的成本就会被高估。表6-10展现了存货差错对当年利润表的影响。

表6-10 存货差错对当年利润表的影响

存货差错	已售商品的成本	净利润
低估期初存货	低估	高估
高估期初存货	高估	低估
低估期末存货	高估	低估
高估期末存货	低估	高估

本期期末的存货差错会对下一会计年度的净利润产生相反的影响。图 6-7 展现了这种影响。注意，少报 2019 年期末存货会导致少报 2020 年期初存货和多报 2020 年净利润。

图 6-7 存货差错对两年利润表的影响

不过，因为这些错误可以相互抵销，所以这两年的净利润总额是正确的。注意，使用差错数据的总收入是 35 000 美元（22 000 美元＋13 000 美元），这与使用正确数据的总收入 35 000 美元（25 000 美元＋10 000 美元）相等。在这个例子中还要注意，期初存货的差错不会导致期末存货的相应差错。期末存货的正确性完全取决于定期盘存制下资产负债表日存货和成本计算的准确性。

6.3.2 对资产负债表的影响

公司可以使用会计基本恒等式来确定期末存货差错对资产负债表的影响：资产＝负债＋所有者权益。期末存货差错产生了如表 6-11 所示的影响。

表 6-11 期末存货差错对资产负债表的影响

期末存货差错	资产	负债	所有者权益
高估	高估	无影响	高估
低估	低估	无影响	低估

期末存货差错对后续会计期间的影响如图 6-7 所示。注意，如果差错没有被纠正，两个会计期间的合计净利润总额是正确的。因此，在 2020 年底资产负债表上报告的所有者权益总额也将是正确的。

6.4 存货报表的列报和分析

6.4.1 列报

如第 5 章所示，存货在资产负债表中被列为流动资产，紧接在应收账款之后。在多步式利润表中，要从净销售额中减去已售商品的成本。还应披露存货的主要分类，会计基础（成本，或成本和可变现净值孰低计量）和成本方法（先进先出法、后进先出法或平均成本法）。

6.4.2 成本和可变现净值孰低计量

对于销售高科技产品或时尚产品的公司来说，由于技术或时尚的不断变化，存货的价值可能会迅速下降。在这种情况下，需要采用不同于目前已有的方法来对存货估价。例如，福特公司的采购经理决定大量购买一种用于汽车排放装置的贵金属钯，他们购买这批货物是出于担心将来会出现存货短缺的情况。预测中的短缺并没有成真，到年底，钯的价格暴跌。当时，福特公司的存货价值比最初的成本少了 10 亿美元。你认为福特公司的存货应该按照历史成本原则进行成本计价，还是按其较低的可变现净值计价？

正如你可能推断的那样，这种情况需要背离会计的成本基础。当存货的价值低于其成本时，公司必须将存货减记为其可变现净值。这是通过在价格下降发生期间以成本和可变现净值孰低计量（lower-of-cost-or-net realizable value，LCNRV）来评估存货。成本和可变现净值孰低计量体现了会计稳健性原则，即在各种会计方法中，最好的选择是最不会夸大资产和净利润的方法。

在成本和可变现净值孰低计量的基础上，可变现净值（net realizable value）是指公司有希望从销售存货中实现（收到）的净额。具体来说，可变现净值是指企业在正常经营过程中的预计售价减去完成销售预计产生的成本后的净额。

企业在使用存货成本计量方法（个别计价法、先进先出法或平均成本法）确定成本后，对存货项目采用成本和可变现净值孰低计量。为了说明成本和可变现净值孰低计量的实际应用，假设 Ken Tuckie 电视公司成本和可变现净值孰低计量产生的结果如表 6-12 所示。注意，最后一栏列示的金额是每项存货的成本和可变现净值中的较低值。

表 6-12 沃尔玛公司的成本和可变现净值结果

	数量	单位成本	每单位可变现净值	成本和可变现净值中的较低值
平板电视	100	600 美元	550 美元	55 000 美元（550 美元×100）
收音机	500	90 美元	104 美元	45 000 美元（90 美元×500）
录音机	850	50 美元	48 美元	40 800 美元（48 美元×850）
光盘	3 000	5 美元	6 美元	15 000 美元（5 美元×3 000）
存货总计				155 800 美元

6.4.3 分析

公司所持有的存货数量能够对财务工作产生重大影响。存货管理是一把双刃剑，需要持续关注。

一方面，管理人员希望有较多的商品种类和数量，以便顾客有广泛的选择且各种商品有库存，但是这样的策略可能带来高昂的持有成本（例如，投资、储存、保险、报废和损坏）。另一方面，低存货水平会导致缺货和销售损失。管理和评估存货水平的常用比率有存货周转率和与此相关的一个衡量指标，存货天数。

存货周转率（inventory turnover）衡量的是一个会计周期里存货售出的平均次数。它的目的是衡量存货的流动性。存货周转率的计算方法是将已售商品的成本除以该期间的平均存货水平。除非季节因素的影响很重要，否则平均存货水平可以由期初和期末的库存余额计算而来。例如，沃尔玛公司在其 2016 年 1 月 31 日的年报中列示，期初存货为 451.41 亿美元，期末存货为 444.69 亿美元，截至 2016 年 1 月 31 日的年度已售商品的成本为 3 609.84 亿美元。沃尔玛公司的存货周转率公式和计算如表 6 - 13 所示。

表 6 - 13　沃尔玛公司存货周转率公式及计算　　　　金额单位：百万美元

已售商品的成本	÷	平均存货	=	存货周转
360 984 美元	÷	（45 141 美元＋44 469 美元）/2	=	8.1 倍

衡量存货周转率的一个相关指标是存货天数（days in inventory）。这一指标度量了存货的平均天数。计算方法是 365 天除以存货周转率。例如，365 天除以沃尔玛公司 8.1 倍的存货周转率约为 45.1 天。这是存货到达商店后卖出存货所需的大概时间。

每个行业都有具有各自特点的存货水平。最成功的情况是存货保持在较低水平、有较高的存货周转率，同时仍能满足客户需求。

◆ **选择题** ◆

1. 通常什么时候需要进行实地盘存?（　　）

A. 当公司拥有最大数量的存货时

B. 当销售或接收的商品数量有限时

C. 公司在会计年度结束时

D. 选项 B 和 C

3. 在进行详尽的实地盘存后，Railway 公司确定 2020 年 12 月 31 日其存货价值为 180 000 美元。这一数字没有考虑到下列实际情况：Rogers 代售商店目前在其销售处有价值 35 000 美元的货物，该货物属于 Railway 公司，交付给 Rogers 公司代为销售。这些商品的售价是 50 000 美元。Railway 公司购买了 12 月 27 日装运的 13 000 美元的货物，约定采用 FOB 目的地条款，将于 1 月 3 日由 Railway 公司接收。Railway 公司应报告的正确存货价值为（　　）美元。

A. 230 000　　　　B. 215 000　　　　C. 228 000　　　　D. 193 000

5. Poppins 公司有以下会计记录：

	数量	单位成本
存货，1 月 1 日	8 000	11 美元
购货，6 月 19 日	13 000	12 美元
购货，11 月 8 日	5 000	13 美元

如果12月31日拥有9 000件商品，先进先出法下的期末库存成本为（　　）。

A. 99 000 美元　　　　　B. 108 000 美元　　　　　C. 113 000 美元　　　　　D. 117 000 美元

7. Hansel 电子公司有以下会计记录：

	数量	单位成本
存货，1月1日	5 000	8 美元
购买，4月2日	15 000	10 美元
购买，8月28日	20 000	12 美元

如果到12月31日，Hansel 公司拥有7 000件商品，平均成本法下期末库存成本为（　　）。

A. 84 000 美元　　　　　B. 56 000 美元　　　　　C. 70 000 美元　　　　　D. 75 250 美元

9. 影响选择存货成本计算方法的因素不包括（　　）。

A. 对税费的影响

B. 对资产负债表的影响

C. 对利润表的影响

D. 永续盘存制与定期盘存制

11. Pauline 公司在2019年12月31日高估了存货，它在2019年和2020年都没有纠正这个差错。结果 Pauline 公司的所有者权益情况为（　　）。

A. 在2019年12月31日被高估，在2020年12月31日被低估

B. 在2019年12月31日被高估，在2020年12月31日列示正确

C. 在2019年12月31日和在2020年12月31日都被低估

D. 在2019年12月31日和在2020年12月31日都被高估

13. Norton 公司购买了1 000个零件，现在其期末存货为200个，零件的成本为每个91美元，可变现净值为每件80美元。成本和可变现净值孰低计量方法下的存货金额为（　　）。

A. 91 000 美元　　　　　B. 80 000 美元　　　　　C. 18 200 美元　　　　　D. 16 000 美元

15. 下列哪项会使存货周转率提高最大？（　　）

A. 增加存货数量

B. 保持存货数量不变，但是增加销量

C. 保持存货数量不变，但是减少销量

D. 减少存货数量，增加销量

◀ 简答题 ▶

1. Moncada 公司在开业的第一个月按下列顺序进行了三次购买：（1）以7美元的单价购买200件商品；（2）以8美元的单价购买300件商品；（3）以9美元的单价购买150件商品。假设现有220件存货，用（a）先进先出法和（b）后进先出法计算期末存货的成本。Moncada 公司采用定期盘存制。

3. 到2020年12月31日，Garcia 公司报告了以下信息：期末存货30 000美元，期初存货42 000美元，已售商品的成本240 000美元，销售收入400 000美元。计算 Garcia 公司的存货周转率和存货周转天数。

◀ 练习题 ▶

1. 具有授予注册会计师资格的审计师马特·克拉克（Matt Clark）正在审查 Parson 公司的存货

账户。Parson公司今年业绩不佳，管理层面临着提高报告收入的压力。根据会计记录，存货的期末余额为600 000美元，然而，在确定该金额时没有考虑到下列信息。

（1）实物统计不包括Parson公司购买的价值30 000美元的商品，该商品于12月28日到达目的港，直到1月3日才到达Parson公司的仓库。

（2）该公司在清点存货时计入了价值150 000美元的代售货物，该货物属于Alvarez公司。

（3）存货账户中包括21 000美元的办公用品，这些办公用品储存在仓库中，该公司的监事和经理们将在明年使用。

（4）该公司在12月28日收到了一份装箱单，该订单的货物正在装载，将于12月31日被提取。托运人将于1月1日装载完货物，并在1月6日送达。价格条款为FOB装运点。这些货物销路很好，售价为29 000美元，成本为19 000美元。由于还在码头上，这批货物没有被包括在会计账户内。

（5）12月29日，Parson公司将售价为56 000美元、成本为540 000美元的货物运送给Decco公司，货物于1月3日到达。Decco公司只订购了售价为10 000美元、成本为6 000美元的商品。然而，Parson公司的销售经理已经授权发货，并且说如果Decco公司想要在下周将货物运送回来，也是可以的。

（6）清点存货时计入了价值27 000美元的若干零部件，公司已经不再生产使用这些零部件了。鉴于Parson公司产品具有高科技的属性，这些过时的零部件不太可能有其他用途。然而，管理层更愿意把它们作为成本入账，"毕竟这是我们花钱买的。"

要求：

请正确编制一个时间表来确定Parson公司各个时间点的存货数量。为以上每一项添加备注，说明为什么你对这一项做了或没有做调整。

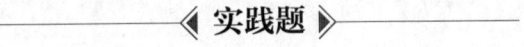

◄ 实践题 ►

Englehart公司在3月的存货、购买和销售数据如下：

存货	3月1日	200 单位	×	4.00 美元/单位	800 美元
购买	3月10日	500 单位	×	4.50 美元/单位	2 250 美元
	3月20日	400 单位	×	4.75 美元/单位	1 900 美元
	3月30日	300 单位	×	5.00 美元/单位	1 500 美元
销售	3月15日	500 单位			
	3月25日	400 单位			

3月31日实地盘点的存货数据表明有500单位的存货。

要求：

计算在定期盘存制下3月31日的存货成本，以及按（a）先出先出法、（b）后进先出法和（c）平均成本法计算3月的已售商品的成本。（平均成本法下，单位成本精确到小数点后三位。）

📚 IFRS 概览

IFRS 下与存货计量和报告相关的主要要求与 GAAP 下的相同。两者的主要区别在于：IFRS 禁止使用后进先出法。

要点

GAAP 和 IFRS 有关存货的主要异同点如下。

相似点

● IFRS 和 GAAP 按历史成本核算对存货的采购，采购存货后的估值按照成本和可变现净值孰低计量。

● 在 IFRS 和 GAAP 下，谁拥有货物——运输中的货物还是代售的货物，以及对存货成本构成的认定是基本相同的。

不同点

● 在 IFRS 下，对存货会计记录和报告的要求更多地基于原则。GAAP 在存货会计方面提供了更详细的指导。

● IFRS 和 GAAP 之间的主要区别在于后进先出法方面。一般 GAAP 允许使用后进先出法估计存货价值。然而，IFRS 禁止使用这一方法。IFRS 仅允许使用先进先出法和平均成本法这两个成本流动假设。这两个假设都允许在适当的情况下采用个别计价法。

展望未来

准则融合中存在一个与后进先出法有关的难题。如上所述，IFRS 明确禁止其使用。相反，后进先出法因其税收优势而在美国被广泛采用。此外，许多人认为从财务报告的角度来看，后进先出法能更好地匹配当前成本和收入，从而能够计算出更实际的收入。

第 7 章

会计信息系统

本章预览

　　正如以下引例中的故事所示，对于任何公司来说拥有一个可靠的会计信息系统是必要的。无论公司是使用钢笔、铅笔还是计算机来持续记录会计信息，都需要遵循一些特定的准则和步骤。本章的目的就是要解释和阐明会计信息系统的特点。

> **引 例**

QuickBooks®帮助零售商销售吉他

　　开办一个小型企业需要做出许多决策。例如，必须决定要在哪里开办企业，需要多大空间，需要多少库存，雇用多少员工，以及在哪里做广告。小型企业所有者通常非常关心企业的产品和销售，他们往往没有充分考虑到对其成功也至关重要的因素——如何跟踪财务业绩。

　　如今的小型企业所有者可以选择人工的或计算机的会计信息系统。例如，保罗·韦斯特和劳拉·韦斯特是 Carvin 吉他和专业音响设备的第一家独立经销店的所有者。当他们在加利福尼亚州的萨克拉门托市（Sacramento）成立公司时，他们决定购买一个会计计算机系统，该系统将整合其零售业务的许多方面。他们希望使用会计软件来管理吉他和拾音器的库存，记录销售情况和报告财务数据以及处理信用卡和借记卡交易。他们评估了许多会计系统，选择了财捷（Intuit Inc.）旗下的 Quick-Books®。

　　在这个案例中，为了零售，QuickBooks®像其他流行的会计软件一样，设计了旨在满足特定类型的业务需求的程序。QuickBooks®会自动从销售点扫描设备中收集销售信息，它还可以跟踪库存水平，并在达到重新订货点时自动为热门商品生成采购订单，它甚至支持专业的广告活动。

　　例如，QuickBooks®生成了一个客户数据库，保罗和劳拉可以通过该数据库发送有针对性的直接邮件给潜在客户。该系统还可以通过电子邮件发送数据文件给公司的会计师。这个系统不仅可以降低成本，还可以简化他们根据需要生成财务报告的工作，提高工作效率。保罗和劳拉认为对会计计算机系统的投资为他们节省了时间和金钱，并使他们有更多时间用于其他工作业务。

　　资料来源：Intuit Inc. , "QuickBooks® and ProAdvisor® Help Make Guitar Store a Hit," *Journal of Accountancy* (May 2006), p. 101.

7.1 会计信息系统概述

　　会计信息系统（accounting information system）收集、处理交易数据，并将财务信息传送给决策者。它包括前面各章中讲述的会计循环中的所有步骤，它还包括提供交易证据的文件，以及由此产生的记录、试算平衡表、工作底稿和财务报表。一个会计系统可以是人工化的，也可以是计算机化的。大多数企业某种程度上都使用计算机会计系统，无论是 QuickBooks®或 Sage 50 等为小型企业制作的现成系统，还是更复杂的定制系统。

　　高效且有效的会计信息系统是建立在某些基本原则之上的。这些基本原则正如图 7-1 所描述的那样，分别是：成本效益、有效输出和灵活性。如果会计系统具有成本效益、能够提供有用的输出并具有满足未来需求的灵活性，那么它可以为个人和组织实现目标做出贡献。

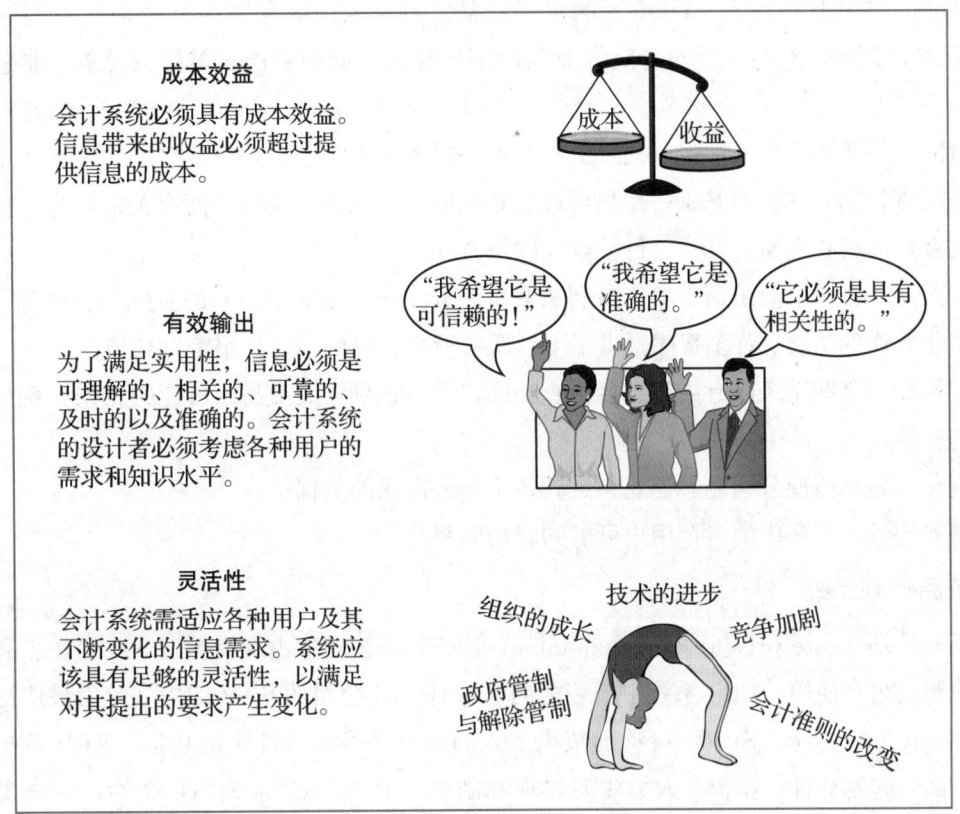

图 7-1　一个既高效又有效的会计信息系统准则

7.1.1　会计计算机系统

许多小型企业使用一种计算机化的总账会计系统。总账会计系统是一种软件程序，它整合了与销售、材料采购、应收账款、应付账款、现金收支和薪资有关的各种会计功能。这些系统还能生成财务报表。与人工系统相比，计算机系统具有许多优势。首先，公司通常只在计算机系统中输入一次数据。其次，由于计算机可以自动执行大多数步骤，因此可以消除由于人工系统中人工干预而导致的许多错误，例如过账或准备财务报表中的错误。计算机系统还可以提供最新的信息。更及时的信息通常会带来更好的商业决策。许多不同的总账软件包都可以满足这些功能需要。

选择一个软件包

要为你的业务选择正确的软件，你必须了解公司的运营情况。例如，考虑公司运营在存货、账单、工资和现金等方面的管理需求。另外，公司可能有并非所有软件系统都支持的特定需求。例如，你可能想追踪员工在个人工作上的时间，或者提取信息来确定销售佣金。由于即使安装最基本的系统都会耗费很长的时间，并且员工学习一个新的系统也需要耗费许多时间，因此选择合适的系统是非常重要的。

入门级软件

软件开发商倾向于根据收入和员工人数将业务分类。年收入少于 500 万美元且拥有不超过 20

名员工的公司通常使用入门级程序。财捷的 QuickBooks® 和 The Sage Group 的 Sage 50 是两个主要的入门级程序。这些程序占有 90% 以上的市场份额。每个入门级程序中有许多针对不同的行业设计的特定版本。例如，有些是针对特定行业的应用设计的，例如餐饮、零售、建筑、制造或非营利行业。

高质量的入门级软件包通常不只记录交易和准备财务报表。以下是一些常见的功能和优点：

● 便捷的数据访问和编报基础。用户可以轻松访问与特定客户或供应商有关的信息。例如，你可以查看特定客户的所有交易、发票、付款以及联络方式。

● 审计跟踪。由于《萨班斯—奥克斯利法案》（Sarbanes-Oxley Act）的实施，公司现在更关注会计系统最小化欺诈的功能。许多程序提供了可以跟踪所有交易的"审计跟踪"功能。

● 内部控制。某些系统具有内部会计核查功能，可以识别可疑交易或可能的错误，例如错误的账号或重复的交易。

● 定制化。该功能使公司能够创建满足其特定业务需求的数据集。

● 网络兼容性。公司中的多个用户可以同时访问系统。

企业资源计划系统

企业资源计划（enterprise resource planning，ERP）系统通常由拥有超过 500 名员工和 5 亿美元年销售额的制造公司使用。ERP 系统中最著名的是 SAP AG 公司的 SAP ERP（使用最广泛）和甲骨文公司（Oracle）的 ERP。ERP 系统远远超出了入门级总分类账软件包的功能。ERP 系统整合了组织的各个方面，包括会计、销售、人力资源管理和制造。由于 ERP 系统的复杂性，完全实施一个系统可能需要三年时间并且成本是系统购买价格的 5 倍。对于大型跨国公司而言，购买和实施 ERP 系统的成本可能在 25 万～5 000 万美元之间。

7.1.2　人工会计系统

在人工会计系统（manual accounting systems）中，人们手动执行会计循环中的每个步骤。例如，人们手工在日记账中输入每个会计交易记录，然后手动将每个交易记录过账到分类账。手工计算得到分类账账户余额，并编制试算平衡表和财务报表。在本章中我们将说明人工系统的使用。

你可能会想，"如果现实世界都使用计算机系统，为什么要介绍人工会计系统？"首先，小型企业仍然很多，它们中的大多数一开始是使用人工会计系统的，随着业务的增长而逐渐转变为计算机系统。你可能在小型企业里工作或有一天自己创业，因此了解人工会计系统的工作方式很有用。其次，要理解计算机系统的功能，你也需要了解人工会计系统。

本书前六章中介绍的人工会计系统在交易量较低的公司中是足够用的，但在大多数公司中，有必要向会计系统添加其他分类账和日记账，以有效记录交易数据。

7.2　明细分类账

假设有一家拥有数千名赊账客户的企业，并且仅在一个总账账户（应收账款）中显示与这些客户的交易，那么它几乎不可能在任何特定时间确定单个客户的欠款余额。同样，从总分类账上的单个应付账款账户中很难迅速确定应付给每一个债权人的金额。

相反，公司使用明细分类账来跟踪个人余额。明细分类账是一组具有共同特征的账户（例如，所有应收账款账户），它是总分类账的补充和扩展。明细分类账使总分类账无须对个别余额的明细进行记录。

两种常见的明细分类账如下：

（1）应收账款（或客户的）明细分类账，该账目收集各个客户的交易数据。

（2）应付账款（或债权人的）明细分类账，该账目收集各个债权人的交易数据。

在每个明细分类账中，公司通常按字母顺序排列各个账户。

总分类账汇总了明细分类账的详细数据。例如，应收账款的总账中汇总了应收账款明细账的详细数据。汇总明细分类账户数据的总分类账户称为统驭账户。图 7-2 概述了明细分类账与总分类账之间的关系，在图中，总分类统驭账户和明细分类账账户为深色。注意图中的库存现金和实收资本不是统驭账户，因为没有与这些账户相关的明细分类账账户。

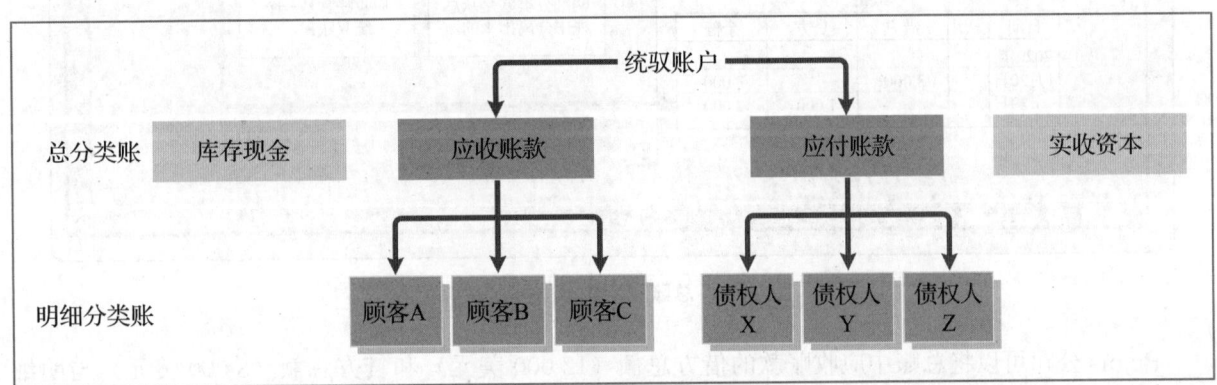

图 7-2　总账与明细账的关系

在一个会计期间结束时，每个总账统驭账户余额必须等于相关明细分类账中各个账户的总余额。例如，图 7-2 中的应付账款余额必须等于债权人 X＋Y＋Z 的明细分类账余额的总和。

7.2.1　明细分类账示例

表 7-1 列出了 Pujols 公司的赊销账户和托收账户。

表 7-1　销售和收款交易

赊销账户			托收账户		
1 月 10 日	Aaron 公司	6 000	1 月 19 日	Aaron 公司	4 000
12 日	Branden 公司	3 000	21 日	Branden 公司	3 000
20 日	Caron 公司	3 000	29 日	Caron 公司	1 000
		12 000			8 000

表 7-1 提供了 Pujols 公司统驭账户和明细账户的示例（出于篇幅考虑，未显示这些账户的说明列）。图 7-3 以表 7-1 列出的交易为基础。

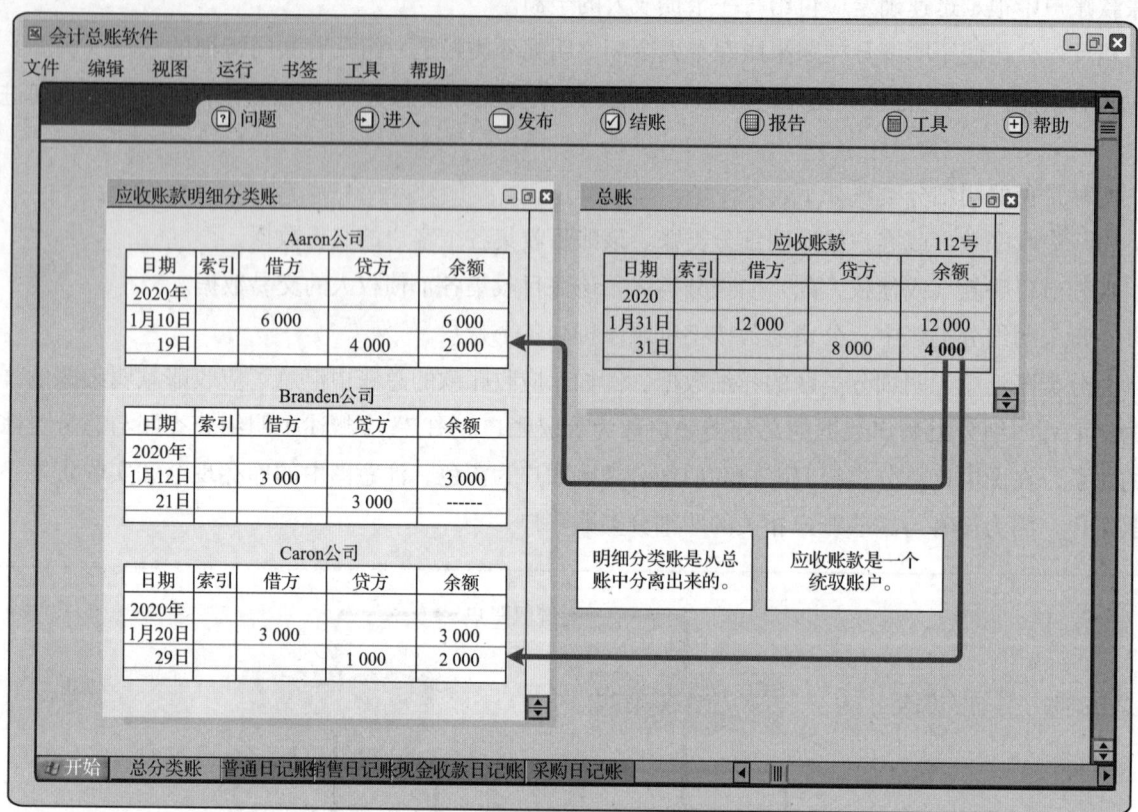

图 7－3 总账和明细分类账的关系

　　Pujols 公司可以将总账中应收账款的借方总额（12 000 美元）和贷方总额（8 000 美元）与明细分类账户中详细的借方项目和贷方项目进行对账。此外，统驭账户中 4 000 美元的余额与明细分类账中各个账户中的余额总计（Aaron 公司 2 000 美元＋Branden 公司 0＋Caron 公司 2 000 美元）一致。

　　如图 7－3，公司每月向总账中的统驭账户进行过账。这种做法使它可以编制月度财务报表。公司每天在明细分类账中过账到个人账户。每日过账可确保账户信息是最新的。这使公司能够监视信用额度，给客户开账单并回答客户有关其账户余额的询问。

7.2.2 明细分类账的优点

　　明细分类账有以下几个优点：

　　（1）它在单个账户中显示影响单个客户或债权人的交易，从而提供有关特定账户余额的最新信息。

　　（2）它使得总账免于有过多的细节。因此，总账的试算平衡表不包含大量的个人账户余额。

　　（3）它通过减少一个分类账中的账户数量和使用统驭账户来帮助单个账户定位其中的错误。

　　（4）它使过账的劳动分工成为可能。一个员工可以在总账上记账，同时其他人可以在明细分类账上记账。

7.3 特殊日记账

到目前为止，你已经学会了在两栏的普通日记账中记录交易，并将每个条目过账到总账。此过程仅可满足非常小的公司。为了加快日记账记录和过账速度，大多数公司除普通日记账之外还使用特殊日记账。

公司使用特殊日记账来记录相似类型的交易。下面举例说明了已销售商品交易或现金收入交易。公司中频繁发生的交易类型决定了公司使用哪些特殊日记账。大多数商品销售公司使用图 7-4 中显示的日记账记录每日交易。

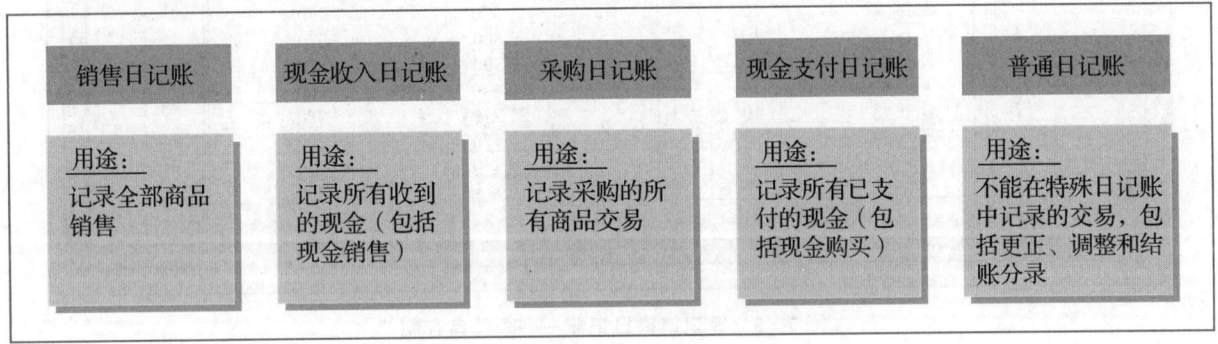

图 7-4　特殊日记账和普通日记账的使用

如果一项交易无法记录在特殊日记账中，则公司会将其记录在普通日记账中。例如，如果一家公司仅对上述四种交易设置特殊日记账，它将在普通日记账中记录不影响现金的购货退回和折让。同样，更正、调整和结账分录也记录在普通日记账中。在某些情况下，公司可能会使用上面列出的日记账以外的特殊日记账。例如，当频繁出现不影响现金的购货退回和折让时，公司可能会使用特殊日记账记录这些交易。

特殊日记账能够协助进行更大规模的劳动分工，因为几个人可以同时在不同的日记账中记录分录。例如，一名员工可能将所有现金收入记入日记账，另一名员工可能将所有赊销商品交易记入日记账。使用特殊日记账可以减少完成过账的时间。通过使用特殊日记账，公司可以每月进行过账而不是每天过账，这将在本章的后面部分说明。在接下来的内容中，我们讨论图 7-5 中所示的四种特殊日记账。

7.3.1 销售日记账

在销售日记账中，公司记录商品的销售情况。商品的现金销售记在现金收入日记账中。赊销商品以外的资产记入普通日记账中。

赊销入账

为了演示销售日记账的使用，我们将使用卡恩斯批发供应公司的数据，该公司采用永续盘存制。在永续盘存制下，销售日记账中的每个分录都会产生一个销售价格分录和另外一个成本分录。销售价格分录中应收账款（统驭账户）的借方与销售收入的贷方相当。成本分录中已售商品的成本的借方与库存商品的贷方（一个统驭账户）相等。使用带有两个账户栏的销售日记账，公司只能在一行上显示关于价格和成本的销售交易。图 7－5 显示了卡恩斯批发供应公司的两栏销售日记账记录，使用假定的赊销交易（用于销售发票 101～107）。

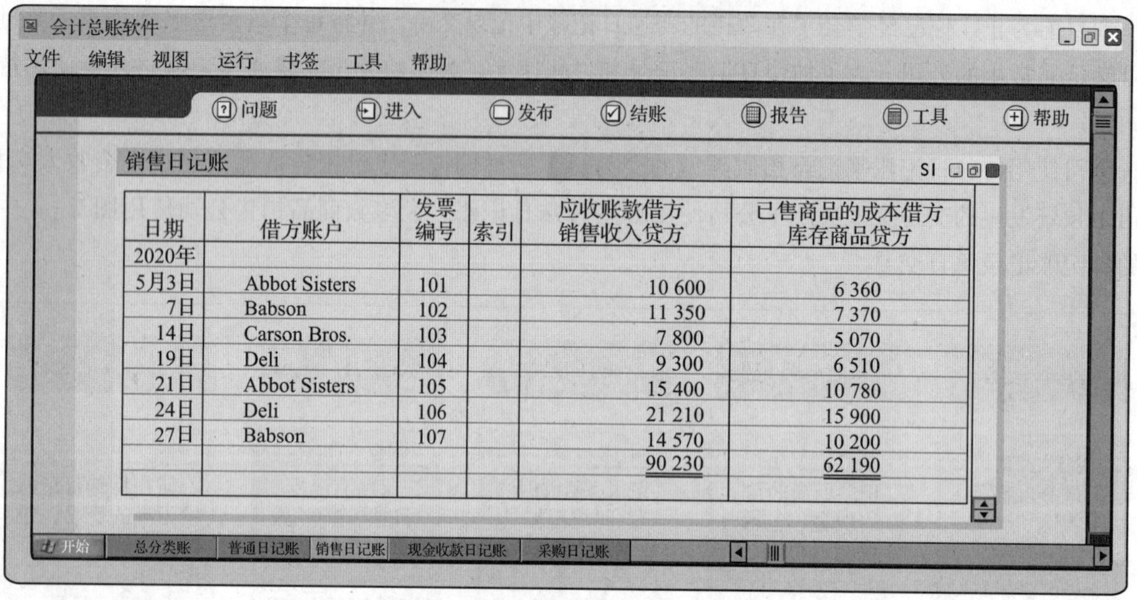

日期	借方账户	发票编号	索引	应收账款借方 销售收入贷方	已售商品的成本借方 库存商品贷方
2020年					
5月3日	Abbot Sisters	101		10 600	6 360
7日	Babson	102		11 350	7 370
14日	Carson Bros.	103		7 800	5 070
19日	Deli	104		9 300	6 510
21日	Abbot Sisters	105		15 400	10 780
24日	Deli	106		21 210	15 900
27日	Babson	107		14 570	10 200
				90 230	62 190

图 7－5 登记销售日记账——永续盘存制

请注意，与普通日记账不同，不需要对特殊日记账中的每个分录进行解释。此外，使用预先编号的发票可确保所有发票都已记入日记账，并且没有任何发票重复。最后，索引栏不在日记账中使用，如下一节所述，它在过账时使用。

过账销售日记账

公司每天从销售日记账过账到明细分类账的单独应收账款中。每月进行一次过账到总账的工作。图 7－6 显示了每日和每月的过账。

如图 7－6 所示，在索引栏中插入了核对标记（√），用以表示已每天向客户的账户过账。如果对明细分类账科目进行了编号，则将输入该科目号代替核对标记。在月底，卡恩斯公司将销售日记账这一栏总计过账到总账。该栏的总计如下：从售价栏中，向“应收账款”（第 112 号账户）中借记 90 230 美元，向“销售收入”（第 401 号账户）贷记 90 230 美元：在成本栏中，向“已售商品的成本”（账户编号 505）中借记 62 190 美元，向“库存商品”（账户编号 120）中贷记 62 190 美元。卡恩斯公司在总计栏下插入账户编号来表示已过账。在总账和明细分类账的账户中，索引号 S1 表示过账来自销售日记账的第 1 页。

核对分类账

下一步是“核对”分类账。为此卡恩斯公司必须确定两件事：（1）总分类账借方余额总和必须等于总分类账贷方余额总和；（2）明细分类账余额总和必须等于统驭账户中余额总和。图 7－7 显示了从销售日记账到总账和明细分类账的过账凭证（金额单位：美元）。

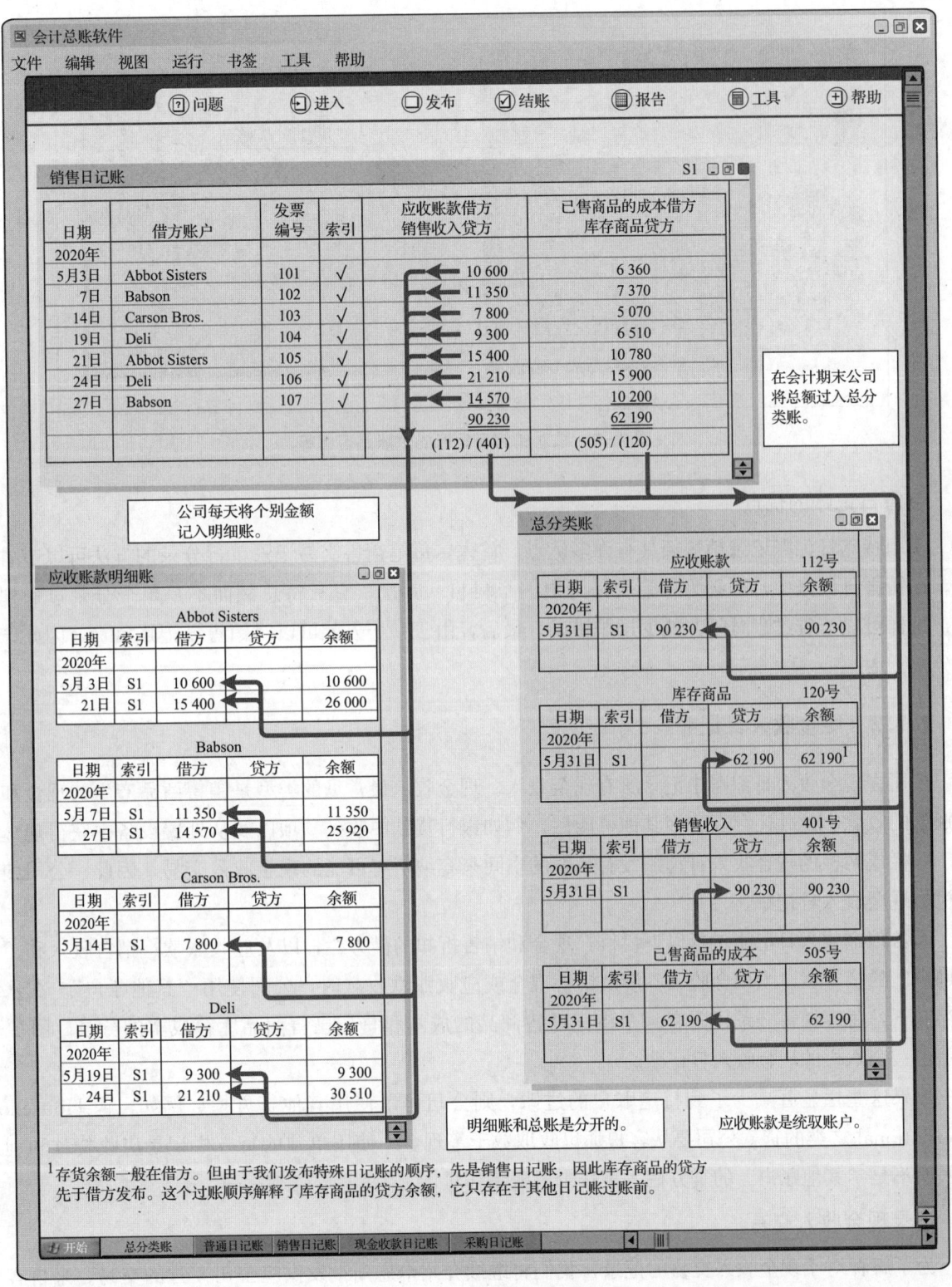

图 7 - 6　过账销售日记账

[1] 存货余额一般在借方。但由于我们发布特殊日记账的顺序，先是销售日记账，因此库存商品的贷方
先于借方发布。这个过账顺序解释了库存商品的贷方余额，它只存在于其他日记账过账前。

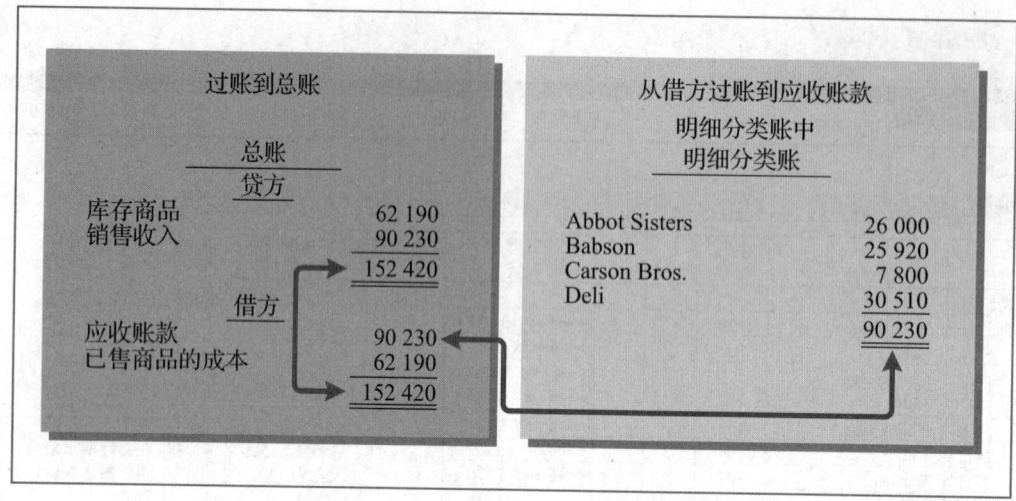

图 7-7　核对销售日记账的过账是否相等

销售日记账的优点

使用特殊日记账记录销售额具有许多优点。首先，每笔销售交易记录单行分录的方法可以节省时间。在销售日记账中，不必为每笔交易写出四个科目。其次，它只将总额而不是单个分录过账到总账，这样可以节省过账时间并减少过账错误。最后，由于一个人就可以对销售日记账负责，因此产生了分工。

7.3.2　现金收入日记账

公司在现金收入日记账中记录所有现金收入。现金收入最常见的类型是销售商品产生的现金和应收账款的收款。此外还存在许多其他可能性，例如银行贷款中收到款项以及从处置设备中获得现金收益。一栏或两栏的现金收入日记账没有足够的空间来容纳所有可能的现金收入交易，因此，公司使用多栏的现金收入日记账。

通常现金收入日记账包括以下栏目：现金和销售折扣的借方栏，以及应收账款、销售收入和"其他账户"的贷方栏。当现金收入不涉及销售现金或应收账款收款时，公司使用"其他账户"。在永续盘存制下，每笔销售分录还附有一个借记已售商品的成本和贷记已售商品库存成本的分录。图 7-8 展示了一个六栏的现金收入日记账。

如果这些栏显著减少了到特定账户的过账，则公司可以使用其他贷方栏。例如，像 Household International 之类的贷款公司要从客户那里收取数千笔现金。使用单独的贷方栏记录应收贷款和利息收入而不是"其他账户"的贷方栏，将减少过账工作量。

记录现金收入交易

为了解释对于现金收入交易的记录，我们将继续介绍卡恩斯批发供应公司 5 月的交易。来自客户的收款与图 7-5 中销售日记账中记录的分录有关。现金收入日记账中的分录是根据以下现金收入记录的。

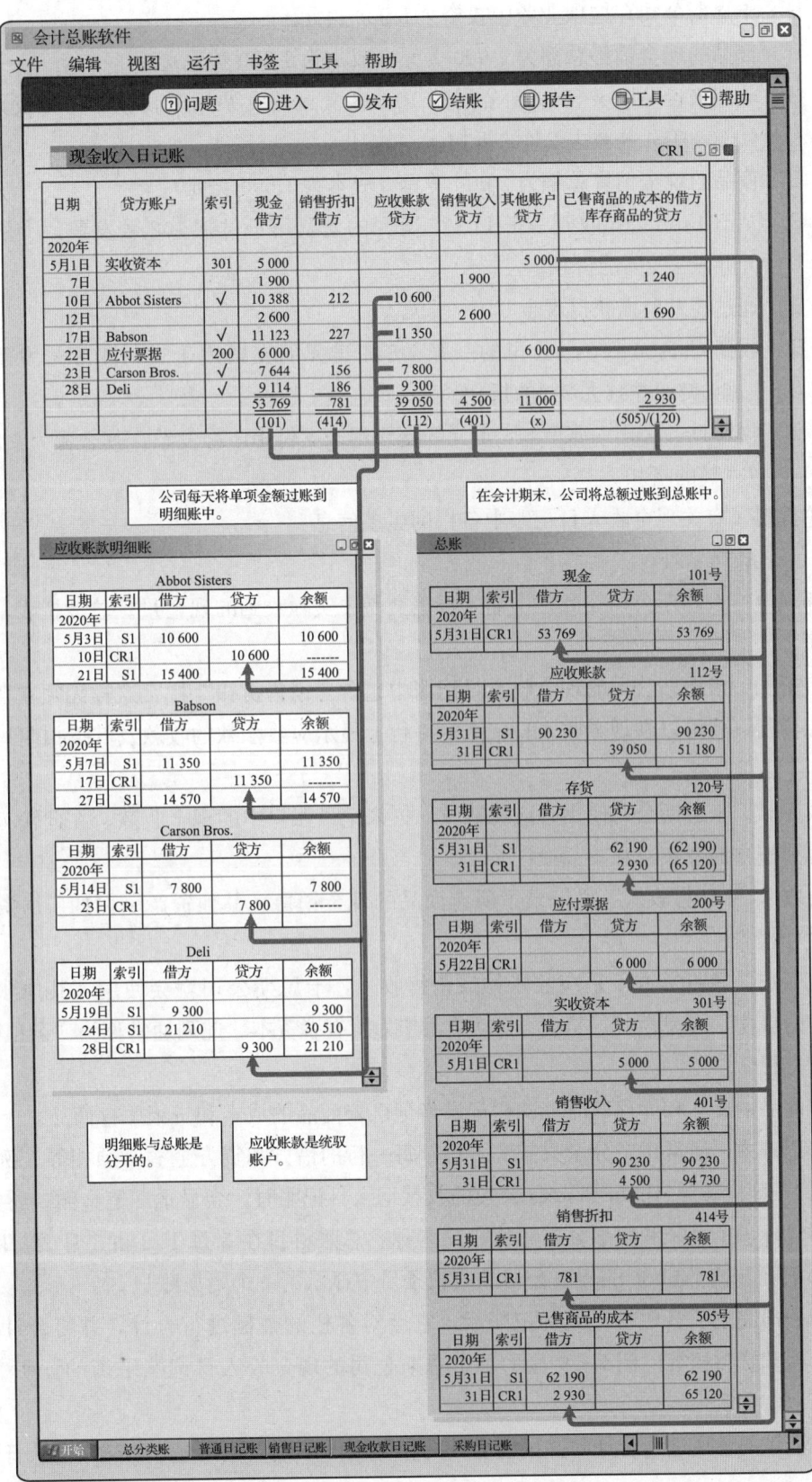

图 7-8　登记并过账现金收入日记账

5 月　1 日　卡恩斯公司在这项业务中投资了 5 000 美元。

　　　7 日　商品的现金销售总额为 1 900 美元（成本为 1 240 美元）。

　　　10 日　收到来自 Abbot Sisters 公司的 10 388 美元的支票用于付款 101 号发票，其金额为 10 600 美元并减去 2% 的折扣。

　　　12 日　商品的现金销售总额为 2 600 美元（成本为 1 690 美元）。

　　　17 日　从 Babson 公司收到一张 11 123 美元的支票用于付款 102 号发票，价格为 11 350 美元并减去 2% 的折扣。

　　　22 日　通过签发票据获得现金 6 000 美元。

　　　23 日　收到 Carson Bros. 公司的一张 7 644 美元的支票用于支付 103 号发票，其价格为 7 800 美元并减去 2% 的折扣。

　　　28 日　收到 Deli 公司一张 9 114 美元的支票用于支付 104 号发票，其金额为 9 300 美元并减去 2% 的折扣。

以下讨论提供了有关现金收入日记账中各栏的更多信息。

借方栏：

（1）库存现金。卡恩斯公司在此栏中输入每笔交易中实际收到的现金量。总计栏表示的是该月的现金收入总额。

（2）销售折扣。卡恩斯公司的现金收入日记账中包含"销售折扣"栏。这样无须在普通日记账中输入销售折扣项目，就可以在现金收入日记账的一行上显示应收账款的收款及其折扣期间。

贷方栏：

（3）应收账款。卡恩斯公司使用"应收账款"栏来记录账户中的现金收款。在此输入的金额是要贷记到单个客户账户的金额总和。

（4）销售收入。"销售收入"栏记录了所有商品的现金销售。其他资产（例如厂房资产）的现金销售不在此栏中报告。

（5）其他账户。只要贷方不是应收账款或销售收入，卡恩斯公司就会使用"其他账户"栏。例如，在第一个分录中，卡恩斯公司贷记 5 000 美元作为所有者资本。此列通常称为"杂项账户"栏。

借方和贷方栏：

（6）已售商品的成本和库存商品。此栏记录借记已售商品的成本和贷记库存商品。

在多栏日记账中，通常每个分录只需要一行。每一行的借方和贷方金额必须相等。例如，当卡恩斯公司在 5 月 10 日将来自 Abbot Sisters 公司的收款记入日记账时，会显示三笔金额。还要注意，"贷方账户"列同时标识了总账和明细分类账的账户名称。总账科目在 5 月 1 日和 5 月 22 日的分录中有说明。5 月 10 日，来自 Abbot Sisters 公司的收款条目中显示了一个附属账户。

当卡恩斯公司完成了多栏日记账的记账后，它会对各栏的金额进行合计，并将合计结果进行比较，以证明借项和贷项相等。图 7 - 9 显示了卡恩斯公司的现金收入日记账平衡的证明（金额单位：美元）。

对一个日记账的各栏进行合计，并证明合计的相等性，称为合计日记账和交叉合计日记账。

过账现金收入日记账

过账多栏日记账（见图 7 - 8）涉及以下步骤。

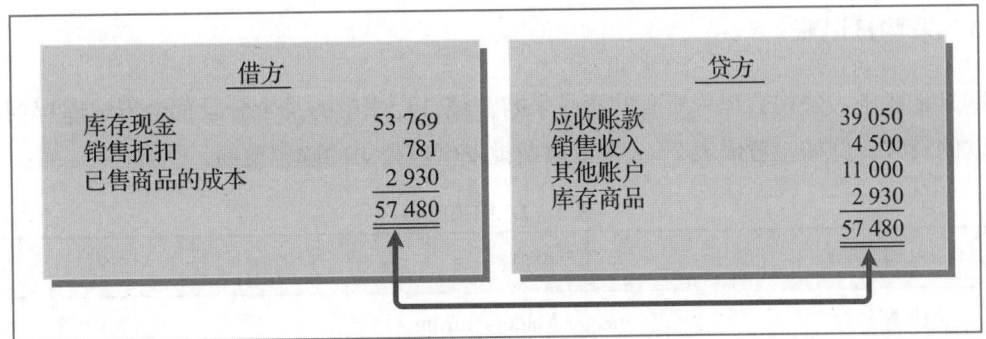

图 7-9　证明现金收入日记账平衡

（1）在月末，公司将所有栏的总额（"其他账户"总计除外）过账到栏标题中指定的账户名称（例如库存现金或应收账款）。然后，公司在总计栏下方输入账号，显示其已过账。例如，卡恩斯公司已将库存现金过账到第 101 号账户，应收账款过入第 112 号账户，库存商品过入第 120 号账户，销售收入过入第 401 号账户，销售折扣过入第 414 号账户以及已售商品的成本过入 505 号账户。

（2）公司将包括"其他账户"总计在内的各个金额分别过账到"贷方账户"列中指定的总账账户中。例如，贷方过账至实收资本。此栏的总金额尚未过账。符号（×）插入到此栏的总额下面，表示该金额尚未过账。

（3）每一栏中的各项金额，以总额的形式过账到统驭账户（在本例中为应收账款），每天过账到贷方账户列中指定的明细分类账账户。例如，10 600 美元贷记给 Abbot Sisters 公司。

在明细分类账和总账中都使用了 CR 符号，用来标识现金收入日记账中的过账。

核对账簿

现金收入日记账过账完成后，卡恩斯公司需要核对分类账。如图 7-10 所示（金额单位：美元），总分类账总额一致，而且明细分类账余额的总和等于统驭账户余额。

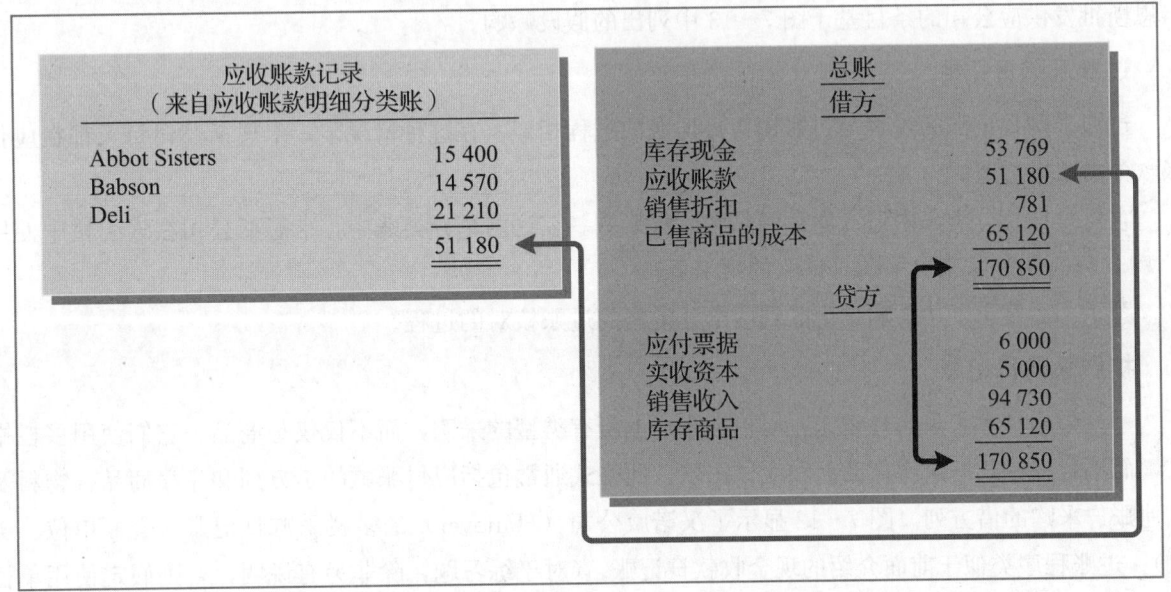

图 7-10　对销售日记账和现金收入日记账过账后核实账簿

7.3.3 采购日记账

在采购日记账中，公司会记录所有的商品采购。该日记账中的每个分录都会形成库存商品的借方和应付账款的贷方。例如，考虑表7-2中卡恩斯批发供应公司的赊销交易。

表7-2 赊销交易
金额单位：美元

日期	供应商	金额
5月6日	Jasper Manufacturing	11 000
5月10日	Eaton and Howe	7 200
5月14日	Fabor and Son	6 900
5月19日	Jasper Manufacturing	17 500
5月26日	Fabor and Son	8 700
5月29日	Eaton and Howe	12 600

图7-11显示了卡恩斯批发供应公司的采购日记账。当使用单栏采购日记账时（如图7-11所示），公司无法将账户上其他类型的采购或现金采购记录在日记账中。例如，如果公司使用了图7-11中的采购日记账，那么卡恩斯公司将不得不在普通日记账中记录设备或用品的赊购情况。同样，所有现金购买都将记入现金支付日记账中。

商品赊购日记账

记账程序类似于销售日记账。公司根据采购发票在采购日记账中记账。与销售日记账不同，采购日记账可能没有发票编号栏，因为从不同供应商处收到的发票不会按数字顺序排列。为了确保记录了所有的采购发票，一些公司在收到每张发票后连续编号，然后在采购日记账中使用内部文档编号栏。卡恩斯批发供应公司的条目基于图7-13中列出的假设赊购。

过账采购日记账

过账采购日记账的过程与过账销售日记账的过程相似。在这种情况下，卡恩斯公司每天都在应付账款分类账中过账。

它每月在总分类账中记入库存商品和应付账款。在这两个分类账中，卡恩斯公司在索引栏中使用了P1，以表明过账来自采购日记账的第1页。

图7-12显示了从采购日记账到两个分类账的过账核对的过程。

扩展采购日记账

一些公司扩大了采购日记账，以包括账户上所有类型的采购，而不仅仅是商品。它们使用多栏格式，而不是一栏式记录库存商品和应付账款。此格式通常包括应付账款的贷方列和库存商品、物料及其他账户采购的借列。图7-12显示了汉诺威公司（Hanover）的多栏采购日记账（金额单位：美元）。过账程序类似于前面介绍的现金收款日记账。（对于练习题，除非另有说明，否则假定使用单栏采购日记账）。

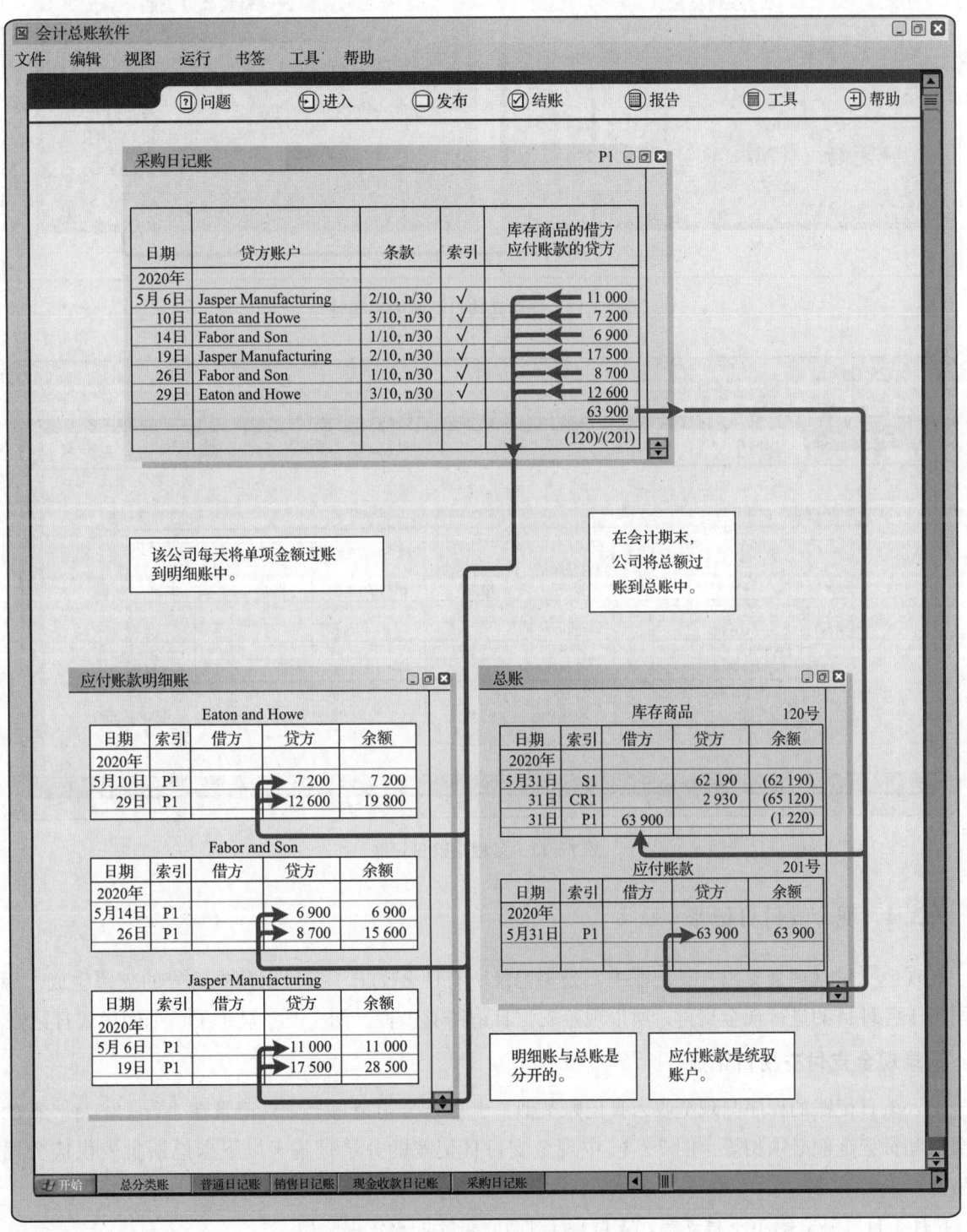

图 7 - 11　记录和过账采购日记账

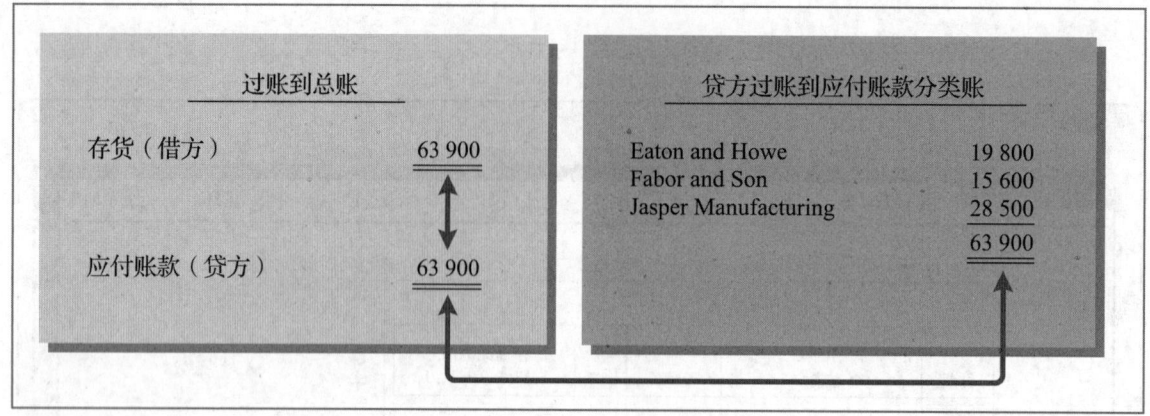

过账到总账		贷方过账到应付账款分类账	
存货（借方）	63 900	Eaton and Howe	19 800
		Fabor and Son	15 600
		Jasper Manufacturing	28 500
应付账款（贷方）	63 900		63 900

图7-12 证明采购日记账的平衡性

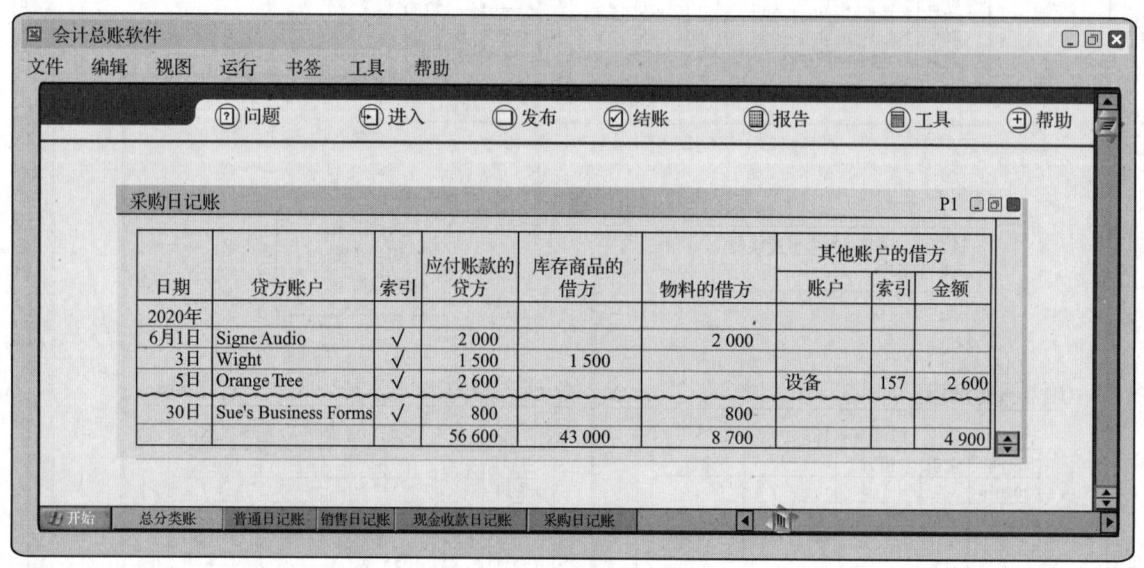

采购日记账 P1

日期	贷方账户	索引	应付账款的贷方	库存商品的借方	物料的借方	其他账户的借方		
						账户	索引	金额
2020年								
6月1日	Signe Audio	√	2 000		2 000			
3日	Wight	√	1 500	1 500				
5日	Orange Tree	√	2 600			设备	157	2 600
30日	Sue's Business Forms	√	800		800			
			56 600	43 000	8 700			4 900

图7-13 多栏采购日记账

7.3.4 现金支付日记账

在现金支付（现金支出）日记账中，公司记录所有现金支出。条目由预先编号的支票生成。因为公司出于各种目的进行现金支付，所以现金支付日记账有多栏。图7-14显示了一个四栏式日记账。

记录现金支付交易日记账

记入该日记账的程序与现金收入日记账类似。卡恩斯公司把每笔交易记录在一行上，每一行的借记金额和贷记金额必须相等。图7-14中现金支付日记账的分录是基于以下卡恩斯批发供应公司的交易。

5月1日　开立第101号支票，支付每年1 200美元的火灾保险费。

　　3日　开立第102号支票，支付运费100美元，条件为FOB装运点。

　　8日　开立第103号支票，金额为4 400美元，用于购买商品。

　10日　将10 780美元的第104号支票寄给Jasper Manufacturing公司，以支付5月6日11 000美元的发票并减去2%的折扣。

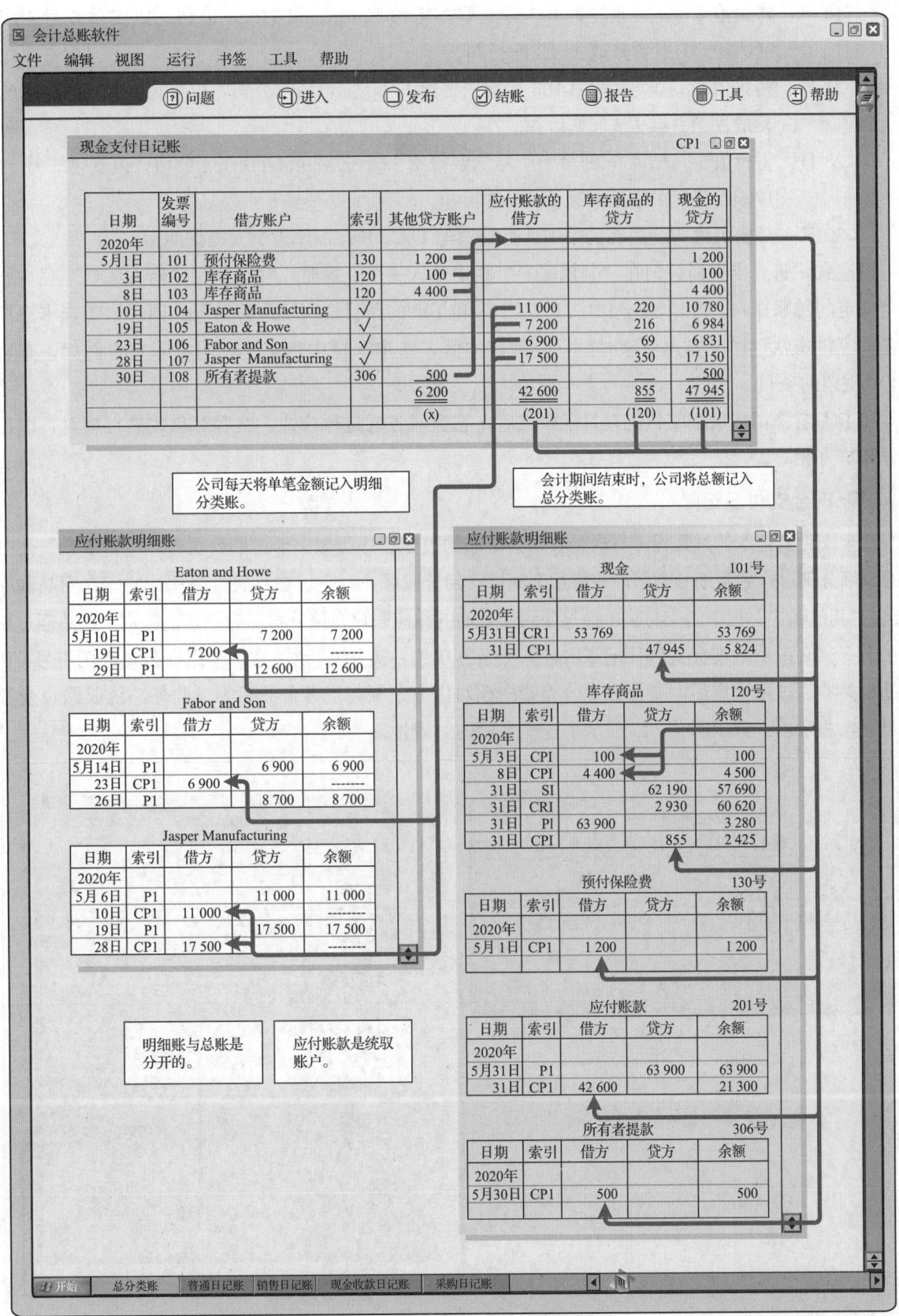

图 7 - 14　现金支付日记账记账并过账

19 日　　将价值 6 984 美元的第 105 号支票邮寄给 Eaton and Howe 公司，以支付 5 月 10 日 7 200 美元的发票并减去 3% 的折扣。

23 日　　将价值 6 831 美元的第 106 号支票寄给 Fabor and Son 公司，以支付 5 月 14 日 6 900 美元的发票并减去 1% 的折扣。

28 日　　将价值 17 150 美元的第 107 号支票寄给 Jasper Manufacturing 公司，以支付 5 月 19 日 17 500 美元的发票并减去 2% 的折扣。

30 日　　开出价值 500 美元的第 108 号支票给 D. A. Karns 作为个人提款使用。

请注意，每当卡恩斯公司在"其他账户"栏中输入一个金额时，它必须在"借方账户"栏中指明一个特定的总账账户。支票编号 101、102、103 和 108 的条目说明了这种情况。同样，每当卡恩斯公司在"应付账款"栏中输入金额时，它必须在"借方账户"栏中确定一个明细账户。例如，查看第 104 号支票的条目。

在卡恩斯公司将现金支付记入日记账之后，它会对各栏进行合计，然后对总数进行核对，以证明借方和贷方相等。

过账现金支付日记账

现金支付日记账的过账程序与现金收入日记账的过账程序类似。卡恩斯公司将"应付账款"列中记录的金额分别过账到明细分类账，并将总金额过账到统驭账户。它仅在月底过账总计的库存商品和库存现金。"其他账户"栏中的交易被单独过账到受影响的相应账户。该公司不为"其他账户"栏总额过账。

图 7-15 说明了现金支付日记账的过账（金额单位：美元）。请注意，卡恩斯公司使用符号 CP 作为过账参考。过账完成后，公司在总分类账中核对借方余额与贷方余额相等。此外，统驭账户余额应与明细账总余额一致。图 7-15 显示了这些余额的一致性。

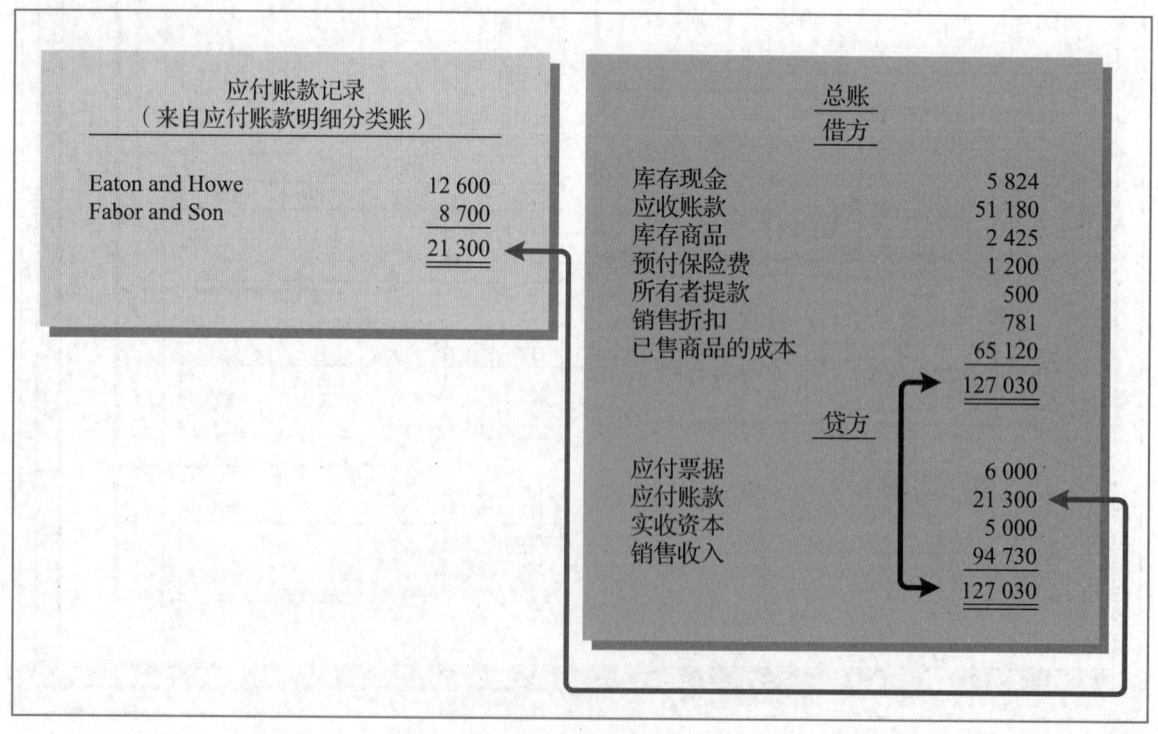

图 7-15　从销售日记账、现金收入日记账、采购日记账和现金支付日记账过账后核对账簿

7.3.5　特殊日记账对普通日记账的影响

销售、采购和现金收入的特殊日记账大幅减少了公司在普通日记账中的分录数量。只有不能记入特殊日记账的业务才记入普通日记账。例如，公司可以使用普通日记账来记录如下列举的交易，如贷记客户退回的货物或折扣，贷记退回供货商的货物，接受客户的应收票据，通过发出应付票据购买设备。此外，更正、调整和结账分录也在普通日记账中进行。

普通日记账有日期栏、账目名称摘要栏、索引栏、借方和贷方栏。如不涉及统驭账户和明细账户，则记录和过账的程序与前几章所述相同。当涉及统驭账户和明细账户时，公司要对之前的程序进行两项更改：

（1）在记账时，同时确定统驭账户和明细账户。

（2）在过账时，必须有两次过账：一次到统驭账户，一次到明细账户。

例如，假设 5 月 31 日，卡恩斯批发供应公司将 500 美元的商品返还给 Fabor and Son 公司。图 7 - 16 显示了普通日记账中的分录以及分录的过账情况。

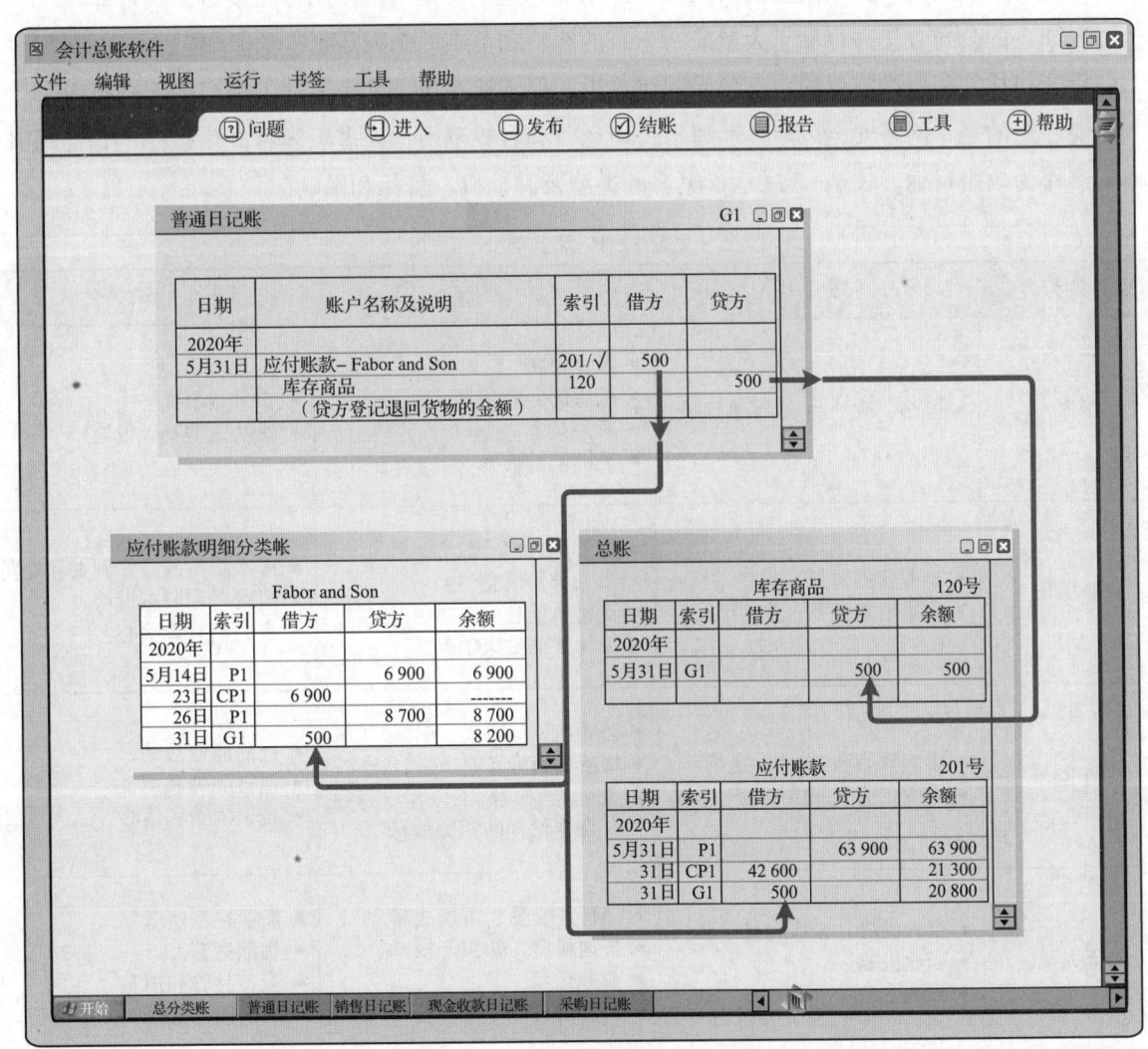

图 7 - 16　登记并过账普通日记账

注意，普通日记账借方显示有两个账户（应付账款账户和 Fabor and Son 账户），索引栏中有两个过账（"201/√"）。一个借记在统驭账户上，另一个借记在明细分类账的债权人账户上。如果卡恩斯公司收到的是现金而不是信用卡，那么这笔交易就会记录在现金收入日记账上。

7.3.6 网络安全：最后的讨论

你曾经被黑客入侵过吗？随着手机、平板电脑和其他社交媒体的使用越来越多，你的机密信息可能会被窃取和非法使用，这是一个确实存在的风险。公司、个人甚至国家都是网络犯罪的受害者，网络犯罪是一种涉及互联网、计算机系统或计算机技术的犯罪。

对于公司来说，网络犯罪显然是一个主要威胁，黑客攻击员工或客户相关的记录可能会造成数百万美元的损失。不幸的是，安全漏洞的数量正在增加。例如，塔吉特公司的一个安全漏洞给公司造成了至少 2 000 万美元的损失，导致首席执行官丢掉了工作并且使公司销售额暴跌。

以下是导致入侵公司电脑事件增多的三个原因：

（1）公司及其员工在互联网上的活跃度不断增加，这主要是由于使用移动设备和云计算。

（2）如今的公司收集并存储了大量前所未有的客户和员工的个人数据。

（3）公司往往采取措施保护自己免受网络攻击，但不检查员工是否遵守了适当的安全指南。

需要注意的是，网络安全风险远远超出公司运营和合规范围。许多黑客将高度敏感的信息或其他战略资产作为攻击目标。表 7-3 展示了黑客的类型及其动机、目标和影响。

表 7-3 黑客简介

恶意行为者	动机	目标	影响
国家	• 经济、政治和/或军事优势	• 商业秘密 • 敏感的商业信息 • 新兴技术 • 关键基础设施	• 丧失竞争优势 • 扰乱关键基础设施
犯罪团伙	• 立即获得财务收益 • 收集未来财务收益的信息	• 财务/支付系统 • 个人身份信息 • 支付卡信息 • 受保护的健康信息	• 成本高昂的监管调查和处罚 • 消费者和股东诉讼 • 丧失消费者信心
黑客	• 影响政治和/或社会变革 • 迫使企业改变做法	• 公司机密 • 敏感的商业信息 • 关键高管、员工、客户和业务合作伙伴的相关信息	• 扰乱商业活动 • 损害品牌和声誉 • 丧失消费者信心
内部人员	• 个人优势，金钱利益 • 职业报复 • 极端主义	• 销售、交易、市场战略 • 公司机密、知识产权 • 业务运营 • 人员信息	• 商业秘密泄露 • 扰乱运营 • 损害品牌和声誉 • 影响国家安全

资料来源：PriceWaterhouseCoopers, "Answering Your Cybersecurity Questions" (January 2014).

公司现在认识到,必须实施保护机密数据的网络安全系统。公司(以及国家和个人)必须不断核实其网络安全防御系统是健全且没有被破坏的。

───◀ **选择题** ▶───

1. 会计信息系统的基本原则不包括(   )。

A. 成本效益　　　　　B. 灵活性　　　　　C. 有效输出　　　　　D. 周期性

3. 有关明细分类账,以下哪一项是不正确的?(   )

A. 采购分类账是债权人账户的共同明细分类账

B. 应收账款分类账是明细账

C. 明细分类账是一组具有共同特征的账户

D. 明细分类账的一个优点是它允许过账时分工

5. 月初,应收账款明细分类账显示 Apple 公司的余额是 5 000 美元,Berry 公司是 7 000 美元。在这个月里,Apple 的赊购额为 6 000 美元,Berry 为 4 500 美元,Cantaloupe 为 8 500 美元。从 Berry 和 Cantaloupe 那里分别收了 11 500 美元、3 000 美元。月末,总分类账中的统驭账户的应收账款余额为(   )。

A. 11 000 美元　　　B. 12 000 美元　　　C. 16 500 美元　　　D. 31 000 美元

7. 设备的赊账购买记录在(   )内容中。

A. 现金收入日记账　　B. 现金支付日记账　　C. 采购日记账　　　D. 普通日记账

5. 下列哪个陈述是正确的?(   )

A. 销售折扣栏包含在现金收入日记账中

B. 采购日记账记录所有以现金或赊账方式购买商品的情况

C. 现金收入日记账记录赊销销售情况

D. 买方退回的商品由卖方记录在采购日记账中

9. 关于现金收入日记账的过账,以下哪一项是不正确的?(   )

A. "其他账户"栏的合计不过账

B. 除"其他账户"一栏的总数外,所有栏的总数在月底都将一次过账到栏标题中指定的账户中

C. 所有栏的合计每天过账到栏标题中指定的账户

D. 每一栏中的单个金额,按合计过账到统驭账户,并每天过账到贷记账户栏中指定的明细分类账账户

11. 关于普通日记账,哪一种说法是不正确的?(   )

A. 只有不能记录在特殊日记账的业务才记录在普通日记账中

B. 普通日记账总是需要双重过账

C. 普通日记账可用于记录为了支付应收账款而承兑的应收票据

D. 更正、调整和结账分录应在普通日记账中

13. 下列关于普通日记账说法不正确的是(   )

A. 只有不能记入特殊日记账的交易才记录在普通日记账中

B. 普通日记账总是要求双重记账

C. 普通日记账可以用来记录应收账款的收回情况

D. 普通日记账中会编制更正、调整和结账分录

15. 如果顾客为了赊账而退货，销售公司通常在（　　　）条目中记账。

A. 现金支付日记账　　　B. 普通日记账　　　　C. 销售日记账　　　　D. 现金收入日记账

简答题

1. 以下信息是关于 Garcia 公司第一个月的运营情况。确定应收账款明细分类账中的余额和 1 月底总分类账中的应收账款余额。

	赊销			现金收款	金额单位：美元
1 月 7 日	Rodan 公司	11 000	1 月 17 日	Rodan 公司	6 000
15 日	Lawry 公司	7 000	24 日	Lawry 公司	5 000
23 日	Anderson 公司	10 000	29 日	Anderson 公司	8 000

3. Soto 公司在 3 月份有以下选定的交易。

3 月 2 日向 Jennings 公司赊购设备 9 400 美元。

　　5 日收到 May 公司 630 美元的信用证，用于赔偿装运到 Soto 公司的货物损坏。

　　7 日为客户退回的商品向 Morneau 公司开出 500 美元的信用证。退货的商品价值 300 美元。

Soto 公司采用单栏式采购日记账、销售日记账、现金日记账和普通日记账。请在普通日记账中记录上述交易。

练习题

1. 6 月 1 日，Rath 公司总账中的应收账款统驭账户余额为 13 620 美元。客户的明细分类账上的账户余额如下：威尔逊 2 000 美元，桑切斯 3 140 美元，罗伯茨 2 560 美元，马克斯 5 920 美元。6 月底，各期日记账包含下列信息。

销售日记账：罗伯茨 900 美元，威尔逊 1 400 美元，哈迪 1 500 美元，马克斯 1 200 美元。

现金收入日记账：从罗伯茨处收到的现金为 1 610 美元，从马克斯处收到的现金为 2 600 美元，从哈迪处收到的现金为 580 美元，从桑切斯处收到的现金为 2 100 美元，从威尔逊处收到的现金为 1 540 美元。

普通日记账：马克的津贴为 325 美元。

要求：

a. 建立统驭账户和明细账户，并输入期初余额。不要构建日记账。

b. 过账各种日记账。以适当的程序为准，以单独账目或合计的形式过账项目（不提供销售折扣）。

c. 编制应收账款明细账，证明 2020 年 6 月 30 日统驭账户与明细账户一致。

◀ **实践题** ▶

Cassandra Wilson 公司现金收入日记账包括以下几项：

库存现金（借）	其他科目（贷）
销售折扣（借）	销货成本（借）
应收账款（贷）	库存商品（贷）
销售收入（贷）	

2020 年 7 月的现金收入交易如下：

7 月 3 日 现金销售总额为 5 800 美元（成本为 3 480 美元）。

　　5 日 收到 Jeltz 公司开出的一张 6 370 美元的支票，用于支付 6 月 26 日价值为 6 500 美元的发票，条款为 2/10，n/30。

　　9 日 店主卡桑德拉·威尔逊（Cassandra Wilson）又向公司追加了 5 000 美元现金投资。

　10 日 现金销售总额为 12 519 美元（成本为 7 511 美元）。

　12 日 收到 R. Eliot 公司寄来的 7 275 美元的支票一张，用于支付 7 月 3 日开出的 7 500 美元发票，条款为 3/10，n/30。

　15 日 预支 700 美元现金用于未来的服务。

　20 日 现金销售总额为 15 472 美元（成本为 9 283 美元）。

　22 日 从 Beck 公司收到一张 5 880 美元的支票，用于支付 7 月 13 日开出的 6 000 美元发票，条款为 2/10，n/30。

　29 日 现金销售总额为 17 660 美元（成本为 10 596 美元）。

　31 日 收到 7 月份赚取的 200 美元现金利息。

要求：

a. 在现金收入日记账中记录交易。

b. 对比应收账款和其他科目栏。

Ⅲ IFRS 概览

正如第 1 章所讨论的，国际财务报告准则在世界各地的接受度越来越高。例如，最近的统计数据表明，大量的全球《财富》500 强公司使用国际财务报告准则（IFRS）。国际会计准则委员会主席预测，在不久的将来，采用国际财务报告准则（IFRS）的国家将从目前的 115 个增加到近 150 个。

当国家接受国际财务报告准则并将其作为公认的会计政策使用时，公司需要获得指导以确保其第一份采用国际财务报告准则的财务报表包含高质量的信息。具体来说，IFRS 要求公司的第一份 IFRS 报表中的信息是透明的，能提供一个合适的起点，且成本不超过收益。

要点

以下是与会计信息系统相关的 GAAP 和 IFRS 之间的关键相似点和不同点。

相似点

- 与会计信息系统相关的基本概念在 GAAP 和 IFRS 下是相同的。
- 使用的明细分类账和统驭账户，以及用于记录交易的系统，在 GAAP 和 IFRS 下是相同的。

不同点

- 许多公司从目前的报告标准转换到 IFRS，将经历一个实质性的转换过程。
- 首次采用 IFRS 时，公司必须根据 IFRS 提供至少一年的比较信息。

展望未来

全球各地的公司都遵循本书中展示的基本记账流程。这种情况未来不太可能改变。资产、负债、所有者权益、收入和费用的定义结构可能会在时间的推移下随着 IASB 和 FASB 评估建立的会计准则的整体概念框架而改变。此外，高质量的国际会计要求高质量的会计标准和高质量的审计。与公认会计原则和国际财务报告准则的趋同类似，目前也出现了改进国际审计标准的趋势。

第8章

欺诈、内部控制和现金

本章预览

正如下面关于巴里克斯咖啡馆（Barriques）的现金控制那样，现金控制对于确保不发生欺诈是很重要的。公司还需要一些控制措施来保护其他类型的资产。例如，巴里克斯公司一定有防止食物和供应品被盗的控制措施，也有防止厨房餐具和盘子被盗的控制措施。

在本章中，我们将解释内部控制系统的基本特征以及它是如何防止舞弊的。我们还描述了这些控制措施如何应用于特定的资产——现金。这些应用包括一些你可能已经熟悉的控制措施，例如对于账户的使用。

⊙ 引 例

在麦迪逊留心金钱

多年来，威斯康星州麦迪逊市的巴里克斯咖啡馆一直被评为该市最受欢迎的咖啡馆。巴里克斯咖啡馆不仅咖啡生意兴隆，而且提供美味的烘焙食品、三明治和精选的葡萄酒。

"我们的客户群从大学生到社区居民，再到游客。"簿记员克里·斯托普莱沃思（Kerry Stopple-worth）说，她在1998年公司成立后不久就加入了公司。"我们是独一无二的，因为我们的顾客在上班的路上很早就来喝杯咖啡，下班后还会回来买瓶葡萄酒并吃晚饭。我们在一天的三个时间段都非常忙碌。"

像大多数低成本、大批量采购的企业一样，现金控制必须简单。"我们使用计算机化的销售点（point-of-sale，POS）系统来跟踪我们的库存，使我们能够有效地为客户完成订单，"斯托普莱沃思解释道，"你可以扫描一个商品的条形码，或者为没有条形码的商品输入一个代码，比如咖啡杯或烘焙食品。"POS系统还自动跟踪各部门的销售情况，并保存一天中发生的所有销售交易的电子账本。

斯托普莱沃思说："每个商店都有两个POS机，任何员工都可以全天操作。"一天结束时，每个POS机都要分别进行对账。工作人员清点抽屉里的现金，并将这一金额输入POS系统的结算总额中。然后POS系统会将现金和贷方金额，减去结转到第二天的现金（浮动），与电子日记账中的当班总额进行比较。如果有差异，则重新清点，并逐笔审查日记账以找出问题。然后，工作人员将现金减去浮动金额的结果开具存款票据，并将其与电子日记账摘要报告一起放入投递保险箱中，供经理第二天审查并带到银行。最后，记账员审查所有这些文件以及银行出具的存款收据，以确保它们都是一致的。

正如斯托普莱沃思总结的那样，"我们保持结账过程和会计过程简单，这样我们的员工就可以集中精力服务我们的客户，以及制作美味的咖啡和食物。"

8.1 欺诈与内部控制

引例描述了巴里克斯咖啡馆使用的许多内部控制程序。这些程序对于阻止员工欺诈行为是必不可少的。

8.1.1 欺诈

欺诈（fraud）是雇员的不诚实行为，这种行为使雇员个人受益，而雇主为此付出代价。下面有一些财经媒体报道的欺诈案例。

- 一家小公司的簿记员在三年内将 750 000 美元转入了其个人银行账户。
- 一个有 28 年工作经验的船员给自己运送了 125 000 美元的商品。
- 一名计算机操作员在两年内从富国银行（Wells Fargo Bank）贪污了 2 100 万美元。
- 一位教会的出纳人员"借用"了 15 万美元的教会资金，以资助一位朋友的商业交易。

为什么会发生欺诈？构成欺诈活动的三个主要因素可以用图 8 - 1 中的欺诈三角来描述。

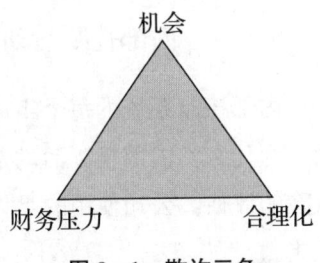

图 8 - 1 欺诈三角

欺诈三角中最重要的元素是机会。如果一个员工能够实施欺诈，那么工作场所环境一定是提供了员工可以利用的机会。当工作场所缺乏足够的控制来阻止和发现欺诈行为时，就会出现欺诈的机会。例如，对员工行为的监视不足会为盗窃创造机会，并可能使员工更有胆量，因为他们认为不会被抓住。

导致欺诈的第二个因素是财务压力。员工有时会因个人财务问题而实施欺诈，或者因为他们想过一种自己目前的工资无法负担的生活方式，也可能会实施欺诈行为。

导致欺诈的第三个因素是合理化。为了对自己的欺诈行为进行辩护，员工必须合理化其不诚实的行为。例如，员工有时会为欺诈辩护，他们说雇主赚了很多钱，而他们却被给予较少的薪水。员工辩护盗窃是合理的，因为自己应该得到更高的报酬。

8.1.2 《萨班斯-奥克斯利法案》

如何预防或发现欺诈行为？2000 年初出现了众多公司丑闻后，美国国会通过了《萨班斯-奥克斯利法案》（SOX 法案）解决了这一问题。根据 SOX 法案，所有美国上市公司都必须维持适当的内部控制系统。公司高管和董事会必须确保这些控制措施是可靠和有效的。此外，独立的外部审计师必须证明内部控制系统是否适当。不遵守规定的公司将受罚，公司管理人员可能会被监禁。SOX 法案还创建了上市公司会计监督委员会（Public Company Accounting Oversight Board，PCAOB），以建立审计标准并规范审计师的活动。

一项民意调查发现，60% 的投资者认为 SOX 法案有助于保护其股票投资。许多人说，他们不太可能投资于未遵循 SOX 法案要求的公司。尽管一些公司高管批评了遵循 SOX 法案要求所花费的时间和金钱，但 SOX 法案似乎运行良好。例如，礼来公司（Eli Lily）的首席会计官指出，SOX 法案引发了对该公司如何记录其控制过程的全面审查。这项审查发现了控制系统冗余的地方，并指出需要添加的部分。简而言之，审查花费了很多时间和金钱。

8.1.3 内部控制

内部控制（internal control）是旨在为实现与公司运营、报告和合规性相关的目标提供合理保证的过程。更具体地说，内部控制的目的是保护公司资产，提高会计记录的可靠性，提高运营效率以及确保公司遵守法律法规。内部控制系统有以下五个主要组成部分。

● 控制环境。最高管理者有责任明确公司重视诚信且不容忍不道德的行为。这个组成部分通常称为"高层基调"。

● 风险评估。公司必须识别和分析给公司带来风险的各种因素，并确定如何管理这些风险。

● 控制活动。为了减少欺诈的发生，管理层必须设计政策和程序来应对公司面临的特定风险。

● 信息和交流。内部控制系统必须在组织上下捕获和传达所有相关信息，并将信息传达给适当的外部各方。

● 监控。必须定期监控内部控制系统是否适当，重大缺陷需要报告给最高管理层或董事会。

8.1.4　内部控制活动的原则

内部控制系统的每个组成部分都很重要。在这里，我们将集中讨论一个组成部分，即内部控制活动。为什么？内部控制活动是公司解决其面临的风险（例如欺诈）的主要手段。根据管理层对所面临风险的评估，公司使用的具体控制活动将有所不同。对风险的评估很大程度上取决于公司的规模和性质。

内部控制活动的六项原则如下：

● 责任建立

● 职责划分

● 文件编制程序

● 物理控制

● 独立的内部核查

● 人力资源控制

我们将在下面解释这些原则。它们适用于大多数公司，并且与人工和计算机会计系统都相关。

责任建立

内部控制的一个基本原则是将责任分配给员工。当只有一个人负责一项给定任务时，控制是最有效的。

例如，假设在一天结束时，西夫韦（Safeway）商店实际的现金比收银机中输入的现金金额少 10 美元，如果只有一个人操作过收银机，则值班经理可以迅速确定谁失责。如果两个或两个以上的人操作过该收银机，则无法确定是谁对该错误负责。

许多零售商通过使用带有多个抽屉的收银机解决了这个问题。这样一来，一台收银机可以不止由一个人操作，但仍然可以通过特定的抽屉来确定特定的员工。只有登录的收银员才能访问其抽屉。

建立责任通常只允许授权人员访问，然后确定这些人员。例如，许多公司使用的自动化系统具有诸如识别密码等机制，可以跟踪谁在日记账上记账，谁参与了销售，谁在特定时间进入了仓库。通过识别密码，公司可以识别执行该活动的特定员工来确认责任。

职责划分

在内部控制系统中，职责划分是必不可少的。这一原则有两种常见的应用：

（1）由不同的人负责相关的活动。

（2）资产的记录保管责任应与资产的实物保管责任分开。

职责划分的根本原因是这样的：一名员工的工作应该在没有重复工作的情况下，为评估另一名员工的工作提供可靠的基础。例如，设计和编制计算机系统程序的人员不应该被分配与系统日常使用有关的职责，否则，他们可以设计一个有利于他们个人利益的系统，并通过日常使用掩盖欺诈行为。

相关活动的划分。让一个人负责相关活动会增加发生错误和违规行为的可能性。

（1）采购活动。例如，公司应将相关的采购活动分配给不同的人。相关的采购活动包括订购商品、批准订单、收货、授权付款以及为商品或服务付款。当由一个人处理相关的购买活动时，可能会发生各种欺诈行为：

● 如果允许采购代理人在未经主管批准的情况下订购商品，则采购代理人从供应商处收取回扣的可能性会增加。

● 如果为采购商品下订单的员工还同时处理发票和收货以及付款授权，则他可能会授权为虚构的发票付款。

当公司划分采购任务时，这些滥用职权的行为就不太可能发生。

（2）销售活动。同样，公司应该将相关的销售活动分配给不同的人。相关的销售活动包括销售、向客户运送（或交付）货物、给客户开账单以及收款。当由一个人处理相关的销售活动时，各种欺诈行为都可能发生：

● 如果销售人员可以在未经主管批准的情况下进行销售，则他可能以未经授权的价格进行销售以增加销售佣金。

● 能够查看会计记录的船员可以将货物运给自己。

● 负责处理账单和收据的记账员可能会少报给朋友和亲戚的销售价格。

当公司划分销售任务时，这些滥用职权的行为就不太可能发生。销售人员进行销售，运输部门根据销售订单装运货物，结算部门将销售订单与已装运货物的单据进行比较后准备销售发票。

记录保管与实物保管的分离。会计人员既不能实际保管资产，也不能接触它。同样，资产的保管人也不应该保留或接触会计记录。当一名雇员保管资产记录而另一名雇员对资产进行实物保管时，资产的保管人不太可能将资产转换为个人用途。将会计责任与资产保管责任分离开来对于现金和存货尤为重要，因为这些资产非常容易被实施欺诈。

文件编制程序

文件提供了交易和事件发生的证据。例如，销售点终端设备与公司的计算机和会计记录联网，从而产生直接的文件记录。

同样，运输单据表明货物已经运输，销售发票表明公司已向客户开出了货物的账单。通过要求在文件上签名（或首字母缩写），公司可以识别负责交易或事件的个人。公司应在交易发生时将其记录下来。

公司应建立文件编制程序。首先，只要有可能，公司应该使用预先编号的文件，所有的文件都应该记账。预先编号有助于防止一件事务被多次记录，或者相反地，防止事务根本不被记录。其次，内部控制制度应要求员工及时将会计分录的原始凭证转发给会计部门。这种控制措施有助于确保交易及时记录，并有助于提高会计记录的准确性和可靠性。

物理控制

使用物理控制是必不可少的。物理控制关系到资产的保护，并提高了会计记录的准确性和可靠性。图 8-2 展示了物理控制的示例。

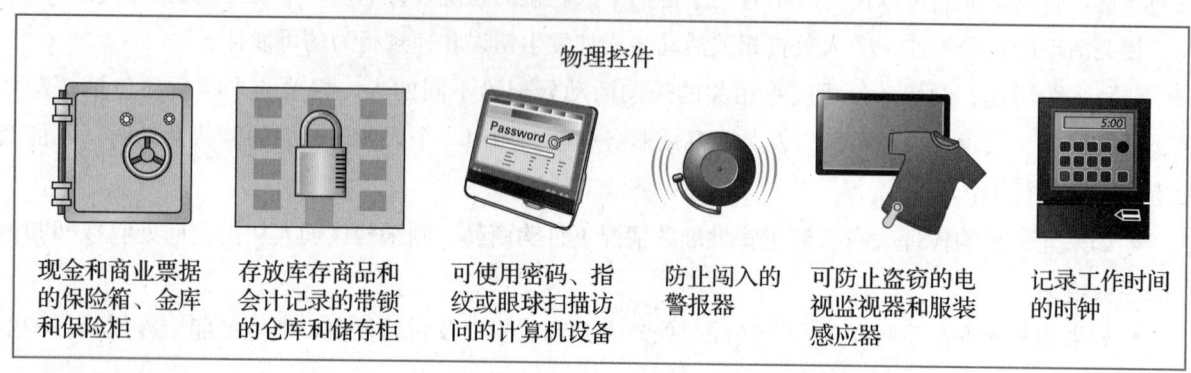

图 8-2　物理控制

独立的内部核查

大多数内部控制系统都提供独立的内部核查功能。该原则涉及对员工准备的数据的审查。为了从独立的内部核查中获得最大收益：

（1）公司应对记录进行定期或突击核查。

（2）一个与负责信息的人员无关的员工应对信息进行核查。

（3）差异和异常情况应报告给管理层，以便采取适当的纠正措施。

独立的内部核查在将已记录的责任与现有资产进行比较时特别有用。巴里克斯咖啡馆的电子日记账与销售点终端的现金进行对账就是体现这种内部控制原则的一个例子。其他常见的例子如将公司的账面现金余额与银行的现金余额进行对账，并通过盘点实物存货来核实永续盘存记录。图 8-3 显示了该原则与职责分离原则之间的关系。

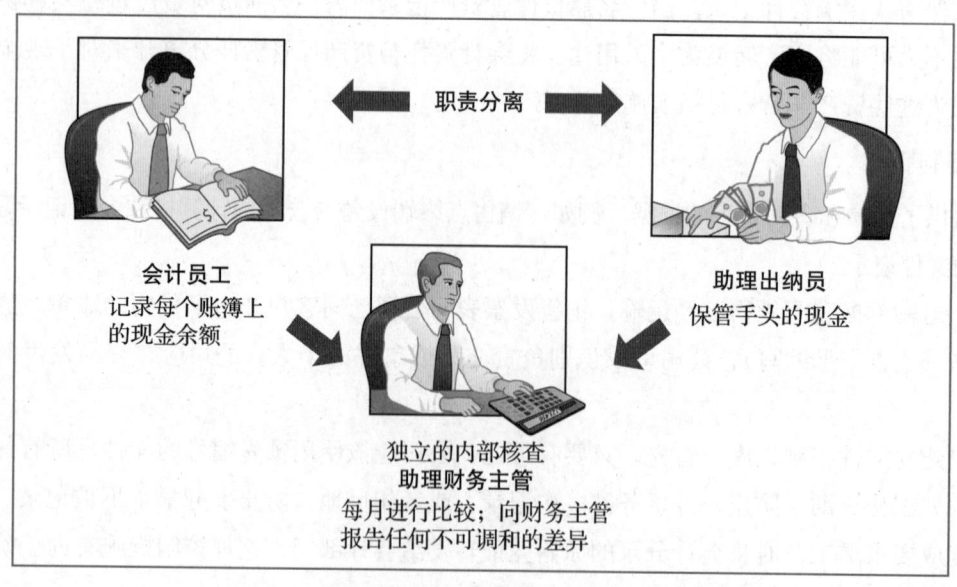

图 8-3　职责分离原则与独立的内部核查原则比较

大公司通常会向内部审计师分配独立的内部核查工作。内部审核员是持续评估公司内部控制系统有效性的员工。他们审查部门和个人的活动，以确定他们是否遵守内部控制制度的规定。他们还在需要时提出改进建议。例如，世通公司（WorldCom）曾经是美国第二大电信公司，导致其破产的欺诈案（有史以来最大规模）涉及数十亿美元，是由一名内部审计师发现的。

人力资源控制

人力资源控制活动包括以下内容：

（1）与处理现金的员工达成契约。契约包括购买防止雇员盗窃的保险。它通过两个方面帮助对现金的保护：首先，保险公司会在投保之前仔细筛选投保人，可能拒绝高风险的投保人；其次，有道德担保的员工知道保险公司会起诉所有违约者。

（2）轮换员工的工作并要求员工休假。这些措施会阻止员工尝试盗窃的想法，因为他们将无法永久掩盖其不当的行为。例如，许多银行在员工休假或分配到新职位时发现了员工有盗窃行为。

（3）进行彻底的背景检查。许多人认为，企业为减少员工盗窃和欺诈可以采取的最重要、最便宜的措施就是通过人力资源部门对员工进行彻底的背景调查。两个小贴士：①检查求职者是否真的从他们列出的学校毕业；②切勿使用申请人提供的前雇主的电话号码，一定要自己去查一下。

8.1.5 内部控制的局限性

公司设计内部控制制度的目的是为妥善保护资产和为会计记录的可靠性提供合理的保证。合理保证的前提是构建内部控制程序的成本不应超过其预期收益。

例如，零售商店因入店盗窃发生损失，商店可以通过让保安在顾客离开商店时拦截并搜身来消除这种损失，但商店经理得出的结论是，这种程序会带来负面影响。他们通过成本更低的程序来控制因入店盗窃带来的损失。他们张贴告示说，"我们保留检查所有包裹的权利"和"所有扒手将被起诉"。他们使用隐藏的摄像头并设置监控来监视客户的活动，并在出口处安装传感器设备。

人为因素是每个内部控制系统中的重要因素。员工疲劳、粗心或冷漠都会导致一个好的系统失效。例如，收货员可能不会费心去数收到的货物，而可能只"捏造"计数。有时两个或两个以上的人可能会成为同谋以规避规定的控制措施。这种串通会显著降低系统的效率，以致消除职责划分带来的保护。没有一种内部控制系统是完美的。

企业规模也可能会限制其内部控制。小公司通常很难划分职责或进行独立的内部核查。美国认证欺诈审查员协会的一项研究（《美国2014年职业欺诈和滥用报告》）表明，员工人数少于100人的企业最容易发生员工盗窃。实际上，有29%的欺诈行为发生在员工人数少于100人的公司。小公司的损失中位数为154 000美元，几乎与雇员超过10 000人的公司的欺诈中位数（160 000美元）一样高。154 000美元的损失可能会威胁到一家小公司的生存。

8.2 现金控制

现金是一种资产，它可以轻易转换为任何其他类型的资产。它也很容易隐藏和运输，并且是需求很高的。由于这些特征，现金是最容易发生欺诈活动的资产。另外，由于现金的交易量极大，因此可能会在使用和记录时发生许多错误。为了保障现金的安全，并确保现金会计记录的准确性，有效的现金内部控制制度至关重要。

8.2.1 现金收入控制

图 8-4 显示了先前解释的内部控制原则如何应用于现金收入交易。正如你之前所预期的那样，公司在应用这些原则的方式上有很大的不同。为了说明对现金收入的内部控制，我们将研究零售商店的控制活动，其中包括柜台收入和邮件收入。

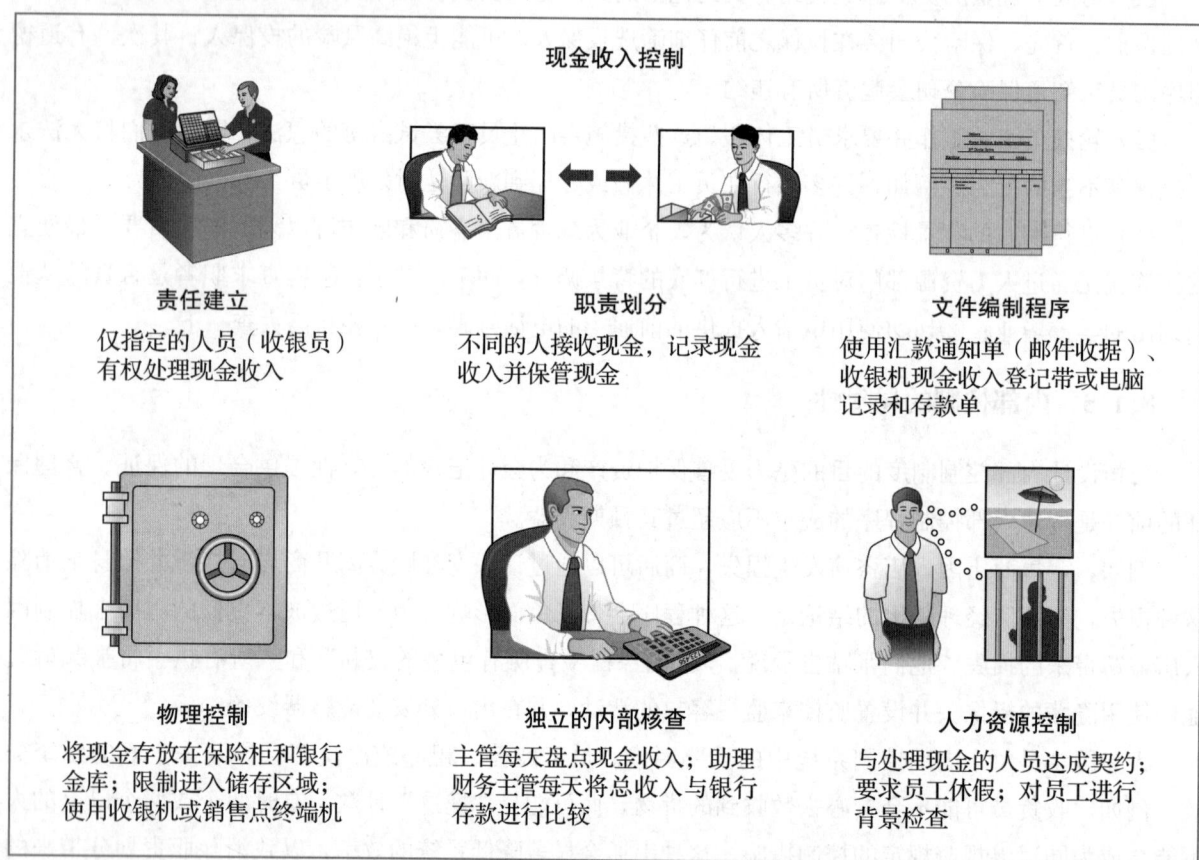

现金收入控制

责任建立
仅指定的人员（收银员）
有权处理现金收入

职责划分
不同的人接收现金，记录现金
收入并保管现金

文件编制程序
使用汇款通知单（邮件收据）、
收银机现金收入登记带或电脑
记录和存款单

物理控制
将现金存放在保险柜和银行
金库；限制进入储存区域；
使用收银机或销售点终端机

独立的内部核查
主管每天盘点现金收入；助理
财务主管每天将总收入与银行
存款进行比较

人力资源控制
与处理现金的人员达成契约；
要求员工休假；对员工进行
背景检查

图 8-4　内部控制原则在现金收入中的应用

柜台收入

在零售企业中，对柜台交易收据的控制集中在客户可见的收银机上。现金销售记录在收银机（或销售点终端机）上，顾客可以清楚地看到金额。这可以防止销售人员输入较低的金额并将差额装入自己的口袋。客户收到逐项记录的收银机收据，并被要求清点收到的零钱。（在引例中，巴里克斯咖啡馆的一个缺点是，顾客提出要求时才会得到收据。）收银机的现金收入登记带被锁在收银机里，直到主管把它取走，这盘带子记录每天的交易和总额。

在值班结束时，值班人员清点现金，并把现金和总数目交给出纳。出纳清点现金，准备存款单，并将现金存入银行。出纳还将一份存款单的副本送到会计部门以表明已收到现金。主管取下现金收银机的现金收入登记带，并把它送到会计部门，作为日记账分录的基础，来记录所收到的现金。

（对于销售点的系统，会计部门通过计算机网络接收有关日常交易和总额的信息。）图 8 - 5 总结了此过程。

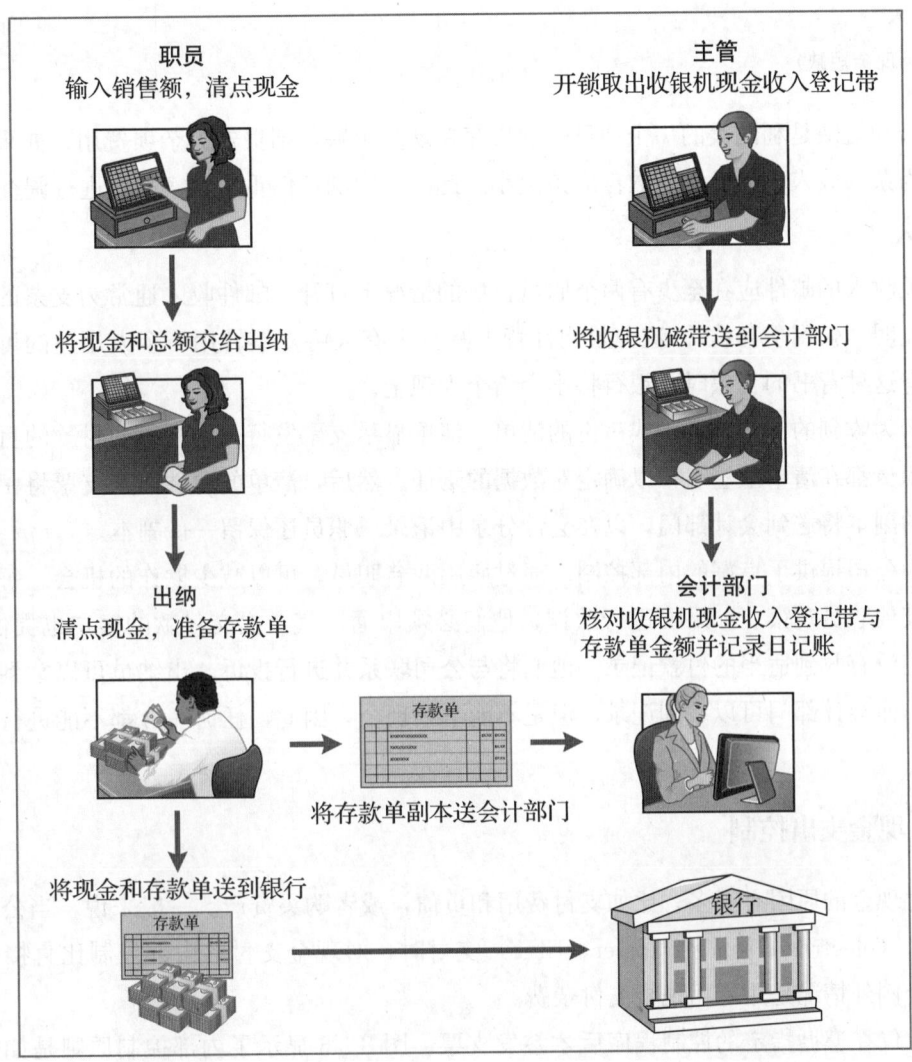

图 8 - 5　柜台收入控制

这个处理现金收入的系统使用了一个重要的内部控制原则——将记录保存与实物保管分离。主管可以接触到收银机的现金收入登记带，但不能接触到现金。职员和出纳员可以拿到现金，但不能拿到收银机的现金收入登记带。此外，收银机的现金收入登记带提供文件，并能进行独立的内部核实。内部控制原则（将记录保存与实物保管分离）提供了一个有效的内部控制系统。除非员工之间有勾结，否则任何欺诈活动的企图都应该被发现。

在某些情况下，存入银行的金额与收银机现金收入登记带上的会计记录不符，这些差异往往是由于店员把不正确的零钱找给顾客造成的。在这种情况下，实际现金与收银机现金收入登记带上记录的金额之间的差额被记录在现金结余和短缺账户中。例如，假设收银机现金收入登记带显示销售额为 6 956.20 美元，但现金的金额只有 6 946.10 美元，现金短缺 10.10 美元。为了说明现金短缺和相关现金，公司做了以下分录：

库存现金	6 946.10	
现金结余和短缺	10.10	
销售收入		6 956.20
（记录现金短缺）		

现金结余和短缺是利润表的一个项目。如果存在现金短缺，则报告为杂项费用；如果发生现金结余，则报告为杂项收入。显然，该数额应该很小。此账户中的任何重大金额都应进行调查。

邮件收入

所有有关收入的邮件应在至少有两个职员在场的情况下打开。邮件收入通常为支票的形式。应在每张支票上注明"仅用于存款"。这种限制性背书减少了有人将支票转用于个人用途的可能性。当向银行出示带有这种背书的支票时，银行将不会给个人现金。

职员每天为收到的支票准备一式三份的清单。清单显示支票发行人的名称，付款的目的和支票的金额。每个职员都在清单上签名，以确定对数据的责任。然后，清单的原件以及支票将一起送到出纳部门。清单的副本将送到会计部门，以在会计分录中记录。职员还保留一份副本。

此过程为公司提供了良好的内部控制。通过雇用两名职员，可以减少欺诈的机会。每个职员都知道他正在被其他职员观察。如果要进行欺诈，他们必须串通一气。提交付款的客户也提供了控制权，因为如果他们没有收到适当的付款记录，他们将与公司联系并进行投诉。出纳员可以拿到现金，但不能拿到记录，而会计部门可以拿到记录，但是不能拿到现金，因此，任何一方都不能进行不被对方发现的欺诈。

8.2.2 现金支出控制

公司支付现金的原因有很多，比如支付费用和负债，或者购买资产。一般来说，当公司用支票或电子资金转账（electronic funds transfer，EFT）支付时，对现金支付的内部控制比直接用现金支付更有效。一个例外情况是用零用现金支付杂费。

公司通常仅在遵循指定的控制程序后才签发支票。图 8 - 6 显示了内部控制原则是如何应用于现金支付的。

凭证系统控制

大多数大中型企业使用凭证作为现金支付内部控制的一部分。凭证系统是一个由授权的个人独立行动的审批网络，以确保所有的支票支付都是正确的。

凭证系统从产生成本或费用的授权开始，以为所产生的责任签发支票结尾。凭证是为每次支出准备的授权表格。公司要求所有类型的现金支出都有凭证，零用现金除外。

准备凭证的起点是在凭证上填写有关负债的适当信息。供应商的发票提供了大多数所需的信息。然后，员工在应付账款中记录凭证（在一种被称为凭证登记册的日记账中），并根据付款日期将其归档。公司会在当天签发并发送支票，并在凭证上盖印"已付"的印章。付款凭证被发送到会计部门进行记录（在一种被称为支票登记簿的日记账中）。凭证制度涉及两个日记账分录：一个是在开具凭证时记录的负债，另一个是支付与凭证有关的负债。

使用凭证系统，无论是手工还是电子方式，都可以改善对现金支出的内部控制。首先，凭证系

现金支出控制

 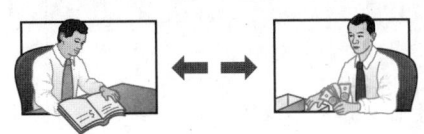 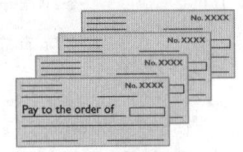

责任建立
仅指定人员（财务主管）
有权签署支票和审批供应商

职责划分
不同的人审批和支付；
支票签字人不记录支出

文件编制程序
使用预先编号的支票，并按
顺序记账；每张支票都必须
有经过审批的发票；要求员
工使用公司信用卡支付可报
销费用；邮寄发票为"已付"

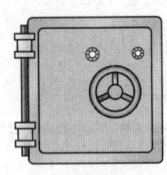  

物理控制
将空白支票存放在保险
柜中，存取受限；用不
褪色墨水的机器打印支
票金额

独立的内部核查
比较支票和发票；每月
核对银行对账单

人力资源控制
与处理现金的人员达成
契约；要求员工休假；
对员工进行背景检查

图 8-6 内部控制原则在现金支付中的应用

统固有的授权过程确定了责任。每个人都有责任检查基础文档以确保其正确。此外，凭证系统还会跟踪备份每笔交易的文件。通过将这些文件放在一个地方，主管可以独立地验证每笔交易的真实性。

8.2.3 零用准备金

正如你刚才所了解的，当公司以支票付款时，可以实现比用现金支付更好的内部控制。但是，使用支票支付零用款项既不切实际又很麻烦。例如，一家公司不会想写支票来支付邮费、工作午餐费或出租车费。处理此类付款的一种常见方法是，在维持令人满意的控制的同时，使用零用准备金支付相对较小的金额。零用准备金的运作（通常称为备用金系统）包括建立准备金，用该基金付款，补充该基金。

建立零用准备金

建立零用准备金的两个基本步骤是：第一，指定一名零用现金保管人，负责零用准备金的保管；第二，确定准备金的规模。通常情况下，公司希望准备金中的金额能够支付三到四个星期的预期支出。

为了建立该准备金，公司开出一张支票给零用现金保管人，支票额为规定的数额。例如，如果 Laird 公司决定在 3 月 1 日建立 100 美元的准备金，那么普通日记账分录如下：

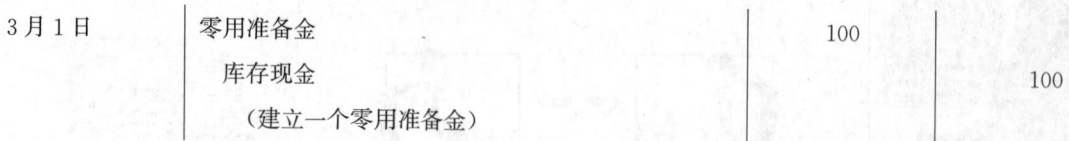

3月1日	零用准备金	100	
	库存现金		100
	（建立一个零用准备金）		

基金保管人将支票兑成现金，并将现金放在上锁的零用现金箱或抽屉里。大多数零用准备金是按固定数额建立的。公司不会在零用准备金账户上做额外的分录，除非管理部门改变了规定的资金数额。例如，如果 Laird 在 7 月 1 日决定将基金的规模增加到 250 美元，它将借记零用准备金 150 美元，贷记库存现金 150 美元。

用零用准备金付款

零用准备金保管人有权从准备金中支付符合规定管理政策的款项。通常管理层会限制零用准备金的支出规模。同样，它可能不允许将该基金用于某些类型的交易（例如向员工提供短期贷款）。

零用准备金的每笔付款都必须记录在预先编号的零用准备金收据（或零用现金凭证）上，如图 8-7 所示。收据上必须有准备金保管人和收款人的签名。如果还有其他证明文件，例如运费单或发票，则应将其附在零用准备金收据上。

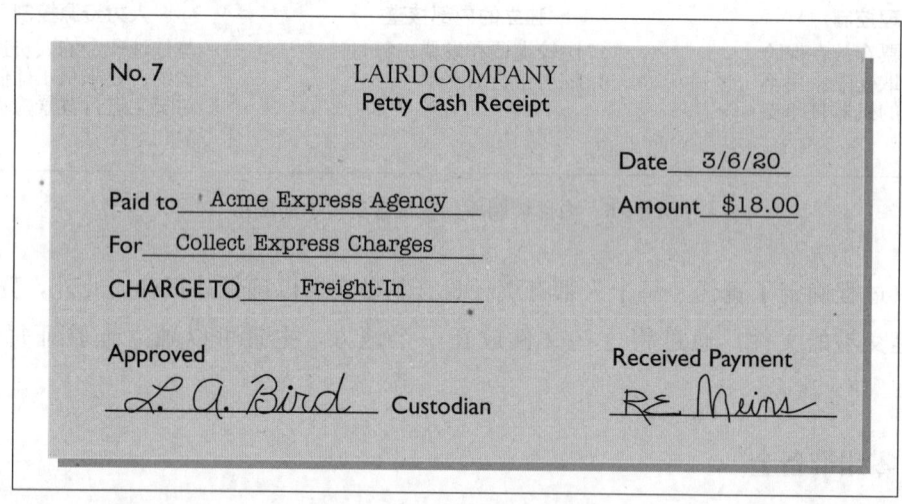

图 8-7　零用准备金收据

零用准备金保管人将收据兑换成现金，并将所得款项存入上锁的零用准备金箱或抽屉。零用准备金收据金额与准备金中的款项之和应始终等于规定的总额。管理层可以（并且应该）在任何时候进行不定期计数（或使用独立的人，例如内部审计师）来确定准备金的正确性。

当使用零用准备金付款时，公司不会进行会计分录以记录付款，这样做既不方便也不必要，但公司在补充资金时会确认每笔付款的会计影响。

补充零用准备金

当零用准备金中的资金达到最低限额时，公司会补充该准备金。零用现金保管人提出报销请求。个人要准备一份已支付款项的进度表（或汇总表），并将该进度表连同零用准备金收据和其他文件一起送到财务主管办公室。财务主管办公室检查收据和证明文件，以核实资金是否被恰当地支付。然后财务主管批准请求，并签发一张支票以恢复准备金到既定数额。同时，所有的证明文件都盖上"已付"的印章，因此不能再次提交付款。

例如，假设 Laird 的零用准备金保管人在 3 月 15 日请求一张支付 87 美元的支票。该零用准备金包含 13 美元现金和几张邮费为 44 美元、运费为 38 美元和杂项费用为 5 美元的零用准备金收据。记录支票的普通日记账分录如下。

3 月 15 日	邮资费用	44	
	运费	38	
	杂项费用	5	
	库存现金		87
	（补充零用准备金）		

注意，报销分录不影响零用准备金账户。补充资金通过将零用现金收入替换为现金来改变准备金的组成。它不会改变准备金的余额。

有时，在补充零用准备金时，公司可能需要确认现金短缺或结余。当零用准备金箱中的现金加收据的总额不等于零用准备金的既定金额时需要进行确认。例如，假设 Laird 公司的零用准备金中只有 12 美元现金以及所列的一些收据，要求报销的金额为 88 美元，Laird 将做出以下分录。

3 月 15 日	邮资费用	44	
	运费	38	
	杂项费用	5	
	现金结余和短缺	1	
	库存现金		88
	（补充零用准备金）		

相反，如果保管人有 14 美元现金，而报销要求为 86 美元。该公司会将 1 美元现金（超额）记入现金结余和短缺的贷方。公司将把利润表中的"现金结余和短缺"中的借方余额作为杂项费用，将账户中的贷方余额报告为杂项收入。该公司将在年底将现金短缺和结余汇总到收入中。

公司应在会计期末时补充零用准备金，而不管准备金中的现金是多少。为了确认零用准备金的支付对财务报表的影响，此时补充资金是有必要的。

加强零用准备金的内部控制的方法是：由主管对准备金进行突击、不定期计数，以确定已支付的零用准备金收据和准备金现金总和是否等于指定金额；取消或毁损已支付的零用准备金收据，这样就无法将其重新提交以进行报销。

8.3　银行账户的控制功能

银行有助于实现良好的现金内部控制。公司通过将银行作为支票的存管和票据交换所来保护其现金。使用银行支票存款账户可以使必须保存在你手边的货币数量减至最低限度。由于对所有银行交易都进行了双重记录，一项记录由企业进行，另一项记录由银行进行，因此这也有利于现金的控制。公司持有的现金资产账户是公司的银行负债账户的"反面"。银行对账是将银行的余额与公司的余额进行比较的过程，并解释两者之间的差异以使其一致。

许多公司有多个银行账户。为了提高运营效率和更好地控制，沃尔玛和塔吉特等全国性零售商通常都有地区性银行账户。类似地，像埃克森美孚（ExxonMobil）这样拥有超过 100 000 名员工的公司可能有一个工资银行账户以及一个或多个普通银行账户。此外，一家公司可能会保留几个银行账户，以便有多个短期贷款来源。

8.3.1 银行存款

经授权的员工（例如出纳主管）应负责公司的银行存款业务。每次存款都必须用存款单（票）记录，如图 8-8 所示。

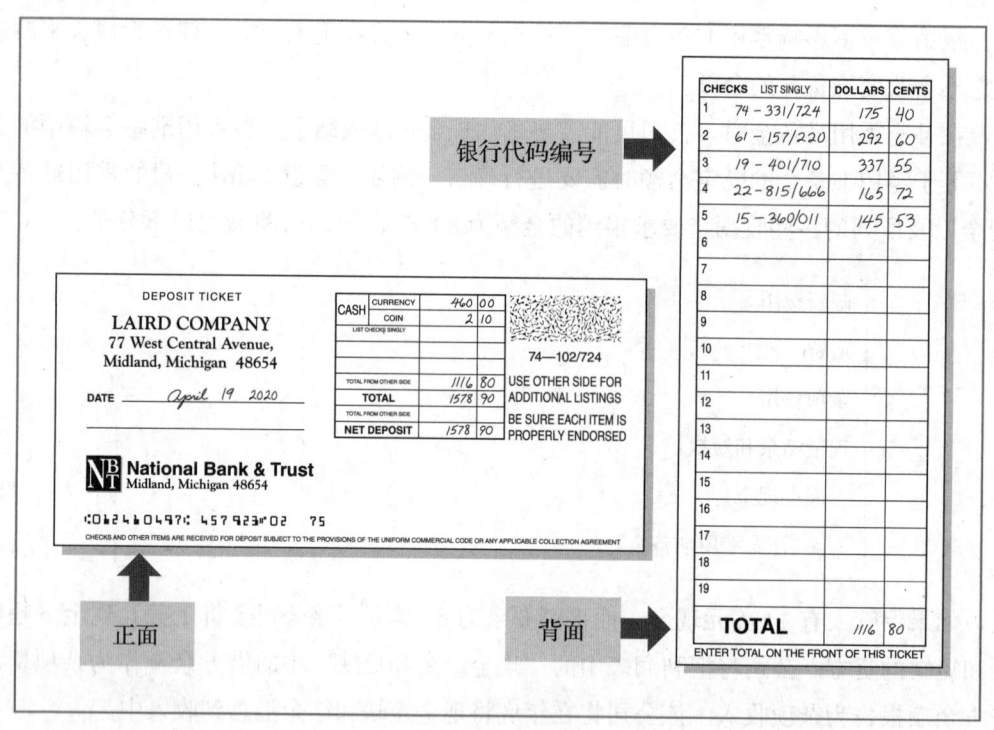

图 8-8 存款单

存款单一式两份。银行保留原件，存款人保留副本，并由银行用机器加盖印章以确认其真实性。

8.3.2 开支票

支票是由存款人签署的书面命令，指示银行将指定的款项支付给指定的收款人。支票由三方当事人组成：发出支票的出票人（或开票人），开立支票的银行（或付款人）以及支票应支付给的收款人。支票是一种可以流通的票据，一方可以通过背书转让给另一方。每张支票应附有其用途的说明。在许多公司中，支票附有汇款通知单，图 8-9 说明了支票的用途。

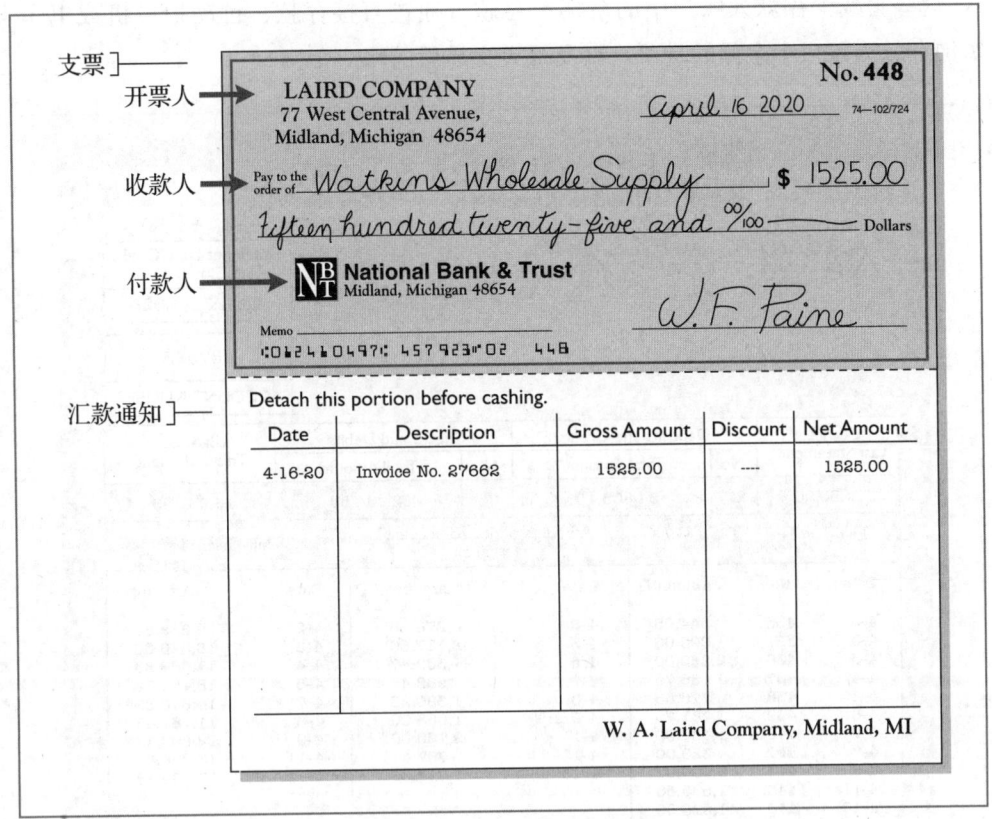

图 8-9 附有汇款通知单的支票

8.3.3 电子资金转账系统

公司和银行已经普遍开发出在各方之间转移资金而无须使用纸张（存款单、支票等）的方法，这种程序称为电子资金转账（electronic funds transfer，EFT），是一种使用电汇、电话或计算机将现金余额从一个位置转移到另一个位置的支付系统。EFT 的使用非常普遍。例如，许多雇员未从其雇主那里收到正式的工资单，雇主将电子工资数据发送到相应的银行。公司现在经常通过 EFT 支付定期费用，例如水电费、租金和保险费。

电子转账交易通常会带来更好的内部控制，因为公司员工无法处理现金或支票。这并不意味着消除了欺诈的机会。实际上，与内部控制有关的基本原理也适用于电子转账。例如，在没有适当的职责和授权分离的情况下，员工可能能够将电子付款重定向到个人银行账户，并通过欺诈性会计分录来掩盖盗窃行为。

8.3.4 银行对账单

公司每个月都会收到银行的对账单，其中显示了其银行交易和余额。[①] 例如，图 8-10 中针对 Laird 公司的对账单显示以下内容：已付支票和其他借记卡（例如借记卡交易或用于账单支付的电子

---

① 我们的示例假设一家公司在月底进行了所有的调整。在实际操作中，公司在审查银行关于其账户的信息时，也可以在当月做日记账分录。

资金转账），这些会减少存款人账户中的余额；存款（通过直接存款、自动柜员机或电子资金转账）和其他会增加存款人账户中余额的贷项，以及每天交易后的账户余额。

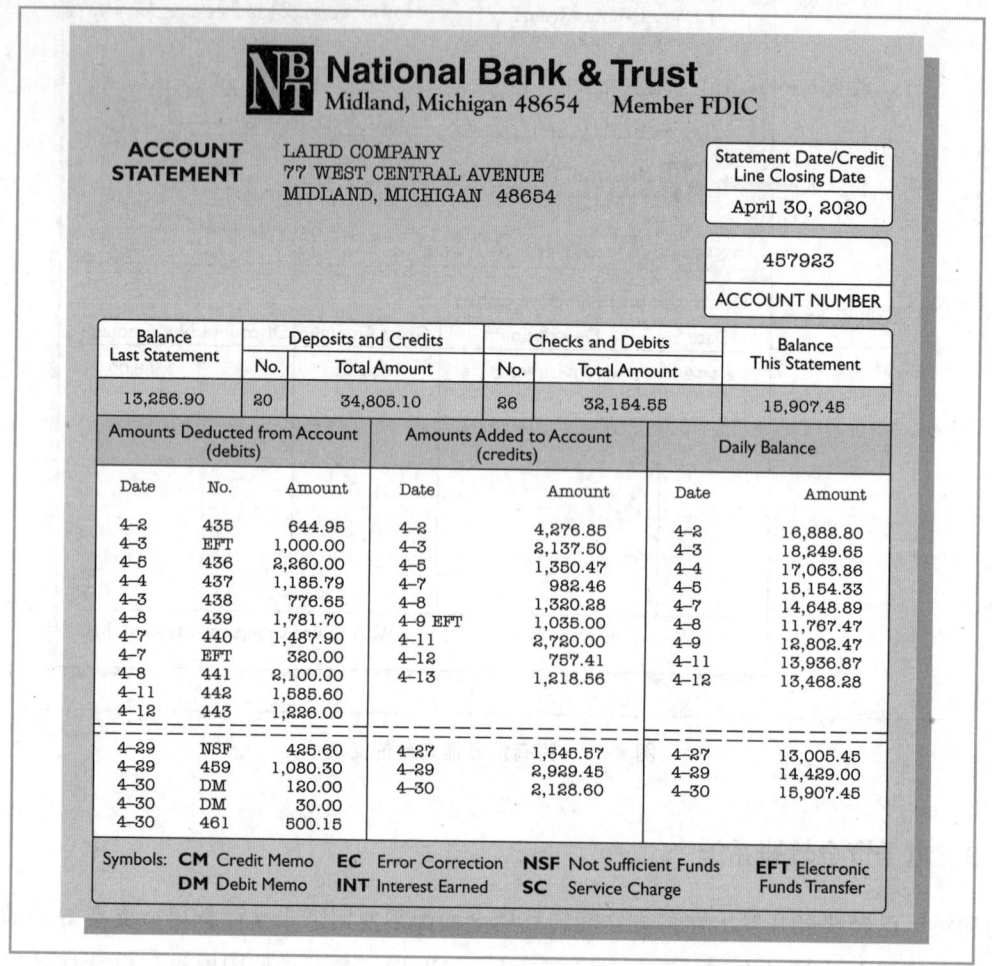

图 8 - 10　银行对账单

请记住，银行对账单是从银行的角度准备的。例如，银行收到的每笔存款都意味着银行负债的增加（应付给存款人的账户）。因此，在图 8 - 10 中，国家银行和信托公司将其从 Laird 公司收到的每笔存款贷记入 Laird 公司。当银行用其支票账户余额"支付"由 Laird 公司开立的支票时，情况就会相反：付款减少了银行的负债，因此借记到 Laird 在银行的账户中。

银行对账单按数字顺序列出所有已支付的支票以及支票的支付日期及金额。支付支票后，银行在支票上盖上"已付"的印章；已付的支票有时被称为已取消的支票。此外，银行在对账单中还附上备忘录，解释存款人账户上其他借项和贷项。

由于银行账户资金不足，银行未支付的支票称为没有足够资金的支票（not sufficient funds，NSF）。当一位银行的客户的支票因为资金不足而被退票时，银行使用借记备忘录。在这种情况下，客户的银行会标记 NSF 支票，然后将其退还至存款人的银行。然后，银行借记存款人的账户，如图 8 - 10 中的符号 NSF 所示，并将 NSF 支票和借记备忘录作为费用通知发送给存款人。NSF 支票会为存款人创建一个应收账款，并减少银行账户中的现金。

8.3.5 核对银行账户

由于银行和公司都保留着公司支票账户的独立记录，因此你可能会认为各自的余额始终会保持一致。实际上，两个余额在任何时候都很少相等，并且两个余额与"正确或真实"的余额有所不同。因此，有必要使每个账簿的余额和每个银行的余额与正确或真实的金额相符，这一过程称为核对银行账户。进行核对主要有两个原因：

（1）时滞会使一方当事人没有记录同一时期的交易。

（2）任何一方记录的交易可能存在错误。

时滞经常发生。例如，从公司以支票付款到银行支付支票的日期之间可能要经过几天。同样，当公司使用银行的夜间存款机进行存款时，公司记录收据的时间与银行记录收据的时间相差一天。每当银行向公司邮寄借项或贷项备忘录时，也会发生时滞。

你可能会认为，如果一家公司从不开支票（例如，如果一家小公司仅使用借记卡或电子资金转账），则无须核对其账户，但是错误或欺诈发生的可能使得仍然需要定期对账。错误或欺诈的发生取决于公司和银行维护内部控制的有效性。银行出错很少见。但是，任何一方都可能会意外地将 450 美元的支票记录为 45 美元或 540 美元。此外，银行可能会错误地将 C. D. Berg 开出的支票记入 C. D. Burg 的账户。

对账程序

在对银行账户进行对账时，通常将每个账簿的余额和每个银行的余额与其调整后的（正确或真实）现金余额进行对账。为了从银行对账中获得最大利益，其他与现金没有相关责任的员工应负责准备对账。当公司在准备对账时未遵循独立内部核查的内部控制原则时，现金挪用的问题可能会被忽略。例如，在有关安吉拉·鲍尔（Angela Bauer）的"欺诈分析"中，银行对账可能暴露了她挪用公款的行为。

图 8-11 显示了对账过程。准备对账的起点是按时间表输入每份银行对账单的余额和每本账簿的余额。以下步骤应显示导致两个余额（即银行对账单和公司账簿）之间存在差异的所有调节项目。

（1）核对每个银行的项目。在对账单的银行端，要对账的项目是在途存款（增加的金额），未支付的支票（扣除的金额）和银行错误（如果有）。通过调整这些项目的银行结余，公司可以使该结余保持最新状态。

步骤 1　在途存款（＋）。将银行对账单上的单个存款与之前的银行对账中的在途存款以及每个公司的存款记录或重复的存款单副本进行比较。存款人记录的但银行未记录的存款代表在途存款。将这些存款添加到每个银行的余额中。

步骤 2　未支付的支票（－）。将银行对账单上显示的已付支票或与银行对账单一起返回的已付支票与之前的银行对账单中未支付的支票，以及公司签发的作为现金付款记录的支票进行比较。公司记录的尚未由银行支付的已发行支票代表未支付的支票。从每家银行的余额中扣除未支付的支票。

步骤 3　银行错误（＋/－）。注意在先前步骤中发现的银行所犯的任何错误。例如，如果银行将 1 693 美元的存款错误地以 1 639 美元处理，则银行对账单中每个银行的余额会添加 54 美元（1 693－1 639）的差额。银行所犯的所有错误都是在确定每家银行调整后的现金余额时的对账项目。

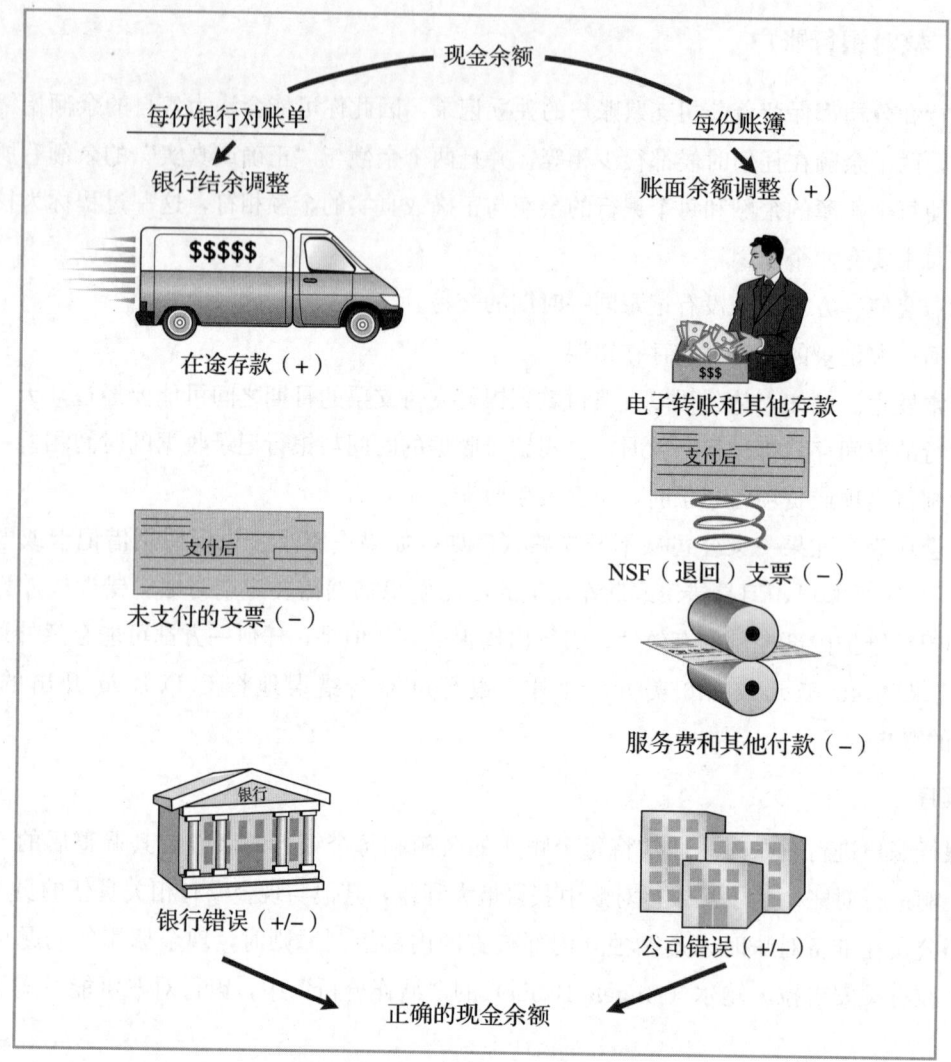

图 8 - 11　银行对账调整

（2）每个账簿的对账项目。账簿上的核对项目涉及公司账簿上尚未记录的金额，包括存款和其他增加的金额、付款和其他扣除的金额以及公司错误（如果有的话）的调整。

步骤 1　其他存款（＋）。将银行对账单上的其他存款与公司记录进行比较。任何未记录的金额都要加到每个账簿的余额中。例如，如果银行对账单显示来自在线支付账户的客户的电子资金转账，这些金额应该添加到银行对账单的每个账簿的余额中，以更新公司的记录，除非它们以前被公司记录过。

步骤 2　其他付款（－）。同样，任何未记录的其他付款也应从每本账簿的余额中扣除。例如，如果银行对账单显示了服务费（例如借记卡和信用卡费用以及其他银行服务费），那么这笔金额将从银行对账单上的每个账簿的余额中扣除，以使公司记录与银行记录一致。通常情况下，公司已经记录了电子支付。然而，如果情况并非如此，那么这些付款必须从银行对账单上的每个账簿余额中扣除，以使公司的记录与银行的记录一致。

步骤 3　账簿错误（＋/－）。注意在前面步骤中发现的存款人所犯的任何错误。例如，假设一家公司在 4 月 12 日开出了第 443 号支票给一家供应商，金额为 1 226 美元，但会计职员将支票金额记录为 1 262 美元。36 美元（1 262－1 226）的错误被加到每个账簿的余额中。当公司将支票金额记录为 1 262 美元而不是 1 226 美元时，每个账簿的余额减少了 36 美元。在确定每个账簿调整后的现金余额时，只考虑公司的错误被纳入调节项目，而不考虑银行的错误。

银行对账单说明

表 8-1 展示了 Laird 公司在线访问的银行对账单。它显示每家银行在 2020 年 4 月 30 日的余额为 15 907.45 美元。到今天为止，每本账簿的现金余额是 11 709.45 美元。

通过上述步骤，Laird 为银行确定了以下调节项目。

步骤 1 在途存款（＋）：4 月 30 日的存款（5 月 1 日由银行收取）。

2 201.40 美元

步骤 2 未支付的支票（－）：第 453 号：3 000.00 美元；第 457 号：1 401.30 美元；第 460 号：1 502.70 美元。

5 904.00 美元

步骤 3 银行错误（＋/－）：无。

每本账簿的对账项目如下：

步骤 1 其他存款（＋）：根据银行对账单确定的 4 月 9 日客户未记录的电子转账。

1 035.00 美元

步骤 2 其他付款（－）：4 月 3 日和 7 日的电子支付是公司在启动时预先记录的。根据银行对账单确定的未记录费用如下：

4 月 29 日退回的 NSF 支票	425.60 美元
4 月 30 日的借记卡和信用卡费用	120.00 美元
4 月 30 日的银行服务费	30.00 美元

步骤 3 公司错误（＋）：Laird 正确地签发了第 443 号支票，金额为 1 226 美元，并在 4 月 12 日由银行正确付款。

但是，在 Laird 的账簿上记录为 1 262 美元。

36.00 美元

表 8-1 展示了 Laird 的银行对账单。

表 8-1 银行对账单

Laird 公司银行对账单 2020 年 4 月 30 日	
	金额单位：美元
每份银行对账单的现金余额	15 907.45
加：在途存款	2 201.40
	18 108.85
减：未支付的支票	
第 453 号	3 000.00

续表

Laird 公司银行对账单 2020 年 4 月 30 日		
		金额单位：美元
第 457 号	1 401.30	
第 460 号	1 502.70	5 904.00
调整后每家银行的现金余额		**12 204.85**
每本账簿的现金余额		11 709.45
加：收到电子转账	1 035.00	
第 443 号支票记录错误	36.00	1 071.00
		12 780.45
减：NSF 支票	425.60	
借记卡和信用卡费用	120.00	
银行服务费	30.00	575.60
调整后每个账簿的现金余额		**12 204.85**

银行对账单产生的分录

接下来，存款人（即公司）必须记录每个核对项目，用于确定每个账簿调整后的现金余额。如果公司不把调整记入会计账簿并过账这些项目，则现金账户将不会显示正确的余额。以下是 4 月 30 日 Laird 公司的银行存款余额调节表的调整分录。

（1）收取电子资金转账。客户支付的款项，无论是通过邮寄还是电子方式收到，都用同样的方式记录。分录如下。

4 月 30 日	库存现金	1 035	
	应收账款		1 035
	（记录电子资金转账收据）		

（2）账簿错误。对现金支出日记账的检查显示，第 443 号支票是向供应商 Andrea 公司支付的款项。正确的分录如下。

4 月 30 日	库存现金	36	
	应收账款		36
	（纠正第 443 号支票的错误）		

（3）NSF 检查。如前所述，NSF 支票成为存款人的应收账款。分录如下：

4 月 30 日	应收账款	425.60	
	库存现金		425.60
	（记录电子资金转账收据）		

（4）银行手续费支出。处理借记卡和信用卡交易的费用通常与银行服务费一起记入"银行于续费"账户。我们选择将它们合并记录在一个账目分录中，如下所示，尽管它们也可以单独记录。

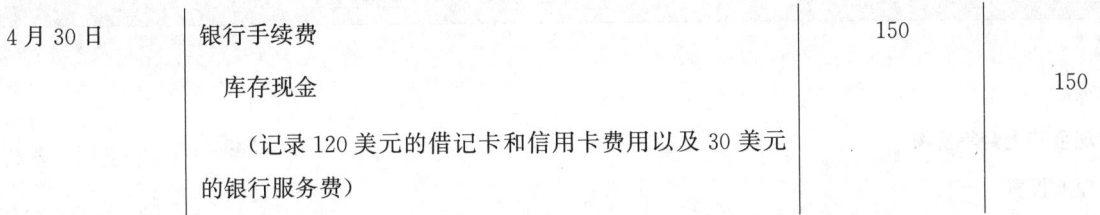

4 月 30 日	银行手续费	150	
	库存现金		150
	（记录 120 美元的借记卡和信用卡费用以及 30 美元的银行服务费）		

Laird 过账分录后，现金账户如表 8 - 2 所示。分类账中调整后的现金余额应与表 8 - 1 中银行对账单中调整后的各账簿的现金余额一致。

表 8 - 2 现金账户调整余额

现金		金额单位：美元	
4 月 30 日	11 709.45	4 月 30 日	425.60
30 日	1 035.00	30 日	150.00
30 日	36.00		
4 月 30 日	**12 204.85**		

银行做哪些分录？如果公司发现银行在编制对账单时有错误，应通知银行，以便银行对其记录进行必要的更正。银行对在途存款或未支付的支票概不记账。只有当这些项目到达银行时，银行才会记录这些项目。

8.4 现金报告

现金包括硬币、货币（纸币）、支票、汇票以及手头的钱或类似存款库中的存款。公司以两种不同的报表形式报告现金：资产负债表和现金流量表。资产负债表报告给定时间点可用的现金流量。现金流量表显示了一段时间内的现金来源和使用情况。现金流量表在第 1 章中介绍过，将在第 17 章中进行详细讨论。在本节中，我们讨论有关资产负债表中现金列报的一些要点。

当呈现在资产负债表中时，手头现金、银行现金和零用金通常合并在一起，报告为库存现金。因为库存现金是公司拥有的最具流动性的资产，所以它被列在资产负债表的流动资产部分的首位。

8.4.1 现金等价物

许多公司在报告现金时使用"现金和现金等价物"这个名称（有关示例，请参见表 8 - 3）。现金等价物是短期、高流动性的投资，具有以下两个特点：

（1）可随时兑换成已知数额的现金；

（2）接近到期日，现金的市值对利率变化相对不敏感（一般来说，只有原始到期日在三个月或以下的投资才符合这一定义）。

表 8 - 3　现金在资产负债表中的报告

真实案例	达美航空公司 资产负债表（部分，以百万美元为单位）
资产	
流动资产	
现金和现金等价物	2 844
短期投资	959
受限现金	122

现金等价物如国库券、商业票据（短期公司票据）和货币市场基金。所有这些通常都是用超过当前需求的现金购买的。

有时候公司的银行账户中会出现净负余额。在这种情况下，公司应报告流动负债中的负余额。例如，农业设备制造商 Ag-Chem 曾经报告了其流动负债中的"未支付的支票超过现金余额"的金额为 2 145 000 美元。

8.4.2　受限现金

公司可能拥有受限制的现金，这些现金不能用于一般用途，而只能用于特殊目的。例如，垃圾处理公司经常被要求保留一笔有限制的现金基金，以确保它们有足够的资源来支付填埋场使用寿命结束时的关闭和清理费用。McKesson 公司最近报告称，由于投资者的诉讼，该公司将支付有限制的现金 9.62 亿美元。

限制使用的现金应在资产负债表上单独列为受限现金。如果公司希望在明年使用受限现金，则将金额报告为流动资产。如果不是这种情况，它将受限现金报告为非流动资产。

表 8 - 3 显示了达美航空公司财务报表中报告的受限现金。公司必须保留受限现金，以支持与工人的赔偿索赔有关的保险义务。达美航空公司无法将这些资金用于一般用途，因此必须将其单独报告，而不是作为现金和现金等价物的一部分。

◀ 选择题 ▶

1. （　　）不是欺诈三角的组成部分。

A. 合理化　　　　　　　B. 财务压力　　　　　　C. 职责划分　　　　　D. 机会

3. （　　）不是《萨班斯-奥克斯利法案》的结果。

A. 公司必须向美国国税局提交财务报表

B. 所有上市公司都必须保持充分的内部控制

C. 成立上市公司会计监督委员会，以建立审计标准并规范审计师的活动

D. 公司高管和董事会必须确保控制是可靠和有效的，如果不这样做，他们可能会被罚款或监禁

5. 物理控制不包括（　　）。

A. 储存现金的保险箱和金库

B. 独立的银行对账单

C. 为库存仓库上锁

D. 存放重要文件的银行保险箱

7. 仅允许指定人员处理现金收入是以下原则的应用（   ）。

A. 职责划分　　　　　　B. 建立责任　　　　　C. 独立的内部核查　　D. 人力资源控制

9. 当 100 美元的零用准备金中有 94 美元和 4 美元的现金收据时，公司就会开支票补充该准备金。在记录支票时，公司应（   ）。

A. 借记现金结余与短缺 2 美元

B. 以 94 美元借记零用准备金

C. 贷记库存现金 94 美元

D. 将 2 美元的零用准备金记入贷方

11. 在银行对账单中，在途存款应该（   ）。

A. 从账簿现金余额中扣除　　　　　　　B. 添加到账簿现金余额中

C. 添加到银行现金余额中　　　　　　　D. 从银行现金余额中扣除

13. 11 月 30 日，现金抽屉中的（   ）不是现金。

A. 汇款单　　　　　　　　　　　　　　B. 硬币和货币

C. NSF 支票　　　　　　　　　　　　　D. 日期为 11 月 28 日的客户支票

◀ 简答题 ▶

1. 5 月 31 日，泰勒补充了 200 美元的零用准备金，其中包括 7 美元的现金、105 美元的邮费、49 美元的运费和 40 美元的杂项费用收据。请编制日记账分录，记录零用准备金的补充情况。

3. Zian 公司有以下现金余额：银行存款 18 762 美元，工资银行账户 8 000 美元，零用准备金 150 美元，工厂扩建基金 30 000 美元，从现在起 2 年内使用。请说明如何在资产负债表上报告各项余额。

◀ 练习题 ▶

以下是 Viel 公司遵循的五个程序。

1. 旺达·马歇尔（Vonda Marshall）每天通过柜台收取现金，将现金收入总额与银行存款进行比较。

2. 员工写下工作时数，并将工时表交给出纳办公室。

3. 为了节约成本，员工不休假。

4. 只有销售经理才能批准赊销。

5. 三个不同的员工被分配了一项与存货相关的任务：给客户发货，给客户结账，并从客户处收款。

要求：

说明每个程序属于良好的内部控制还是薄弱的内部控制。如果是一个良好的内部控制，请指出所遵循的内部控制原则。如果是薄弱的内部控制，请指出违反了哪些内部控制原则，请使用下表。

程序	内部控制是良好还是薄弱？	相关内部控制原则
1.		
2.		
3.		
4.		
5.		

◀ 实践题 ▶

Poorten 公司 2020 年 5 月的银行对账单展示了以下数据。

5月1日	余额	12 650 美元	5月31日	余额	14 280 美元
借方：			贷方：		
NSF 支票		175 美元	收取电子资金转账		505 美元

截至 5 月 31 日，各账簿的现金余额为 13 319 美元。你对数据的审查揭示了以下内容。

1. NSF 支票来自客户 Copple 公司。

2. 截至 5 月 31 日，未兑付支票总额为 2 410 美元。

3. 截至 5 月 31 日，在途存款总额为 1 752 美元。

4. Poorten 公司一张日期为 5 月 10 日的 352 美元的支票，于 5 月 25 日结清。公司记录了这张支票，这是一笔分期付款。

要求：

a. 编制一份 5 月 31 日的银行对账单。

b. 将对账所需的分录记入日记账。

📖 IFRS 概览

欺诈可能发生在任何地方。由于促成欺诈的三个主要因素十分普遍，因此内部控制活动的原则被全球范围内的公司使用。尽管《萨班斯-奥克斯利法案》不适用于国际公司，但大多数大型国际公司的内部控制与本章所述类似。IFRS 和 GAAP 在现金方面的会计处理也非常相似。国际会计准则第 1 号（修订版）《财务报表的列报》是讨论与现金有关的特定问题的唯一标准。

关键点

以下是 GAAP 与 IFRS 在欺诈、内部控制和现金方面的主要异同。

相同点

● 本章讨论的欺诈三角适用于所有国际公司。在国际上，主要的欺诈案例包括意大利的帕玛拉特（Pamalat）、荷兰的皇家阿霍尔德（Royal Ahold）和印度的萨蒂扬计算机服务公司（Satyam Computer Services）。

● 日益严重的经济犯罪对公司构成越来越大的威胁，在最近的 12 个月中，全球近三分之一的组织是欺诈行为的受害者。

● 无论是美国还是国际上的会计丑闻，都重新引发了关于 GAAP 和 IFRS 的相对优势的辩论，GAAP 采用"基于规则"的会计方法，而 IFRS 则采用"基于原则"的方法。FASB 宣布打算引入更多基于原则的标准。

● 轻松一点，当年那些卷入公司会计丑闻的 CEO 曾一度获得搞笑诺贝尔经济学奖，原因是他们"将虚数的数学概念用于商业领域"。搞笑诺贝尔奖（Ig Nobel prize）是对诺贝尔奖的一种恶搞，每年 10 月初颁发给 10 项"先让人发笑，然后让人深思"的成就。颁奖典礼在哈佛大学桑德斯剧院举行，颁奖仪式由科学幽默杂志《不可思议研究年报》（*Annals of Improbable Research*，AIR）组织，包括真正的诺贝尔奖得主在内的一些人会出席。

● 内部控制是一种制衡系统，旨在防止和发现欺诈与错误。虽然大多数公司都有这些系统，但许多公司从未完整地记录它们，也没有独立的审计机构证明它们的有效性。这两项行动都是 SOX 法案要求的。

● 公司发现内部控制审查是一个成本极高的过程，但非常必要。一项研究估计，美国公司遵守 SOX 法案的成本超过 350 亿美元，而遵守的第一年审计费用就翻了一番。同时，对内部控制的检查表明公司运营中存在挥之不去的问题。一项关于首次遵守内部控制测试规定的研究表明，在两年内进行报告的公司中，约有 13％的公司存在重大漏洞（《普华永道的全球经济犯罪调查》，2005 年）。

● 在 IFRS 和本书中，与现金有关的会计处理和内部控制程序在本质上是相同的，此外，对于现金等价物的定义是相同的。

● 如本书所示，大多数公司根据 IFRS 报告现金和现金等价物。此外，IFRS 遵循与受限现金报告有关的相同会计政策。

不同点

● SOX 法案的内部控制标准只适用于在美国上市的公司。关于外国上市公司是否应该遵守这一额外规则，监管层的争论仍在继续。

展望未来

道德已经成为报告的一个非常重要的方面。不同的文化对贿赂和其他有问题的活动有不同的看法，因此对参与这些活动的惩罚在不同的国家有很大的不同。

高质量的国际会计需要高质量的会计准则和高质量的审计。与 GAAP 和 IFRS 的趋同类似，也有改善国际审计标准的行动。国际审计和保证标准委员会（International Auditing and Assurance Standards Board，IAASB）是一个独立的标准制定机构，它致力于在全世界建立高质量的审计、保证和质量控制标准。IAASB 是否会采用与 SOX 法案类似的内部控制规定还有待观察。你可以在 IAASB 网站上了解国际审计领域的发展。

第9章

应收款项的会计处理

本章预览

　　正如以下引例所述，应收账款是许多制药公司的重要资产。因为在美国，很大一部分销售额是以赊销的方式产生的，同样，应收账款对其他行业的公司也很重要。因此，公司必须密切注意应收账款并仔细管理。在本章中，你将了解当公司销售产品时、从这些销售中收回现金时、注销不能收回的账款时会计将如何做日记账。

⟩ 引　例

应收账款的管理

　　苏（Vivi Su）说："有时候你必须知道什么时候要严厉，什么时候可以让他们放松一下。"她说的不是她的孩子，而是制药公司 Whitehall Robins 的客户，她在那里负责信贷和催收的工作。

　　例如，虽然该公司的常规条款是 1/15，n/30（如果在 15 天内付款，则有 1% 的折扣），但客户可能要求并获得了几天的宽限期，仍然获得了折扣。或者，客户的订单可能超过了其信用额度，在这种情况下，根据其支付历史和具体情况，苏女士可能还是会授权发货。

　　"这不是在设置底线，仅此而已，"她解释说，"你想要与客户保持良好的关系，但你也需要赚这笔钱。"

　　在 Whitehall Robins 公司的案例中，这笔钱相当于该公司一年 1.7 亿美元的销售额。这些钱几乎都是通过苏女士管理的信用账户流入的。这个过程首先从决定授予客户一个账户开始。销售代表给客户一份信用申请。"我的部门会非常仔细地审查这份申请；客户需要提供三份良好的推荐信，我们还会向艾可飞（Equifax）等信用机构进行核实。如果我们接受客户，那么根据客户的规模和历史，我们会分配给其一个信用额度，"苏解释道。

　　一旦建立了账户，"我每天都会收到一份账龄报告，"苏说，"根据经验，我们应该总是有至少 85% 的应收账款是流动的，这意味着在建立应收账款账户后的 30 天内就会收到货款，但我们试图做得更好——我希望达到 90%。"如果逾期超 15 天，Whitehall Robins 公司将会给客户打电话。

　　45 天后，苏说，"我寄了一封信。然后发出第二份书面通知。在第三次也是最后一次通知之后，客户有 10 天的时间付款，然后我就把账交给催收公司，其他的我就无能为力了。"苏的老板诺顿（Terry Norton）每年都会根据应收账款的百分比对坏账进行估计。百分比取决于当前的账龄。他还计算和监控公司的应收账款周转率，这是公司在其财务报表中会报告的。

　　苏知道，她和诺顿对 Whitehall Robins 公司的盈利能力至关重要。她指出："应收账款通常是任何公司的第二大资产（仅次于资本资产），所以我们会密切关注。"

9.1　确认应收款项

　　应收款项是指应收个人和公司的款项。应收款项是预计将以现金形式收取的债权。对于任何以信贷方式出售商品或服务的公司，应收款项管理都是一项非常重要的活动。

应收款项很重要，因为它们代表了公司流动性最强的资产之一。对于许多公司而言，应收款项也是最大的资产之一。例如，应收款项占连锁药店来德爱（Rite Aid）流动资产的 13.7％。表 9-1 列出了最近五年中其他五家知名公司的应收款项占总资产的百分比。

表 9-1　应收款项占资产的百分比

公司	应收款项占总资产的比例（％）
福特汽车公司	43.2
通用电气公司	41.5
3M 公司	12.7
杜邦公司	11.7
英特尔公司	3.9

9.1.1　应收款项的类型

公司应收款项占其资产百分比的相对重要性取决于多种因素：行业、一年中的时间、是否延长为长期融资以及信贷政策。为了反映应收款项之间的重要差异，经常将它们分类为：应收账款、应收票据和其他应收款。

应收账款是客户欠账的金额。它们来自对商品和服务的销售。公司通常希望在 30～60 天内收回应收账款。它们通常是公司所持有的最重要的债权类型。

应收票据是对应收金额的书面承诺（由正式票据证明）。这张票据通常需要收取利息，并且会持续 60～90 天或更长时间。由销售交易产生的票据和应收账款通常称为贸易应收款。

其他应收款包括非贸易应收款，如应收利息、公司职员贷款、雇员预付款和可退还的所得税。这些通常不是由企业的经营造成的。因此，它们通常在资产负债表中作为单独的项目进行分类和报告。

9.1.2　确认应收账款

确认应收账款是相对简单的。服务机构在提供赊销服务时会记录应收账款。采购员在赊销商品的销售点记录应收账款。当一个采购员销售货物时，他增加应收账款（借方）和增加销售收入（贷方）。

卖方可以提供优惠条款以鼓励买方提早付款。销售退回也减少了应收账款。买方可能会发现一些不可接受的商品，并选择退回不需要的商品。

假设 Jordache 公司于 2020 年 7 月 1 日以 1 000 美元的价格将商品卖给 Polo 公司并且还款条件为 2/10，n/30。7 月 5 日，Polo 公司将销售价格为 100 美元的商品退还给 Jordache 公司。7 月 11 日，Jordache 公司从 Polo 公司收到了应付款项的付款。在 Jordache 公司的账簿记录这些交易的日记账分录如下（已售商品的成本的分录被省略）。

7 月 1 日	应收账款	1 000	
	销售收入		1 000

	（记录销售账目）		
7月5日	销售退回和折让	100	
	应收账款		100
	（记录商品退回）		
7月11日	库存现金（900美元－18美元）	882	
	销售折扣（900美元×0.2）	18	
	应收账款		900
	（记录应收账款的收回）		

一些零售商发行自己的信用卡。当你使用零售商（例如 JCPenney）的信用卡时，如果在指定的期限（通常为 25～30 天）内未支付，零售商将对到期余额收取利息。

举例来说，假设你使用 JCPenney 公司的信用卡在 2020 年 6 月 1 日购买了售价为 300 美元的服装。JCPenney 将增加（借项）应收账款 300 美元，增加（贷项）销售收入 300 美元（已售商品的成本的分录略），分录如下：

6月1日	应收账款	300	
	销售收入		300
	（记录商品销售）		

假设你在月底欠了 300 美元，JCPenney 每月对到期余额收取 1.5% 的费用，JCPenney 在 6 月 30 日记录利息收入 4.50 美元（300 美元×1.5%）的调整分录如下：

6月30日	应收账款	4.5	
	利息收入		4.5
	（记录到期金额的利息）		

对于许多零售商来说，利息收入通常是相当可观的。

9.2 应收账款的估值和处置

9.2.1 评估应收账款

一旦公司在账户中记录了应收款项，下一个问题是：它应如何在财务报表中报告应收款项？公司将应收款项报告为资产负债表上的资产。但是，有时很难确定要上报的金额，因为有些应收款项将无法收回。

每个客户必须在赊销被批准之前满足卖方的信贷要求。但是，不可避免地，某些应收账款变得无法收回。例如，客户可能由于经济不景气，销售收入下降而无法付款。同样，个人可能会被解雇，或面临意想不到的医院账单。公司将信用损失记录为坏账费用（或无法收回的账户费用）。此类损失是信用交易中正常且必要的风险。

2008 年金融危机导致美国房价下跌，房屋赎回权上升，经济放缓，借贷者的坏账支出大幅增加。例如，美联银行（Wachovia）（目前为富国银行所有的一家大型美国银行）在一个季度内将坏账费用从 1.08 亿美元增加到 4.08 亿美元。同样，美国运通（American Express）的坏账费用也增加了 70%。

会计处理坏账有两种方法：一是直接转销法，二是备抵法。下面几节将具体介绍这些方法。

坏账直接转销法

根据直接转销法，当公司确定某个账户的款项无法收回时，就将损失计入坏账费用。例如，假设 Warden 公司在 12 月 12 日转销了无法收回的 M. E. Doran 先生的 200 美元。Warden 公司所做的分录如下：

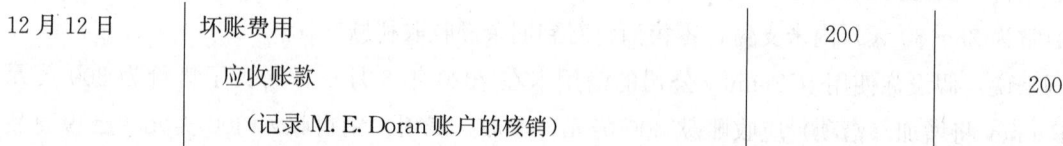

12 月 12 日	坏账费用	200	
	应收账款		200
	（记录 M. E. Doran 账户的核销）		

在这种方法下，坏账费用只显示坏账的实际损失。公司将按应收账款的总额反映应收账款。

使用直接转销法可以降低利润表和资产负债表的相关性。考虑下面的例子。2020 年，Quick Buck Computer 公司决定通过向大学生出售电脑来增加收入，大学生不需要任何首付，也不需要信贷审批程序。在全国各地的校园里，公司以每台 800 美元的售价售出了 100 万台电脑。这使它的收入和应收账款增加了 8 亿美元。这次促销非常成功！该公司 2020 年的资产负债表和利润表看起来不错。不幸的是，2021 年期间，近 40% 的客户拖欠贷款。这使得公司 2021 年的利润表和资产负债表看起来很糟糕。图 9-1 显示了如果使用直接转销法，这些事件对财务报表的影响。

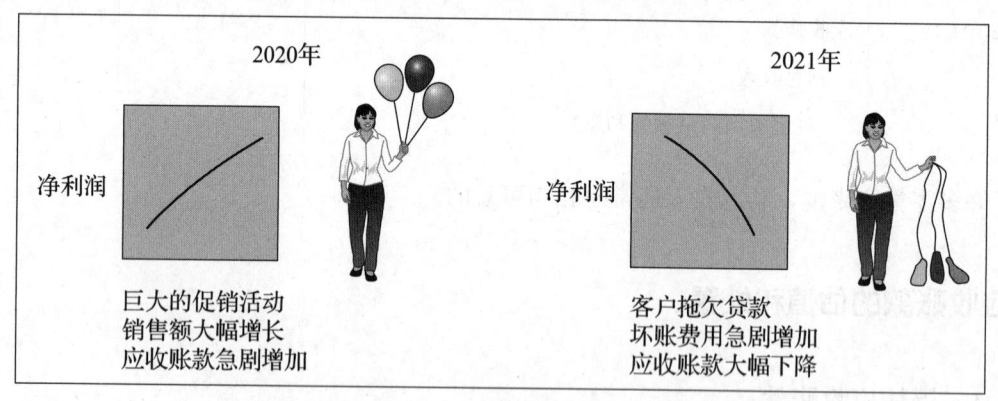

图 9-1　直接转销法的影响

在直接转销法下，公司通常会在与记录收入时期不同的时期记录坏账费用。该方法不会尝试将坏账费用与利润表中的销售收入进行匹配。直接转销法也不会在资产负债表中以公司实际预期收取的金额显示应收账款。因此，除非坏账损失微不足道，否则就财务报告而言，直接转销法是不可接受的。

坏账备抵法

坏账备抵法包括在每个会计期末估计无法收回的账目。这样可以使费用与利润表中的收入更好地匹配，它还确保公司在资产负债表上以其现金可变现价（净）值列示应收账款。现金可变现价（净）值是公司期望以现金形式获得的净额。它不包括公司估计不会收回的款项。因此，该方法将资产负债表中的应收款项减去了估计的无法收回的应收款项。

当坏账金额重大时，公司必须使用备抵法进行财务报告。此方法具有三个基本功能：

1. 公司估计无法收回的应收账款。公司在记录收入的同一会计期间内将此估算费用与收入进行匹配。

2. 公司在每个期间结束时通过调整分录将估计的无法收回的款项计入坏账费用，并将其贷记入坏账准备。坏账准备是应收账款的备抵科目。

3. 公司转销特定账户时，会将实际无法收回的款项记入"坏账准备"，并贷记为"应收账款"。

（1）记录估计的坏账。为了说明坏账备抵方法，假设 Hampson 家具公司在 2020 年的赊销为 1 200 000 美元。在该金额中，200 000 美元的应收款项在 12 月 31 日仍未收回。赊销经理估计，其中 12 000 美元的应收款项将无法收回。记录估计的未收款项的调整分录如下。增加（借方）坏账费用，并增加（贷方）坏账准备。

12 月 31 日	坏账费用	12 000	
	坏账准备		12 000
	（记录估计无法收回的账户）		

Hampson 家具公司在利润表中将坏账费用报告为运营费用。因此，估计的坏账将与 2020 年的销售额相匹配。Hampson 家具公司记录了销售当年的费用。

坏账准备显示公司预计在未来将无法收回的向客户索要的金额。由于公司不知道哪些客户会不付款，因此使用备抵账户记录而不是直接贷记应收账款。备抵账户中的贷方余额将在发生特定转销时消除。如表 9 - 2 所示，公司从资产负债表的流动资产部分的应收账款中扣除备抵金额。

表 9 - 2 中的 188 000 美元代表了报表日应收账款的预期现金可变现价值。公司在会计年度结束时不会结清坏账准备。

表 9 - 2　坏账准备的列报

Hampson 家具公司 资产负债表（部分）		
流动资产		
库存现金		14 800
应收账款	**200 000**	
减去：坏账准备	**12 000**	**188 000**
库存商品		310 000
物料		25 000
流动资产合计		537 800

（2）记录坏账准备的转销。正如引例中所述，公司使用各种方法来催收逾期账户，例如信件、电

话和法律诉讼。当它用尽所有方法来催收逾期账户但收款似乎无法收回时，该公司将转销该账户。例如，在信用卡行业中，通常的做法是转销逾期210天的账户。为防止过早或未经授权的转销，需要授权的管理人员正式批准每次转销。为了保持职权分离，授权转销账户的员工不应承担与现金或应收款项有关的日常责任。

为了说明应收款的转销，假设 Hampson 家具公司的财务副总裁在2021年3月1日批准转销 R. A. Ware 公司欠下的500美元。记转销的分录如下：

3月1日	坏账准备	500	
	应收账款		500
	（R. A. Ware 公司账户的转销）		

公司在转销时不增加坏账费用。在备抵法下，公司将每笔坏账转销从备抵账户中扣除，而不是从坏账费用中扣除。借记坏账费用是不正确的，因为公司在为估计坏账做调整分录时已经确认了这笔费用。相反，坏账转销的记录减少了应收账款和坏账准备。过账后，总分类账如表9-3所示。

表9-3　转销后总分类账的余额

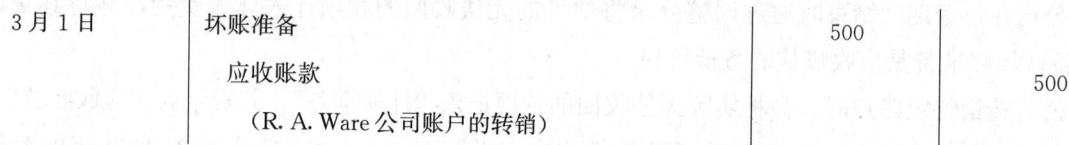

应收账款				坏账准备			
1月1日　余额	200 000	3月1日	**500**	3月1日	**500**	1月1日　余额	12 000
3月1日　余额	199 500					3月1日　余额	11 500

转销仅影响资产负债表账户而不影响利润表账户。账户的转销减少了应收账款和坏账准备。因此，资产负债表中的现金可变现价值保持不变，如表9-4所示。

表9-4　现金可变现价值的比较

	转销前	转销后
应收账款	200 000	199 500
坏账准备	12 000	11 500
现金可变现价值	**188 000**	**188 000**

（3）坏账的恢复。有时，公司在将转销账户确认为无法收回后又从客户处收到账款。公司做两笔分录以记录坏账的收回。第一笔，与已转销账户相反的分录。这会恢复客户的账户。第二笔，以常规方式将应收款记入日记账。

举例来说，假设7月1日 R. A. Ware 支付了 Hampson 家具公司在3月1日转销的500美元。Hampson 家具公司做以下分录：

（1）

7月1日	应收账款	500	
	坏账准备		500
	（冲销 R. A. Ware 账户的转销）		

(2)

7月1日	库存现金	500	
	应收账款		500
	（记录收到 R. A. Ware 的款项）		

请注意，坏账的收回（如坏账的冲销）仅影响资产负债表的账户。上面两笔分录的结果是借记现金 500 美元，贷记坏账准备 500 美元。应收账款和坏账准备在分录（1）中都有所增加，这有两个原因：首先，该公司转销应收账款时在判断上犯了一个错误；其次，在 R. A. Ware 的应收账款支付之后，总分类账中的应收账款和明细分类账中的应收账款应显示应收账款的收回情况，以备将来可能的贷方使用。

（4）估算准备金。表 9-2 中的 Hampson 家具公司给出了预期无法收回的应收账款数额。但是，在现实中，如果公司使用备抵法，则必须估计预期无法收回的应收金额。表 9-5 显示了耐克公司财务报表附注的摘录，其中讨论了其使用准备金的方法。

表 9-5　耐克公司使用准备金的方法的披露

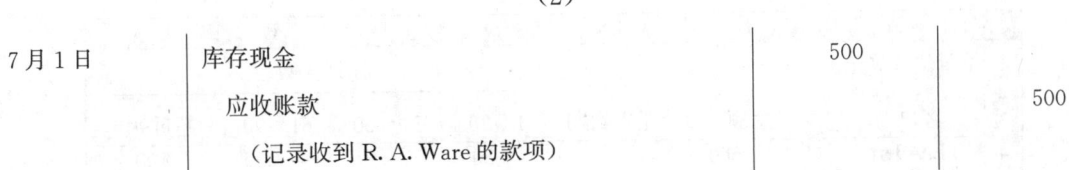

耐克公司
财务报表附注

无法收回的应收账款的准备金

　　我们对收回应收账款的能力进行持续的估计，并对我们的客户无法按要求付款造成的估计损失进行补偿。在确定坏账金额时，我们考虑信用损失的历史水平，并根据持续的信用评估对重要客户的信用价值做出判断。由于我们无法预测客户未来财务稳定性的变化，无法收回的账款的实际未来损失可能与我们估计的不同。

通常公司会估计准备金占未偿还应收账款的百分比。在应收账款百分比的基础上，管理层在应收账款金额与无法收回账户的预期损失之间建立了百分比关系。例如，假设 Steffen 公司的应收账款期末余额为 200 000 美元，并且未调整的坏账准备余额为 1 500 美元。它估计应收账款的 5% 最终将无法收回。它应报告坏账准备余额为 10 000 美元（0.05×200 000 美元）。为了将"坏账准备"的余额从 1 500 美元增加到 10 000 美元，公司将借记（增加）"坏账费用"并贷记（增加）"坏账准备"8 500 美元（10 000 美元－1 500 美元）。

为了更准确地估计坏账准备账户的期末余额，公司通常编制一份《应收账款账龄表》。这个表根据客户未付款的时间长短对客户余额进行分类。

公司按账龄排列账目后，将根据过去的经验将百分比应用于每个类别的总计，从而确定预期的坏账损失。应收账款过期的时间越长，收回应收账款的可能性就越小。因此，无法收回的债务的估计百分比随着到期天数的增加而增加。图 9-2 显示了 Dart 公司的账龄表：可以看出，无法收回的应收账款的百分比从 2% 增加到 40%。

Dart 公司的估计无法收回的账户总额（2 228 美元）代表了预计将来无法收回的应收账款。因此，该金额表示资产负债表日"坏账准备"的所需余额。在调整分录中记录的坏账费用金额是所需余额与备抵账户中现有余额之间的差额。坏账准备中现有的未调整余额是期初余额（正常贷方余额）减去该年特定账户冲销额（借记备抵账户）的净值。

	A	B	C	D	E	F	G
1	（单位：美元）			逾期天数			
2							
3	客户	总额	还未到期	1～30	31～60	61～90	超过90
4	T. E. Adert	600		300		200	100
5	R. C. Bortz	300	300				
6	B. A. Carl	450		200	250		
7	O. L. Diker	700	500			200	
8	T. O. Ebbet	600			300		300
9	其他	36 950	26 200	5 200	2 450	1 600	1 500
10		39 600	27 000	5 700	3 000	2 000	1 900
11	预计坏账百分比		2%	4%	10%	20%	40%
12	预计坏账总额	2 228	540	228	300	400	760
13							

图9-2 账龄表

例如，如果未调整的试算余额显示"坏账准备"的贷方余额为528美元，则需要做1 700美元（2 228美元－528美元）的调整分录。

12月31日	坏账费用		1 700	
	坏账准备			1 700
	（将准备金账户调整为估计的坏账总额）			

在Dart提交调整分录后，它的账户如表9-6所示。

表9-6 过账后的坏账科目

坏账费用		坏账准备	
12月31日 调整 1 700		12月31日 未调整	
		余额	528
		12月31日 调整	1 700
		12月31日 余额	2 228

应收账款管理的一个重要方面就是对账目保持密切关注。研究表明，如果在接下来的30天内未发生任何付款活动，则逾期60天以上的账户将损失其价值的大约50%。每过30天，应收账款的价值就会再次减半。

有时，坏账准备账户在调整前会有借方余额。发生这种情况的原因是，当年从冲销中计入坏账准备账户的借方余额超过了该账户的期初余额，该期初余额是根据以前的坏账估计得出的。在这种情况下，公司在进行调整分录时会将借方余额添加到所需余额中。

因此，如果调整前准备金账户中有500美元的借方余额，则调整项将是2 728美元（2 228美元＋500美元），从而得出2 228美元的贷方余额，如下所示：

12 月 31 日	坏账费用		2 728	
	坏账准备			2 728
	（将准备金账户调整为估计的坏账总额）			

在 Dart 提交调整分录后，它的账户如表 9 - 7 所示。

表 9 - 7　过账后的坏账科目

坏账费用		坏账准备	
12 月 31 日　调整 **2 728**		12 月 31 日　未调整	
		余额　500	12 月 31 日　调整　**2 728**
			12 月 31 日　余额　2 228

应收账款百分比法提供了对应收账款的现金可变现价值的估计，它还满足了支出与收入的合理匹配。表 9 - 8 中显示的有关应收账款的注释来自鞋业公司斯凯奇的年度报告。

表 9 - 8　斯凯奇关于应收账款附注的披露

真实案例	斯凯奇 财务报表附注

无法收回的账款造成重大损失的可能性主要取决于特定国家或地区整体经济状况的恶化。已为所有这种性质的损失全额计提了准备金。对于未明确确定为高风险的应收款项，我们根据历史损失率（占销售额的百分比）提供准备金。截至 2014 年和 2013 年的 12 月 31 日，贸易应收账款总额为 2.931 亿美元和 2.419 亿美元，坏账准备、退货、销售免税额和客户拒付款分别为 2 100 万美元和 1 590 万美元。截至 2014 年 12 月 31 日，2013 年和 2012 年的 12 月 31 日，我们计入费用的信贷损失分别为 1 180 万美元、260 万美元和 150 万美元。此外，我们记录了截至 2014 年、2013 年和 2012 年的 12 月 31 日的销售退回和准备金费用（收回），分别为 230 万美元，20 万美元和 40 万美元。

9.2.2　应收账款的处置

在正常情况下，公司以现金的形式收回应收账款，并将应收账款从账簿中删除。但是，随着赊销和应收账款的显著增长，"正常情况"已发生变化。公司现在经常将应收账款出售给另一家公司以获取现金，从而缩短了现金的运转周期。

公司出售应收账款的主要原因有两个。首先，它们可能是唯一合理的现金来源。当资金紧张时，公司可能无法在一般的信贷市场上借到钱，或者，如果有钱可用，借贷的成本可能会高得让人望而却步。

出售应收账款的第二个原因是计费和收款通常既费时又费钱。对于零售商而言，更容易将应收账款出售给在计费和收款事务方面更加专业的另一方。万事达（MasterCard）、维萨（Visa）和 Discover 等信用卡公司专门从事应收账款的计费和收取。

将应收账款出售给一个保理商

一般应收账款销售是指将应收账款销售给一家保理商。保理商是从企业购买应收账款，然后从客户那里收取账款的金融公司或银行。保理业务价值高达数十亿美元。

保理业务差别很大。通常保理商会向出售应收账款的公司收取服务费。这种费用的金额通常在购买的应收账款金额的 1%～3% 之间。为了说明这一点，假设 Hendredon 家具公司将 60 万美元的应收账款销售给美国联邦保理公司（Federal Factors），美国联邦保理公司对售出的应收账款收取 2% 的服务费。Hendredon 家具公司在 2020 年 4 月 2 日的销售记录如下：

4 月 2 日	库存现金	588 000	
	服务费支出（2%×600 000）	12 000	
	应收账款		600 000
	（记录应收账款的销售情况）		

如果 Hendredon 家具公司经常出售其应收账款，它将服务费支出记为运营费用。如果公司不经常出售应收款项，可以在利润表的"其他费用和损失"中反映。

信用卡销售

在美国，有超过 10 亿张信用卡正在使用——这个国家的每个男人、女人和孩子都有超过 3 张信用卡。维萨卡、万事达卡和美国运通卡是大多数人使用的全国性信用卡。信用卡在零售中使用时涉及三个方面：一是信用卡发行机构，它独立于零售商；二是零售商；三是顾客。零售商接受信用卡是销售（保理）应收账款的另一种形式。

图 9-3 说明了全国通用信用卡对零售商的主要优势。作为对这些优势的交换，零售商要向信用卡发行者支付其服务价格的 2%~4% 的费用。

图 9-3　信用卡对于零售商的优势

信用卡销售的会计处理

零售商通常把使用信用卡的销售视为现金销售。零售商必须向发放信用卡的银行支付处理交易的费用。零售商记录信用卡单据的方式与现金销售存入支票的方式相似。

举例来说，安妮塔·法拉利（Anita Ferreri）用她的第一银行维萨卡为她的餐馆从 Karen Kerr Music 公司购买了价值 1 000 美元的光盘。第一银行收取 3% 的服务费。Karen Kerr Music 于 2020 年 3 月 22 日记录了本次交易的分录如下：

3月22日	库存现金	970	
	服务费支出	30	
	销售收入		1 000
	（记录维萨信用卡的销售情况）		

9.3　应收票据

公司可以以信用作担保来换取正式的信用票据，即本票。本票是书面的承诺，可以按要求或在指定的时间支付指定的金额。本票可用于个人和公司借入或借出资金时；交易金额和信用期超过正常限额时；结算应收账款时。

在本票中，做出付款承诺的一方称为开票方。将拿到付款的一方称为收款人。票据可以通过名称专门地识别收款人，或者可以简单地指定收款人为票据的持有人。

在图 9-4 所示的本票中，开票方是 Calhoun 公司，收款人是 Wilma 公司。对于 Wilma 公司，本票是应收票据。对于 Calhoun 公司，这是应付票据。

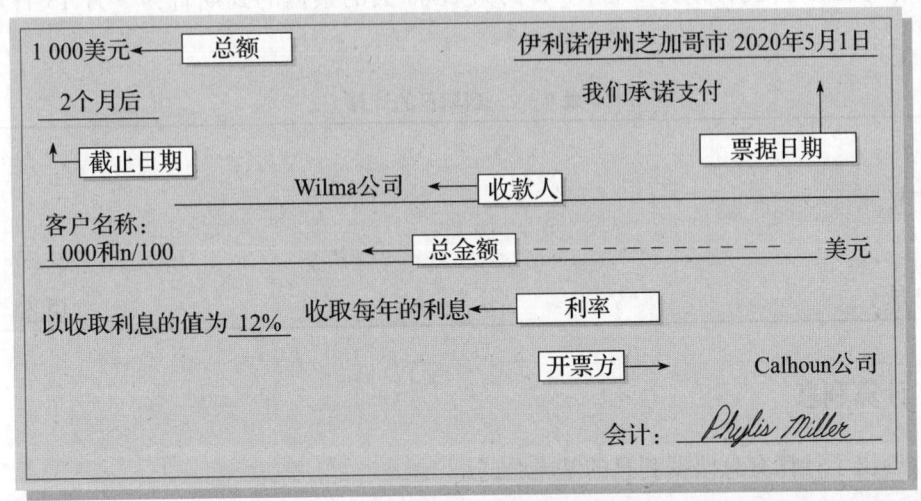

图 9-4　本票

与应收账款相比，应收票据使持有人拥有更强的法定资产主张权。与应收账款一样，应收票据也可以很容易地出售给另一方。本票是可转让票据（与支票一样），这意味着它可以通过背书将票据转让给另一方。

公司经常接受尚未付款且需要延长应收账款的客户的应收票据。公司经常要求高风险客户提供此类票据。在某些行业（例如娱乐和船类运动行业）中，所有赊销均以票据方式结算。但是，大多数票据来自借贷交易。

应收票据的会计处理基本问题与应收账款的处理相同。接下来，我们着眼于这些问题。在进行此操作之前，我们需要考虑两个不适用于应收账款的问题：确定到期日并计算利息。

9.3.1 确定到期日

图 9-5 显示了规定的本票到期日的三种形式。

图 9-5 不同票据的到期日

当以月份来表示票据的期限时，可以通过计算从发行日期算起的月份来确定票据的到期日。例如，5 月 1 日开出的为期三个月的票据的到期日为 8 月 1 日。在一个月的最后一天开具的票据在到期那个月的最后一天到期，也就是说，7 月 31 日开出的两个月后到期的票据会在 9 月 30 日到期。

当以天数表示到期日时，你需要计算确切的天数以确定到期日。计算时，不算票据的开出日，但要包括到期日。例如，开出日期为 7 月 17 日的为期 60 天的票据的到期日为 9 月 15 日，如表 9-9 所示。

表 9-9 到期日的计算

票据期限		60 天
7 月（31—17）	14 天	
8 月	31 天	45 天
到期日：9 月		15 天

9.3.2 计算利息

表 9-10 给出了计算有息票据利息的基本公式。

表 9-10 利息计算公式

票据面值	×	年利率	×	时间（以一年为单位）	=	利息

票据中指定的利率为年利率。当到期日以天为单位表示时，公式中时间因子通常是天数除以 360。请记住，在计算天数时，请忽略发行票据日但要包括到期日。当到期日期以月表示时，时间因子是月数除以 12。表 9-11 显示了各个时间段利息的计算。

表 9-11　利息的计算

票据期限	利息计算
	面值×利率×时间＝利息
730 美元，12%，120 天	730×12%×**120/360**＝29.20（美元）
1 000 美元，9%，6 个月	1 000×9%×**6/12**＝45.00（美元）
2 000 美元，6%，1 年	2 000×6%×**1/1**＝120.00（美元）

计算利息有不同的方法。例如，表 9-11 中的计算假设一年有 360 天。大多数金融机构使用 365 天计算利息。对于课后习题，假设需要 360 天来简化计算。

9.3.3　确认应收票据

为了说明应收票据的基本分录，我们将使用 Calhoun 公司 5 月 1 日开出的价值 1 000 美元，为期两个月，利率为 12% 的本票。假设 Calhoun 公司开出这张票据是为了结算一个未结清的账户，那么 Wilma 公司在收到这张票据时做如下分录：

5 月 1 日	应收票据		1 000	
	应收账款			1 000
	（记录接受 Calhoun 公司的票据）			

公司按面值记录应收票据，即票据表面所显示的价值。当票据被接受时，没有利息收入会被反映，因为收入确认原则规定在履行义务完成之前不确认收入。利息是随着时间的推移而赚取（应计）的。

如果公司以现金换取票据，这一分录是借记应收票据，贷记贷款金额。

9.3.4　估值应收票据

评估短期应收票据与评估应收账款相同。像应收账款一样，公司以其现金可变现净值反映应收票据的价值。应收票据准备金科目为"坏账准备"。确定现金可变现净值、记录坏账费用和相关备抵所涉及的估计与应收账款类似。

9.3.5　应收票据的处置

票据可能会保留至到期日。在某些情况下，票据的发行者违约，收款人必须进行适当的调整。在其他情况下，类似于应收账款，票据持有人通过出售应收票据来加快现金周转的速度（如本章前面所述）。

承兑应收票据

票据的承兑是指票据的出票人在票据到期日全额付款。对于每张有息票据，到期时的金额是票据的面值加上票据上规定的期限内的利息。

为了说明这一点，假设 Wolder 公司在 6 月 1 日借给 Higley 公司 10 000 美元，并接受了为期五个月利率为 9% 的票据。在这种情况下，利息为 375 美元（10 000 美元×9%×512）。到期金额为 10 375

美元（10 000 美元＋375 美元）。要获得付款，Wolder 公司（收款人）必须将票据交给 Higley 公司（发行人）或发行人的代理商，例如银行。如果 Wolder 公司在 11 月 1 日（到期日）向 Higley 公司提交票据，Wolder 记录收款的分录如下：

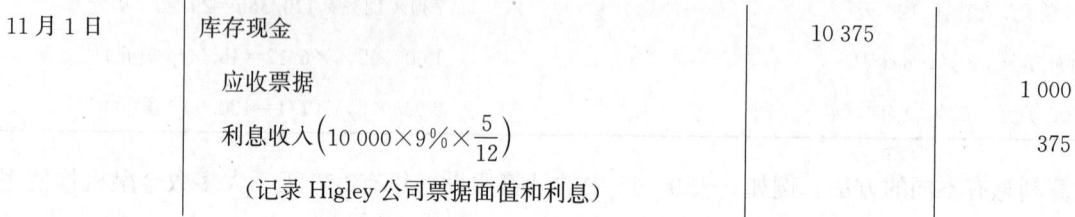

11 月 1 日	库存现金	10 375	
	应收票据		1 000
	利息收入 $\left(10\,000\times9\%\times\dfrac{5}{12}\right)$		375
	（记录 Higley 公司票据面值和利息）		

应收利息的计提

假设 Wolder 公司编制截至 9 月 30 日的财务报表。图 9-6 中显示了产生利息的时间线。

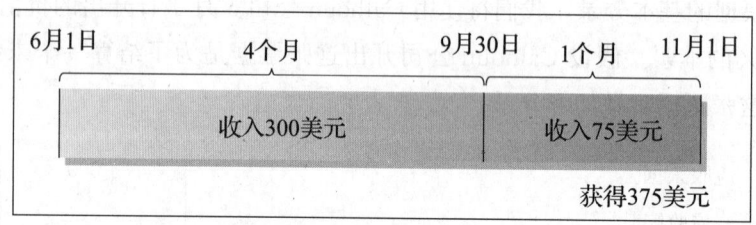

图 9-6　产生利息的时间线

为了反映已经获得但尚未收到的利息，Wolder 公司必须在 9 月 30 日开始计息。在这种情况下，Wolder 公司调整的分录是四个月的利息，为 300 美元，如下所示：

9 月 30 日	应收利息 $\left(10\,000\times9\%\times\dfrac{4}{12}\right)$	300	
	利息收入		300
	（Higley 公司票据 4 个月产生的利息）		

到 11 月 1 日，该票据到期时，Wolder 公司可获得 10 375 美元。如下所示，该金额代表 Higley 公司还清了 10 000 美元的票据以及五个月的利息，即 375 美元。375 美元包括 9 月 30 日产生的 300 美元应收利息加上 10 月获得的 75 美元。Wolder 公司在 11 月 1 日记录了 Higley 公司兑现票据的分录如下：

11 月 1 日	库存现金 $\left(10\,000+10\,000\times9\%\times\dfrac{5}{12}\right)$	10 375	
	应收票据		10 000
	应收利息		300
	利息收入 $\left(10\,000\times9\%\times\dfrac{1}{12}\right)$		75
	（记录从 Higley 公司收到的票据和利息）		

在这种情况下，Wolder 公司将贷记应收利息，因为应收利息是在 9 月 30 日的调整分录中记录的。

拒付应收票据

拒付（违约）票据是指到期时未全额支付的票据。被拒付的应收票据不可转让。然而，收款人仍然对票据的出票人有索偿权，包括票据和利息。因此，票据持有人通常将应收票据账户转移到一个应收账款账户。

举例说明，假设 Higley 公司在 11 月 1 日表示目前无法付款。记录拒付的分录取决于 Wolder 公司是否预计最终会收回这笔款项。如果确实希望最终能够收回，Wolder 公司将票据上的到期金额（面值和利息）借记到应收账款上。当票据被拒付时（假设以前没有利息），银行会做如下分录：

11 月 1 日	应收账款	10 375	
	应收票据		10 000
	利息收入		375
	（记录从 Higley 公司收到的票据和利息）		

如果没有收款的希望，则票据持有人将通过记入"坏账准备"来转销该票据的面值。由于将不会收取利息，因此不会记录任何利息收入。

9.4　列示与分析

如果一家公司有重要的应收账款，分析师会仔细审查该公司披露的财务报表，以评估该公司如何管理其应收账款。

9.4.1　列示

公司应在资产负债表或财务报表附注中标识每种主要应收款项。短期应收款项出现在资产负债表的流动资产部分。短期投资出现在短期应收款项之前，因为这些投资更具流动性（接近现金）。公司同时报告应收账款总额和坏账准备。

在利润表中，公司将坏账费用和服务费支出报告为运营费用。利息收入在利润表的非营业活动部分的"其他收益"下列示。

下面介绍的是提供各种不同类型信息的示例，这些信息可帮助用户了解与应收款项有关的问题。例如，表 9-12 显示了 Deere 公司的净应收款项的构成。鉴于应收款项占该重型设备制造商总资产的 60%，投资者对应收款项的类型及其重要性感兴趣。

表 9-12　应收款项在资产负债表中的列示

真实案例	**Deere 公司** 资产负债表（部分）（单位：百万美元）
应收款项	
来自未合并子公司的应收款项	30
应收账款和票据	3 278

续表

真实案例	Deere 公司 资产负债表（部分）（单位：百万美元）	
	应收账款融资	27 583
	受限融资的应收款项	4 616
	其他应收款	1 500
	总应收款	37 007
	减：应收款项坏账备抵	175
	净应收款项	36 832

表 9-13 显示了斯凯奇财务报表附注的摘录，讨论了如何监管应收款项。

表 9-13　关于斯凯奇公司应收款项监管的说明

真实案例	斯凯奇 财务报表附注

　　为了最大限度地减少无法收回的可能性，我们会根据外部信用报告服务、客户发布的财务报表以及我们的账户经验定期审查客户的信用度，并相应地进行调整。当客户的账户明显过期时，我们通常会暂停该账户，并中止向该客户进一步发货，以最大限度地减少亏损的风险。

　　如果企业的信用风险明显集中，必须在财务报表附注中讨论该风险。信用风险的集中是指某一大型客户或某一类客户不付款的威胁很大，可能会对公司的财务健康造成不利影响。表 9-14 显示了斯凯奇公司 2015 年年报中信用风险报告的摘录。该公司报告称，其最大的五个客户占其净销售额的 14.6%。

表 9-14　摘自斯凯奇关于信用风险集中的说明

真实案例	美国斯凯奇 财务报表附注

　　在 2015 年、2014 年和 2013 年，没有客户占到净销售额的 10.0% 或以上。截至 2015 年 12 月 31 日，一个客户占贸易应收账款总额的 10.6%。在 2015 年 12 月 31 日或 2014 年 12 月 31 日，没有其他客户占净贸易应收账款的 10% 以上。2015 年、2014 年和 2013 年，对五大客户的净销售额分别为 14.6%、15.7% 和 18.1%。

　　斯凯奇财务报表的附注表明，它具有相对较高的信用风险集中度。这些大客户中的任何一个客户的违约都可能对其财务业绩产生重大的负面影响。

9.4.2　分析

　　投资者和公司经理计算财务比率，以评估公司应收账款的流动性。他们使用应收账款周转率评估应收账款的流动性。该比率衡量公司在该期间平均收回应收账款的次数。它是通过将净赊销额（净销售额减去现金销售额）除以该年平均应收账款净额得出的。除非有明显的季节性因素，否则可以根据应收账款净额的期初和期末余额计算平均应收账款净额。

　　例如，思科公司最近一年的净销售额为 377.5 亿美元。它的期初应收账款（净额）余额为 51.57

亿美元，期末应收账款（净额）余额为 53.44 亿美元。假设思科公司的销售全部为赊销，则其应收账款周转率的计算如表 9-15 所示。

表 9-15 应收账款周转率和计算

净赊销额	÷	平均净应收账款	=	应收账款周转率
377.5	÷	(51.57+53.44)/2	=	7.2 次

结果表明，应收账款周转率为每年 7.2 次。营业额越高，公司的应收账款流动性就越高。

应收账款周转率通过调整能够更加明显地观察流动性，是将它转换为平均回收期，以天为单位。这是通过将应收账款周转率划分为 365 天来完成的。例如，将思科公司 7.2 次的应收账款周转率分成 365 天，如表 9-16 所示，结果大约为 51 天，这意味着思科公司需要 51 天来收回其应收账款。

表 9-16 应收账款平均收款周期的计算公式

一年中的天数	÷	应收账款周转率	=	平均收款周期（天）
365 天	÷	7.2 次	=	51 天

公司经常使用平均收款周期来评估公司信贷和收款政策的有效性。一般规则是收款期不得大大超过信用期（即允许付款的时间）。

◀ **选择题** ▶

1. 应收款项通常被分类为（ ）。
A. 应收账款、公司应收账款和其他应收账款
B. 应收账款、应收票据和员工应收账款
C. 应收账款和一般应收款
D. 应收账款、应收票据和其他应收款

3. 在年底做出任何调整之前，Hughes 公司的坏账准备中有 5 000 美元的贷方余额。根据年末应收账款的复核和账龄分析，Hughes 公司估计有 60 000 美元的应收账款是无法收回的。本年度应报告的坏账费用金额为（ ）。
A. 5 000 美元　　　　B. 60 000 美元　　　　C. 55 000 美元　　　　D. 65 000 美元

5. 月底应收账款为 800 000 美元。坏账预计占应收账款的 1.5%。如果坏账准备在调整前的贷方余额为 1 000 美元，调整后的余额是多少？（ ）
A. 7 000 美元　　　　B. 11 000 美元　　　　C. 12 000 美元　　　　D. 13 000 美元

7. 对 Prince 公司 12 月 31 日应收账款进行账龄分析，得出以下数据：

应收账款	800 000 美元
调整前各账簿的坏账准备	50 000 美元
预计无法收回的金额	65 000 美元

调整后 12 月 31 日应收账款的可变现净值为（ ）
A. 685 000 美元　　　　B. 750 000 美元　　　　C. 800 000 美元　　　　D. 735 000 美元

9. Blinka 零售商在 7 月 1 日出售的商品中接受了 50 000 美元的花旗银行维萨信用卡费用。花旗银行的信用卡使用费为 4%。Blinka 零售商记录此交易的分录将包括销售收入贷方 50 000 美元和借方（　　）。

A. 现金 48 000 美元和服务费 2 000 美元

B. 应收账款 48 000 美元和服务费 2 000 美元

C. 现金 50 000 美元

D. 应收账款 50 000 美元

11. 为结清与 Bartelt 公司的账款，Foti 公司接受一张面值为 1 000 美元，为期 3 个月，利率为 6% 的本票，此项交易的分录为（　　）。

A.	应收票据	1 015		B.	应收票据	1 000	
	应收账款		1 015		应收账款		1 000
C.	应收票据	1 000		D.	应收票据	1 030	
	销售收入		1 000		应收账款		1 030

13. 应收账款和应收票据在资产负债表的流动资产部分中应以什么价值入账（　　）。

A. 现金可变现价值 　　　　　　　　　B. 账面净值

C. 成本和可变现净值孰低者 　　　　　D. 发票成本

◀ 简答题 ▶

1. 在 Gonzalez 公司的账簿上记录下列交易。

a. 8 月 1 日，Gonzalez 公司向 Miguel 公司赊销商品 15 500 美元，条款为 1/10，n/30。

b. 8 月 8 日，Miguel 公司将价值 3 100 美元的商品退还给 Gonzalez 公司。

c. 8 月 11 日，Miguel 公司支付了货款。

3. 2020 年 1 月 20 日，Carlos 公司赊销商品给 Carson 公司，金额为 20 000 美元，n/30。2 月 19 日，Carson 公司给 Carlos 公司一张 8% 的本票以结清这笔账款。如何做分录记录这笔销售业务并结算应收账款。

◀ 练习题 ▶

1. Nuro 公司本年度末的分类账显示应收账款为 180 000 美元，销售收入为 1 800 000 美元，销售退回和折让为 60 000 美元。

要求：

a. 如果 Nuro 公司采用直接转销法核算坏账，请在 12 月 31 日编制调整分录，假设 Nuro 公司确定应收账款余额中有 2 900 美元是坏账。

b. 如果坏账准备在试算平衡表中有 4 300 美元的贷方余额，请在 12 月 31 日编制调整分录，假设坏账预计占应收账款的 10%。

c. 如果坏账准备在试算平衡表中有 410 美元的借方余额，请在 12 月 31 日编制调整分录，假设坏账预计占应收账款的 6%。

◈ **实践题** ◈

下面的交易与 Dylan 公司有关。

　3月1日　　向 Potter 公司出售价值 2 万美元的商品，条款为 2/10，n/30。

　　11日　　收到了 Potter 公司对现有应收账款的全部付款。

　　12日　　接受了 Juno 公司价值 2 万美元，为期 6 个月的利率为 12% 的到期票据。

　　13日　　Dylan 公司的信用卡销售额为 13 200 美元。

　　15日　　维萨信用卡销售额总计 6 700 美元。维萨公司需要收取 3% 的服务费。

4月11日　　将 8 000 美元的应收账款卖给了 Harcot Factor 公司。Harcot Factor 公司根据销售
　　　　　　情况评估将要收取的应收账款的 2% 的服务费。

　　13日　　收到了 Dylan 公司信用卡销售的 8 200 美元的收款，并在余额上增加了 1.5% 的融
　　　　　　资费用。

5月10日　　Dylan 公司使用应收账款百分比法来估计坏账。

6月30日　　应收账款共计 200 万美元。坏账比率为应收账款的 1%。6 月 30 日，调整前坏账准
　　　　　　备账户余额为 3 500 美元。

7月16日　　核销来自 J. Simon 的一笔 5 月份的应收账款，他全额支付了应付款项 4 000 美元。

要求：

制作反映该交易过程的日记账（忽略已销售商品的成本的分录）。

📖 IFRS 概览

　　IFRS 和 GAAP 在应收款项的确认、计量和处置有关的基本会计处理和报告问题等方面基本
相同。

　　关键点

　　以下是 GAAP 和 IFRS 之间与应收账款会计准则相关的主要异同。

　　相似点

　　● IFRS 和 GAAP 的应收账款记录、销售退回与折让和销售折扣的确认以及记录坏账准备的
方法相同。

　　● IFRS 和 GAAP 都经常使用"减值"一词来表示可能无法收回的应收款项或应收款项的百分
比。

　　● FASB 和 IASB 致力于将金融工具（例如应收款项）以公允价值计量（目前可以出售的部
分）。但是制定准则的两个委员会都遭到各方的强烈反对。

　　不同点

　　● 尽管 IFRS 暗示具有不同特征的应收账款应单独报告，但没有标准强制要求这种分离。

● IFRS 和 GAAP 在决定如何记录保理交易的标准上存在差异。IFRS 采用了一种将风险、回报和失控组合的方法。GAAP 将失去控制作为主要标准。此外，IFRS 允许取消部分确认的应收款项，但 GAAP 没有。

展望未来

随着各准则委员会朝着趋同的方向努力，金融工具的公允价值问题将继续是一个需要解决的重要问题。IASB 和 FASB 都表示，如果公司以公允价值记录和报告所有金融工具，财务报表将更加透明和容易理解。也就是说，在 2009 年发布的国际财务报告准则第 9 版中，IASB 创建了一种分割模式，即一些金融工具以公允价值记录，但其他金融资产，如贷款和应收账款，如果满足某些标准，可以按摊销成本记账。持批评意见的人士说，这可能导致两家公司用不同的方式对相同的证券进行会计处理。FASB 的一项提议要求，几乎所有的股权工具都必须按公允价值报告，而债务工具是否按公允价值反映取决于是否符合某些标准。

第 10 章

固定资产、自然资源和无形资产

本章预览

　　长期资产的会计处理对公司业绩报告具有重要意义。在本章中，我们将说明历史成本核算原则在不动产、厂房和设备（例如，Rent-A-Wreck 车辆）以及自然资源和无形资产（例如"Rent-A-Wreck"商标）的应用。我们还讲述了公司在资产使用寿命内可用来分配资产成本的方法。此外，我们讨论了在资产使用年限内发生的支出的会计处理，例如对租赁的汽车更换轮胎和刹车片的成本。

▶ 引 例

去海滩要多少钱

　　现在放春假。你的飞机已经降落，你终于找到了你的行李，并非常想去海滩，但首先你需要找一辆车把你带到那里。你看到一长排租赁公司的摊位，很多名字你都知道——Hertz、Avis 和 Budget，但在尽头处的一个摊位吸引了你的眼球——Rent-A-Wreck。

　　任何依靠设备产生收入的公司都必须决定购买什么样的设备，保留多长时间，以及如何大力维护。Rent-A-Wreck 决定出租二手车而不是新车。它在美国、欧洲和亚洲各地租赁这些车辆。当大公司用"新车气味"来推销汽车时，Rent-A-Wreck 在价格上进行竞争。

　　Rent-A-Wreck 的信息很简单：租一辆二手车，可以帮你省点钱。这并不是一个能吸引所有人的信息。如果你是一名营销主管，想要给一个大客户留下深刻印象，你可能不想租一辆普通的二手车。但如果你想每英里以最少的现金从 A 点到 B 点，那么 Rent-A-Wreck 就是你的选择。该公司的信息被合适的客户接受。公司收入显著增加。

　　当你从 Rent-A-Wreck 租一辆车时，你是从一个独立的商人那里租，其已经支付了"特许经营权费"，获得了 Rent-A-Wreck 名称的使用权。为了获得特许经营权，该经营者必须符合财务和其他标准，并必须同意根据 Rent-A-Wreck 的规则经营租赁机构，其中一些规则要求每个特许经营公司以合理的方式维护汽车，这保证了你不需要叫拖车。

10.1　固定资产支出

　　固定资产是一种具有三个特征的资源，即固定资产有物理实体（确定的大小和形状），用于企业运营并且不打算出售给客户。固定资产也被称为不动产、厂房和设备或厂房和设备。

　　固定资产预计在未来几年对公司有用。除土地外，固定资产在其使用年限内的使用潜力是下降的。

　　由于固定资产在日常运营中起着关键作用，因此公司要保持固定资产处于良好的运行状态。它们还可以替换破旧或过时的固定资产，并根据需要扩大生产资源。许多公司在固定资产上进行了大量投资。图 10-1 显示许多行业中固定资产相对于公司总资产的百分比。

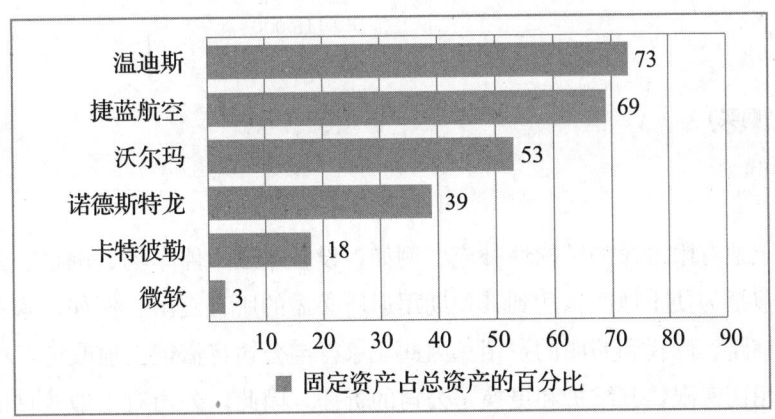

图 10-1　固定资产占总资产的百分比

10.1.1　确定固定资产成本

公司根据历史成本原则记录固定资产的成本。Rent-A-Wreck 公司会按历史成本原则记录其车辆的成本。成本包括购置资产并使其准备就绪可供预期使用的所有必要支出。例如，工厂机械的成本包括购买价格、购买者支付的运费和安装成本。确定成本后，公司将使用该金额作为在其使用寿命内核算的基础。在以下内容中，我们将解释历史成本原则在固定资产的每个主要类别中的应用。

土地

公司经常将土地用作制造工厂或办公楼的建筑工地。土地成本包括：现金购买价格；交易成本，例如所有权和律师费；房地产经纪人的佣金；买方承担的应计财产税和其他留置权。例如，如果现金价格为 50 000 美元，并且购买者同意支付应计税额 5 000 美元，则土地成本为 55 000 美元。

公司将为使土地达到预定用途而发生的所有必要成本记入土地账户的借方（增加）。当公司获得闲置土地时，这些成本包括清理、排水、填埋和分级等费用。有时土地上有一栋建筑，必须在建造新建筑之前拆除，在这种情况下，公司借记土地账户的所有拆除和搬迁费用并扣除任何回收材料的收益。

为了说明这一点，假定 Hayes 公司以现金成本 100 000 美元购买一处房地产，该房地产包含一个旧仓库，将其夷为平地的净成本为 6 000 美元（成本为 7 500 美元，减去回收材料的收益 1 500 美元），其他支出包括律师费 1 000 美元和房地产经纪人佣金 8 000 美元。因此，土地成本为 115 000 美元，如表 10-1 所示。

表 10-1　土地成本的计算　　　　　　　　　　　　　　　　　　　　金额单位：美元

土地	
财产现金价格	100 000
仓库净搬迁成本（7 500－1 500）	6 000
律师费	1 000
房地产经纪人佣金	8 000
土地成本	**115 000**

Hayes 公司做出以下分录来记录取得土地的情况。

土地	115 000	
库存现金		115 000
（记录土地的购买）		

土地改良

土地改良是对土地有限寿命的结构性补充。例如，设置车道、停车场、围栏、景观和地下喷水装置。土地改良成本包括为使土地改良达到其预期用途所必需的所有支出。例如，家得宝公司的一个新停车场的成本包括铺路、围栏和照明的费用。因此，家得宝公司将借记土地改良费用的总和。

土地改良的使用期有限，其维护和更换是公司的责任，因此，公司对土地改良的成本在其使用期限内进行折旧。

建筑物

建筑物是用于运营的设施，例如商店、办公室、工厂、仓库和飞机机库。公司将与建筑物的购买或建造有关的所有必要支出借记"建筑物"账户。当购买一处建筑物时，费用包括购买价格、成交费用（律师费、产权保险等）和房地产经纪人的佣金。使建筑物准备就绪可用于其预定用途的成本包括装修、更换或修理屋顶、地板、电线和管道的支出。当建造新的建筑物时，其成本包括合同价格加上支付的建筑师费用，建筑许可和挖掘成本。

此外，公司会在建筑物账户中记录一定的利息费用。当需要大量时间才能使建筑物投入使用时，为该项目提供资金的利息费用就包括在建筑物的成本中。在这种情况下，利息成本被认为是必要的材料和人工。但是，将利息成本计入已建造建筑物的成本，仅限于在施工期间发生的利息成本。施工完成后，公司会记录为给该工程提供资金而借款所支付的后续利息，记入利息费用的借方（增加）。

设备

设备包括运营中使用的资产，例如商店结账柜台、办公家具、工厂机械、送货卡车和飞机。设备（例如 Rent-A-Wreck 车辆）的成本包括现金购买价格、营业税、运费和运输期间由购买者支付的保险，还包括组装、安装和测试单元所需的支出。但是，Rent-A-Wreck 不将机动车辆牌照和公司车辆的事故保险包括在设备成本中。这些支出代表年度经常性支出，不影响未来期间，因此，它们在产生时被视为费用。

为了说明这一点，假设 Merten 公司以 50 000 美元的现金价格购买了工厂机器。相关支出包括销售税 3 000 美元，运输期间的保险费 500 美元以及安装和测试的 1 000 美元。根据表 10 - 2 的计算，工厂机械设备的成本为 54 500 美元。

表 10 - 2　工厂机械设备成本的计算

工厂机械设备	
现金价格	50 000
销售税	3 000
运输期间的保险费	500
安装和测试	1 000
工厂机械设备成本	**54 500**

Merten 做出以下分录以记录购买和相关的支出。

设备	54 500	
库存现金		54 500
（记录工厂机械设备的购买情况）		

再举一个例子，假设 Lenard 公司以 22 000 美元的现金价格购买了一辆送货卡车。相关支出包括销售税 1 320 美元，油漆和刻字 500 美元，机动车牌照 80 美元和三年意外保险 1 600 美元。送货卡车的成本为 23 820 美元，如表 10-3 所示。

表 10-3　送货卡车成本的计算

送货卡车	
现金价格	22 000
销售税	1 320
油漆和刻字	500
送货卡车成本	**23 820**

Lenard 公司把机动车牌照的成本当作费用，把保险费成本当作预付资产。因此，Lenard 公司在记录购车和相关支出时做了如下分录：

设备	23 820	
牌照费用	80	
预付保险费	1 600	
库存现金		25 500
（用于送货卡车采购及相关支出的记录）		

10.1.2　使用期限内的支出

在固定资产的使用期限内，公司可能会承担普通维修、增加或改进的费用。普通维修是为维持设备的运行和生产寿命而进行的支出。它们通常是少量的并且经常发生的。例如电动机调整和更换机油，粉刷建筑物，更换机器上磨损的齿轮。公司在发生维修时，将维修费用记入"维护和修理费用"的借方。由于这些支出会立即作为费用从收入中扣除，因此这些费用通常称为收入支出。

相反，增加和改进是一种为提高固定资产的运营效率、生产能力或使用寿命而发生的成本。它们通常是重要的并且很少发生。增加和改进增加了公司在生产设施上的投资。公司通常将这些金额记入受影响的固定资产的借方。它们通常被称为资本支出。

公司在决定收入支出和资本支出时必须有良好的判断力。例如，假设 Rodriguez 公司购买了一些废纸篓。正确的会计处理方法似乎是将这些废纸篓资本化，然后在其使用寿命内折旧。然而，Rodriguez 公司一般会立即将这些废纸篓的费用报销。这种做法的合理性在于其重要性。重要性是指项目的规模对公司财务运营的影响。重要性概念表明，如果一个项目不会对决策产生影响，公司在报告该项目时不必遵循 GAAP。

10.2 折旧方法

如第 3 章所述，折旧是指以合理和系统的方式将固定资产在其使用期限（服务期限）内的成本分摊的过程。成本分摊使公司能够根据费用确认原则正确地将费用与收入进行匹配，如图 10-2 所示。

图 10-2 折旧作为一种成本分摊概念

重要的是要理解折旧是一个成本分摊的过程，不是一个资产评估的过程。没有试图衡量资产在拥有期间公允价值的变化。因此，固定资产的账面价值（成本减去累计折旧）可能与其公允价值有很大差别。事实上，如果一项资产被充分折旧，它的账面价值可能为零，但仍然具有公允价值。

折旧适用于三类固定资产：土地改良、建筑物和设备。这些类别中的每一项资产都被认为是可折旧资产。为什么？因为每一项资产对公司的有用性和产生收入的能力会随着资产的使用寿命而下降。折旧不适用于土地，因为土地的用途和产生收入的能力通常会随着时间的推移保持不变。事实上，在许多情况下，随着时间的推移，土地的用途会变得更多，因为好土地稀缺。因此，土地不是一种可折旧资产。

在可折旧资产的使用期内，其产生收入的能力由于资产磨损而下降。对于一家公司来说，一辆开了 10 万英里的送货卡车不如一辆开了 800 英里的送货卡车有用。

产生收入的能力也可能因为淘汰而下降。淘汰是指资产在物理损耗之前就变得过时的过程。例如，主要的航空公司从芝加哥中途机场转移到芝加哥的奥黑尔国际机场，因为中途机场的跑道对大型喷气式飞机来说太短了。同样，许多公司在它们最初计划更换计算机前很久就更换了它们的计算机，因为新技术的改进使旧的计算机过时了。

确认资产的折旧并不会导致替换该资产的现金的积累。累计折旧的余额代表公司已记入费用的资产成本总额。它不是一种现金准备金。

需要注意的是，折旧的概念与持续经营假设是一致的。持续经营假设是指在可预见的未来，公司将继续经营。如果一家公司不采用持续经营假设，则固定资产应按其公允价值进行列示。在这种情况下，这些资产就不需要折旧了。

10.2.1 计算折旧的影响因素

如图 10-3 所示，有三个因素影响折旧的计算。

（1）成本。前面我们解释了有关折旧资产成本的问题。回想一下，公司根据历史成本原则记录固定资产的成本。

图 10-3 计算折旧的三个影响因素

（2）使用期限。使用期限是对资产所有者的预期生产期限（也称为服务期限）的估计。使用期限可以用时间、工作量（如机器小时）或产出单位来表示。使用期限是一个估计值。在进行评估时，管理层要考虑资产的预期用途、预期的维修和维护以及资产淘汰的脆弱性等因素。过去类似资产的经验通常有助于确定预期的使用期限。我们可以合理地猜测 Rent-A-Wreck 和 Avis 对它们的车辆使用期限有不同的估计。

（3）残值。残值是资产在其使用寿命结束时的价值估计。这个价值可以基于资产作为废料的价值或预期的以旧换新价值。与使用期限一样，残值也是一种估计值。在进行评估时，管理层会考虑其计划如何处理资产及其使用类似资产的经验。

10.2.2 折旧方法

折旧通常使用以下方法之一进行计算：

（1）直线法。

（2）工作量法。

（3）余额递减法。

根据公认会计原则，每种方法都是可以接受的。管理层选择其认为合适的方法。目的是选择一种最能衡量资产在其使用寿命内对收入贡献的方法。公司选择一种方法后，应在资产的使用期限内始终应用该方法。一致性增强了财务报表的可比性。折旧通过累计折旧影响资产负债表，通过折旧费用影响利润表。

我们将使用 Barb 的花店在 2020 年 1 月 1 日购买的一辆小型送货卡车的数据来比较这三种折旧方法（见表 10-4）。

表 10-4 送货卡车数据

成本	13 000
预计的残值	1 000
估计使用期限（年限）	5
估计使用寿命（英里）	100 000

图 10-4 展示了一些美国大公司使用的折旧方法。

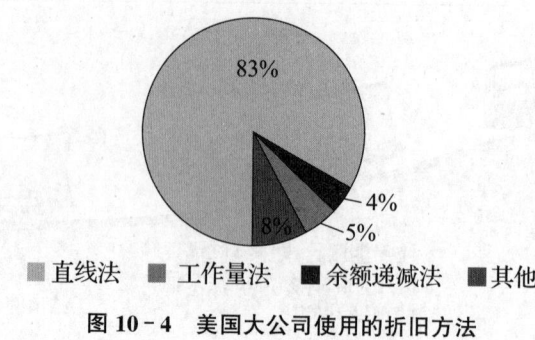

图 10-4 美国大公司使用的折旧方法

直线法

采用直线法，公司在资产使用年限中每年会支出相同的折旧费用。它仅通过流逝的时间来衡量。

要使用直线法计算折旧费用，公司需要确定折旧费用。折旧费用是资产成本减去其残值后的费用。它表示折旧总额。在直线法下，为了确定年度折旧费用，我们将折旧费用除以资产的使用寿命。图 10-5 显示了 Barb 的花店第一年折旧费用的计算。

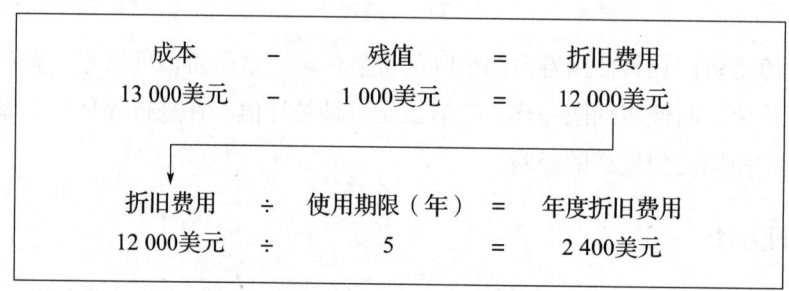

图 10-5 直线法计算公式

我们还可以计算一个年折旧率。在上述例子中，年折旧率为 20%（100%÷5 年）。公司使用年度直线法折旧率时，会将该比率应用于资产的折旧成本。表 10-5 显示了使用年度直线法折旧率的折旧时间表。

表 10-5 直线法的折旧时间表　　　　　　　　　　　　　　　　　　　　　单位：美元

年份	计算		=	每年折旧费用（美元）	年底	
	折旧费用（美元） ×	折旧率（%）			累计折旧（美元）	账面价值（美元）
2020	12 000	20		**2 400**	2 400	10 600*
2021	12 000	20		**2 400**	4 800	8 200
2022	12 000	20		**2 400**	7 200	5 800
2023	12 000	20		**2 400**	9 600	3 400
2024	12 000	20		**2 400**	12 000	**1 000**

*账面价值＝成本－累计折旧＝13 000 美元－2 400 美元。

请注意，每年 2 400 美元的折旧费用是相同的。使用期限结束时的账面价值（计算为成本减去累计折旧）等于预期的 1 000 美元残值。

对于一年中不是在 1 月 1 日购买的资产，该如何计算呢？在这种情况下，必须按时间比例分配年度折旧费用。如果 Barb 的花店在 2020 年 4 月 1 日购买了送货卡车，则该公司将在第一年（4 月至 12 月）的 9 个月内拥有这辆卡车。因此，2020 年的折旧费用将为 1 800 美元（12 000 美元 × 20% × $\frac{9}{12}$ 年）。

在实践中，直线法占主导地位。诸如金宝汤（Campbell Soup）、万豪（Marriott）和通用磨坊（General Mills）这样的大公司都使用直线法。直线法很容易应用，在整个使用期限内公司合理使用资产时，它会使费用与收入相匹配。

工作量法

在工作量法下，使用寿命是以资产预期生产或使用的总单位表示的，而不是一个时间段。工作量法非常适合工厂机械。制造公司可以以产出单位或机器小时数来衡量产量。此方法也可以用于诸如运输设备（行驶里程）和飞机（使用小时）之类的资产。工作量法通常不适用于建筑物或家具，因为这些资产的折旧与其说是使用的时间，不如说是时间的函数。

要使用此方法，公司会估算整个使用寿命内的总工作量，然后将这些单位划分为可折旧的费用，得出的数字代表每单位的折旧费用。将单位折旧费用乘上该年度的工作量，以确定年度折旧费用。

为了说明这一点，假设 Barb 的花店在第一年开着它的送货卡车行驶了 15 000 英里。图 10 - 6 显示了工作量法的公式和第一年折旧费用的计算。

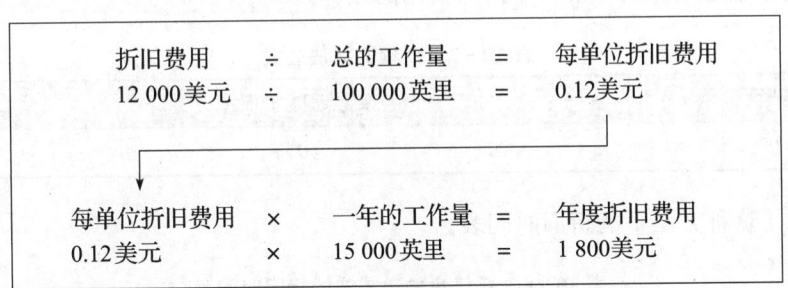

图 10 - 6　工作量法公式

表 10 - 6 展示了使用假设里程的工作量折旧时间表。

表 10 - 6　工作量法的折旧时间表

	Barb 的花店					
年份	计算		=	每年折旧费用（美元）	年底	
	工作量（英里） ×	每单位折旧费用（美元）			累计折旧（美元）	账面价值（美元）
2020	15 000	0.12		**1 800**	1 800	11 200*
2021	30 000	0.12		**3 600**	5 400	7 600
2022	20 000	0.12		**2 400**	7 800	5 200
2023	25 000	0.12		**3 000**	10 800	2 200
2024	10 000	0.12		**1 200**	12 000	**1 000**

* 11 200 = 13 000 美元 － 1 800 美元。

该方法适用于年中购买的资产。在这种情况下，公司使用该部分年度的资产生产率来计算折旧。

工作量法不像直线法那么流行（见图 10 - 4），主要是因为公司通常很难合理估计总工作量。然而，一些非常大的公司，如雪佛龙（Chevron）和 Boise Cascade，确实使用这种方法。当一项资产的生产率在不同时期有显著变化时，工作量法会带来费用与收入的最佳匹配。

余额递减法

用余额递减法计算的折旧费用在资产的使用期内逐年减少。这种方法之所以这样命名，是因为定期折旧是基于资产账面价值（成本减去累计折旧）在下降。用这种方法，公司通过年初的账面价值乘以余额递减的折旧率来计算年度折旧费用。折旧率每年都保持不变，但折旧率所适用的账面价值每年都在下降。

在第一年初，账面价值是资产的成本。这是因为在资产的使用年限开始时，累计折旧的余额为零。在随后的年份里，账面价值是成本和迄今为止累计折旧之间的差额。与其他折旧方法不同，余额递减法在计算年度折旧费用时不使用折旧成本，也就是说，在确定余额递减法折旧率适用的金额时，它忽略了残值。然而，残值确实限制了可取的折旧总额。当资产的账面价值等于预期残值时，折旧停止。

一般的余额递减法折旧率是直线法折旧率的两倍，这时，余额递减法通常被称为双倍余额递减法。如果 Barb 的花店采用双倍余额递减法，则折旧率为 40%（2×20% 的直线法折旧率）。表 10 - 7 展示了送货卡车的余额递减公式和第一年折旧费用的计算。

表 10 - 7　余额递减法公式

年初的账面价值	×	余额递减折旧率	=	每年的折旧费用
13 000	×	40%	=	5 200

表 10 - 8 显示了这种方法下的折旧时间表。

表 10 - 8　双倍余额递减法的折旧时间表

年份	计算		=	每年折旧费用（美元）	年底	
	年初账面价值（美元）×	折旧比率（%）			累计折旧（美元）	账面价值（美元）
2020	13 000	40		5 200	5 200	7 800
2021	7 800	40		3 120	8 320	4 680
2022	4 680	40		1 872	10 192	2 808
2023	2 808	40		1 123	11 315	1 685
2024	1 685	40		685*	12 000	1 000

* 674 美元（1 685 美元×40%）的计算被调整为 685 美元，以使账面价值等于残值。

第二年末，交付设备的折旧率为 69%（8 320 美元÷12 000 美元）。按照直线法，这辆卡车第二年末将贬值 40%（4 800 美元÷12 000 美元）。由于余额递减法在早期产生的折旧费用要比以后几年高，因此被认为是加速的折旧方法。余额递减法符合费用确认原则。它使早期几年较高的折旧费用与这些年所获得的较高收益相匹配。当资产对收入的贡献减少时，它还会在以后几年中确认较低的折旧费用。由于过时，某些资产很快会失去使用价值。在这些情况下，余额递减法提供了最合适的折旧金额。

公司在某一年中购买资产时，它必须按时间比例分配第一年余额递减的折旧。例如，如果 Barb 的花店在 2020 年 4 月 1 日购买了这辆卡车，那么 2020 年的折旧费用将变成 3 900 美元（13 000 美元×40%× $\frac{9}{12}$），则 2021 年初的账面价值为 9 100 美元（13 000 美元－3 900 美元），而 2021 年的折旧为 3 640 美元（9 100 美元×40%）。随后的计算将根据这些金额进行。

几种方法的比较

表 10 - 9 比较了 Barb 的花店在三种方法下的年度总折旧费用。

表 10 - 9　折旧方法比较

年份	直线法	工作量法	余额递减法
2020	2 400	1 800	5 200
2021	2 400	3 600	3 120
2022	2 400	2 400	1 872
2023	2 400	3 000	1 123
2024	2 400	1 200	685
	12 000	12 000	12 000

在这三种方法下年折旧费用差别很大，但五年期间的折旧总费用是相同的（12 000 美元）。每种方法在会计中都是可以接受的，因为每种方法都以一种合理和系统的方式确认了资产服务潜力的下降。图 10 - 7 展示了每种方法下的折旧费用变化。

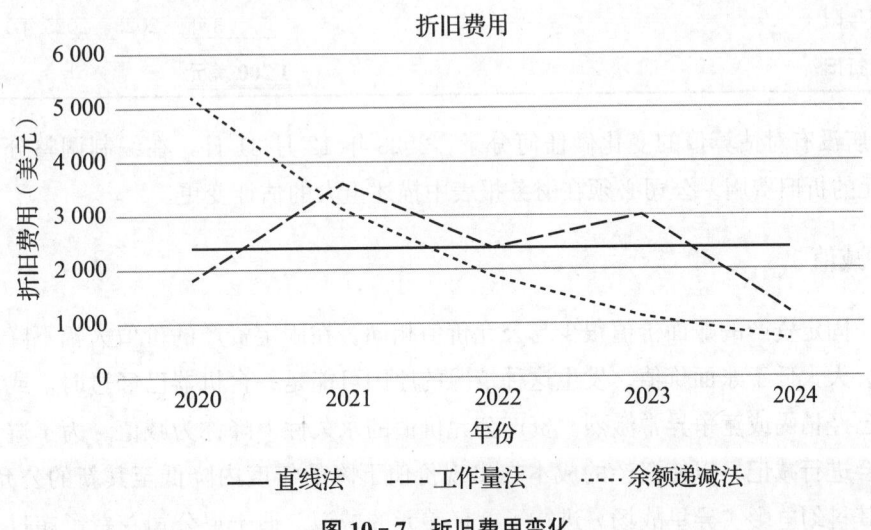

图 10 - 7　折旧费用变化

10.2.3　折旧和所得税

美国国税局（IRS）允许纳税人在计算应纳税收入时扣除折旧费用。然而，IRS 并不要求纳税人在纳税申报单上使用与编制财务报表相同的折旧方法。许多公司在财务报表中使用直线法来最大化净利润，与此同时，它们在纳税申报单上使用一种特殊的加速折旧方法来减少所得税。纳税人必须在纳税申报单上使用直线法或一种特殊的加速折旧法，这种方法被称为改进的加速成本回收系统（modified accelerated cost recovery system，MACRS）。

10.2.4 修正定期折旧

折旧是在会计中使用估计的一个例子。管理层应定期审查年度折旧费用。如果年度折旧估计不足或过多，则公司应更改折旧费用金额。

当需要更改估算值时，公司会在当前和未来年度进行更改。公司不会更改以前期间的折旧。理由是，对以前期间的持续重述将对财务报表的置信度产生不利影响。

为了确定新的年度折旧费用，公司首先会在修订时计算资产的折旧费用。然后，它将修订后的折旧成本分配给剩余的使用寿命。

为了说明这一点，假设 Barb 的花店决定在 2023 年 1 月 1 日将送货卡车的使用寿命延长一年（总寿命为 6 年），并将其残值增加到 2 200 美元。迄今为止，该公司一直使用直线法对资产进行折旧，每年的折旧费用为 2 400 美元（（13 000－1 000）÷5）。三年（2020—2022 年）后累计折旧为 7 200 美元（2 400 美元×3），账面价值为 5 800 美元（13 000 美元－7 200 美元）。新的年度折旧为 1 200 美元，如表 10-10 所示。

表 10-10　修改后的折旧计算

账面价值，2023 年 1 月 1 日	5 800 美元
减去：残值	2 200 美元
折旧成本	3 600 美元
剩余可使用年限	3 年（2023—2025 年）
修正后年度折旧	**1 200 美元**

Barb 的花店没有对估算值的变化做任何分录。2023 年 12 月 31 日，在编制调整分录时，公司记录了 1 200 美元的折旧费用。公司必须在财务报表中描述重大的估计变更。

10.2.5 减值

如前所述，固定资产的账面价值很少与公允价值相同。在固定资产的价值大幅下降的情况下，其公允价值可能会大大低于账面价值。发生这种情况的原因可能是一台机器已经过时，或者该机器生产的产品的市场已经枯竭或竞争异常激烈。资产公允价值的永久性下降称为减值。为了避免夸大账面上的资产，公司会进行减记，以使资产的成本在出现价值下降的年度内降低至其新的公允价值。最近，迪士尼公司对其科幻电影《异星战场》进行了 2 亿美元的减记。迪士尼公司花费了超过 3 亿美元来制作这部电影。

10.3　固定资产处置

公司处置不再对其有用的固定资产。图 10-8 显示了公司进行固定资产处置的三种方式。

图 10－8 固定资产处置方式

无论采用哪种处置方式，公司都必须确定在处置日的固定资产的账面价值，以确定损益。回想一下，账面价值是固定资产成本与迄今累计折旧之间的差额。如果处置不是在一年的第一天进行的，则公司必须记录自处置之日起一年内的折旧额。然后，该公司通过减少（借记）与该资产相关（至处置之日）的累计折旧并减少（贷记）该资产账户的资产成本来消除账面价值。

下面我们主要讲述报废和出售固定资产的会计处理。

10.3.1 固定资产的报废

为了说明固定资产的报废，假设 Hobart 公司的电脑打印机报废了，它们的成本为 32 000 美元。这些打印机的累计折旧为 32 000 美元。因此，这些设备已全部折旧（账面价值为零）。记录这次报废的分录如下：

累计折旧——设备	32 000	
设备		32 000
（记录已完全折旧的设备的报废）		

如果完全折旧的固定资产对公司仍然有用，会发生什么？在这种情况下，该资产及其累计折旧会继续在资产负债表上报告，而不进行进一步的折旧调整，直到公司报废该资产。在资产负债表上报告资产和相关的累计折旧，告知财务报表读者该资产仍在使用。一旦充分折旧，就不应对资产再进行额外折旧，即使资产仍在使用。在任何情况下，固定资产的累计折旧都不能超过其成本。

如果一个公司在固定资产完全折旧之前让它报废，并且没有收到报废或残值的现金，处置损失就发生了。例如，假设 Sunset 公司丢弃了成本为 18 000 美元的设备，累计折旧为 14 000 美元。分录如下：

累计折旧——设备	14 000	
固定资产处置损失	4 000	
设备		18 000
（记录设备报废时的损失）		

公司在利润表的"其他费用和损失"一栏中报告处置固定资产的损失。

10.3.2 固定资产的出售

在通过出售进行处置时，公司会将资产的账面价值与从出售中获得的收益进行比较。如果出售收益超过公司资产的账面价值，则会产生处置收益。如果出售收益少于公司资产的账面价值，则会产生处置损失。

只有出售收益等于公司所出售资产的账面价值时，资产的账面价值和公允价值才会一致。因此，出售固定资产的盈亏十分普遍。例如，达美航空公司宣布出售五架波音 B727－200 飞机和五架洛克希德 L-1011-1 飞机，获得了 9 400 万美元的收益。

出售收益

为了说明出售固定资产的收益，假设在 2020 年 7 月 1 日，Wright 公司以 16 000 美元现金出售办公家具。这套办公家具最初花了 6 万美元。截至 2020 年 1 月 1 日，其累计折旧为 4.1 万美元。2020年前 6 个月的折旧为 8 000 美元。Wright 公司记录了折旧费用，并将累计折旧更新到 7 月 1 日。分录如下：

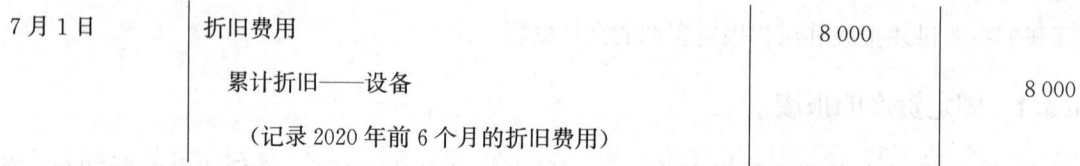

7月1日	折旧费用	8 000	
	累计折旧——设备		8 000
	（记录 2020 年前 6 个月的折旧费用）		

在累计折旧余额更新后，公司计算损益。损益是出售所得与处置日的账面价值之间的差额。表 10 - 11 显示了 Wright 公司的计算结果，该公司在处置时获得了 5 000 美元的收益。

表 10 - 11 处置时的收益计算	单位：美元
办公家具成本	60 000
减去：累计折旧（41 000＋8 000）	49 000
处置日的账面价值	11 000
出售所得	16 000
固定资产处置收益	**5 000**

Wright 公司将出售和处置固定资产所得记录如下：

7月1日	库存现金	16 000	
	累计折旧——设备	49 000	
	设备		60 000
	固定资产处置收益		5 000
	（记录办公家具的处置所得）		

公司在利润表的"其他收入和收益"一栏中报告处置固定资产的收益。

出售损失

假设 Wright 公司不是以 16 000 美元的价格出售办公家具，而是以 9 000 美元的价格出售。在这个例子中，Wright 公司损失了 2 000 美元，如表 10 - 12 所示。

表 10-12 计算处置损失	单位：美元
办公家具成本	60 000
减去：累计折旧（41 000＋8 000）	49 000
处置日的账面价值	11 000
出售所得	9 000
固定资产处置损失	**2 000**

Wright 公司将固定资产的出售和处置损失记录如下：

7月1日	库存现金	9 000	
	累计折旧——设备	49 000	
	设备		60 000
	固定资产处置损失	2 000	
	（记录办公用品处置损失）		

公司在利润表的"其他费用和损失"一栏中报告处置固定资产的损失。

10.4 自然资源和无形资产

10.4.1 自然资源

自然资源包括木材和地下的石油、天然气和矿藏。这些生产资产有两个显著的特征：（1）它们是开采过程中被提取出来的（如采矿、切割或抽水）；（2）它们只有通过自然行为才能被替换。

自然资源的获取成本是获取该资源并使其达到预期用途做出的准备所需的价格。对于已经发现的资源，例如一个煤矿，成本是为该财产支付的价格。

10.4.2 折耗

在资源的使用寿命内，以合理和系统的方式分配自然资源成本的方法称为折耗（自然资源的折耗就像固定资产的折旧一样）。公司通常使用工作量法（本章前面已学习）来计算折耗。原因是折耗通常是一年中提取单位的函数。

在工作量法下，公司用自然资源的总成本减去残值除以估计存在于该资源中的单位数量，结果是每单位的折耗成本。为了计算折耗，将每单位折耗成本乘以提取的单位数量。

举例来说，假设 Lane 公司在一个估计储量有 100 万吨煤且没有残值的煤矿上投资 500 万美元。表 10-13 显示了每单位折耗成本的计算。

表 10-13 计算每单位折耗成本

总成本－残值 总预计的工作量	=	每单位折耗成本
$\dfrac{5\ 000\ 000}{1\ 000\ 000}$	=	5.00 美元/吨

如果 Lane 公司在第一年开采了 25 万吨，那么这一年的折耗是 125 万美元（25 万吨×5 美元）。它将折耗记录如下：

库存商品（煤）	1 250 000	
累计折耗		1 250 000
（记录煤矿的折耗）		

Lane 公司借记该年总消耗的库存商品，贷记累计折耗，以减少自然资源的账面价值。累计折耗是一种与累计折旧类似的抵销资产。Lane 公司出售存货时贷记存货，并借记销售成本。未售出的金额保留在存货中，并在资产负债表的"流动资产"部分报告。

有些公司不使用累计折耗账户，在这种情况下，公司直接将折耗额贷记入自然资源账户。

10.4.3 无形资产

无形资产是由于拥有不具有实体的长期资产而产生的权利、特权和竞争优势。无形资产的证据可能以合同或许可证的形式存在。无形资产的来源有：

（1）政府授权，例如专利、版权、许可证、商标和商品名称。

（2）收购另一家企业，购买价格中包括商誉价值。

（3）由合同协议（例如特许经营和租赁）产生的私人垄断安排。

一些广为人知的无形资产包括微软的专利、麦当劳的特许经营权、苹果公司的商标 iPod、J. K. 罗琳的《哈利·波特》系列图书的版权，以及引例中 Rent-A-Wreck 的商标。

10.4.4 无形资产的会计处理

公司以成本记录无形资产。无形资产可以划分为有限寿命或无限寿命两类。如果无形资产的寿命有限，则公司会使用类似于折旧的方法在资产的使用寿命内分配成本。分配无形成本的过程称为摊销。使用寿命无限的无形资产成本不应摊销。

为了记录无形资产的摊销，公司增加（借方）摊销费用，并减少（贷方）特定的无形资产。另外，有些公司选择贷记备抵账户，例如"累计摊销"。对于课后习题，你可以直接贷记具体的无形资产。

无形资产通常以直线方式摊销。例如，专利的法定有效期是 20 年。公司将专利的成本摊销到 20 年或使用年限（以较短者为准）中。为了说明专利摊销的计算方法，假设国家实验室以 60 000 美元的价格购买了一项专利。如果国家实验室估计专利的使用寿命为 8 年，每年摊销费用为 7 500 美元（60 000 美元÷8）。国家实验室记录的年度摊销费用如下：

12 月 31 日	摊销费用	7 500	
	专利		7 500
	（记录专利摊销）		

公司在利润表中将摊销费用列为运营费用。

无形资产和固定资产在确定成本方面有区别。对于固定资产，成本包括资产的购买价格和在设计和建造资产时发生的成本。相比之下，无形资产的初始成本只包括购买价格。公司将开发无形资产所产生的任何成本都记入费用。

专利

专利是美国专利局颁发的专有权，使专利权人能够自授予日起 20 年内制造、出售或以其他方式控制一项发明。专利是不可更新的。但是，公司可以通过改善或更改基本设计获得新专利来延长专利的合法寿命。专利的初始成本是为获得专利而支付的现金或现金等价物。

俗话说得好："一项专利的好坏取决于你准备花在捍卫它上的钱。"许多专利都遭到竞争对手的起诉。所有者在专利侵权诉讼辩护中为成功捍卫专利而产生的任何法律费用，都被认为是建立专利有效性所必需的。所有者将这些成本添加到"专利"账户中，并在专利的剩余使用期内进行摊销。

专利所有者在专利的合法寿命或使用寿命（以较短者为准）期间摊销专利的成本。公司在确定使用寿命时会考虑淘汰和不足，这些因素可能导致专利在其合法寿命结束前在经济上失去效用。

著作权

联邦政府授予版权，赋予所有者复制和销售艺术作品或出版作品的独家权利。版权的有效期限是创作者的寿命再加上 70 年。版权的成本就是获得和维护它的成本。费用可能只是支付给美国版权局的一小笔费用。如果版权是从另一方获得的，其数额可能会大得多。

版权的使用寿命通常比其合法寿命短得多，因此，版权通常在相对较短的时间内摊销。

商标及商品名称

商标或商品名称是用来标识特定企业或产品的一个词、短语、广告语或符号。像 Wheaties、Monop-oly、Big Mac、Kleenex、可口可乐和 Jeep 这样的商标可以立即识别产品。它们通常也能提高产品的销量。发明人或原使用人在美国专利局注册后，可获得商标或商品名称的独家合法权利。这种注册提供 20 年的保护期。只要商标或商品名称仍在使用，注册可以无限期续展。

如果一个公司购买了商标或商品名称，它的成本就是购买价格。如果公司开发并维护了商标或商品名称，则与这些活动相关的任何费用均按照发生时的费用计算。因为商标和商品有无限的寿命，所以它们不能摊销。

特许经营权

当你在壳牌加油站加满油，在赛百味吃午餐或从 Rent-A-Wreck 租车时，你就在和特许经营公司打交道。特许经营权是指特许人与被特许人之间的合同安排。特许人通常授予加盟商在指定地理区域内销售特定产品、提供特定服务或使用特定商标或商品名称的权利。

另一种类型的特许经营权是许可证。政府机构颁发许可证允许公司使用公共财产进行服务。例如，利用城市街道作为公交线路或进行出租车服务，利用公共土地开通电话和电线，利用无线电波开通广播或电视。在最近的一项授权协议中，FOX、CBS 和 NBC 同意支付 279 亿美元，以获得为期 8 年的美国国家橄榄球联盟比赛的转播权。特许经营权和许可证的授予可以是一段确定的时间、一段不确定的时间，也可以是永久的。

当一个公司能够确定购买特许经营权或许可证的成本时，它应该确认一项无形资产。公司应将有限期特许经营权（或许可证）的成本在其使用期限内摊销。如果是无限期的，成本就不摊销。根据特许经营协议支付的年度付款在产生的当期记录为运营费用。

商誉

通常出现在公司资产负债表上的最大的无形资产是商誉。商誉是指不归属于任何其他特定资产的，与公司有关的所有有利属性的价值。包括卓越的管理、理想的位置、良好的客户关系、熟练的员工、高质量的产品以及与工会的和谐关系。商誉是独一无二的。与可以在市场上单独出售的资产（如投资和工厂资产）不同，商誉只能与企业作为一个整体一起进行识别。

如果商誉只能与企业作为一个整体来确定，那么如何确定商誉的金额？我们可以尝试将上述因素（例如管理、理想的地理位置等）用美元进行衡量。但是，结果将是非常主观的，并且这种主观评估不会提高财务报表的可靠性。因此，公司仅在购买整个业务时才记录商誉。在这种情况下，商誉是净资产（资产减负债）的公允价值超过成本的部分。

在记录收购业务时，公司会借记（增加）可确定的收购资产，按公允价值贷记负债，按收购价格贷记现金，并将差额记录为商誉。商誉不摊销，因为商誉的寿命不确定。但是，如果公司确定其价值已永久受损，则必须减记商誉。公司在资产负债表的无形资产项下报告商誉。

10.4.5 研发成本

研发成本是指可能带来专利、版权、新工艺和新产品出现的支出。许多公司在研发上花费了大量资金。例如，最近一年，谷歌在研发方面的支出超过 98 亿美元。

研发成本存在会计问题。有时很难将成本分配给特定项目，并且确定未来收益的范围和时间也存在不确定性。结果，无论研发是否成功，公司通常都会在发生时将研发成本记为费用。

为了说明这一点，假设 Laser Scanner 公司在研发上投入了 300 万美元，并获得了两项非常成功的专利。公司为这些专利支付了 20 000 美元的律师费用。该公司会将律师费用添加到"专利"账户中。但是，研发费用不能包含在专利费用中。公司会在研发成本发生时将其记为费用。

许多人不同意这种会计方法，他们认为高昂的研发成本会导致资产和净利润被低估。然而，其他人则认为，将这些成本资本化将导致资产负债表上出现高度投机的资产。谁是对的很难确定。

10.5 报表的列示与分析

10.5.1 列示

通常公司将固定资产和自然资源合并在资产负债表的"不动产、厂房和设备"项下，与无形资产的列示分开。表 10-14 显示了 Artex 公司资产负债表的资产部分，重点是固定资产的报告。

表 10-14 不动产、厂房、设备及无形资产的列示

Artex 公司
资产负债表（部分）

单位：千美元

流动资产

　　库存现金 430

续表

Artex 公司 资产负债表（部分）		
		单位：千美元
应收账款	100	
库存商品	910	
流动资产合计		1 440
不动产、厂房和设备		
金矿	530	
减去：累计折耗	210	320
土地		600
建筑物	7 600	
减去：累计折旧——建筑物	500	7 100
设备	3 870	
减去：累计折旧——设备	620	3 250
不动产、厂房和设备合计		11 270
无形资产		
专利	440	
商标	180	
商誉	900	1 520
资产合计		14 230

公司可以在资产负债表或财务报表附注中披露主要资产类别，例如土地、土地改良、建筑物和设备以及累计折旧（按主要类别或总额）。此外，它们还应描述所使用的折旧和摊销方法，并披露该期间的折旧和摊销费用的金额。

10.5.2 分析

使用比率，我们可以分析公司利用其资产来产生销售的效率。资产周转率分析公司资产的生产力。它告诉我们，每 1 美元的资产能产生多少美元的销售收入。这个比率是通过将净销售额除以该时期的平均总资产得出的。表 10-15 显示了宝洁公司资产周转率的计算。宝洁 2015 年的净销售额为762.79 亿美元，期末资产总额为 1 294.95 亿美元，期初资产为 1 442.66 亿美元。

表 10-15 资产周转率公式与计算

净销售额	÷	平均总资产	=	资产周转率
762.79	÷	(1 442.66＋1 294.95)/2	=	0.56 倍

因此，每 1 美元的资产为宝洁公司带来了 0.56 美元的销售额。如果一家公司有效地利用其资产，那么每 1 美元的资产会创造大量的销售额。在不同行业中，例如从资产密集型行业到非资产密集型行业，此比率差异很大。

◀ 选择题 ▶

1. Erin Danielle 公司购买了设备，并因此产生了以下费用：

现金价格　　　　　24 000 美元

销售税　　　　　　1 200 美元

运输途中的保险费　200 美元

安装和测试　　　　400 美元

总成本　　　　　　25 800 美元

应记录多少金额作为设备成本？（　　）

A. 24 000 美元　　　B. 25 200 美元　　　C. 25 400 美元　　　D. 25 800 美元

3. 折旧是一个什么过程？（　　）

A. 估值　　　　　B. 成本分配　　　　C. 现金积累　　　　D. 评价

5. 安·托伯特（Ann Torbert）于 2019 年 1 月 1 日以 11 000 美元的价格购买了一辆卡车。这辆卡车在第 5 年末的残值估计为 1 000 美元。使用工作量法，可以通过以下哪个公式计算 2020 年 12 月 31 日的累计折旧余额？（　　）

A. （11 000 美元÷估计的总活动量）×2020 年的工作量

B. （10 000 美元÷估计的总活动量）×2020 年的工作量

C. （11 000 美元÷估计的总活动量）×2019 年和 2020 年的工作量

D. （10 000 美元÷估计的总活动量）×2019 年和 2020 年的工作量

7. 当估计折旧发生变化时（　　）。

A. 应纠正以前的折旧　　　　　　　　B. 修改本年度和未来年度的折旧

C. 只应修订未来年度的折旧　　　　　D. 以上都不是

9. Bennie Razor 公司决定在 2020 年 6 月 30 日出售一台旧制造机器。该机器于 2016 年 1 月 1 日以 80 000 美元的价格购买，并且在假定没有残值的情况下按直线法折旧 10 年。如果机器以 26 000 美元的价格出售，那么出售时记录的收益或损失是多少？（　　）

A. 18 000 美元　　　B. 54 000 美元　　　C. 22 000 美元　　　D. 46 000 美元

11. 下列哪个陈述是错误的？（　　）

A. 如果无形资产的使用寿命有限，则应摊销

B. 无形资产的摊销期限可以超过 20 年

C. 商誉仅在收购企业时记录

D. 研发费用在产生时记为费用，但产生发明专利的除外

13. 指出以下哪个陈述是正确的（　　）。

A. 由于无形资产缺乏实物，因此仅需在财务报表附注中披露

B. 商誉应在所有者权益部分中作为备抵账户记录

C. 主要类别资产的总额可以在资产负债表中显示，资产详细信息在财务报表的附注中披露

D. 无形资产通常与固定资产和自然资源结合在一起，并在"财产，厂房和设备"中显示

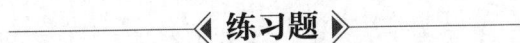

◆ 简答题 ▶

1. Fulmer 公司以 50 000 美元的价格购买了一辆送货卡车。预计卡车在 5 年使用寿命结束时的残值为 5 000 美元。使用（a）直线法和（b）双倍余额递减法计算第一年和第二年的年折旧费用。

3. Lucas 公司于 2020 年 1 月 2 日以 200 000 美元的价格获得了有限寿命的特许经营权。它的使用寿命估计为 10 年。（a）编制会计分录，记录第一年的摊销费用。（b）显示如何在第一年年末的资产负债表上报告该特许经营权。

◆ 练习题 ▶

1. Numo 公司于 2020 年 10 月 1 日购买了一台新机器，费用为 14.5 万美元。该公司估计这台机器的残值为 25 000 美元。这台机器在 5 年的寿命期内预计使用 20 000 个工作小时。

要求：

根据以下方法计算指定年份的折旧费用。

a. 2020 年用直线法。

b. 2020 年用工作量法，假设机器使用时间为 3 400 小时。

c. 2020 年和 2021 年使用双倍余额递减法。

◆ 实践题 ▶

1. DuPage 公司于 2020 年 1 月 1 日以 18 000 美元的价格购买了一台工厂机器。DuPage 预计该机器在其 4 年使用寿命结束时的残值为 2 000 美元。在机器的使用寿命内，预计可使用 160 000 小时。实际年度小时使用量为：2020 年，40 000 小时；2021 年，60 000 小时；2022 年，35 000 小时；2023 年，25 000 小时。

要求：

使用以下方法编制折旧明细表：（a）直线折旧法；（b）工作量法；（c）双倍余额递减法。

▌▍ IFRS 概览

在财产、厂房和设备的会计处理中，IFRS 遵循与 GAAP 几乎相同的原则。但是，它们在实现上存在一些显著差异。IFRS 允许使用财产、厂房和设备的重估计，还要求使用组件折旧。此外，无形资产和减值的会计处理存在重大的差异。

关键点

以下是 GAAP 和 IFRS 之间与长期资产记录过程相关的主要异同点。

相似点

● IFRS 和 GAAP 对固定资产的定义基本相同。

● IFRS 和 GAAP 都按照历史成本原则在收购日对财产、厂房和设备进行会计处理。成本包括购置资产并使其准备就绪可用于其预期用途的所有必要支出。

● 根据 IFRS 和 GAAP，建筑过程中产生的利息成本被资本化。最近，IFRS 和 GAAP 在这一领域的要求趋于一致。

● IFRS 还将折旧视为资产在使用寿命内的成本分配。IFRS 允许采用与 GAAP 相同的折旧方法（例如，直线折旧、加速折旧和工作量法折旧）。

● 根据 IFRS 和 GAAP，使用的折旧方法的变化和使用寿命的变化将在当期和未来期间处理，以前的期间不受影响。GAAP 最近对折旧方法变更的会计处理符合国际标准。

● 根据 IFRS 和 GAAP，后续支出（如日常维修和更换）的会计核算基本相同。

● 根据 IFRS 和 GAAP，固定资产处置的会计处理基本相同。

● 根据 IFRS 和 GAAP，以基本相同的方式记录获取自然资源的初始成本。

● 根据 IFRS 和 GAAP，无形资产的定义基本相同。

● 对于非货币资产交换的会计处理最近 IFRS 和 GAAP 已趋同。GAAP 现在要求，如果非货币资产的交易具有商业实质，则应确认该交易的收益。这与 IFRS 中使用的框架相同。

不同点

● IFRS 使用剩余价值（residual value）而非残值（salvage value）来指所有者在该资产使用寿命结束时对资产价值的估计。

● IFRS 允许公司在报告日期将固定资产的公允价值进行重估计。选择使用重估计框架的公司必须遵循重估程序。如果使用重估，则必须将其应用于资产类别中的所有资产。价格变动快速的资产必须每年进行重估，否则可以接受不那么频繁的重估。

● IFRS 要求组件折旧。组件折旧规定，具有不同估计的可使用年限的可折旧资产的任何重要组件均应单独进行折旧。GAAP 允许组件折旧但很少使用。

● 与 GAAP 一样，根据 IFRS，与研发相关的成本被分为两个部分。研究阶段的费用始终根据 IFRS 和 GAAP 进行记录。但是，根据 IFRS，一旦实现技术可行性应用，开发阶段的成本就会资本化为开发成本。

● IFRS 允许对无形资产进行重估（商誉除外）。GAAP 禁止对无形资产进行重估。

展望未来

IASB 和 FASB 已经确定了一个项目，将考虑扩大对内部产生的无形资产的确认。与 GAAP 相比，IFRS 允许更多地确认无形资产。

第 11 章

流动负债和工资核算

本章预览

　　正如引例中所述的那样，发明家兼企业家威尔伯特·默多克必须使用多张信用卡为自己的企业融资。由于默多克的信用卡债务每月到期，因此将其归类为流动负债。默多克长期使用这种信贷方式虽然每月支付少量款项但是要支付高额利息。由于累积了大量利息，有些信用卡余额多年都未结清。

⊙ 引　例

为梦想融资

　　如果你有一个关于新产品的好想法，却没有足够的资金来启动业务，你会怎么做？小企业往往无法吸引到投资者，它们也无法通过银行贷款或发行债券获得传统的债务融资。因此，它们经常求助于不同寻常的、昂贵的非传统融资形式。威尔伯特·默多克（Wilbert Murdock）就是这样一个例子。默多克在纽约长大，一直有很大的野心。他的创业精神让他参与了一些失败的商业冒险：医疗诊断工具、消除腕管综合征的设备、定制运动鞋，以及防止人们在驾驶时睡着的设备。

　　另一个想法是计算机化的高尔夫球杆，它可以分析高尔夫球手的挥杆动作并提供即时反馈。默多克看到了这个想法的巨大潜力：许多高尔夫球手愿意花一大笔钱购买能提高他们球技的设备。但默多克没有现金来开发他的产品，银行和其他贷款机构都避而远之。默多克并没有放弃，而是利用信用卡融资，他很快就欠了信用卡公司 2.5 万美元。

　　虽然用信用卡为企业融资听起来不寻常，但事实并非如此。最近的一项研究发现，在员工少于 20 人的企业中，有 1/3 的企业至少有一部分业务是通过信用卡融资的。正如默多克解释的那样，信用卡是一种很有吸引力的创业融资方式，因为"信用卡公司不在乎钱是怎么花的"。实际上，它们只在乎自己的回报。因此，默多克面临着高额的利息和一连串的信用卡催收信。

　　默多克的债务迫使他牺牲了几乎一切来维持他的生意。他的车停了，他几乎没有足够的钱买食物，他在母亲地下室里生活和工作。

　　在整个过程中，他努力保持一种积极的精神，他开玩笑说，如果他成功了，有一天他可能会出现在美国运通的广告中。

　　资料来源：Rodney Ho, "Banking on Plastic: To Finance a Dream, Many Entrepreneurs Binge on Credit Cards," *Wall Street Journal*（March 9, 1998），p. A1.

11.1　流动负债的会计处理

11.1.1　什么是流动负债

　　我们已经知道负债的定义是"债权人对总资产享有的债权"和"公司现有债务和偿还它的义务"。公司必须在未来的某个时候通过转移资产或服务的方式来解决或支付这些债权、债务以及义务。未来到期或应付的日期（到期日）是负债的一个重要部分。

正如第 4 章所解释的，流动负债是指公司希望在一年或一个经营周期内（以较长时间为准）偿还的债务。不符合这一标准的债务是长期负债。

财务报表使用者想知道一个公司的债务是流动的还是长期的。流动负债大于流动资产的公司通常缺乏流动性或短期偿债能力。此外，财务报表使用者还想知道一家公司所承担的负债的类型。如果一家公司宣布破产，就存在一种特定的、预先确定的向债权人付款的顺序。因此，负债的数额和类型至关重要。

不同类型的流动负债包括应付票据、应付账款、预收账款和应计负债，如税金、工资和应付利息。在下面的内容中，我们将讨论流动负债的常见类型。

11.1.2　应付票据

公司以书面票据形式记录的债务，称为应付票据。应付票据经常被用来代替应付账款，因为在需要法律措施来收回债务的情况下，应付票据给予贷方正式的债务证明。公司经常发行应付票据以满足短期融资需求。应付票据通常要求借款方支付利息。

发行票据的时间有所不同。在资产负债表日起一年内到期的应付款项通常被分类为流动负债。

为了说明应付票据的会计处理，假设第一国家银行同意在 2020 年 9 月 1 日放贷 100 000 美元，前提是 Cole Williams 公司签署在四个月后到期，即 1 月 1 日到期的面值为 100 000 美元、利率为 12％的票据。当一个公司发行有息票据时，在发行票据时获得的资产价值通常等于票据的票面价值。因此，Cole Williams 将获得 100 000 美元的现金，并将记录以下日记账分录。

9 月 1 日	库存现金	100 000	
	应付票据		100 000
	（记录向第一国家银行发行了利率为 12％的 4 个月期的票据）		

利息在票据的存续期间内累积，公司必须定期记录利息。如果 Cole Williams 每年编制财务报表，在 12 月 31 日做调整分录确认利息费用和应付利息 4 000 美元$\left(10 万美元 \times 12％ \times \frac{4}{12}\right)$。表 11-1 给出了计算利息的公式及其在 Cole Williams 票据上的应用。

表 11-1　计算利息的公式

票面价值	×	年利率	×	以年为单位的时间	=	利息
100 000	×	12％	×	$\frac{4}{12}$	=	**4 000 美元**

Cole Williams 做了如下调整分录：

12 月 31 日	利息费用	4 000	
	应付利息		4 000
	（在第一国家银行票据上计息 4 个月）		

在 12 月 31 日的财务报表中，资产负债表的流动负债部分将显示应付票据 100 000 美元和应付利

息 4 000 美元。此外，公司将在利润表的"其他费用和损失"项下反映利息费用 4 000 美元。如果 Cole Williams 每月编制财务报表，那么月末的调整分录为 1 000 美元 $\left(100\,000\,美元 \times 12\% \times \frac{1}{12}\right)$。

当到期时（2021 年 1 月 1 日），Cole Williams 必须支付票据的面值（10 万美元）加上 4 000 美元的利息 $\left(10\,万美元 \times 12\% \times \frac{4}{12}\right)$。它将应付票据和应计利息记录如下：

1 月 1 日	应付票据	100 000	
	应付利息	4 000	
	库存现金		104 000
	（记录第一国家银行付息票据及到期时的应计利息）		

11.1.3　应付销售税

我们在零售商店购买的许多产品都要交纳销售税。许多州现在也开始对网上购物征收销售税。销售税是以销售价格百分比表示的。当销售发生时，销售公司从客户那里收取税款。零售商定期（通常是每月）将收来的钱交给州政府的税收部门。征收销售税很重要。例如，纽约州最近起诉斯普林特公司（Sprint），要求其赔偿 3 亿美元，理由是该公司涉嫌未收取销售税。

根据大多数州的销售税法，销售公司必须在收银机中分别输入销售金额和所收取的销售税金额（汽油销售是一个例外）。然后，公司根据收银机读数将销售收入和应付销售税记入贷方。例如，如果 3 月 25 日 Cooley 杂货店的收银机显示销售额为 10 000 美元，销售税为 600 美元（销售税税率为 6%），则日记账分录如下：

3 月 25 日	库存现金	10 600	
	销售收入		10 000
	应付销售税		600
	（记录每日销售收入和销售税）		

当公司将税款交给征税机构时，公司会将税款从应付销售税款中扣除，并贷记库存现金。该公司不将销售税记为费用，它只是将客户支付的金额转交给政府，因此，Cooley Grocery 仅充当税收机关的收款代理。

有时，公司不会在收银机中单独输入销售税。要确定这种情况下的销售额，请将总收入除以 100% 加上销售税率的和。例如，假设 Cooley Grocery 输入总收入 10 600 美元，来自销售的收入等于销售价格（100%）加上税率（为销售价格的 6%），即销售总额的 1.06 倍。我们可以如下计算销售额：

$$10\,600 \div 1.06 = 10\,000（美元）$$

因此，我们可以通过从总收入中减去销售额（10 600 美元 − 10 000 美元）或用销售额乘以销售税率（10 000 美元 × 6%）计算得到 600 美元的销售税额。

11.1.4 预收账款

杂志出版商（例如《体育画报》）在客户订购杂志时会收到客户的支票。诸如美国航空之类的航空公司在出售未来航班机票时通常会收到现金。音乐会、体育赛事和戏剧节目的季票也需要提前付费。公司如何计算在交付货物或提供服务之前获得的预收账款？

（1）公司收到预付款后，将从现金中扣除借方款项，并将其记入当前负债账户，以标识预收账款的来源。

（2）当公司确认收入时，它将借记预收账款账户并贷记收入账户。

为了说明这一点，假设 Superior 大学在其第五场比赛的主场比赛中以每张 50 美元的价格出售 10 000 张赛季足球票。该大学记录季票的销售分录如下：

8月6日	现金（10 000×50 美元）	500 000	
	预收账款		500 000
	（记录 10 000 张季票的销售情况）		

在每场比赛结束之后，Superior 大学会在以下分录中记录收入的确认：

9月7日	预收门票收入	100 000	
	门票收入（500 000/5）		100 000
	（记录足球比赛收入）		

预收门票收入账户代表未获利收入，Superior 大学将其记录为流动负债。当学校确认收入时，会将其从未得收入中重新分类为门票收入。对一些公司来说，预收账款是很重要的。例如，在航空业中，为未来机位出售的机票几乎占当前总负债的 50%。在联合航空，预收机票账款是其最大的流动负债，近期总计超过 10 亿美元。

表 11-2 显示了特定业务类型企业中预收账款和收入账户。

表 11-2 预收账款和收入账户

业务类型	账户名称	
	预收账款	收入
航空	预收机票账款	机票收入
杂志出版社	预收订阅账款	订阅收入
酒店	预收租赁账款	租赁收入

11.1.5 即将到期的长期负债

公司通常会有一部分本年度到期的长期债务，该金额被视为流动负债。例如，假设 Wendy Construction 公司在 2019 年 1 月 1 日发行了一张五年期，25 000 美元的票据。此票据指定从 2020 年 1 月 1 日开始，每年的 1 月 1 日 Wendy Construction 公司应该支付 5 000 美元的票据金额。当公司在

2019 年 12 月 31 日编制财务报表时，应报告 5 000 美元为流动负债，20 000 美元为长期负债（5 000 美元的金额是票据应在未来 12 个月内支付的部分）。公司通常将资产负债表上即将到期的长期负债标识为一年内到期的长期债务。近年来，通用汽车拥有 7.24 亿美元此类债务。

无须准备调整分录以确认即将到期的长期负债。在资产负债表日，一年内到期的所有债务分类为流动负债，其他所有债务分类为长期负债。

11.2 报告和分析流动负债

11.2.1 报告不确定性

通过应付票据、应付利息、应付账款和应付销售税，我们知道存在付款义务。假设你的公司与美国国税局就所得税责任金额发生纠纷，你是否应该在资产负债表上将争议金额记录为负债？或者，假设你的公司卷入了诉讼，如果你败诉，可能会导致破产，你应该如何反映这一重大意外事件？回答这些问题很困难，因为这些负债取决于未来的某些事件。换句话说，或有负债是潜在的负债，将来可能会变成实际负债。

公司应如何记录或有负债？它们使用以下准则：

（1）如果或有事项有可能发生并且能够合理估计其金额，则应将负债记录在账目中。

（2）如果或有事项仅在合理可能的情况下发生，则仅需在财务报表附注中予以披露。

（3）如果或有事项不太可能发生，则无须记录或披露。

记录或有负债

产品保修是公司应在账户中记录的或有负债的示例。保修合同会导致公司在更换有缺陷的设备或修理故障设备时可能产生未来费用。通常制造商（例如 Stanley Black&Decker）事先知道会产生一些保修费用。根据先前的经验，公司通常可以合理估计维修的预期成本。

保修成本的核算以费用确认原则为基础。履行产品保修合同的估计成本，应当在销售发生期间确认为费用。举例来说，假设 Denson 制造公司在 2020 年以每台 600 美元的平均价格销售 1 万台洗衣机和烘干机。销售价格包含了一年的零件保修所需要的费用。Denson 公司预计将有 500 台（5%）有缺陷，每台保修费平均为 80 美元。到 2020 年，该公司履行了 300 台设备的保修合同，总成本为 24 000 美元。

Denson 公司记录了 2020 年为履行当年销售产品的保修合同而产生的维修成本，如下所示：

1 月 1 日—	保修费用	24 000	
12 月 31 日	维修配件		24 000
	（记录 2020 年 300 份保修合同的履约情况）		

在 12 月 31 日，为了计算 2020 年销售的预估担保成本，减去 2020 年已经兑现的 24 000 美元，Denson 计算出了如表 11-3 所示的担保负债。

表 11 - 3　预估担保负债的计算

售出数量	10 000 台
估计的不良率	×5%
总的估计的不良数量	500 台
平均担保维修成本	×80 美元
	40 000 美元
减去：已兑现保修索赔	24 000 美元
2020 年 12 月 31 日的担保负债	**16 000 美元**

在调整了 2020 年兑现的 24 000 美元保修索赔后，公司为 16 000 美元做出了以下调整分录：

12 月 31 日	保修费用	16 000	
	担保负债		16 000
	（累积预估的保修费用）		

该公司在利润表中的销售费用下记录了 40 000 美元的保修费用。假设保修预计在明年兑现，则将 16 000 美元（40 000 美元－24 000 美元）的担保负债在资产负债表上归为流动负债。

次年，Denson 公司应将履行 2020 年的保修合同所产生的所有费用借记入担保负债中。为了说明这一点，假设该公司在 2021 年 1 月更换了 20 个有缺陷的零件，平均零件和人工成本为 80 美元。2021 年 1 月的分录如下：

1 月 31 日	担保负债	1 600	
	维修零件		1 600
	（记录 2021 年 20 份保修合同的履约情况）		

11.2.2　流动负债的记录

流动负债是资产负债表上负债的第一类。公司在流动负债类别中列出每一种主要流动负债。此外，公司在财务报表附注中披露应付票据条款和其他有关个别项目的关键信息。

公司很少按流动性顺序列出流动负债，原因是特定债务（如应付票据）的到期日可能不同，或者根据惯例无论金额多少，许多公司都会先列示应付票据，然后列示应付账款，再按金额大小列出剩余的流动负债。表 11 - 4 提供了 Evan 公司资产负债表的摘录，这是公司常见的表示顺序。

表 11 - 4　流动负债在资产负债表上的列报

Evan 公司 资产负债表 2020 年 12 月 31 日	
资产	
流动资产	500 000
不动产、厂房和设备（净额）	150 000
其他长期资产	520 000
总资产	1 170 000

续表

Evan 公司 资产负债表 2020 年 12 月 31 日	
负债和所有者权益	
流动负债	
应付票据	**40 000**
应付账款	**110 000**
应付职工薪酬	**90 000**
一年内到期的长期负债	**65 000**
预收收入	**30 000**
担保负债	**25 000**
流动负债合计	**360 000**
非流动负债	620 000
总负债	980 000
所有者权益	190 000
负债和所有者权益合计	1 170 000

11. 2. 3　流动负债的分析

使用流动和非流动的分类可以分析公司财产的流动性。流动性是指支付到期债务并满足现金意外需求的能力。流动资产与流动负债之间的关系对于分析流动性至关重要。我们可以通过营运资本（以美元单位）和流动比率（以比率为单位）来表示这种关系。

流动资产超过流动负债的余额为营运资本。表 11-5 显示了 Evan 公司营运资本的计算公式。

表 11-5　营运资本公式和计算

流动资产	−	流动负债	=	营运资本
500 000	−	360 000	=	140 000

作为绝对数，营运资本提供的信息价值有限。例如，100 万美元的营运资本可能对于小公司来说足够了，但对于大公司而言明显不足。同样，对于一家公司来说，100 万美元的营运资本可能在某一时期是足够的，但在其他时间可能不足。

流动比率使我们能够比较不同规模的公司和单个公司在不同时期的流动性。流动比率为流动资产除以流动负债。表 11-6 显示了该比率的公式，以及使用 Evan 公司的流动资产和流动负债数据进行计算的公式。

表 11-6　流动比率的公式和计算

流动资产	÷	流动负债	=	流动比率
500 000	÷	360 000	=	1.39∶1

从历史数据和经验来看，公司和分析师认为流动比率为 2∶1 是良好信用评级的标准。但是，近

年来，许多健康的公司通过改善对现有资产和负债的管理，将比率保持在远低于 2∶1 的水平。Evan 公司的比率为 1.39∶1，已经很好了，但是低于 2∶1 的标准。

11.3　工资核算

工资和相关的福利通常占流动负债的很大一部分。员工工资通常是公司最重大的支出。

工资核算不仅仅是支付员工的工资。法律要求公司保留每位员工的工资记录，缴纳工资税，并遵守与员工工资有关的州和联邦税法。

这里所使用的术语"工资"（payroll）包含日薪（salaries）和周薪（wages）的含义。管理人员、行政人员和销售人员通常获得日薪（salaries）。日薪通常以每月或每年的既定金额而不是每小时的费率来表示。通常向店员、工厂员工和体力劳动者支付周薪（wages），周薪基于每小时或计件工资（例如，每单位产品）。人们经常交替使用术语"日薪和周薪"。

"工资"一词不适用于专业人士（例如，注册会计师、律师和建筑师）。这些专业人员是独立承包商而不是有薪雇员。向他们的付款称为费用（fees）。这种区别很重要，因为与工资税的支付和报告有关的政府法规仅适用于员工。

11.3.1　确定工资

工资的确定涉及三个计算：员工总收入、工资扣减项目和净工资。

员工总收入

员工总收入是员工获得的总报酬，它由工资以及任何奖金和佣金组成。

公司通过将工作时间乘以小时工资率来确定员工的总工资。当每天工作时间超过 8 小时或每周超过 40 小时，除正常工资外，法律还要求大多数公司向员工支付正常小时工资标准至少 1.5 倍的加班费。此外，许多雇主需要为在夜间、周末和节假日完成的工作支付加班费。

例如，假设 Academy 公司的雇员迈克尔·乔丹（Michael Jordan）在 1 月 14 日结束的一周工作了 44 个小时，他的固定工资为每小时 12 美元，对于超过 40 小时的任何小时，公司将按正常工资标准的 1.5 倍支付加班费。Academy 公司计算乔丹的总收入（工资总额）如表 11-7 所示。

表 11-7　总收入的计算　　　　　　　　　　　　　　　　　　单位：美元

支付的类型	小时数	×	比率	=	总收入
常规	40	×	12	=	480
超时	4	×	18	=	72
总收入					**552**

此计算假设乔丹因加班收到他正常的每小时工资标准的 1.5 倍的加班费。劳工合同通常要求加班费率是固定比率的两倍。

员工的工资通常按月或年计算。该公司据此匹配到员工工资发放的周期（例如，双周或每月）。

对于大多数行政和管理职位，联邦法律不要求为这些职位的员工支付加班费。

许多公司为员工提供奖金协议。一项调查发现，超过 94% 的美国制造业公司对重点管理人员每年发放的奖金正在减少。奖金安排可以基于销售额或净利润增加等因素。公司可能以现金支付奖金或通过授予员工以优惠价格获得公司股票的权利（称为股票期权计划）。

工资扣减

任何收到过工资的人都知道，总收入通常与实际收到的金额大有不同，差异是由工资扣减项目造成的。

工资扣减可以是强制性的，也可以是自愿的。法律要求强制性扣减的，包括 FICA[①] 税和所得税。员工可以选择自愿扣减。图 11-1 总结了工资扣减的常见类型。这种扣减不会导致雇主的工资税支出。雇主只是一个收款代理人，随后将扣减的金额转给政府和指定的收款人。

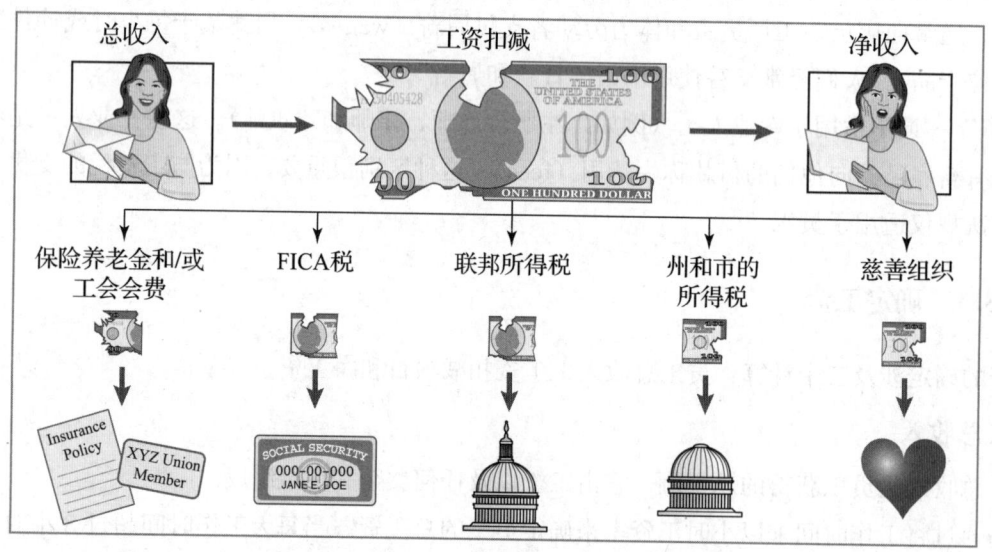

图 11-1　工资扣减

（1）FICA 税。1937 年，国会颁布了《联邦保险捐助条例》（FICA）。FICA 税旨在为老人、残疾者和无能力者提供保障。1965 年，国会将福利扩大到 65 岁以上人群的个人医疗保险。这些福利的资金来源于对员工收入征收的税款。

FICA 税包括社会保障税和医疗保险税，由雇员和雇主一起支付。FICA 税率为每个员工工资的 7.65%（6.2% 的社会保障税，上限为 127 200 美元，外加 1.45% 的医疗保险税）。此外，对于超过 127 200 美元的员工工资，继续征收 1.45% 的医疗保险税。这些税率和税基要求见表 11-8。

表 11-8　FCIA 的税率和税基

社会保障税	
雇工和雇主	工资的 6.2% 并且不超过 127 200 美元
医疗保险税	
雇工和雇主	所有工资的 1.45% 并且无限制

---

① FICA 为《联邦保险捐助条例》（Federal Insurance Contribution Act）。

为了说明 FICA 税的计算，假设马里奥·吕埃（Mario Ruez）一年的总工资为 10 万美元，马里奥支付了 7 650 美元的 FICA 税（10 万美元×7.65%）。如表 11-9 所示，如果马里奥的总工资是 13 万美元，那么马里奥要支付 9 771 美元的 FICA 税（四舍五入）。

表 11-9　FICA 税的计算

社会保障税	（127 200×6.2%）	7 886 美元
医疗保险税	（130 000×1.45%）	1 885 美元
总的 FICA 税		**9 771 美元**

马里奥的雇主也被要求支付 9 771 美元。

（2）所得税。根据美国现收现付的联邦所得税制度，雇主必须在每个付款期对雇员预扣所得税。有四个变量确定要扣的金额：员工的总收入、婚姻状况、员工要求的津贴数量和工资期限。津贴通常包括雇员、其配偶和其他受抚养人。

美国国税局提供的预提税表指明了要预扣的所得税额。代扣代缴额是根据工资总额和津贴数量确定的。提供每周、每两周、每半个月和每月工资的单独表格。图 11-2 显示了乔丹的预扣所得税表（假设他每周收入 552 美元，已婚，有两笔津贴）。对于每周薪水 552 美元（含两笔津贴），要预扣的所得税为 24 美元（用黑色突出显示）。

已婚人士 —— 每周发薪期
截至2020年12月支付的工资

如果工资是：		津贴数量为：										
最少	但是不少于	0	1	2	3	4	5	6	7	8	9	10
		应扣缴的所得税金额为：										
500	510	34	27	19	11	4	0	0	0	0	0	0
510	520	35	28	20	12	5	0	0	0	0	0	0
520	530	37	29	21	13	6	0	0	0	0	0	0
530	540	38	30	22	14	7	0	0	0	0	0	0
540	550	40	31	23	15	8	0	0	0	0	0	0
550	560	41	32	**24**	16	9	1	0	0	0	0	0
560	570	43	33	25	17	10	2	0	0	0	0	0
570	580	44	34	26	18	11	3	0	0	0	0	0
580	590	46	35	27	19	12	4	0	0	0	0	0
590	600	47	36	28	20	13	5	0	0	0	0	0
600	610	49	38	29	21	14	6	0	0	0	0	0
610	620	50	39	30	22	15	7	0	0	0	0	0
620	630	52	41	31	23	16	8	1	0	0	0	0
630	640	53	42	32	24	17	9	2	0	0	0	0
640	650	55	44	33	25	18	10	3	0	0	0	0
650	660	56	45	34	26	19	11	4	0	0	0	0
660	670	58	47	35	27	20	12	5	0	0	0	0
670	680	59	48	37	28	21	13	6	0	0	0	0
680	690	61	50	38	29	22	14	7	0	0	0	0
690	700	62	51	40	30	23	15	8	0	0	0	0

图 11-2　预扣所得税表

此外，大多数州（和某些城市）都要求雇主从雇员的收入中预扣所得税。通常预扣金额为联邦所得税预扣金额的百分比，或者是员工收入的指定百分比。为简单起见，我们假设乔丹的工资要缴纳2%的州所得税，即每周11.04美元（2%×552美元）。

对于需预扣所得税的总收入金额没有限制。实际上，在累进税制下，收入越高，预扣税款的百分比就越高。

（3）其他扣除。雇员可以自愿为慈善组织、退休或出于其他目的进行扣缴税款。所有从总收入中自愿扣除的款项，均须得到雇员的书面授权。授权可以单独进行，也可以作为团体计划的一部分。对于慈善组织，如联合基金（United Fund），或者对于一些财务安排，如美国储蓄债券和偿还公司信用合作社的贷款，都是单独扣除的。工会会费、健康和人寿保险以及退休金计划的扣除额通常是集体的。我们假定乔丹每周自愿扣除10美元的联合基金和5美元的工会会费。

净工资

Academy 公司通过从总收入中减去工资扣除额来确定净工资。表 11-10 显示支付期乔丹净工资的计算方法。

表 11-10　净工资的计算		单位：美元
总收入		552.00
工资扣减：		
FICA 税	42.23	
联邦所得税	24.00	
州所得税	11.04	
联合基金	10.00	
工会会费	5.00	92.27
净工资		**459.73**

11.3.2　记录工资

记录工资包括维护工资部门的记录，确认工资的费用和负债，记录工资的支付。

维护工资部门记录

为了遵守州和联邦法律，雇主必须对每个雇员当年的总收入、扣除额和净工资做一个累计记录。提供此信息的记录叫作员工收入记录。图 11-3 显示了乔丹的员工收入记录。

公司为每个员工保留单独的收入记录，并在每个发薪期后更新这些记录。雇主使用累计工资收入记录数据来确定何时一名员工在 FICA 税收下获得最大收益，填写州和联邦工资纳税申报表（稍后解释），为每个员工提供该年度的总收入和预扣税报表。图 11-3 展示了这个报表。

除了员工收入记录，许多公司发现准备工资登记表也同样重要。这个记录汇总了每个发薪期的员工总收入、扣减项和净工资。图 11-4 展示了 Academy 公司的工资登记表。它提供了为每个员工准备工资的文件。例如，它在工资部分显示了乔丹的数据。在这个例子中，Academy 公司每周的工资总额为 17 210 美元，如"工资费用"一栏（第 N 列，第 31 行）所示。

	A	B	C	D	E	F	G	H	I	J	K	L	M	N
1														
2					Academy公司									
3					员工收入记录									
3					2020年									
4														
5	姓名				Michael Jordan		地址				Mifflin大街2345号			
6	社保编号				329-35-9547						密歇根州汉普顿48292			
7	生产日期				1994年12月24日		电话				555-238-9051			
9	聘用日期				2018年9月1日		聘用结束日期							
10	性别				男		免税额				2			
11	单身			已婚	x									

13	2020年期间截止日	总工时	定期	加班费	总额	累计额	FICA	联邦所得税	州所得税	联合基金	工会费	总计	净额	支票编号
14	1/7	42	480.00	36.00	516.00	516.00	39.47	20.00	10.32	10.00	5.00	84.79	431.21	974
15	1/14	44	480.00	72.00	552.00	1 068.00	42.23	24.00	11.04	10.00	5.00	92.27	459.73	1028
16	1/21	43	480.00	54.00	534.00	1 602.00	40.85	22.00	10.68	10.00	5.00	88.53	445.47	1077
17	1/28	42	480.00	36.00	516.00	2 118.00	39.47	20.00	10.32	10.00	5.00	84.79	431.21	1133
18	月总计		1 920.00	198.00	2 118.00		162.02	86.00	42.36	40.00	20.00	350.38	1 767.62	

（总收入；扣除额；支付）

图 11-3　员工收入记录

Academy公司

Home　Insert　Page Layout　Formulas　Data　Review　View

P18　　　fx

	A	B	C	D	E	F	G	H	I	J	K	L	M	N
1					Academy公司									
2					工资登记表									
3					截至 2020年1月14日的一周									
5			收入				扣除额						支付		借方账户
7-8	员工	总工时	定期	加班费	税前总额	FICA	联邦所得税	州所得税	联合基金	工会费	总计	薪资净额	支票编号	工资费用
10	Arnold, Patricia	40	580.00		580.00	44.37	61.00	11.60	15.00		131.97	448.03	998	580.00
11	Canton, Matthew	40	590.00		590.00	45.14	63.00	11.80	20.00		139.94	450.06	999	590.00
21	Mueller, William	40	530.00		530.00	40.55	54.00	10.60	11.00		116.15	413.85	1000	530.00
22	Bennett, Robin	42	480.00	36.00	516.00	39.47	35.00	10.32	18.00	5.00	107.79	408.21	1025	516.00
23	Jordan, Michael	44	480.00	72.00	552.00	42.23	24.00	11.04	10.00	5.00	92.27	459.73	1028	552.00
29	Milroy, Lee	43	480.00	54.00	534.00	40.85	46.00	10.68	10.00	5.00	112.53	421.47	1029	534.00
31	Total		16 200.00	1 010.00	17 210.00	1 316.57	3 490.00	344.20	421.50	115.00	5 687.27	11 522.73		17 210.00

图 11-4　工资登记表

注意，这个记录是每个员工在发薪期的工资登记表。在一些公司，工资登记表是原始分录的日记账或账簿。从原始的日记账或者账表直接过账到分类账。在其他公司，工资登记表是一种备忘录，它为普通日记账分录和随后过账到分类账的账户提供数据。

确认工资费用和负债

Academy 公司向图 11-4 中的工资登记表输入日记账分录去记录工资。截至 1 月 14 日的一周，分录如下：

1月14日	工资费用	17 210.00	
	应付 FCIA 税		1 316.57
	应付联邦所得税		3 490.00
	应付州所得税		344.20
	应付联合基金		421.50
	应付工会会费		115.00
	应付职工薪酬		11 522.73
	（记录截至 1 月 14 日的一周的工资单）		

公司将在工资支付期间强制和自愿的扣除贷记入特定的负债账户。在本例中，Academy 公司将工资费用借记为其员工的总收入。贷记到应付职工薪酬中的金额是员工将收到的个人支票的总额。

记录工资的支付情况

公司通过支票（或电子资金转账）从其常规银行账户或工资银行账户进行支付。每份工资通常附有一份明细表文件。这份文件显示了员工的总收入、扣除额和净工资。公司使用其常规银行账户支付工资支票。图 11-5 展示了乔丹的工资支票和明细表。

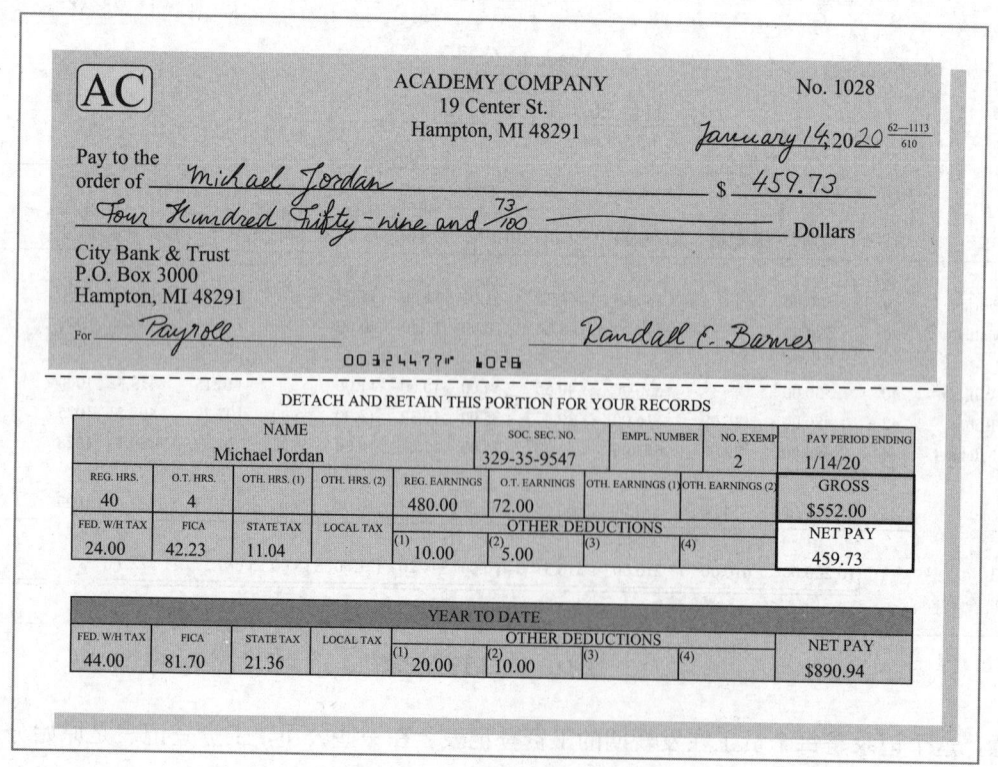

图 11-5 工资支票和明细表

支付工资后，公司将支票号输入工资登记表。Academy 公司记录工资支付情况如下：

1月14日	应付职工薪酬	11 522.73	
	库存现金		11 522.73
	（记录工资支付情况）		

许多大中型公司通过工资处理中心来保存工资记录。公司向工资处理中心发送有关雇员工资水平和工作时间的信息。工资处理中心维护工资记录并准备工资支票。在大多数情况下，通过工资处理中心（外包）处理工资的成本要比公司内部进行成本低。

11.3.3　雇主的工资税

企业的工资税包括政府机构向雇主征收的三种税。这些税分别是 FICA 税、联邦失业税和州失业税。这些税加上诸如带薪休假和养老金等项目统称为附加福利。如前所述，附加福利的成本在许多公司是巨大的。

FICA 税

每位雇员必须支付 FICA 税。此外，雇主必须缴纳与每位雇员的工资相匹配的 FICA 税。这意味着雇主必须向联邦政府汇缴每名雇员第一笔应纳税所得额 127 200 美元的 12.4% 的金额，再加上每名雇员工资的 2.9%（无论金额多少）。这种匹配的缴款模式产生了雇主的工资税费用。雇主的税率和最高限额与雇员相同。该公司使用相同的账户"应付 FICA 税"来记录雇员和雇主缴纳的税款。对于 1 月 14 日的工资单，Academy 公司的 FICA 税为 1 316.57 美元（17 210.00 美元×7.65%）。

联邦失业税

《联邦失业税法》（The Federal Unemployment Tax Act，FUTA）是联邦社会保障计划的另一个方面。联邦失业税为那些并非因自己的过错而失业的雇员提供一段时间的福利。FUTA 的税率目前是应纳税工资的 6.2%。员工每年的应税工资基数为 7 000 美元。及时缴纳联邦失业税的雇主将获得最高 5.4% 的抵免。因此，联邦净税率一般为 0.8%（6.2%－5.4%）。这个税率相当于每个雇员每年 56 美元的联邦税（0.8%×7 000 美元）。州税率是根据州法律制定的。

雇主承担全部联邦失业税。没有从员工工资中扣除或预扣的款项。公司使用"应付联邦失业税"账户来确认这一负债。1 月 14 日 Academy 公司工资的联邦失业税为 137.68 美元（17 210.00 美元×0.8%）。

州失业税

所有州都有根据州失业税法（state unemployment tax acts，SUTA）制定的失业补偿计划。像联邦失业税一样，州失业税为失业的雇员提供福利。这些税款是向雇主征收的。员工每年的应税工资基数为 7 000 美元，按照 5.4% 的税率缴纳。州政府根据雇主的工资水平调整基本比率。具有稳定雇佣历史的公司的支付比率可能不到 5.4%。具有不稳定雇佣历史的公司可能会支付比基本比率更高的比率。无论支付的税率是多少，公司对联邦失业税的抵免额仍为 5.4%。

公司使用"应付州政府失业税"来表示负债。1 月 14 日 Academy 公司工资的州失业税为 929.34

美元（17 210.00 美元×5.4%）。图 11 - 6 总结了雇主工资税的类型。

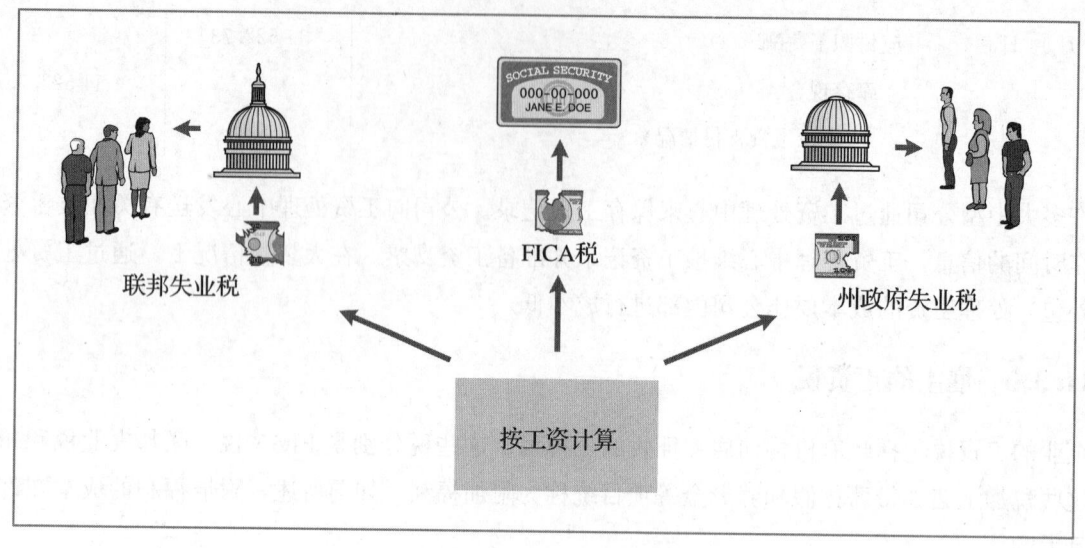

图 11 - 6　雇主的工资税

记录雇主的工资税

公司通常在记录工资的同时记录雇主的工资税。图 11 - 4 工资登记表所列的工资总额（17 210.00 美元）须缴纳上述三种税。因此，Academy 公司将与 1 月 14 日工资相关的工资税记录为：

1月14日	工资税费	17 210.00	
	应付 FCIA 税		1 316.57
	应付联邦失业税		137.68
	应付州政府失业税		929.34
	（在 1 月 14 日的工资登记表上记录雇主的工资税）		

注意，Academy 公司使用单独的负债账户而不是应付工资税金的贷方。为什么？因为这些负债在不同的日期应付给不同的税务局。公司将资产负债表中这些负债账户归类为流动负债，因为这些负债将在一年内支付。它们在利润表上将工资税费用列为运营费用。

11.3.4　工资税的申报和汇缴

准备工资税申报表是工资部门的职责。然后财务主管部门支付税款。工资申报表中很多信息来自员工的收入记录。

为了向美国国税局报告和汇缴，公司将其扣缴的联邦所得税和 FICA 税合并在一起。公司必须按季度申报税款，且不迟于每个季度结束后的第一个月。汇缴的要求取决于扣缴税款的数额和支付期限的长短。公司通过在联邦储备银行或授权商业银行的存款来汇缴。

公司通常每年在次年 1 月 31 日或之前提交并缴纳联邦失业税。当税额超过指定金额时，需要提前付款。公司通常必须在每个季度结束前提交并缴纳州失业税。当支付工资税时，公司借记"工资负债"账户，贷记"库存现金"。

雇主还必须在一年结束后下一年的 1 月 31 日前向每位雇员提供一份工资和税单（如 W-2 表格）。这份报表显示了当年的总收入、代扣的 FICA 税和代扣的所得税。使用假设的乔丹的年度数据所形成的 W-2 表格见图 11 - 7。雇主必须将每位雇员的工资和纳税申报表（W-2 表格）的复印件寄给美国社会保障管理局。该机构随后向美国国税局提供所需的收入数据。

22222	无效 ☐	a 员工的社会保险号 329-35-9547	仅供官方使用OMB编号▶ No. 1545-0008		
b 雇主识别号码 36-2167852			1 工资、小费、其他报酬 26 300.00	2 扣缴联邦所得税 2 248.00	
c 雇主的姓名、地址和邮政编码 Academy公司 密歇根州汉普顿市中心街19号 48291			3 社会保障工资 26 300.00	4 代扣社会保障税 1 630.60	
			5 医疗保险工资和小费 26 300.00	6 代扣的医疗保险税 381.35	
			7 社会保障工资	8 分配的社会保障工资	
d 控制编号			9 EIC预付款	10 受扶养照顾津贴	
e 员工的名字和首字母 迈克尔	姓氏 乔丹	活动	11 非限制性计划	12a 见专栏12的说明 Code	
密歇根州汉普顿市米弗林大道 2345号，邮编48292			13 法定雇员 ☐ 退休计划 ☐ 第三方病假工资 ☐	12b Code	
			14 其他	12c Code	
				12d Code	
f 雇主的姓名、地址和邮政编码					
15 州 MI	雇主的身份证号 423-1466-3	16 国家工资、小费等 26 300.00	17 州所得税 526.00	18 当地工资、小费等	19 地方所得税	20 本地名称

W-2 工资及税收 **2020**

Form **W-2**

财政部—国内税收署
有关《隐私法》和《减少文书工作法案通知》
请参阅复印件D的背面。编号10134D

副本A给社会保障管理局—将此整页连同W-3表格一起寄给社会保障管理局，不接受复印件。

图 11 - 7 W-2 表格

11.3.5 工资的内部控制

第 8 章介绍了内部控制。就工资登记表而言，内部控制的目标是保护公司资产不受未授权工资支付的影响，确保与工资登记表相关的会计记录的准确性和可靠性。

内部控制松懈常常会导致违规行为。涉及工资的欺诈行为包括虚报工作时间、使用未经授权的工资率、在工资登记表上增加虚构的员工、继续给被解雇的员工发放工资，以及分发重复的工资支票。此外，不准确的记录会导致不正确的工资支票、财务报表和工资税单。

工资活动包括四个功能：雇用员工、计时、准备工资单和支付工资。为了实现有效的内部控制，公司应该将这四种职能分配给不同的部门或个人。图 11 - 8 强调了这些功能并说明它们的内部控制特点。

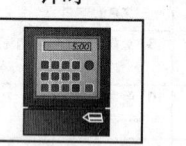 

工资的功能

雇用员工
（人力资源）

内部控制特点：人力资源部记录并授权雇用。
防止欺诈：虚拟员工不会添加到工资单中。

计时

内部控制特点：主管通过考勤卡和时间记录监控工作时间。
防止欺诈：员工不工作时不付工资。

工资的功能

准备工资单

内部控制特点：两名(或以上)员工核实工资金额；主管批准。
防止欺诈：工资计算是准确且相关的。

支付工资

内部控制特点：财务主管签署并分发预先编号的支票。
防止欺诈：支票不会丢失、被挪用或无法获得付款证明；背书支票提供付款证明。

图 11-8　工资的内部控制

◀ 选择题 ▶

1. 将负债分类为流动负债的期限为一年或一个经营周期，两者取下列哪种（　　）。

A. 更长的

B. 更短的

C. 大概率可能的（probable）

D. 小概率可能的（possible）

3. Maggie Sharrer 公司于 2020 年 9 月 1 日从 Sandwich 国家银行借了 88 500 美元，签发了一张一年期票据，面额为 88 500 美元，利率为 12%。2020 年 12 月 31 日的应计利息是多少？（　　）

A. 2 655 美元　　　　　B. 3 540 美元　　　　　C. 4 425 美元　　　　　D. 10 620 美元

5. Becky Sherrick 公司的总销售额为 4 515 美元。如果收入中包含 5% 的销售税，则应记入销售收入的金额为（　　）。

A. 4 000 美元　　　　　B. 4 300 美元　　　　　C. 4 289 美元　　　　　D. 以上均不对

7. 营运资金的计算方式为（　　）。

A. 流动资产减去流动负债

B. 总资产减去总负债

C. 长期负债减去流动负债

D. （b）和（c）

9. 或有负债应在下列情况下记账（　　）。

A. 意外事件很可能会发生，但金额无法合理估计

B. 意外事件发生的可能性可以被合理预测，且金额可以合理估计

C. 可能发生意外事件，且金额可以合理估计

D. 有合理可能发生意外事件，但金额无法合理估计

11. 安迪·马尼思（Andy Manion）每周工作 40 个小时，每小时赚 14 美元，加班每小时赚 21 美元。如果马尼思每周工作 45 小时，总收入为（　　）。

A. 560 美元　　　　　B. 630 美元　　　　　C. 650 美元　　　　　D. 665 美元

13. 雇主工资税不包括（　　）。

A. 联邦失业税　　　　B. 州失业税　　　　　C. 联邦所得税　　　　D. FICA 税

15. 支付工资的部门是（　　）。

A. 计时部门　　　　　B. 人力资源部　　　　C. 工资管理部门　　　　D. 财务主管部门

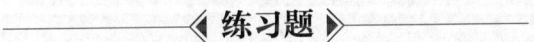

◀ 简答题 ▶

1. 艾米·庞德折扣店（Amy Pond）不会在销售时分离销售额和销售税。3 月 17 日的登记总数是 19 928 美元。所有销售行为都要缴纳 6% 的销售税。计算应付销售税，并记录应付销售税和销售收入。

3. 本的固定时薪是 20 美元，超过 40 小时的工作时薪是 30 美元。在一周中本工作了 46 小时。本的联邦所得税预扣为 123 美元，他没有自愿扣除，FICA 税率为 7.65%。计算本在支付期间的总收入和净工资。

◀ 练习题 ▶

1. 6 月 1 日，Streamsong 公司从第一银行借入 150 000 美元，期限为 6 个月，利率为 8%。

要求：

a. 编制 6 月 1 日的分录。

b. 编制 6 月 30 日调整分录。

c. 编制到期日（12 月 1 日）的分录，假设 11 月 30 日之前已经做了月度调整分录。

d. 总融资成本（利息支出）是多少？

3. 艾琳·贝尔热的正常时薪是 18 美元，如果工作时间超过 40 个小时，超出部分的工资是正常时薪的 1.5 倍。在 3 月份的一个周薪期，贝尔热工作了 42 个小时。她在本周之前的总收入是 6 000 美元。贝尔热已经结婚了，她申请了三份预扣津贴。她唯一的自愿扣款是每周 20 美元的团体住院保险。假设扣缴的联邦所得税为 76 美元。

要求：

a. 计算贝尔热本周工资的以下金额：

①总收益。

②FICA 税（按 7.65% 的税率计算）。

③扣缴州所得税（按 3% 的税率计算）。

④净工资。

b. 对贝尔热的工资进行记账。

◀ 实践题 ▶

Indiana Jones 公司发生以下交易：

2 月 1 日　　签署一张支付给花旗银行的 50 000 美元，为期 6 个月，利率为 9% 的票据，并获得 50 000 美元的现金。

10 日　　收银机销售总额为 43 200 美元，其中包括 8% 的营业税。

28 日　　本月的工资为 50 000 美元。所有工资均须缴纳 7.65% 的 FICA 税。总共预扣了 8 900 美元的联邦所得税。工资于 3 月 1 日支付。

28 日　　公司做出以下调整：

1. 该票据产生利息支出 375 美元。

2. 雇主工资税包括 7.65% 的 FICA 税，5.4% 的州失业税和 0.8% 的联邦失业税。

3. 一些销售的产品在保修期内。在保修期内的产品，有 350 台可能会出现故障。维修费用估计为每台 40 美元。

要求：

a. 记录 2 月份的交易。

b. 对 2 月 28 日调整分录进行记账。

📖 IFRS 概览

GAAP 和 IFRS 对负债的定义相似。工资表的一般记录程序是相似的，但根据不同国家提供的福利种类而有所不同。例如，不同国家的公司通常有不同形式的养老金、失业福利、福利支付等。

关键点

以下是 GAAP 和 IFRS 之间与流动负债和工资有关的关键相似点和不同点。

相似点

● 根据 GAAP 和 IFRS，负债的基本定义非常相似。以更专业的方式，IASB 将负债定义为某一实体由于过去发生的事件而产生的现时义务，预计该债务的清算将导致该实体从现在经济资源中支出。

● IFRS 和 GAAP 之间的流动负债的会计处理（如应付票据、未实现收入和应付工资税）相似。

● 根据 IFRS，如果负债预计在 12 个月内偿还，则负债分类为流动负债。

不同点

● 使用 IFRS 的公司有时会在资产之前列示负债。同样，它们有时会在流动负债前列示长期负债。

● 根据 IFRS，公司有时会将流动负债与流动资产相抵，以在财务状况表中显示营运资金。

● 根据 GAAP，某些或有负债记录在财务报表中，其他则只是披露，在某些情况下不需要披露。与 GAAP 不同，IFRS 保留使用"或有负债"一词，或有负债仅指财务报表中未确认但可能满足某些条件的可能承担的义务。

● 对于那些被 GAAP 视为可记录的或有负债的项目，IFRS 使用"预计负债"。预计负债定义为时间或金额不确定的负债。预计负债包括保修、雇员休假工资或预期损失的准备金。根据 IF-RS，与不确定义务相关的预计负债的计量基于对履行该义务所需支出的最佳估计。

展望未来

FASB 和 IASB 当前参与了两个项目，每个项目都对负债会计核算产生影响。一个项目正在研究区分债务工具和权益工具的方法。另一个项目，即概念框架项目，将评估会计基本构成要素的定义。这些项目的结果可能会改变许多债务和股权证券的分类。

第 12 章

股份有限公司：组织和股本交易

本章预览

　　像脸书和谷歌这样的公司有大量的资源可供使用。事实上，就销售额、收入和雇员数量而言，股份有限公司是美国商业组织的主要形式。美国最大的 500 家公司都是股份有限公司。在本章中，我们将学习股份有限公司的基本特征和公司股本交易的会计处理。在第 13 章，我们将了解与股份有限公司会计处理有关的其他问题。

▶ **引 例**

哦，好吧，我想我会变得富有

　　假设你创办了商业史上发展最快的公司之一。现在，假设通过上市——向外部投资者发行你的公司的股票，而这些投资者正急于获得购买公司股票的机会——你将立即成为世界上最富有的人之一。

　　你会犹豫吗？这正是脸书创始人马克·扎克伯格所面对的。许多创办高科技公司的人会尽快上市，以变现他们的财富。

　　但扎克伯格不愿意这么做。要理解其中的原因，你需要了解上市公司的优势和劣势。

　　向公众发行股票的主要目的是筹集资金，这样就可以发展业务。然而，与制造商或在线零售商不同的是，脸书不需要大量的物理资源，它没有库存，也不需要太多的营销资金。但为什么不上市呢，如果上市，公司手头就会有额外的现金，这样个人就能变富了？作为一家少数人持股的非上市公司的负责人，扎克伯格受到的监管比上市公司少得多。在上市之前，扎克伯格基本上可以按照自己的意愿管理公司。

　　例如，2012 年初，脸书收购照片分享服务公司 Instagram，震惊了投资界。这次收购的速度（一个周末就完成了）和价格（10 亿美元）都令人吃惊。扎克伯格基本上没有寻求任何人的认可。他觉得这是个好主意，就照做了。上市公司结构化的决策过程会使得上市公司很难快速行动。

　　速度是有用的，但脸书未来可能会进行更大规模的收购。看看环伺的微软、谷歌和苹果这样的公司，脸书要生存下去，它需要大量的现金。

　　要筹到那么多钱，这家公司真的需要上市。2012 年，马克·扎克伯格不情愿地让脸书上市，他也成为世界上最富有的人之一。

12.1 股份有限公司的组织形式

　　1819 年，美国首席大法官约翰·马歇尔（John Marshall）将股份有限公司定义为"无形的、只存在于对法律的思考之中的人造存在"。这个定义是现行法律解释的基础，即股份有限公司是独立于其所有者之外的实体。

　　股份有限公司是根据法律创建的，它的存在取决于它成立所在州的法律。作为一个法律实体，股份有限公司拥有独立的大部分权利甚至特权。主要的例外情况涉及只有活着的人才能行使的特权，例如投票权或担任公职的权利。股份有限公司与人有同样的责任和义务，例如，它必须遵守法律，它必须纳税。

对股份有限公司进行分类的两种常见方法是按目的和所有权。股份有限公司可能以营利为目的，也可能是非营利的。营利的公司诸如麦当劳、耐克、百事和谷歌这样的知名公司。非营利性公司是为慈善、医疗或教育目的而成立的，例如美国癌症协会。

所有权分类区分上市公司和私人公司。一个上市公司可能有成千上万个股东。它的股票定期在证券交易所交易，如纽约证券交易所或纳斯达克。例如 IBM、卡特彼勒和苹果。

相反，私人公司通常只有少数股东，不会向公众出售其股票。私人公司通常比上市公司小得多，但也有例外。Cargill 是一家从事谷物贸易和其他商品贸易的私人公司，是美国最大的公司之一。

12.1.1 股份有限公司的特征

1964 年，耐克创始人菲尔·奈特（Phil Knight）和比尔·鲍尔曼（Bill Bowerman）刚开始涉足跑鞋业务，他们合伙成立了最初的公司。1968 年，他们将公司改组为股份有限公司。股份有限公司与独资企业和合伙企业有许多不同之处，我们在下面解释股份有限公司最重要的特征。

独立的合法存在

作为一个独立于所有者的实体，股份有限公司以自己的名义行事，而不是以股东的名义行事。耐克可以购买、拥有和出售财产。它可以借钱，也可以以自己的名义签订具有法律约束力的合同。它也可以起诉或被起诉，而且它自己支付税款。

在合伙企业中，业主（合伙人）的行为对合伙企业是有约束力的，相反，股份有限公司的所有者（股东）的行为对公司没有约束力，除非这些所有者是公司的代理人。例如，你拥有耐克的股票，但是你无权出售该公司的商品，除非你被指定为该公司的代理。

股东的有限责任

由于股份有限公司是一个独立的法律实体，债权人只有通过对公司资产的追索权来满足他们的要求。股东的责任通常限于他们对公司的投资。除非发生欺诈，否则债权人对所有者的个人资产没有法律上的索偿权。即使在公司破产的情况下，股东的损失一般只限于他们在公司的投资资本。

可转让的所有权

股东投资股本而拥有了公司的所有权。这些股份是可转让的。股东可以通过出售他们的股票来处理他们在公司中的部分或全部利益。合伙企业的所有权转让需要每位所有者同意。相反，股份有限公司股票的转让完全是由股东决定的，不需要公司或其他股东的同意。

股东之间的所有权转移通常对公司的日常经营活动没有影响，也不会影响公司的资产、负债和所有者权益。这些所有权的转让是个体业主之间的交易。公司在最初的资本股票出售后不参与这些所有权的转移。

获得资本的能力

一家公司通过发行股票获得资本比较容易。购买股票对投资者往往很有吸引力，因为股东有限的责任和股票易于转移。此外，众多的个人可以通过购买相对少量的股票来成为股东。

持续的寿命

公司的存续期限是在其章程中规定的。寿命可以是永久的，也可以是限定在特定的年限内。如果公司章程规定是有限的，可以通过续订章程延长期限。由于股份有限公司是一个独立的法律实体，其作为持续经营的企业不会因股东、雇员或高级职员的退出、死亡或丧失工作能力而受到影响。因此，一个成功的公司可以拥有一个持续和永恒的寿命。

股份有限公司的管理

股东合法地拥有公司的所有权。他们通过自己选举的董事会间接管理公司。例如，菲尔·奈特是耐克的董事长，董事会制定公司的经营政策，董事会还会挑选高级职员，如总裁和一名或多名副总裁，以执行决策和执行日常管理职能。根据《萨班斯-奥克斯利法案》的规定董事会现在被要求更密切地监督管理层的行动。许多人认为，如果董事会更加勤勉，安然、世通以及最近的全球曼氏金融（MF Global）的破产就可以避免。

图 12-1 展示了一个典型的股份有限公司的组织结构图。首席执行官全面负责管理业务。正如组织结构图所示，首席执行官将职责委派给其他管理者。财务总监是会计工作的总负责人，会计长的职责包括：保存会计记录；确保有足够的内部控制制度；准备财务报表、纳税申报表和内部报告。

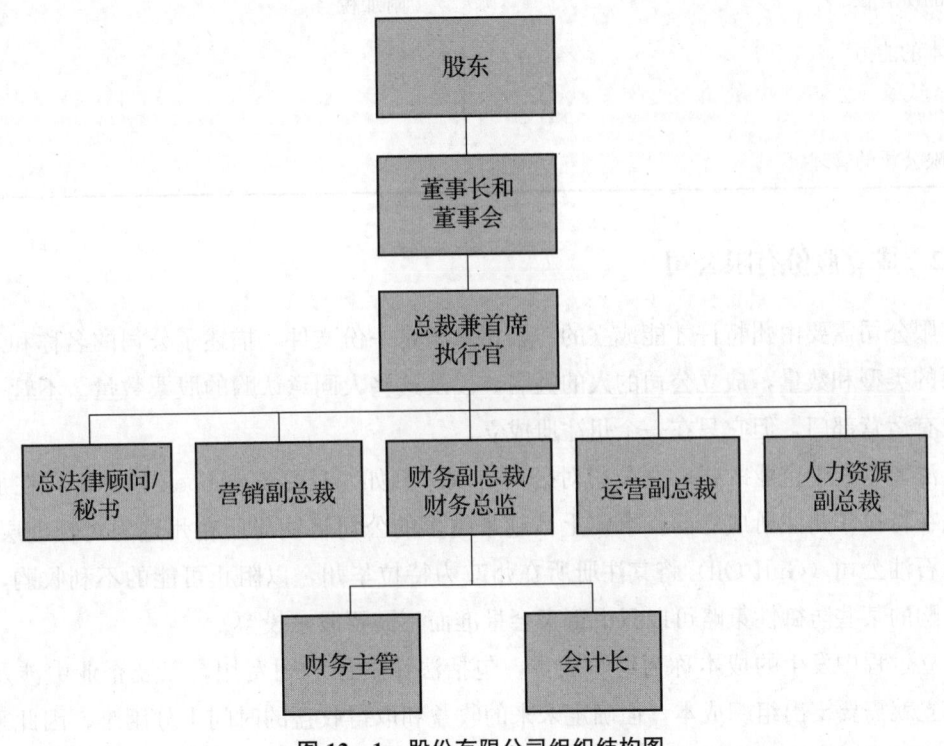

图 12-1 股份有限公司组织结构图

财务主管保管公司的资金，并负责监测公司的现金状况。公司的组织结构使公司能够雇用职业经理人来经营业务。但所有权和经营权的分离往往会降低所有者积极管理公司的能力。

政府监管

公司要遵守州和联邦政府的法律法规。例如，州法律通常规定发行股票的要求，规定股东的收益分配、回购方法和退市方法。联邦证券法适用于向公众出售股票。此外，大多数上市公司被要求通过季度和年度报告向美国证券交易委员会（SEC）披露其财务状况。此外，当一家公司在证券交易所上市时，它必须遵守交易所的要求。政府制定规章是为了保护公司所有者。

附加税

独资企业和合伙企业的所有者在个人所得税申报单上报告他们的收入。然后，个人所有者就会为这笔收入缴税。股份有限公司必须作为一个独立的法人实体缴纳联邦和州所得税，这些税收可能会相当可观，可能高达应税收入的40%。

此外，股东必须为现金股息（按比例分配净利润）缴税。因此，许多人认为政府对公司收入征收两次税（双重征税）——一次在公司层面，另一次在个人层面。

总而言之，表12-1显示了股份有限公司与独资和合伙企业相比的优势和劣势。

表12-1　股份有限公司的优势和劣势

优势	劣势
独立的合法存在	所有权和经营权分离
股东的有限责任	政府监管
可转让的所有权	附加税
获得资本的能力	
持续的寿命	
股份有限公司的管理	

12.1.2　成立股份有限公司

股份有限公司需要由州特许才能成立的。公司章程是一份文件，描述了公司的名称和宗旨，授权发行的股票的类型和数量，成立公司的人的姓名，以及这些人同意认购的股票数量。不管一家公司在多少个州设有运营部门，但它只在一个州注册成立。

在一个法律有利于企业的州成立公司对公司有利。例如，虽然Facebook的总部设在加利福尼亚州，但它是在特拉华州注册成立的。事实上，越来越多的公司将注册所在州选为对管理层有利的州。例如，海湾石油公司（Gulf Oil）将其注册所在州改为特拉华州，以阻止可能的不利收购，因为在该州，针对收购的某些防御性策略可以只由董事会批准而不需要股东投票。

公司成立过程中发生的成本称为组织成本，包括法律费用和州费用，以及企业中涉及的宣传费用。公司成立就需要支出组织成本，但确定未来的收益和取得收益的时间十分困难，因此采取保守的方法立即将这些成本支出是标准程序。

12.1.3　股东权利

获得许可后，公司可以开始出售股票。当一个公司只有一种股票时，它就是普通股。普通股的每一股都赋予股东所有权，如图12-2所示，公司章程或州法律规定了股份的所有权。

股票所有权的证明是一种股票凭证，如图12-3所示，证书的正面显示了公司的名称、股东的姓名、股票的种类和特点、所拥有的股份数量，以及授权的公司官员的签名。预先编号的股票凭证有助于问责。公司可以发行任何数量的股份。

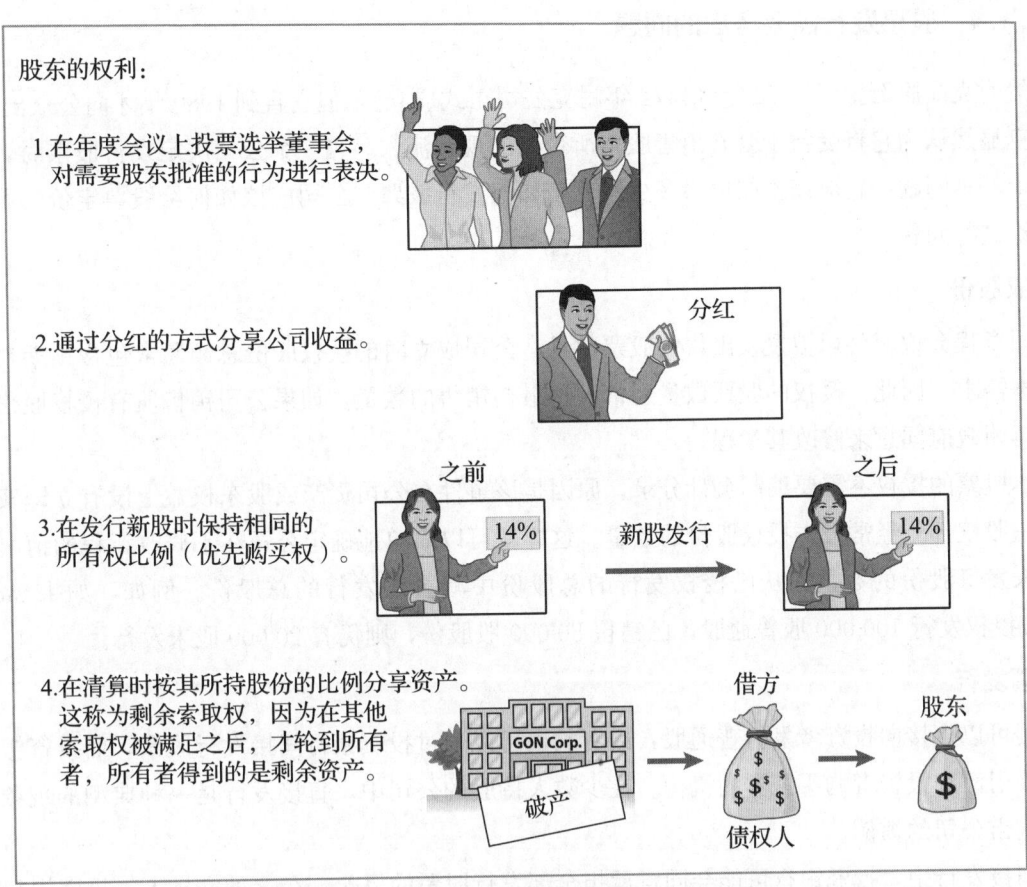

股东的权利：

1. 在年度会议上投票选举董事会，对需要股东批准的行为进行表决。

2. 通过分红的方式分享公司收益。

3. 在发行新股时保持相同的所有权比例（优先购买权）。

4. 在清算时按其所持股份的比例分享资产。这称为剩余索取权，因为在其他索取权被满足之后，才轮到所有者，所有者得到的是剩余资产。

图 12 - 2　股东所有权

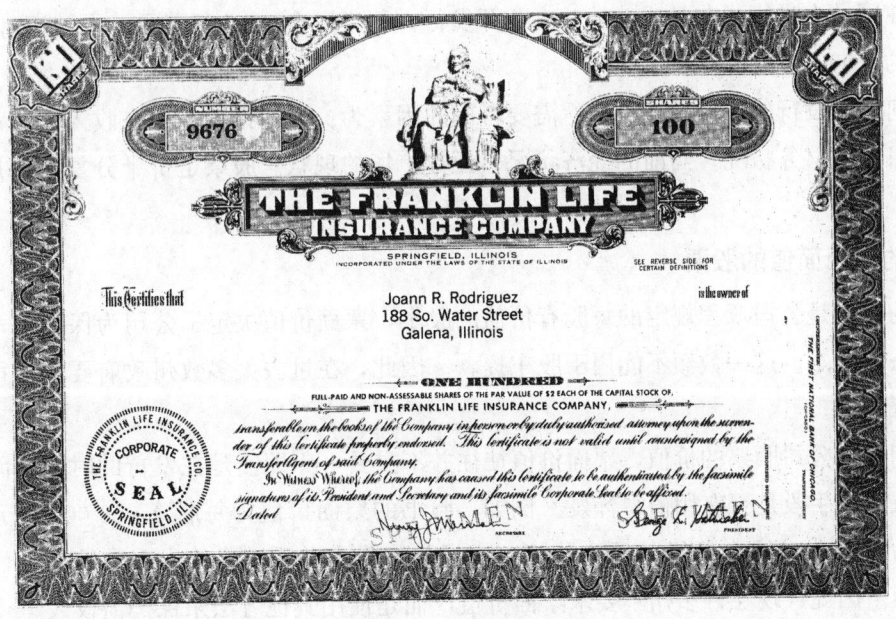

图 12 - 3　股票证书

12.1.4　股票发行需要考虑的问题

虽然耐克品牌诞生于 1972 年（1972 年耐克公司正式成立），但它直到 1980 年才向公众出售股票。当时耐克显然认为它将受益于公开出售股票所带来的现金流入。当一个公司决定发行股票时，它必须解决几个基本问题：它应该授权出售多少股？该如何发行股票？公司应该如何给股票定价？我们将在下面讨论这些问题。

授权股份

公司章程会说明公司被授权出售的股票数量。公司成立时的授权股份总额通常包含预期初始和后续的资本需求。因此，授权的股票数量通常超过最初销售的数量。如果公司销售所有授权股份，公司必须获得州政府同意来修改其章程。

资本股票的授权不需要编制会计分录，原因是该事件在公司资产或股东权益上没有立即实现。但是，股东股权部分经常报告授权股份的数量。这样就可以简单地确定公司在不修改章程的情况下可以发行的未发行股份的数量：从已授权发行的总股份中减去已发行的总股份。例如，如果 Advanced Micro 被授权发行 100 000 股普通股，已销售 80 000 股股份，则仍有 20 000 股未发行。

股票发行

公司可以直接向投资者发行普通股，或者它也可以通过投资银行间接发行股票，而投资银行是专门从事吸引潜在投资者购买证券的机构。在少数人持股的公司中，直接发行是一种典型的现象。间接发行是上市公司的惯例。

在间接发行中，投资银行可能会同意承担全部发行股票的风险。在这种安排下，投资银行以规定的价格从公司购买股票，再卖给投资者。公司因此避免了任何不能出售股份的风险，同时，它可以立即从股票承销商那里收到现金。反过来，投资银行承担转售股票的风险，以换取承销费。例如，谷歌通过承销商在网站上进行了非常成功的首次公开发行，募集资金 16.7 亿美元。承销商对谷歌收取 3% 的承销费（约 5 000 万美元）。

公司如何为新发行的股票设定价格？需要考虑的因素为：公司预期的未来收入；公司预期每股股息率；公司目前的财务状况；当前的经济状况；证券市场的现状。股票定价十分复杂，是金融课程的主题。

有面值的和无面值的股票

有面值的股票是公司章程规定的每股有价值的股本，票面价值决定了公司为保护公司债权人必须保留的每股法定资本。这一数额不能用于股东提款。因此，在过去大多数州政府要求公司以面值或更高的价格出售股份。

然而，相对于公司股票的价值，票面价值往往并不重要——即使是在发行的时候。因此，它作为一种保护债权人的手段是否有用值得怀疑。例如，脸书的票面价值为每股 0.000 006 美元，而其最近的市场价格为每股 84 美元。因此，票面价值与市场价格没有关系。在绝大多数情况下，这是一个微不足道的数额。因此，现在许多州不要求票面价值，而是使用其他方法来保护债权人。

无面值的股票是指未规定价值的股本。无面值的股票现在相当普遍。例如，耐克和宝洁都有无面值的股票。在许多州，董事会给无面值的股票指定一个明确的价值。

12.1.5　公司资本

所有者权益可以用不同的名称来区分：股东权益（stockholders'equity）或公司资本（corporate capital）。公司资产负债表上的股东权益包括两部分：实收（认缴）资本和留存收益（盈余资本）。

从法律和财务的角度来看，实收资本和留存收益之间的区别很重要。从法律上讲，在各州，公司可以从留存收益中分配收益（股息）。然而，在许多州，不能从实收资本中分配股息。管理层、股东和其他人经常指望留存收益以保证公司的持续经营和发展。

实收资本

实收资本是股东缴入公司以换取股本的现金和其他资产的总额。如前所述，当一家公司只有一种股票时，它就是普通股。

留存收益

留存收益是指公司留作将来使用的净利润。净利润通过结账分录记入留存收益，记入"收入汇总"的借方和"留存收益"的贷方。例如，假设 Delta Robotics 公司第一年运营的净利润为 13 万美元，结账分录为：

收入汇总	130 000	
留存收益		130 000
（结账收入汇总并将净利润转移到留存收益）		

如果 Delta Robotics 公司在其第一年结束时普通股股票的余额为 80 万美元，其所有者权益部分如表 12-2 所示。

表 12-2　股东权益部分

Delta Robotics 公司 资产负债表（部分）	
	金额单位：美元
股东权益	
实收资本	
普通股	800 000
留存收益	130 000
总股东权益	930 000

图 12-4 比较了独资企业、合伙企业和股份有限公司在资产负债表上报告的所有者权益（股东权益）账户。

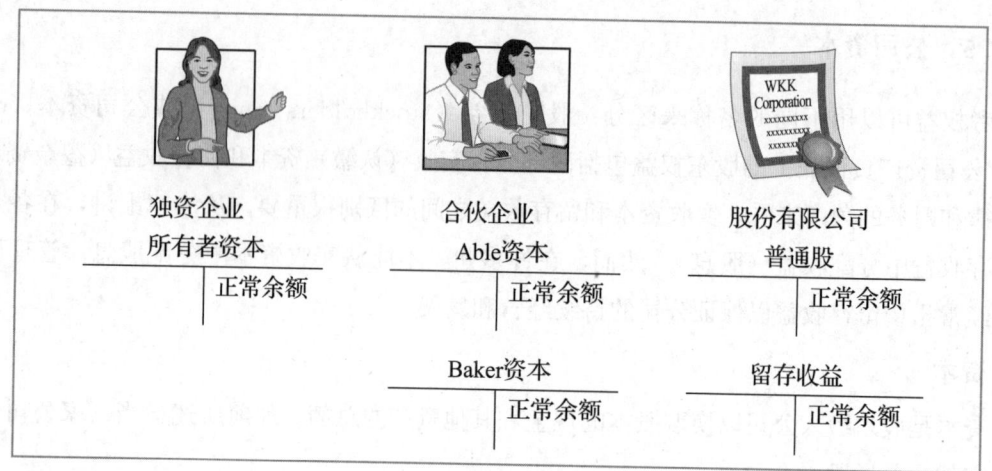

图 12-4　所有者权益账户的对比

12.2　股票交易的会计核算

12.2.1　普通股的会计核算

现在让我们看看如何对普通股进行会计核算。发行普通股的主要会计目标是确定实收资本的具体来源，区分实收资本和留存收益。发行普通股只影响实收资本账户。

发行有面值的普通股以换取现金

如前所述，票面价值并不表示股票的市场价格，因此，发行有面值股票的现金收益可以等于、大于或小于面值。当公司为获得现金发行普通股时，它将股票的票面价值记入普通股，它还在一个单独的实收资本账户中记录收益高于或低于票面价值的部分。

为了说明这一点，假设 Hydro-Slide 公司发行了 1 000 股面值 1 美元的普通股以换取现金。记录这笔交易的分录如下：

库存现金	1 000	
普通股		1 000
（记录以面值 1 美元发行的 1 000 股普通股）		

现在假设 Hydro-Slide 以每股 5 美元的价格额外发行 1 000 股面值为 1 美元的普通股。超出票面价值的款项，记入普通股超面值实收资本。分录如下：

库存现金	5 000	
普通股		1 000
普通股超面值实收资本		4 000
（记录以每股 5 美元发行面值 1 美元的 1 000 股普通股）		

这两笔交易的总实收资本是 6 000 美元，法定资本是 2 000 美元。假设 Hydro-Slide 公司的留存收

益为 27 000 美元，表 12 - 3 显示了该公司的股东权益部分。

表 12 - 3 股东权益——超面值实收资本

Hydro-Slide 公司 资产负债表（部分）	
	金额单位：美元
股东权益	
实收资本	
普通股	2 000
超面值实收资本	**4 000**
总实收资本	6 000
留存收益	27 000
总股东权益	33 000

当公司以低于票面价值的价格发行股票时，如果实收资本账户中存在贷方余额，则借记普通股超面值实收资本账户。如果贷方余额不存在，则公司借记留存收益低于票面价值的金额。这种情况很少发生。大多数州不允许以低于票面价值的价格出售普通股，因为股东可能要对出售价格与票面价值之间的差额承担个人责任。

发行无面值股票以换取现金

当无面值普通股有规定的价值时，其分录与有面值股票的分录类似。公司贷记规定的价值记入普通股。此外，当无面值股票的售价超过规定价值时，公司将超出规定价值的部分贷记普通股超面值实收资本。

例如，假设 Hydro-Slide 公司拥有 5 美元的无面值股票而不是 1 美元的面值股票，该公司以每股 8 美元的价格发行了 5 000 股股票，分录如下：

库存现金	40 000	
普通股		25 000
普通股超面值实收资本		15 000
（记录以 8 美元价格发行 5 000 股普通股）		

Hydro-Slide 公司在股东权益部分报告普通股超面值实收资本作为实缴资本的一部分。

当无面值股票没有规定的价值时会发生什么？在这种情况下，公司将全部收益贷记到普通股。因此，如果 Hydro-Slide 没有给它的无面值股票规定一个价值，它将以每股 8 美元的价格记录 5 000 股的发行，如下所示：

库存现金	40 000	
普通股		40 000
（记录发行 5 000 股无面值股票）		

为服务或非现金资产发行普通股

公司也可以为服务（对律师或顾问的补偿）或非现金资产（土地、建筑物和设备）发行股票。在这种情况下，股票交易中应确认哪些成本？为了符合历史成本原则，在非现金交易中成本是现金的等价价格。因此，成本要么是放弃对价的公允价值，要么是收到对价的公允价值，哪个更明确就选哪个。

举例来说，假设律师帮助乔丹公司成立，他们向该公司收取了 5 000 美元的服务费。他们同意接受公司以 4 000 股面值 1 美元的普通股来支付他们的账单。在交易时，没有确定的股票市场价格。在这种情况下，收到对价的公允价值 5 000 美元就更明确。因此，乔丹公司做了以下分录：

组织费用	5 000	
普通股		4 000
普通股超面值实收资本		1 000
（记录向律师发行的 4 000 股面值 1 美元的股票）		

如前所述，组织成本按实际发生的情况计入费用。

假设 Athletic Research 公司是一家上市公司，其票面价值为 5 美元的股票以每股 8 美元的价格交易。该公司发行 10 000 股股票，以收购最近以 90 000 美元出售的土地。在这笔非现金交易中，容易确定的价值是所给的市场对价 8 万美元。公司将交易记录如下：

土地	80 000	
普通股		50 000
普通股超面值实收资本		30 000
（记录发行 10 000 股面值 5 美元的股票）		

如这些例子所示，股票的票面价值从来不是确定非现金交易中收到的资产或服务成本的一个因素。无面值股票的规定价值也是如此。

12.2.2　优先股会计核算

为了吸引更多的潜在投资者，公司可以发行一种额外的股票，称为优先股。优先股有合同条款，赋予其相对于普通股的一些优先权。一般来说，优先股股东对收益（股息）分配、对清算时的资产享有优先权，但是他们一般没有投票权。

像普通股一样，公司可以发行现金或非现金资产的优先股。这些交易的分录类似于普通股的分录。当一家公司有一种以上的股票时，每个实收资本账户的名称应标明与之相关的股票。公司可能有以下账户：优先股、普通股、优先股超面值实收资本和普通股超面值实收资本。

例如，如果 Stine 公司以每股 12 美元发行 10 000 股面值 10 美元的优先股，则记录发行的分录如下：

库存现金	120 000	
优先股		100 000
优先股超面值实收资本		20 000
（记录发行 10 000 股面值 10 美元的优先股）		

优先股可以有面值，也可以没有面值。在资产负债表的股东权益部分中公司首先列出优先股，因为它的股息和清算优先于普通股。

12.2.3 库存股会计核算

库存股是公司自己发行的股票，随后从股东手中回购，但不是退市的股票。公司可能由于各种原因而收购库存股：

（1）根据奖金和股票补偿计划，向高级职员和雇员重新发行股票。

（2）增加公司股票在证券市场上的交易量。企业预计购买自己的股票将表明，管理层认为该股票定价过低，他们希望提高其市场价格。

（3）有额外股份供收购其他公司之用。

（4）减少流通在外的股票数量，从而增加每股收益。

购买库存股的一个不太常见的原因是，管理层可能希望通过收购来消除对公司怀有敌意的股东。

许多公司都有库存股。例如，大约 65% 的美国公司持有库存股。最近一年，耐克购买了 600 多万股库存股。

购买库存股

公司通常用成本法核算库存股。这种方法使用购买股票的成本来评估库存股的价值。在成本法下，公司借记库存股，作为重新获得股份支付的价格。当公司处置股份时，它将重新获得股份所支付的相同金额贷记入库存股。

举例来说，假设在 2020 年 1 月 1 日，Mead 公司的股东权益部分有 400 000 股授权股票和 100 000 股面值 5 美元的已发行普通股（全部按面值发行）和 200 000 美元的留存收益。购买库存股前的股东权益部分如表 12 - 4 所示。

表 12 - 4 不含库存股的股东权益

Mead 公司 资产负债表（部分）	
股东权益	
实收资本	
普通股，票面价值为 5 美元，授权 400 000 股，已发行且未偿付 100 000 股	500 000
留存收益	200 000
总股东权益	700 000
减：库存股（4 000 股）	**32 000**
股东权益总额	668 000

在 2020 年 2 月 1 日，Mead 公司以每股 8 美元的价格收购了自己 4 000 股股票。分录如下：

2月1日	库存股	32 000	
	库存现金		32 000
	（记录以每股 8 美元的价格购买的 4 000 股库存股）		

Mead 借记库存股作为购买股票的成本（32 000 美元）。原来的实收资本账户的普通股是否已经作废？不会，因为发行的股票数量没有变化。

在资产负债表的股东权益部分，Mead 公司从总实收资本和留存收益中扣除库存股。库存股是一个与股东权益相反的账户，因此，库存股的收购减少了股东权益。Mead 公司购买库存股后的股东权益部分如表 12-5 所示。

表 12-5 持有库存股的股东权益

Mead 公司 资产负债表（部分）	
股东权益	
实收资本	
普通股，票面价值 5 美元，授权 400 000 股	
发行 100 000 股，流通股为 96 000 股	500 000
留存收益	200 000
总实收资本和留存收益	700 000
减去：库存股（4 000 股）	**32 000**
总股东权益	668 000

Mead 公司在资产负债表中披露了发行股票的数量（100 000 股）和库存股的数量（4 000 股）。差额是流通股的数量（96 000 股）。流通在外的股票是指股东持有的已发行股票的数量。

一些人坚持认为，公司应该将库存股作为一项资产来报告，因为它可以变现。但根据这种推理，公司也可将未发行股票作为资产来显示，这显然是不正确的。库存股不是一种资产，而是减少了股东对公司资产的索偿权。将库存股作为总实收资本和留存收益的扣减项，可以正确地显示这种效应。

库存股的处置

库存股通常被出售或收回。当库存股以高于成本的价格出售时，其销售的会计核算与以低于成本的价格出售时的会计核算不同。

（1）以高于成本的价格出售库存股。如果库存股的销售价格等于其成本，公司将股票的销售记录为借记库存现金，贷记库存股。当股票的售价大于其成本时，公司将差额计入库存股的实收资本。

为了说明这一点，假设在 7 月 1 日，Mead 公司以每股 10 美元的价格出售了之前以每股 8 美元收购的 4 000 股库存股中的 1 000 股，分录如下：

7月1日	库存现金	10 000	
	库存股		8 000
	库存股的实收资本		2 000
	（以高于成本的价格卖出 1 000 股库存股）		

Mead 公司在出售库存股时没有记录 2 000 美元的收益，原因有两个：一是出售利得发生在资产出售时，库存股不是一种资产；二是公司与股东的股票交易没有实现收益或损失。因此，公司不应在净利润中包括任何因出售库存股而产生的实收资本，相反，它们将库存股的收益作为实收资本的一部分

单独计入资产负债表。

（2）以低于成本的价格出售库存股。当一家公司以低于成本的价格出售库存股时，它通常从库存股中借记实收资本的成本超过销售价格的部分。因此，如果 Mead 公司在 10 月 1 日以每股 7 美元的价格出售了 800 股库存股，它将做以下分录：

10 月 1 日	现金（800×7 美元）	5 600	
	库存股的实收资本	800	
	库存股		6 400
	（以低于成本的价格出售 800 股库存股）		

从这两个销售分录观察以下情况：第一，Mead 公司在每个分录中按成本贷记的库存股；第二，Mead 公司使用库存股的实收资本来弥补股票的成本和转售价格之间的差额；第三，原实收资本账户的普通股不受影响。库存股的出售增加了总资产和总股东权益。

在过账上述分录后，库存股账户将在 10 月 1 日出现如表 12 - 6 所示的余额。

表 12 - 6 库存股账户

库存股				库存股的实收资本			
2 月 1 日	32 000	7 月 1 日	8 000	10 月 1 日	800	7 月 1 日	2 000
		10 月 1 日	6 400			10 月 1 日 余额 1 200	
10 月 1 日 余额 17 600							

当一家公司耗尽库存股实收资本中的贷方余额时，它借记于留存收益中超出销售价格的额外成本。为了说明这一点，假设 Mead 公司在 12 月 1 日以每股 7 美元的价格出售其剩余的 2 200 股，超出售价的成本为 2 200 美元（2 200×（8－7））。在这种情况下，Mead 公司借记了库存股的实收资本的超额部分 1 200 美元，它将剩余部分借记为留存收益，分录如下：

12 月 1 日	库存现金（2 200×7 美元）	15 400	
	库存股的实收资本	1 200	
	留存收益	1 000	
	库存股		17 600
	（记录以每股 7 美元的价格出售 2 200 股库存股）		

12.3 股东权益变动表的列报

在资产负债表的股东权益部分，公司报告实收资本、留存收益、累计其他综合收益和库存股。在实收资本中，有两个类别得到确认：

（1）股本。由优先股和普通股组成。公司在普通股之前显示优先股是因为它的优先权利。公司报告每类股票的面值、授权股份、发行股份和已发行股份的信息。

（2）资本公积。包括超过面值或规定价值的金额。

正如第 5 章所讨论的，在某些情况下，未实现的收益和损失不包括在净利润中，这些被排除在外的项目称为其他综合收益项目，作为一种更具包容性的收益衡量标准——综合收益——的一部分来报告。其他综合收益项目包括养老金计划资产的某些调整、外币损益以及一些投资损益。作为其他综合收益报告的项目每年结转到累计其他综合收益账户，因此，这个账户包括以前作为其他综合收益报告的所有项目的累计金额。这个账户可以有借方或贷方余额，这取决于多年来累计的收益是否超过累计的损失。如果累计损失超过收益，则公司报告累计其他综合损失。

表 12-7 展示了 Graber 公司资产负债表的股东权益部分。Graber 公司的股东权益部分包括本章讨论的大部分账目。与 Graber 公司普通股相关的披露表明，已发行 40 万股，未发行 10 万股（授权的 50 万股少于发行的 40 万股）和 39 万流通股（发行的 40 万股减去 1 万股的库存股）。

表 12-7　资产负债表中的股东权益部分

Graber 公司 资产负债表（部分）		
股东权益		
实收资本		
股本		
9% 的优先股，面值为 100 美元，授权 10 000 股，已发行和流通 6 000 股	600 000	
普通股，无面值，规定价值为每股 5 美元，授权 500 000 股，发行 400 000 股，流通 390 000 万股	2 000 000	
总股本		2 600 000
资本公积		
超过面值——优先股	30 000	
超过规定价值——普通股	1 050 000	
总资本公积		1 080 000
总实收资本		3 680 000
留存收益		1 050 000
总实收资本和留存收益		4 730 000
累计其他综合收益		110 000
减：库存股（10 000 普通股）		80 000
总股东权益		4 760 000

◀ **选择题** ▶

1. 下列哪项不是股份有限公司组织形式的主要优点？（　　）

A. 独立的合法存在

B. 持续的寿命

C. 政府法规

D. 可转让的所有权

3. 成立股份有限公司的成本（　　）。

A. 不包括法律费用

B. 按实际发生的费用计算

C. 被记录为资产

D. 反映未来的收益，其数量和时间很容易确定

5. 股东权益总额（不含库存股）等于（　　）。

A. 总的实收资本＋留存收益

B. 实收资本＋股本＋留存收益

C. 股本＋资本公积－留存收益

D. 普通股＋留存收益

7. A-Team 公司发行了 1 000 股面值 5 美元的土地股票。该股交易活跃，每股 9 美元。这块地的广告显示它将以 10 500 美元出售。土地应当以（　　）被记录。

A. 4 000 美元　　　　　B. 5 000 美元　　　　　C. 9 000 美元　　　　　D. 10 500 美元

9. Lucroy 公司发行 100 股面值 10 美元的优先股，每股 12 美元。在记录交易时，贷记（　　）。

A. 优先股 1 200 美元

B. 优先股 1 000 美元，留存收益 200 美元

C. 优先股 1 000 美元，超过优先股价值的实收资本 200 美元

D. 优先股 1 000 美元和优先股超过面值的实收资本 200 美元

11. XYZ 公司以每股 13 美元的价格出售 100 股面值 5 美元的库存股。如果购买股份的成本为每股 10 美元，则出售的分录贷方应包括（　　）。

A. 库存股 1 000 美元和库存股实收资本 300 美元

B. 库存股 500 美元和库存股实收资本 800 美元

C. 库存股 1 000 美元，留存收益 300 美元

D. 库存股 500 美元，实收资本超过面值 800 美元

13. 下列哪项不是在资本公积项下申报？（　　）

A. 超过面值的实收资本　　　　　　　　B. 普通股

C. 超过规定价值的实收资本　　　　　　D. 库存股的实收资本

◀ 简答题 ▶

1. 4 月 10 日，Leury 公司以每股 14 美元的价格发行了 3 000 股面值为 5 美元的普通股。请对股票发行进行记账。

3. Navarez 公司在 12 月 31 日有以下账户：普通股，面值 2 美元，发行 50 000 股，价值 100 000 美元；超过面值的实收资本——普通股 40 000 美元；留存收益 65 000 美元；库存股 2 000 股，价值 17 000 美元。准备资产负债表的股东权益部分。

◀ 练习题 ▶

1. Bostick 公司本期交易如下：

　　3 月 2 日　向律师发行了 4 000 股面值为 1 美元的普通股，已支付 35 000 美元的账单，作为帮助公司成立的服务费用。

6 月 12 日 发行 50 000 股面值 1 美元的普通股，获得现金 360 000 美元。

7 月 11 日 以每股 120 美元的价格发行了 2 000 股面值为 100 美元的优先股。

11 月 28 日 以 7 万美元购买了 2 000 股库存股。

要求：

对这些交易进行记账。

◀ **实践题** ▶

Rolman 公司被授权发行 1 000 000 股面值为 5 美元的普通股。在第一年，公司的股票交易如下：

1 月 10 日 发行了 40 万股股票，每股 8 美元。

7 月 1 日 发行 10 万股土地股票。这块地的要价是 90 万美元。该股目前在全国交易所以每股 8.25 美元的价格出售。

9 月 1 日 出于库存需要以每股 9 美元的价格购买了 1 万股普通股。

12 月 1 日 以每股 10 美元的价格出售了 4 000 股库存股。

要求：

a. 记录交易。

b. 编制股东权益部分，假设公司在 12 月 31 日的留存收益为 200 000 美元，其他累计综合收益为 105 000 美元。

📖 **IFRS 概览**

根据国际财务报告准则和公认会计原则，与股东权益有关的交易，如发行股票和购买库存股的会计处理是相似的。主要的不同涉及所使用的术语，诸如重估盈余等，以及股东权益信息的呈现。

关键点

以下是公认会计原则和国际财务报告准则在股东权益方面的主要异同。

相似点

● 除了使用的术语之外，发行股票和购买库存股的会计交易是相似的。

● 与 GAAP 一样，IFRS 不允许公司记录购买自己股票的损益。

不同点

● 在 IFRS 下，"准备金"一词用于描述除由认缴（实收）资本产生的权益账户以外的所有权益账户。例如，这将包括与留存收益、资产重估和公允价值差异有关的准备金。

● 许多国家的投资者群体构成与美国不同。例如，在德国，银行等金融机构不仅是企业的主要债权人，而且往往是企业的最大股东。在美国、亚洲和英国，许多公司依赖私人投资者的大量投资。

● 权益账户经常存在术语差异。下面总结了一些术语上的常见差异。

GAAP	IFRS
普通股（common stock）	普通股（share capital—ordinary）
股东（stockholders）	股东（shareholders）
面值（par value）	面值（nominal or face value）
授权股份（authorized stock）	授权股份（authorized share capital）
优先股（preferred stock）	优先股（share capital-perference）
实收资本（paid-in capital）	实收资本（issued/allocated share capital）
普通股超面值实收资本（paid-in capital in excess of par—common stock）	普通股超面值实收资本（share premium—ordinary）
优先股超面值实收资本（paid-in capital in excess of par—preferred stock）	优先股超面值实收资本（share premium—perference）
留存收益（retained earnings）	留存收益或留存利润（retained earnings or retained profits）
留存收益赤字（retained earnings deficit）	累计损失（accumulated losses）
累计其他综合收益（accumulated other comprehensive income）	一般准备金和其他准备金账户（general reserve and other reserve accounts）

作为在 IFRS 下类似交易如何使用不同术语的一个例子，考虑以每股 5 美元的价格发行 1 000 股面值为 1 美元的普通股。在 IFRS 下，分录如下：

库存现金	5 000	
普通股		1 000
普通股超面值实收资本		4 000

● IFRS 和 GAAP 之间的主要区别与账户重估盈余有关。重估盈余出现在 IFRS 下，因为公司被允许在某些情况下将其财产、厂房和设备以公允价值重估。该账户是国际财务报告准则下一般准备金的一部分，不被视为认缴资本。

● IFRS 经常使用诸如留存利润、累计利润或损失等术语来描述留存收益。留存收益这个术语也经常被使用。

● 在 IFRS 下，股权被给出了各种描述，如股东权益、所有者权益、资本和准备金以及股东资金。

展望未来

正如前面讨论的那样，IASB 和 FASB 目前正在进行一个与财务报表提交有关的项目。本研究的一个重要部分是确定某些项目、小计和总计是否应该明确定义，并要求在财务报表中显示。

第 13 章

股份有限公司：股利、留存收益和收益报告

本章预览

正如下面的引例所指出的，像 Van Meter 这样的公司可以通过其股票奖金计划为员工提供福利。当员工对股利、留存收益和每股收益的作用了解得更多时，他们就会对公司提供给他们的福利产生更深的理解和体会。

❯ 引　例

分一杯羹

艾奥瓦州锡达拉皮兹市的电器零部件分销商 Van Meter 公司是一家完全由员工持股的公司。多年来，该公司一直以公司股票的形式向所有员工发放奖金。这些股票的价值通常相当于一位员工几周的工资。高层管理人员一直认为这是一个伟大的项目。因此，几年前，当一名员工在公司会议上站起来说，他不认为获得公司股票有任何实际价值时，人们感到相当惊讶，相反，他想"多拿几百块钱买啤酒和香烟"。

事实证明，该公司 340 名员工中的许多人都有这种感觉。然而，该公司并没有终止股票奖金计划，而是决定对员工进行持股价值教育。员工们现在被教导如何确定他们股票的价值、股票带来的权利，以及他们可以做些什么来增加这些股票的价值。

作为教育计划的一部分，管理层提出了一句口号："工作 10 年，自由 5 年。"其理念是，工作 10 年后，员工持有的股票价值相当于他 5 年的工资。例如，一个工资 3 万美元的员工在 10 年内将获得 30 万美元的工资，在同样的 10 年期间，该员工所持股票的价值可能会累积到约 15 万美元（相当于 5 年的工资）。这具体地说明了为什么员工应该更愿意持有股票。

一个由 12 人组成的员工委员会负责对新员工进行培训。该委员会开展培训项目，让员工们了解他们节约成本的行动是如何提高公司业绩和股价的。该公司鼓励员工像老板一样行事的教育计划似乎正在发挥作用，公司盈利能力迅速提高，员工流动率从 18% 下降到 8%。鉴于 Van Meter 公司的成功，美国其他 10 000 家员工持股公司中的许多公司都想要调查一下他们的员工是否理解持股的好处。

资料来源：Adapted from Simona Covel, "How to Get Workers to Think and Act Like Owners," *Wall Street Journal Online* (February 15, 2008).

13.1　股利和股票分割的会计核算

股利是公司按比例（所有权比例）向股东分配的现金或股票。按比例意味着如果你拥有 10% 的普通股，你将获得 10% 的股利。股利有四种形式：现金、财产、临时凭证（支付现金的本票）或股票。在实践中，尽管公司也以一定频次发放股票股利，但现金股利仍占主导地位。这两种形式的股利是本章讨论的重点。

投资者对公司的分红方式非常感兴趣。在财务报告中，一般股利每季度按每股美元金额报告（有时是年度报告）。例如，耐克最近的季度股利为每股 24 美分，通用电气为每股 22 美分，ConAgra

Foods 为每股 25 美分，脸书不分红。

13.1.1　现金股利

现金股利是按比例分配给股东的现金。库存股不支付现金股利。公司要支付现金股利，必须具备以下条件。

（1）留存收益。现金股利的合法性取决于公司所在州的法律。用留存收益支付现金股利在所有州都是合法的。一般来说，仅从普通股（法定资本）余额中分配现金股利是非法的。

从实收资本中分配的股利被称为清算股利。这种股利减少或"清算"了股东最初支付的金额。关于以超过票面价值的实收资本或规定价值为基础的现金股利，法律有很大的不同。许多州允许这种分红。

（2）足够的现金。股利的合法性和支付股利的能力是两回事。例如，留存收益超过 44 亿美元的百思买（Best Buy）可以合法宣布 44 亿美元的股利，但百思买的现金余额只有 22 亿美元。

在宣布现金股利之前，公司董事会必须仔细考虑当前和未来对公司现金资源的需求。在某些情况下，流动负债可能使现金股利分配得不合适。在其他情况下，一个大型工厂扩建计划可能只保证相对较少的股利。

（3）宣布股利。公司不支付股利，除非董事会决定支付，此时董事会"宣布"股利。董事会完全有权决定以股利形式分配的收入数额和保留在企业中的收入数额。股利不像应付票据的利息那样自然增长，在宣布之前它们不是负债。

股利的数额和派发时间是管理层需要考虑的重要问题。支付大量现金股利可能会给公司带来资金流动性问题。一方面，数额较小的股利或不分配股利可能会引起股东不满。许多股东希望定期从公司获得合理的现金支付。许多公司按季度宣布并支付现金股利。另一方面，一些快速发展的公司不支付股利，更愿意保存现金，为未来的资本支出提供保障。

现金股利分录

有三个日期对股利很重要：宣布日、登记日和发放日。通常情况下，每一个日期之间间隔 2～4 周。公司在宣布日和发放日做会计分录。

在宣布日，董事会正式宣布（授权）现金股利并向股东宣布。宣布派发现金股利需要公司承担一项法律义务。公司必须记账确认现金股利的增加和应付股利负债的增加。

为了说明这一点，假设在 2020 年 12 月 1 日，Media General 公司的董事会宣布为 10 万股面值 10 美元的普通股派发每股 50 美分的现金股利。股利为 50 000 美元（100 000×0.50 美元）。记录宣布的分录如下：

宣布日

12 月 1 日	现金股利	50 000	
	股利支付		50 000
	（记录现金股利的宣布）		

Media Genera 公司借记现金股利账户。发放现金股利会减少留存收益。我们使用特定的名称：现

金股利，以区别于其他类型的股利，如股票股利。应付股利是流动负债。通常几个月内就会付清。

　　在登记日，公司确定以分红为目的的流通股股票的所有权。公司保存的股东记录提供了这一信息。在宣布日和登记日之间，公司更新其股票所有权记录。对于 Media General 公司，登记日是 12 月 22 日。在此日期无须做任何分录，因为公司在宣布日确认的负债是不变的。

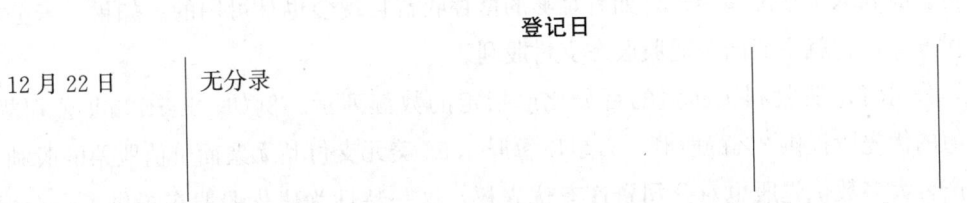

登记日

12 月 22 日	无分录		

　　在发放日，公司向记录在案（截至 12 月 22 日）的股东支付现金股利，并记录股利的支付。如果 Media General 公司的发放日是 1 月 20 日，那一天的分录如下：

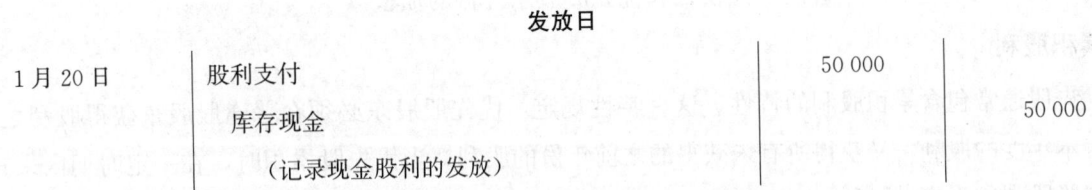

发放日

1 月 20 日	股利支付	50 000	
	库存现金		50 000
	（记录现金股利的发放）		

　　注意，发放股利减少了流动资产和流动负债，但它对股东权益没有影响。宣布和发放现金股利的累积效应是减少股东权益和总资产。图 13 - 1 总结了 Media General 公司与股利相关的三个重要日期。

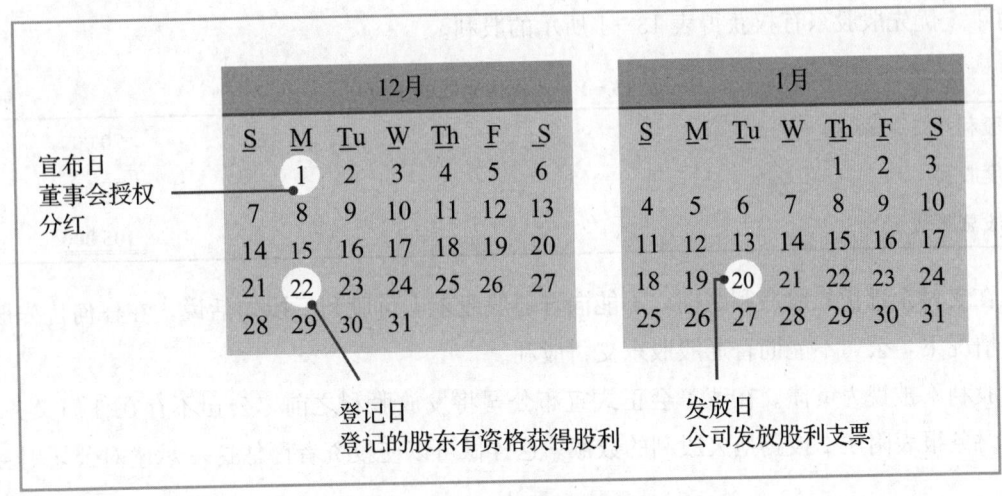

图 13 - 1　关键的股利日期

　　当使用现金股利账户时，Media General 公司应在年末结转该账户余额至留存收益。Media General 公司在结账时的分录如下：

留存收益	50 000	
现金股利		50 000
（将现金股利结账至留存收益）		

13.1.2 优先股股利

优先股股东有权先于普通股股东领取股利。例如，如果优先股的股利为每股 5 美元，那么普通股股东在本年度要在优先股股东收到每股 5 美元股利后才能获得股利分配。然而，先索求股利并不保证就能获得股利支付。股利取决于许多因素，如有足够的留存收益且现金也是可用的。如果一家公司不向优先股股东支付股利，它就不能向普通股股东支付股利。

对于优先股，公司将每股股利按面值的百分比或指定的数额列示。例如，Earthlink 公司规定，对其 100 美元面值的优先股提供 3% 的股利。百事以每股 4.56 美元支付其无票面价值股票的股利。

如果公司破产，大多数优先股也对公司资产有优先权。这一特性为优先股股东提供了安全保障。对资产的优先选择可以是股票的票面价值，也可以是特定的清算价值。例如，在清算的情况下，Commonwealth Edison 公司的优先股持有人可以获得每股 31.8 美元的股利，外加应计股利和未付股利。清算优先权确定了破产诉讼中债权人和优先股股东各自的债权。

累积股利

优先股通常包含累积股利的特性。这一特性规定，优先股股东必须在普通股股东获得股利之前，既获得本年度的股利，又获得所有未获得的之前年份的股利。当优先股累积时，在一定时期内未宣布的优先股股利称为应付股利。

为了说明这一点，假设 Scientific Leasing 公司拥有 5 000 股面值 100 美元，股利率 7% 的累计流通的优先股，每股的股利为 7 美元（100 美元×0.07），年股利为 35 000 美元（5 000×7 美元）。如果股利拖欠两年，优先股股东有权获得表 13 - 1 所示的股利。

表 13 - 1　计算优先股的总股利　　　　　　　　　　　　　　　　　　　　　单位：美元

应付股利（35 000×2）	70 000
本年度股利	35 000
优先股总股利	**105 000**

公司在支付全部优先股股利之前，不能向普通股股东支付股利。换句话说，在任何优先股股利都被拖欠的情况下，公司不能向普通股股东支付股利。

应付股利不被视为负债。在董事会正式宣布公司将发放股利之前，公司不存在任何义务。但是，公司应在财务报表附注中披露拖欠股利的数额。这样做可以使投资者评估这一承诺对公司财务状况的潜在影响。

投资界并不看好那些无法支付股利的公司。正如一位财务主管在讨论一家公司在一段时间内未能支付其累积优先股股利时所指出的那样，"在这种事情上没有履行义务是公司的一个重大污点。"

在优先股和普通股之间分配现金股利

如前所述，就股利而言，优先股比普通股有优先权。累积优先股的持有者必须在普通股股东获得股利之前获得任何未获得的之前年份的股利和本年度股利。

为了说明这一点，假设到 2020 年 12 月 31 日，IBR 公司拥有 1 000 股股利率为 8%，面值为 100 美元的累积优先股，它还有 50 000 股面值为 10 美元的已发行普通股。优先股的股利为每股 8 美元

（100 美元面值×8%）。因此，优先股要求的年度股利为 8 000 美元（1 000 股×8 美元）。2020 年 12 月 31 日，董事会宣布派发 6 000 美元的现金股利。在这种情况下，由于优先股股东的股利优先权，全部股利归他们所有。记录股利宣布的分录如下：

12 月 31 日	现金股利	6 000	
	应付股利		6 000
	（向优先股股东发放的现金股利为每股 6 美元）		

由于累积特性，2020 年每股 2 美元（8 美元－6 美元）的优先股股利被拖欠。IBR 公司必须先向优先股股东支付这些股利，才能向普通股股东支付未来的股利。IBR 公司应在财务报表中披露股利拖欠情况。

在 2021 年 12 月 31 日，IBR 公司宣布了 50 000 美元的现金股利。表 13 - 2 显示了这两类股票的股利分配情况。

表 13 - 2　分配优先股和普通股的股利		单位：美元
总股利		50 000
优先股分配		
应付股利，2020（1 000×2）	2 000	
2021 年股利（1 000×8）	8 000	10 000
分配给普通股的剩余资金		40 000

股利宣布的分录记录如下：

12 月 31 日	现金股利	50 000	
	应付股利		50 000
	（宣布现金股利 1 万美元给优先股，4 万美元给普通股）		

如果 IBR 公司的优先股不是累积的，那么优先股股东在 2021 年只能获得 8 000 美元的股利，普通股股东获得 42 000 美元。

13.1.3　股票股利

股票股利是公司将自己的股票按比例分配给股东。股票股利导致留存收益减少，实收资本增加。与现金股利不同，股票股利不会减少股东权益或总资产。

举例来说，假设你拥有 Cetus 公司 2% 的股权，也就是说，你拥有 1 000 股普通股中的 20 股。如果 Cetus 公司宣布 10% 的股票股利，它将发放 100 股（1 000×10%）的股票，你将获得 2 股（2%×100）。你的所有者权益会改变吗？不，仍将保持在 2%（22÷1 100）。你现在拥有更多的股票，但你的所有者权益并没有改变。

Cetus 公司没有支付任何现金，也没有承担任何债务。那么，股票股利的目的和好处是什么呢？公司发放股票股利通常是出于以下一种或多种原因：

（1）在不花费现金的情况下满足股东的预期股利。

（2）提高公司股票的可销售性。当流通股数量增加时，每股市场价格下降。降低股票的市场价格使小型投资者更容易购买股票。

（3）强调公司将一部分股东权益永久地再投资于业务，因此不能以现金股利发放。

当宣布股利时，董事会决定股票股利的总额和分配给每股股利的价值。

一般来说，如果公司发放少量股票股利（少于公司发行股票的20%～25%），分配给股利的价值是每股公允价值（市场价格）。这种做法是基于这样一种假设，即少量的股票股利对先前发行在外的股票的市场价格几乎没有影响。因此，许多股东认为小额股票股利是与所配股票的市场价格相等的收益分配。如果一家公司发放了大量股票股利（超过20%～25%），分配给股利的价格就是票面价值或宣布价值。小股股利在实践中占主导地位，因此，我们只举例说明少量股票股利的分录。

股票股利分录

为了说明小额股票股利的会计处理，假设 Medland 公司的留存收益为30万美元，它宣布对其50 000股面值为10美元的普通股派发10%的股利。其股票目前的市场价格是每股15美元。拟发行股份5 000股（10%×5万股）。因此，记入股票股利借方的总额为75 000美元（5 000×15美元）。记录股票股利宣布的分录如下：

股票股利	75 000	
普通股股利分配		50 000
普通股超面值实收资本		25 000
（记录10%股票股利的宣布）		

Medland 公司以发行股票的市场价格（15×5 000美元）借记股票股利（与现金股利类似，股票股利会减少留存收益）。Medland 公司还将股票股利的票面价值（10×5 000美元）贷记入普通股股利分配，将超过票面价值（5×5 000美元）的实收资本贷记入普通股超面值实收资本。

普通股股利分配是一个股东权益账户，它不是负债，因为资产不会被用来支付股利。如果公司在发行派息股票前准备一份资产负债表，它将报告实收资本下的可分配账户，如表13-3所示。

表 13 - 3　普通股股利分配表

实收资本	
普通股	500 000
普通股股利分配	**50 000**
普通股超面值实收资本	25 000
总实收资本	575 000

当 Medland 公司发放股票股利时，它借记普通股股利分配，贷记普通股，如下所示：

普通股股利分配	50 000	
普通股		50 000
（在股票股利中记录发放的5 000股）		

股票股利的影响

股票股利如何影响股东权益？股票股利改变了股东权益的构成，因为股票股利将一部分留存收益转移到实收资本，但是总股东权益仍然是相同的。股票股利对每股面值或每股股东所持股票的价值总额没有影响，但会使流通在外的股票数量增加。表 13 - 4 显示了股票股利对 Medland 公司的这些影响。

表 13 - 4　股票股利的影响

	分配股利之前	变化	分配股利之后
股东权益			
实收资本			
普通股，面值 10 美元	500 000	50 000	550 000
普通股超面值实收资本	—	25 000	25 000
总实收资本	500 000	+75 000	575 000
留存收益	300 000	−75 000	225 000
总股东权益	800 000	0	800 000
流通股	50 000	+5 000	55 000
每股面值	10.00	0	10.00

本例中，总实收资本增加 7.5 万美元（5 万股×10%×15 美元），留存收益减少 7.5 万美元。还要注意的是，股东权益总额保持在 80 万美元不变。流通股增加了 5 000 股（50 000 股×10%）。

13.1.4　股票分割

股票分割（又称拆股），就像股票分红一样，是根据股东的持股比例向他们发行额外的股票。然而，股票分割的结果是每股面值或宣布价值的减少。股票分割的目的是通过降低股票的每股市场价格来增加股票的适销性，这反过来使公司更容易发行额外的股票。

股票分割对市场价格的影响通常与分割的规模成反比。例如，将 1 股拆股后，耐克股票的市场价格从 111 美元跌至约 55 美元。较低的市场价格刺激了市场活动。不到一年，该股的交易价格又超过了 100 美元。图 13 - 2 显示了一份分成四份的股票分割对股东的影响。

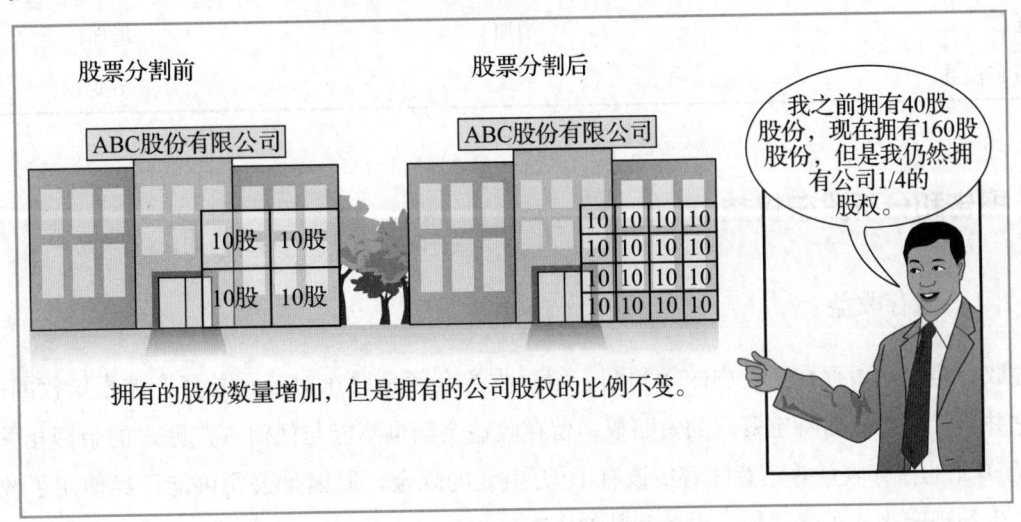

图 13 - 2　股票分割对股东的影响

在股票分割中，公司增加股票数量的比例与每股面值或宣布价值减少的比例相同。例如，在一拆二的分割中，公司将一股面值10美元的股票拆为两股面值5美元的股票。股票分割对总实收资本、留存收益或总股东权益没有任何影响。然而，流通股数量增加，每股面值减少。表13-5显示了Medland公司股票分割的影响，假设它以一拆二的方式分割50 000股普通股。

表 13-5　股票分割影响 金额单位：美元

	股票分割之前	变化	股票分割之后
股东权益			
实收资本			
普通股	500 000		500 000
超面值实收资本	-0-		-0-
总实收资本	500 000	0	500 000
留存收益	300 000	0	300 000
总股东权益	**800 000**	**0**	**800 000**
流通股	**50 000**	**+50 000**	**100 000**
每股面值	**10.00**	**−5.00**	**5.00**

股票分割不影响任何股东权益账户的余额。因此，公司不需要对股票分割进行记账。表13-6总结了股票股利和股票分割的区别。

表 13-6　股票股利和股票分割的区别

项目	股票股利	股票分割
总实收资本	增加	不变
总留存收益	减少	不变
总面值（普通股）	增加	不变
每股面值	不变	减少
流通股	增加	增加
总股东权益	不变	不变

13.2　报告和分析股东权益

13.2.1　留存收益

留存收益是公司留存在企业中的净利润。留存收益余额是股东对公司总资产的索偿权的一部分。然而，它并不代表对任何特定资产的索赔权。留存收益余额也不能与任何资产账户的余额相关联。例如，10万美元的留存收益并不意味着应该有10万美元的现金，原因是公司可能已经使用了收入超过费用而产生的现金来购买建筑物、设备和其他资产。

为了说明留存收益和现金可能有很大的不同，表 13-7 有选择地展示了一些公司最近的留存收益和现金的数额。

表 13-7 留存收益和现金余额

公司	百万美元	
	留存收益	现金
脸书	3 159	3 323
谷歌	61 262	8 989
耐克	5 695	3 337
星巴克	4 130	2 576
亚马逊	2 190	8 658

回顾一下第 12 章，当一家公司有净利润时，它会将净利润与留存收益合并。结账分录是借记收入汇总和贷记留存收益。

当一家公司出现净损失（费用超过收入）时，它也将这一数额计入留存收益。结账分录是借记留存收益，贷记收入汇总。为了说明这一点，假设 Rendle 公司在 2020 年净损失为 40 万美元。记录这一损失的结账分录如下：

留存收益	400 000	
收入汇总		400 000
（将净损失结账到留存收益中）		

即使这导致留存收益出现借方余额，也要准备结账分录。公司不将净损失借记入实收资本账户，这样做将违背实收资本和留存收益之间的差异。如果一个公司的经营中累计亏损超过累计收益，则留存收益中会有借方余额。留存收益中的借方余额被认定为亏损，如表 13-8 所示，一家公司将亏损作为抵减项放入股东权益部分进行报告。

表 13-8 亏损的股东权益

资产负债表（部分）	
股东权益	
实收资本	
普通股	800 000 美元
留存收益（亏损）	(50 000)
总的股东权益	750 000 美元

留存收益的限制

留存收益的余额通常可用于股利声明。但是，在某些情况下，可能存在留存收益的限制。这些限制使留存收益余额的一部分目前无法使用。限制由以下一个或多个原因产生。

(1) 法律限制。许多州要求公司为购买库存股而限制留存收益。这一限制使暂时持有库存股的公司的法定资本保持完整。当公司出售库存股时，限制就解除了。

(2) 合同限制。长期偿债合同可能将留存收益的限制作为申请贷款的条件。限制条款约束公司使用资产支付股利。因此，它增加了公司偿还所需贷款的可能性。

（3）自愿限制。董事会可为特定目的自愿设置留存收益限制。例如，董事会可能会为未来工厂扩建而授予限制。通过减少可用于股利分配的留存收益的金额，公司能为计划中的扩张提供更多现金。

公司通常在财务报表附注中披露留存收益限制。例如，如表 13-9 所示，电子测量设备制造商 Tektronix 公司的留存收益总额为 7.74 亿美元，但不受限制的部分只有 2.238 亿美元。

表 13-9　限制的披露

真实案例	**Tektronix 公司** **财务报表附注**

公司的某些债务协议要求遵守债务契约。管理层认为公司符合这些要求。在满足这些要求后，该公司的无限制留存收益为 2.238 亿美元。

前期调整

假设一家公司已经结账并发布了财务报表，但公司发现它在报告上一年的净利润时犯了一个重大错误。公司应该如何在账目中记录这种情况并在财务报表中报告它？

对先前发布的财务报表中的错误进行更正被称为前期调整。公司直接对留存收益进行了修正，因为错误的影响体现在这个账户里。前一期的净利润已通过记账和过账的方式记入留存收益。

为了说明这一点，假设 General Microwave 公司在 2020 年发现，由于计算错误，该公司 2019 年的设备折旧费用少报了 30 万美元。这个错误夸大了公司 2019 年的净利润和当前留存收益的余额。忽略所有税收影响的前期调整分录如下：

留存收益	300 000	
设备累计折旧		300 000
（调整上一年度未报告折旧）		

因为该错误属于前一年，所以记入 2020 年利润表账户的借方是不正确的。

公司在留存收益表中报告前期调整。公司从留存收益期初余额中增加（或扣除，视情况而定）这些调整，这导致期初余额的调整。例如，假设留存收益的期初余额为 80 万美元，General Microwave 公司报告的前一期间调整情况如表 13-10 所示。

表 13-10　报表前期调整的列示

真实案例	**General Microwave 公司** **留存收益表（部分）**

金额单位：美元

余额，1月1日，报告	800 000
对净利润夸大的修正	
前期（折旧误差）	**(300 000)**
余额，1月1日，调整	500 000

同样，在当年的利润表中报告更正是不正确的，因为它用于调整前一年的利润表。

留存收益

留存收益表显示了当年留存收益的变化。公司依据留存收益账户准备报表。下面显示了（以 T 型账户的形式）影响留存收益的交易。

留存收益	
1. 净损失	1. 净利润
2. 高估净利润的前期调整	2. 低估净利润的前期调整
3. 现金股利和股票股利	
4. 一些库存股的处置	

如上所述，净利润增加留存收益，净损失减少留存收益。前期调整可能会增加或减少留存收益。现金股利和股票股利会减少留存收益。第 12 章解释了库存股交易减少留存收益的情况。

13.2.2 报表的列示与分析

股东权益的列示

表 13-11 展示了 Graber 公司资产负债表的股东权益部分。请注意以下几点：第一，"普通股股利分配"列在"实收资本"的"股本"项下；第二，附注（附注 R）披露了留存收益限制。

表 13-11 综合股东权益部分

Graber 公司 资产负债表（部分）		金额单位：美元
股东权益		
实收资本		
股本		
9% 优先股，面值 100 美元，累计，120 美元可赎回，10 000 股授权股票，6 000 股已发行和流通		600 000
普通股，无面值，规定价值 5 美元，授权 500 000 股，已发行 400 000 股，390 000 股在流通	2 000 000	
普通股股利分配	**50 000**	2 050 000
总股本		2 650 000
资本公积		
优先股超面值	30 000	
普通股——股本溢价	1 050 000	
总资本公积		1 080 000
总实收资本		3 730 000
留存收益（见注释 R）		1 150 000
总实收资本和留存收益		4 880 000
减：库存股（10 000 普通股）		80 000
总股东权益		4 800 000

附注 R：留存收益受限于库存股的成本，80 000 美元。

许多公司不在资产负债表和留存收益表中详细列出股东权益部分，而是编制股东权益表。该报表显示了一年内各股东权益账户的变动情况和总变动情况。股东权益表的例子可参见苹果公司的财务报表（见附录A）。

股东权益分析

投资者对公司的股利分配和盈利都感兴趣。尽管这两种表现方法一般结果是一致的，但也有特殊情况。因此，投资者应该分别使用这两种方法。

（1）股利支付率。公司回报股票投资者投资的一种方式是发放股利。股利支付率衡量的是公司以现金股利的形式分配给普通股股东的收益的百分比。计算方法是宣布给普通股股东的现金股利总额除以净利润。

举例来说，耐克最近的股利为8.21亿美元，净利润为26.93亿美元。表13-12显示了耐克的股利支付率。

表13-12　耐克的股利支付率

宣布给普通股股东的股利	÷	净利润	=	股利支付率
821 美元	÷	2 693 美元	=	30.5%

公司试图将股利支付率设定在一个可持续的水平。高速发展的公司的特点是低股利支付率，因为它们把大部分净利润再投资于业务。因此，低股利支付率不一定是坏消息。那些认为自己有很多良好增长机会的公司，比如脸书，会将这些资金再投资于公司而不是支付股利。然而，低股利支付率或削减股利可能表明，一家公司存在流动性或偿付能力问题，它正试图通过减少发放股利来保存现金。因此，投资者和分析师应该调查低股利支付率的原因。

表13-13列出了四家知名公司最近的股利支付率。

表13-13　四家知名公司的股利支付率

公司	股利支付率（%）
微软	24.5
家乐氏	43.5
脸书	0
沃尔玛	49

（2）普通股股东权益回报率。投资者和分析师可以从普通股股东的角度，通过普通股股东权益回报率来衡量公司盈利能力。该比率表示普通股股东每投资一美元，公司能获得多少美元的净利润。计算方法是普通股股东的净利润（净利润减去优先股股利）除以平均普通股股东权益。

举例来说，迪士尼公司年初和年底的普通股股东权益分别为31 820万美元和307.53亿美元。净利润为46.87亿美元，未发行优先股。普通股股东权益回报率的计算方法见表13-14。

表13-14　普通股股东权益回报率

净利润减去优先股股利	÷	平均普通股股东权益	=	普通股股东权益回报率
(46.87−0)	÷	(318.20+307.53)	=	15.0%

如上所示，如果一家公司拥有优先股，我们将从公司的净利润中扣除优先股的股利，以计算普通股股东可获得的收益。此外，在计算普通股股东权益时，优先股的票面价值要从股东权益总额中扣除。

13.3　公司利润表

13.3.1　利润表列示

股份有限公司的利润表与独资企业或合伙企业的利润表是一样的，除了一件事：所得税报告。就所得税而言，股份有限公司是一个独立的法律实体，因此，股份有限公司在净利润前将所得税费用单独列在公司利润表中。表 13-15 中 Leads 公司的简明利润表展示了一个典型的列示。需要注意的是，公司将所得税前的收入列为一项，所得税费用列为另一项。

表 13-15　利润表的所得税费用

Lead 公司 利润表 截至 2020 年 12 月 31 日的年度	
销售收入	800 000
已售商品的成本	600 000
总利润	200 000
运营费用	50 000
营业收入	150 000
其他收入和利得	10 000
其他费用和损失	（4 000）
税前收入	**156 000**
所得税费用	**46 800**
净利润	109 200

公司记录所得税费用和应交所得税的相关负债，作为调整过程的一部分。使用表 13-16 中 Leads 公司的数据，2020 年 12 月 31 日的所得税费用调整分录如下：

所得税费用	46 800	
应付所得税		46 800
（记录 2020 年的所得税）		

苹果公司的利润表（见附录 A）是对所得税的另一种解释。

13.3.2　利润表分析

财经媒体经常报道收益数据。股东和潜在投资者广泛使用这些数据来评估一家公司的盈利能力。

一个简单衡量收益的方法是每股收益（earnings per share，EPS），它指的是每一股发行在外的普通股所赚取的净利润。

每股收益和优先股股利

优先股股利的存在使每股收益的计算有点儿复杂。当一家公司同时拥有优先股和普通股时，我们必须从净利润中减去当年的优先股股利，以得出普通股股东可获得的收益。表13-16给出了EPS的计算公式。

表13-16 计算每股收益

净利润减去优先股股利	÷	已发行的加权平均普通股	=	每股收益

为了说明这一点，假设 Rally 公司公布其有 102 500 股已发行的加权平均普通股，本年净利润为 21.1 万美元，该公司还宣布对其优先股派发 6 000 美元的股利。因此，普通股股东可获得的收益为 20.5 万美元（21.1 万美元－0.6 万美元），每股收益为 2 美元（20.5 万美元÷102 500）。如果优先股是累积的，无论是否宣布发放股利，Rally 公司都会扣除当年的优先股股利。记住，公司只报告普通股每股收益。

投资者经常试图将每股收益与公司股票的市场价格挂钩。由于每股收益十分重要，大多数公司必须在利润表上报告它。一般来说，公司只是在报表上将这一数额列在净利润之下。表13-17显示 Rally 公司的列示情况。

表13-17 披露基本每股收益

Rally 公司 利润表（部分）	
	单位：美元
净利润	211 000
每股收益	**2.00**

◀ **选择题** ▶

1. 什么时候记录现金股利的分录？（   ）

A. 宣布日和发放日

B. 登记日和发放日

C. 宣布日、登记日和发放日

D. 宣布日和登记日

3. Encore 公司宣布派发 8 万美元现金股利。它目前持有 3 000 股 7%的面值为 100 美元的累计在外流通的优先股。优先股股利已经拖欠一年。Encore 公司可向普通股股东分配多少现金股利？（   ）

A. 38 000 美元　　　B. 42 000 美元　　　C. 59 000 美元　　　D. 没有正确答案

5. 下列关于一拆三的股票分割陈述哪一项是正确的？（   ）

A. 这将使该股票的市场价格增加两倍

B. 将使总股东权益增加两倍

C. 对总股东权益没有影响

D. 要求公司分配现金股利

7. 下列哪项会对留存收益产生限制？（   ）

A. 有关库存股的州法律

B. 长期债务合同条款

C. 根据董事会授权的对公司设施的计划扩张

D. 以上都正确

9. 普通股股东权益回报率定义为（   ）。

A. 净利润除以总资产

B. 现金股利除以平均普通股权益

C. 普通股股东可得收益除以平均普通股权益

D. 没有正确答案

11. Katie 公司在 2020 年的净利润为 18.6 万美元，普通股股利为 2.6 万美元，它还有 1 万股占 6% 股权的票面价值为 100 美元的股票，流通的非累积优先股，已支付股利 6 万美元的优先股。普通股股东权益在 2020 年 1 月 1 日为 120 万美元，在 2020 年 12 月 31 日为 160 万美元。公司 2020 年普通股股东权益回报率为（   ）。

A. 10.0%   B. 9.0%   C. 7.1%   D. 13.3%

13. 股份有限公司的利润表可能与非股份有限公司的利润表相同，但以下情况除外（   ）。

A. 毛利润   B. 所得税费用   C. 营业收入   D. 净销售额

15. Nadeen 公司的利润表显示税前收入为 70 万美元，所得税费用为 21 万美元，净利润为 49 万美元。如果 Nadeen 公司全年拥有 10 万股已发行普通股，每股收益为（   ）。

A. 7.00 美元   B. 4.90 美元   C. 2.10 美元   D. 没有正确答案

◤ 简答题 ◢

1. Giovanni 公司有 70 000 股发行在外的普通股。该公司于 11 月 15 日向 12 月 15 日登记在册的股东宣布每股 2 美元的现金股利。股利在 12 月 31 日支付。请在适当的日期编制分录，记录现金股利的宣布和支付。

3. ChrisBeck 公司 2020 年 1 月 1 日的留存收益余额为 40 万美元。在这一年中，公司支付了 50 000 美元的现金股利，并派发了 10 000 美元的股票股利。此外，该公司确定其前几年的修理费多报了 35 000 美元。2020 年的净利润为 72 000 美元。确定 2020 年留存收益余额。

◤ 练习题 ◢

1. 2020 年 12 月 31 日，Lebron 公司派发 5 万美元现金股利。截至 2020 年 12 月 31 日，其已发行普通股的面值为 400 000 美元，其 6% 优先股的面值为 100 000 美元。

要求：

a. 确定每类股票的股利分配，假设优先股股利为 6% 且不累积。

b. 确定每类股票的股利分配，假设 6% 的优先股股利是累积的，并且 Lebron 公司在之前的两年中没有支付任何优先股股利。

c. 假设符合（b）部分的要求，请将 2020 年 12 月 31 日的现金股利申报记入日记账。

◀ **实践题** ▶

2020 年 1 月 1 日，Hayslett 公司的股东权益账户如下：

普通股（面值 10 美元，已发行和流通在外股票 26 万股） 260 万美元

普通股超面值实收资本 150 万美元

留存收益 320 万美元

年内，发生了下列交易：

4 月 1 日　宣布将在 4 月 15 日向登记在册的股东派发每股 1.50 美元的现金股利，应于 5 月 1 日支付。

5 月 1 日　支付了 4 月宣布的股利。

6 月 1 日　宣布一拆二。在分拆之前，每股的市场价格是 24 美元。

8 月 1 日　宣布在 8 月 15 日向股东发放 10% 的股票股利，8 月 31 日可发放。8 月 1 日，股票的市场价格是每股 10 美元。

　　 31 日　发放股票股利。

12 月 1 日　宣布将于 2021 年 1 月 5 日向股东派发于 2020 年 12 月 15 日登记的 1.50 美元的每股股利。

　　 31 日　确定当年的净利润为 60 万美元。

要求：

a. 将净利润、股票股利和现金股利的交易和结账分录记入日记账。

b. 在 12 月 31 日编制报表的股东权益部分。假设其他综合收益累计为 105 000 美元。

📖 IFRS 概览

现金股利和股票股利的基本会计处理在 GAAP 和 IFRS 下是一致的，尽管 IFRS 术语可能会有差异。

以下是 GAAP 和 IFRS 与股利、留存收益和收入报告相关的关键相似点和差异。

相似点

● 与前期调整相关的会计处理在 IFRS 和 GAAP 下基本相同。

● IFRS 和 GAAP 的股东权益部分基本相同。然而，用于描述某些特定部分的术语通常是不同的。这些差异在第 14 章中讨论。

● IFRS 称利润表为综合收益表。综合收益表以单或双报表格式呈现。单报表包括所有收入和支出项目，以及其他综合收益或损失的每个组成部分的个别特征。双报表包括传统的利润表和综合收益表，它从净利润或净损失开始，然后增加其他综合收益或损失项目。无论哪种方法，均需要报告所得税费用。

- IFRS 和 GAAP 对每股收益的计算基本上是相同的。

差异点

- "准备金"一词在 IFRS 中用于表示所有非投入（非实收）资本。准备金包括留存收益和其他综合收益项目，如可售证券的重估盈余和未实现收益或损失。

- IFRS 经常使用诸如留存利润、累计利润或损失等术语来描述留存收益。留存收益这个术语也经常被使用。

- 在 IFRS 下，对股权给出了各种描述，如股东权益、所有者权益、资本和准备金以及股东资金。

展望未来

IASB 和 FASB 目前正在进行一个与财务报表呈报有关的项目。本研究的一个重要部分是确定某些行项目、小计和总数是否应该明确定义，并要求在财务报表中显示。例如，可能会对股东权益表及其列报进行仔细审查。

IASB 和 FASB 都在努力消除与每股收益计算相关的所有差异。这种融合将能处理超出本书范围的高度技术性的变化。

第 14 章

长期负债

▶ 引 例

债务可能威胁公司生存

债务可以帮助一家公司获得发展所需的东西，但它往往也是杀死一家公司的东西。麦克斯韦汽车公司的简史说明了债务在美国汽车工业中的作用。1920 年，麦克斯韦汽车公司处于破产的边缘。由于它无力偿还债务，债权人介入并接管了它。他们聘请了通用汽车前高管沃尔特·克莱斯勒（Walter Chrysler）来重组公司。到 1925 年，他接管了公司，并将其更名为克莱斯勒。到 1933 年，克莱斯勒蓬勃发展，销量甚至超过了福特。

但在接下来的几十年里，克莱斯勒犯了一系列错误。到 1980 年，随着债权人的猛攻，克莱斯勒再次处于财务崩溃的边缘。

当时，克莱斯勒请来了福特前高管李·艾柯卡（Lee Iacocca）来拯救公司。艾柯卡认为，美国政府承受不起由于克莱斯勒倒闭而导致工人失业的代价。他说服联邦政府提供贷款担保——承诺如果克莱斯勒未能偿付债权人，政府将偿付。艾柯卡随后精简了业务，推出了一些有利可图的产品。克莱斯勒在 1983 年之前偿还了所有政府担保贷款，比计划的最后期限提前了 7 年。

要想在当今的全球汽车市场竞争，车企必须做大——真正的大。因此在 1998 年，克莱斯勒与德国汽车制造商戴姆勒-奔驰合并，成立了戴姆勒-克莱斯勒。有一段时间，美国只剩下两家汽车制造商——通用汽车和福特。2007 年，戴姆勒-克莱斯勒将 81% 的股份出售给了瑟伯罗斯资本管理公司（Cerberus），以获得急需的现金注入。2009 年，戴姆勒-克莱斯勒将剩余股份转让给了瑟伯罗斯资本管理公司。三天后，克莱斯勒申请破产。但到了 2010 年，情况开始出现好转的迹象。

汽车公司体量庞大。通用汽车和福特通常都是美国总资产排名前五的公司。但通用汽车和福特在壮大的过程中积累了大量的债务。尽管债务使公司变得如此庞大，但克莱斯勒的故事清楚地表明，债务也可以威胁到公司的生存。

14.1 债券的主要特征

长期负债（long-term liabilities）是公司期望在未来一年以上支付的债务。本章中，我们将学习在资产负债表中报告的几个主要类型的长期负债的会计处理。这些债务通常以债券或长期票据的形式出现。

债券（bonds）可以看成是公司、大学或政府机构发行的一种有息票据。债券像普通股一样以小面额出售（通常为 1 000 美元或 1 000 美元的倍数）。债券会吸引许多投资者。公司发行债券相当于借钱融资，而购买债券的人（债券持有人）相当于借钱给发行人。

14.1.1 债券的类型

债券具有许多不同的特征。下面我们将介绍几种债券类型。

有担保和无担保债券

有担保债券（secured bonds）以发行人的特定资产作为债券的抵押品。例如，以房地产担保的债券称为抵押债券（mortgage bond）。由专门用于赎回债券的特定资产作为担保的债券被称为偿债资金债券（sinking fund bond）。

无担保债券（unsecured bonds）（也称为无抵押债券（debenture bonds））是根据借款人的一般信用发行的。信用评级良好的公司会广泛发行这类债券。例如，有一次杜邦公司报告了超过 20 亿美元未偿还的无抵押债券。

可转换债券和可赎回债券

可转换为普通股的债券称为可转换债券（convertible bonds）。发行公司可以在到期前以指定的金额赎回（买回）的债券称为可赎回债券（callable bonds）。可转换债券十分吸引投资者。如果普通股的市场价格大幅上涨，可转换债券会给债券持有人一个获利的机会。此外，债券转换之前，债券持有人会一直收到债券的利息。对于发行人而言，可转换债券的发行价更高，利率更低。许多公司，例如美国航空、美国钢铁公司和通用汽车公司都发行过可转换债券。

14.1.2 债券发行程序

国家法律赋予公司发行债券的权力。董事会和股东通常都必须批准债券的发行。在授权发行债券时，董事会必须规定授权发行的债券数量、债券总面值以及合同利率。债券的总授权额经常会超过公司最初发行的债券数，这使公司有能力发行更多债券（如果需要）以满足未来的现金需求。

票面价值（face value）是到期日当天的本金金额。到期日（maturity date）是指应由发行公司支付的最终付款日期。合同利率（contractual interest rate），通常称为设定利率，是用于确定借款人支付和投资者收到的现金利息金额的利率。通常合同利率以年利率表示。

债券发行的条款会在称为债券契约（bond indenture）的法律文件中阐明。该文件中显示相关的条款，包括债券持有人及其受托人的权利以及发行公司的义务。受托人（通常是金融机构）会对每个债券持有人进行跟踪记录，保管未发行的债券，并持有抵押财产的有条件所有权。

此外，发行公司还安排印制债券凭证（bond certificates）。契约和债券是分开的两份文件。如图 14-1 所示，债券凭证会提供以下信息：发行人的姓名、票面价值、合同利率和到期日。最终由专门从事证券销售的投资公司承销债券。

14.1.3 债券交易

债券持有人可以随时在证券交易所以当前市场价格出售债券，以此将其持有的债券转换成现金。债券价格是按债券面值的百分比报价的，债券面值通常为 1 000 美元。报价为 97 的面值为 1 000 美元的债券意味着该债券的售价是面值的 97%，即 970 美元。报纸和财经新闻每天公布债券价格和交易活

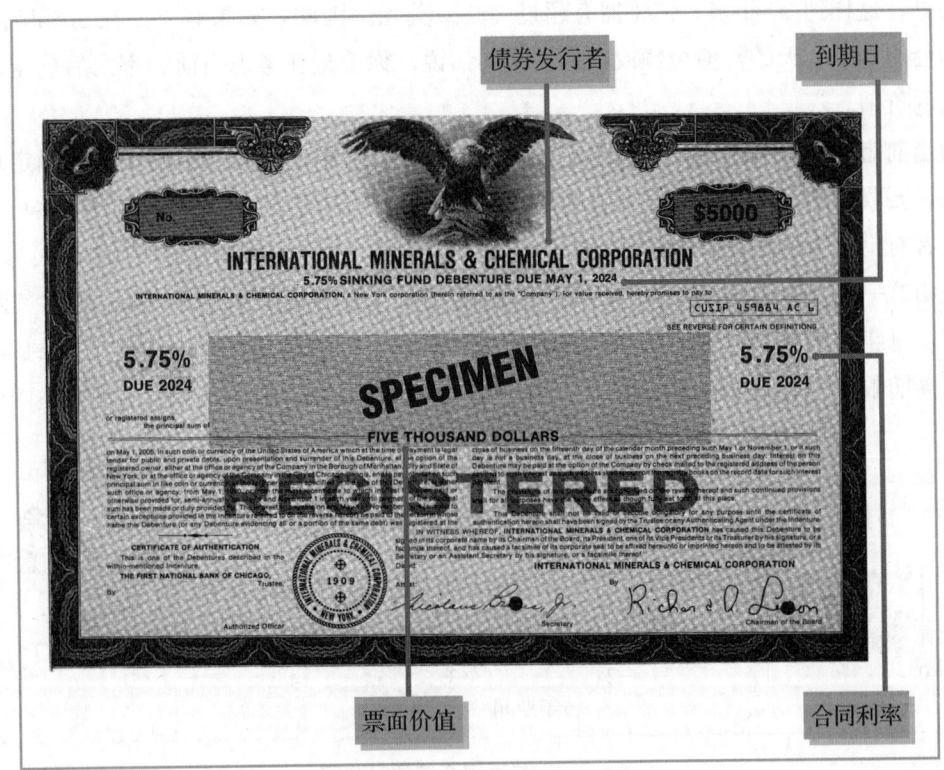

图 14-1 债券凭证

动，如表 14-1 所示。

表 14-1 债券的市场信息

发行人	债券	到期日	收盘时价格	收益率
时代华纳有线电视公司	6.75	2039 年 6 月 15 日	116.4	5.49

表 14-1 表明，时代华纳有线电视公司有未偿还的 6.75% 的 1 000 美元的债券将于 2039 年到期，目前收益率为 5.49%。收盘时价格为面值的 116.4%，即 1 164 美元。

公司仅在发行或回购债券或债券持有人将债券转换为普通股时才进行日记账的记录。例如，杜邦公司不会将其债券持有人与其他投资者之间的交易记录记入日记账中。如果汤姆·史密斯（Tom Smith）·将他的杜邦债券出售给菲斯·琼斯（Faith Jones），杜邦不会记录该交易。

14.1.4 债券市场价格的决定因素

如果你的公司需要融资并且想要吸引投资者来购买你的债券，那么将如何设定这些债券的价格呢？更具体地说，假设 Coronet 公司发行面值为 1 000 000 美元的零息债券（不付利息），20 年后到期，对于该债券来说，Coronet 公司向债券投资者支付的唯一现金为在 20 年到期时的 100 万美元。投资者会为此债券支付 100 万美元吗？我们并不希望从现在起 20 年后收到的 100 万美元与今天收到的 100 万美元的价值会有所不同。

资金时间价值（time value of money）用来表示时间和金钱之间的关系，即今天收到的一美元的价值比将来某个时候承诺的一美元还多。如果你今天有 100 万美元，你将进行投资。通过这笔投资，你将获得利息，这样到 20 年末，你将拥有超过 100 万美元。因此，如果有人要在 20 年后付给你 100 万美元，你会想知道今天的等值金额或现值。换句话说，你希望在考虑当前利率之后确定来要收到的金额在今天的价值。

债券的当前市场价格（现值）是债券应在市场上出售的价格。因此，市场价格是确定现值的三个因素的函数：要收取的美元金额；直到收到金额的时间长度；市场利率（market interest rate）。市场利率是投资者对借贷资金的需求率。

为了说明这一点，假设 Acropolis 公司于 2020 年 1 月 1 日发行了 100 000 美元的利率为 9％债券，期限为 5 年，每年年末支付利息。债券的购买者将收到以下两种现金付款：到期支付的本金 100 000 美元和在债券期限内付清的 9 000 美元利息（100 000 美元×9％）。图 14 - 2 显示了描述两个现金流量的时序图。

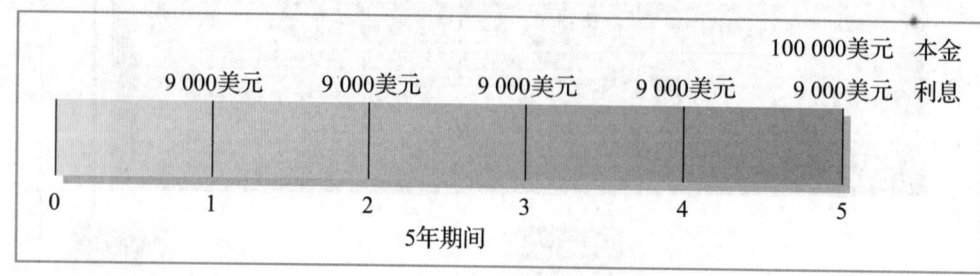

图 14 - 2　描述现金流的时序图

债券的当前市场价格等于该债券承诺的所有未来现金付款额的现值。表 14 - 2 是在市场利率为 9％的前提下，对这些金额的现值进行合计。

表 14 - 2　计算债券的市场价值	单位：美元
五年内收到的 100 000 美元的现值	64 993
五年内每年收到的 9 000 美元的现值	35 007
债券的市场价格	**100 000**

可用表格形式来计算确定需要的现值金额，或者可以通过数学方式或使用金融计算器来确定这些值。

14.2　债券交易的会计处理

当公司发行（出售）或赎回（回购）债券以及债券持有人将债券转换为普通股时，我们将对债券交易进行记录。如果债券持有人将持有的债券出售给其他投资者，发行债券的公司不会从该交易中获益，公司不会将该交易记录在日记账中（尽管在某些情况下它确实会记录下债券持有人的姓名）。

债券可以按照面值、低于面值（折价）或高于面值（溢价）发行。新发行债券和现有债券的价格均以债券票面价值的百分比表示。票面价值通常为 1 000 美元。因此，报价为 97 的 1 000 美元的债券意味着该债券的售价为票面价值的 97％，即 970 美元。

14.2.1　以面值发行债券

为了说明按面值发行的债券的会计处理方法，假设 Candlestick 公司在 2020 年 1 月 1 日发行了 100 000 美元的五年期，利率为 10％的债券，面值为 100 美元。记录销售的会计科目如下：

| 1 月 1 日 | 借：库存现金 | 100 000 | |
| | 　　贷：应付债券（按面值出售的债券） | | 100 000 |

因为到期日是 2025 年 1 月 1 日（超过一年），该公司在资产负债表的"长期负债"部分中报告应付债券。

在债券的期限内，公司进行债券利息的记录。应付债券的利息的计算方法与应付票据的利息的计算方法相同。假设每年 1 月 1 日支付该公司债券的利息。在这种情况下，Candlestick 公司于 12 月 31 日产生 10 000 美元的利息（100 000 美元×10％）。在 12 月 31 日，Candlestick 公司确认以下调整分录产生的 10 000 美元利息支出。

| 12 月 31 日 | 借：利息费用 | 10 000 | |
| | 　　贷：应付利息 | | 10 000 |

因为应付利息计划在明年内支付，该公司将其归类为流动负债。当 Candlestick 公司在 2021 年 1 月 1 日支付利息时，它借记（减少）应付利息，并贷记（减少）现金 10 000 美元。该公司记录 1 月 1 日的付款情况如下：

| 1 月 1 日 | 借：应付利息 | 10 000 | |
| | 　　贷：库存现金 | | 10 000 |

14.2.2　债券的折价或溢价

前面的示例的假设前提是，债券的合同（规定）利率和市场（有效）利率是相同的。回想一下，合同利率是基于面值（票面价值）得出一年中要支付的利息的利率。市场利率是投资者向公司借贷资金时所要求的利率。当合同利率和市场利率相同时，债券按面值出售。

但是，市场利率每天都会变化，并且发行债券的类型、经济状况、当前行业状况以及公司的业绩都会影响市场利率。因此，合同利率和市场利率一般是不同的。为了在两种利率不同时使债券可出售，债券的出售价格应低于或高于票面价值。

为了说明这一点，假设一家公司在其他具有类似风险的债券支付 12％的利率时发行 10％利率的债券。由于投资者对购买 10％利率的债券不感兴趣，因此其价值将低于面值。当债券的售价低于其票面价值时，债券的票面价值与其售价之间的差额称为折价（discount）。由于债券售价的下降，公司产生的实际利率上升到当前市场利率水平。

相反，如果市场利率低于合同利率，则投资者将不得不为债券支付高于面值的费用。也就是说，如果市场利率为 8％，但债券的合同利率为 10％，则债券的价格将被提高。当债券的售价超过其票面价值时，票面价值与其售价之间的差异称为溢价（premium）。图14-3显示了发行债券的金额与票面价值的不同关系。

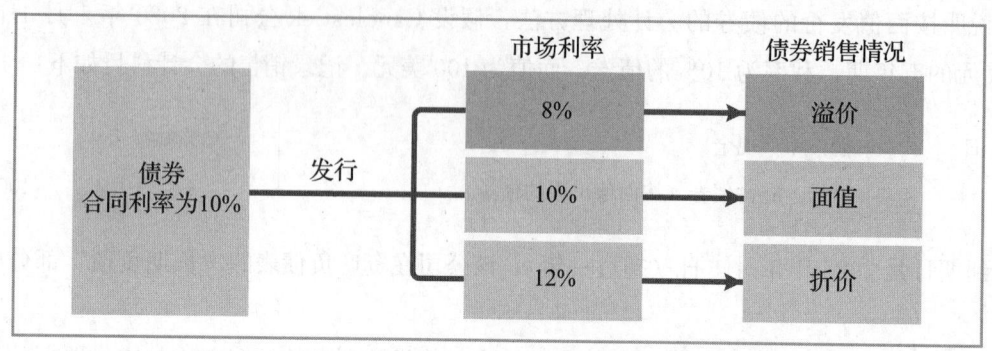

图14-3 利率与债券价格

债券的发行金额和面值不一样是很正常的。公司打印债券凭证并销售债券时，如果市场利率和合同利率相同，这纯属巧合。因此，折价发行债券并不意味着发行人的财务实力值得怀疑，同样，溢价出售债券并不表示发行人的财务实力是卓越的。

14.2.3 折价发行债券

为了对折价发行债券加以说明，假设Candlestick公司在2020年1月1日以9.8万美元（面值的98%）的价格出售面值为10万美元的10年期且利率为10%的债券。每年1月1日支付利息。记录发行情况的会计科目如下：

1月1日	借：库存现金	98 000	
	应付债券折价	2 000	
	贷：应付债券		100 000
	（用来记录折价发行的债券）		

尽管应付债券折价有借方余额，但它不是资产，而是一个备抵账户。该账户金额从资产负债表上的应付债券中扣除，如表14-3所示。

表14-3 应付债券折价的报表展示

资产负债表（部分）		
长期负债		
应付债券	100 000	
减：应付债券折价	**2 000**	98 000

这98 000美元代表债券的账面价值。在发行之日，该金额等于债券的市场价格。

低于票面价值的债券的发行（折价发行）导致借贷的总成本与所支付的债券利息不同。即，发行公司不仅必须支付债券期限内的合同利率，还必须支付到期时的票面价值（而不是发行价格）。因此，发行价格和债券面值之间的差异（折价）是借款的额外成本。公司记录该额外成本作为债券期限内的利息支出。因此，该公司借款98 000美元要支付的总成本为52 000美元，如表14-4所示。

表 14 - 4　折价发行债券的借款总成本

折价发行债券	
每年的利息支出（100 000×10％＝10 000；10 000×5）	50 000
加：债券折扣（100 000－98 000）	2 000
借款总成本	**52 000**

另外，我们可以计算借款的总成本，如表 14 - 5 所示。

表 14 - 5　折价发行债券的借款总成本（另外一种计算）

折价发行债券	
到期时本金	100 000
每年的利息费用（10 000×5）	50 000
向债券持有者支付的现金	150 000
减：来自债券持有者的现金收入	98 000
借款总成本	**52 000**

为了遵循费用确认原则，公司在未偿还债券的每个期间将债券的折价部分分配为费用，这称为折价的摊销。折价的摊销增加了每个期间报告的利息费用，也就是说，在公司摊销折价部分后，其报告的期间利息费用金额将超过合同金额。如表 14 - 4 所示，对于 Candlestick 公司发行的债券，在债券持有期间内，总利息费用将比合同利息多 2 000 美元。

由于折价摊销，其余额下降，债券的账面价值将逐渐增加，直到到期时债券的账面价值等于其面值。如图 14 - 4 所示。

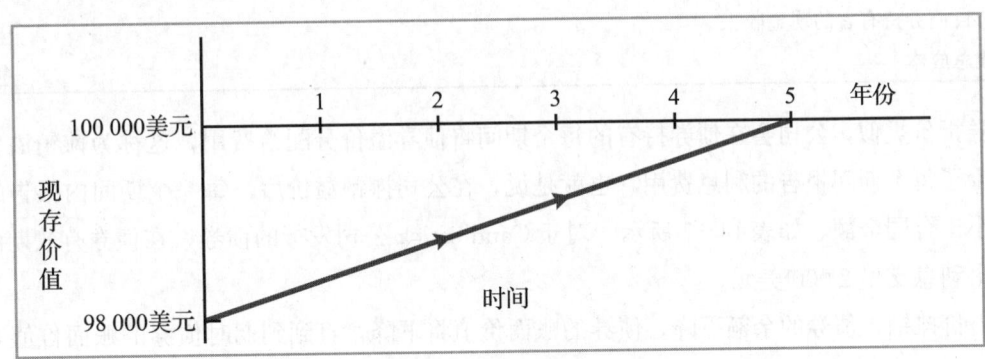

图 14 - 4　债券的折价摊销

14.2.4　溢价发行债券

为了说明溢价发行债券，我们现在假设上述 Candlestick 公司债券的售价为 102 000 美元（面值的102％），而不是 98 000 美元。记录销售情况的会计科目如下：

1月1日	借：库存现金	102 000	
	贷：应付债券		100 000
	应付债券的溢价		2 000

该公司将应付债券的溢价与资产负债表上的应付债券金额相加，如表 14 - 6 所示。

表 14-6　债券溢价的报表表示

资产负债表（部分）		
长期负债		
应付债券	100 000	
加：应付债券的溢价	**2 000**	**102 000**

出售高于面值的债券会导致借款的总成本低于所支付的债券利息，原因是借款人不需要在债券到期日支付债券溢价。因此，债券溢价被认为可以减少公司的借贷成本，这降低了债券有效期内的债券利息。如表 14-7 所示，该表计算了该公司借款 102 000 美元的总成本。

表 14-7　溢价发行债券的借款总成本

溢价发行债券	
每年的利息支出（100 000×10%＝10 000；10 000×5）	50 000
减：债券溢价（1 020 000－100 000）	2 000
借款总成本	**48 000**

另外，我们可以以另一种方式计算借款成本，如表 14-8 所示。

表 14-8　溢价发行债券的借款总成本（另外一种计算）

溢价发行债券	
到期时本金	100 000
每年的利息费用（10 000×5）	50 000
向债券持有者支付的现金	150 000
减：来自债券持有者的现金收入	102 000
借款总成本	**48 000**

与债券折价类似，公司会在债券持有的每个期间将债券溢价分配给费用，这称为摊销溢价。溢价的摊销减少了每个期间报告的利息费用，也就是说，在公司摊销溢价后，每一个期间内报告的利息费用金额将小于合同金额。如表 14-7 所示，对于 Candlestick 公司发行的债券，在债券有效期内，合同利息将超出利息支出 2 000 美元。

随着溢价摊销，债券的余额下降，债券的账面价值将下降，直到到期时债券的账面价值等于其面值。如图 14-5 所示。

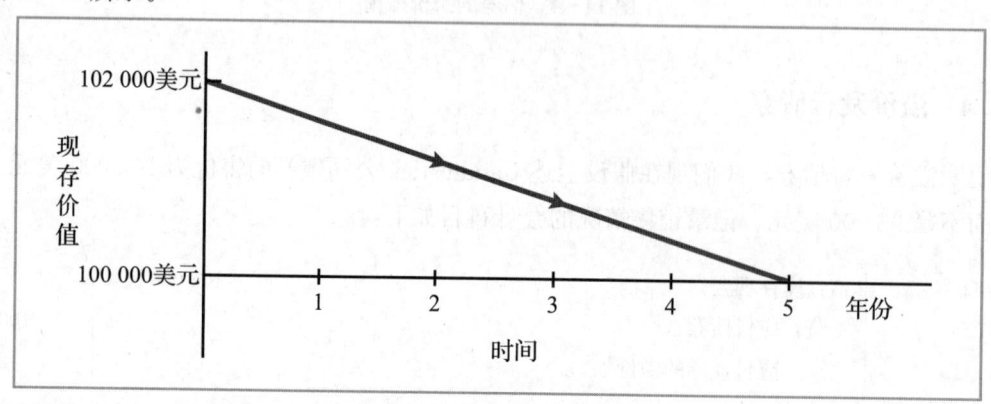

图 14-5　债券的溢价摊销

14.2.5　到期后赎回债券

无论债券的发行价格如何，债券到期时的账面价值将等于其面值。假设公司分别支付并记录了最后一个利息期的利息，Candlestick 公司在赎回债券时记录的会计分录如下：

| 1月1日 | 借：应付债券 | 100 000 | |
| | 　　贷：库存现金 | | 100 000 |

14.2.6　到期前赎回债券

债券可在到期前赎回。公司可以决定在到期日前赎回债券，以降低利息成本并从资产负债表中剔除债务。公司只有拥有足够的现金资源时才应尽早赎回债券。

当公司在到期前赎回债券时，需要在赎回日消除债券的账面价值，记录已支付的现金，以及确认赎回的收益或损失。债券的账面价值是债券的面值减去在赎回日剩余的任何债券折价或加上任何剩余的债券溢价。

为了说明这一点，假设 Candlestick 公司高价出售了其债券。在第四年年末，该公司在支付年度利息后以 103 000 美元赎回这些债券。假设债券在赎回日的账面价值为 100 400 美元（本金为 100 000 美元，溢价为 400 美元）。该公司在第四个利息期（2024 年 1 月 1 日）结束时记录了赎回的会计分录，如下所示：

1月1日	借：应付债券	100 000	
	应付债券溢价	400	
	赎回债券的损失	2 600	
	贷：库存现金（记录可赎回债券的 103 000 美元）		103 000

请注意，损失 2 600 美元是支付的现金 103 000 美元与债券的账面价值 100 400 美元之间的差额。

14.3　应付长期票据的会计处理

另一类长期债务是应付长期票据。在长期债务融资中使用应付票据非常普遍。长期应付票据除了票据的期限超过一年以外，其他与短期附息票据相似。在利率不稳定的时期，贷方可能会将长期票据的利率与相应的贷款的市场利率变化挂钩。

长期票据可以由特定资产抵押权来做抵押。个人广泛使用应付的抵押票据（mortgage notes payable）购买房屋，许多公司使用它们来购买工厂资产。曾经麦当劳的长期债务中约有 18％与土地、建筑物和装修的抵押票据有关。

像其他长期应付票据一样，抵押贷款条款可以规定固定利率或可调利率。固定利率抵押贷款的利率在抵押贷款期限内保持不变。定期调整浮动利率抵押贷款的利率可以反映市场利率的变化。通常这些条款要求借款人在贷款期限内分期付款。每笔付款包括贷款未付余额的利息和减少的贷款本金金额。虽然还款总额保持不变，但每一期的利息都会减少，而贷款本金部分在增加。

公司最初按面值记录应付抵押货款票据。它们随后为每一笔分期付款做分录。为了说明这一点，假设波特技术公司在 2020 年 12 月 31 日发行了 500 000 美元，利率为 8%，为期 20 年的抵押票据，为新的研究实验室融资。规定每年的分期付款额为 50 926 美元（不包括房地产税和保险）。表 14 - 9 展现了前四年的分期付款时间表。

表 14 - 9　分期付款时间表

利息期限	(A) 现金支出	(B) 利息费用 (D)×8%	(C) 本金减少量 (A)－(B)	(D) 本金余额 (D)－(C)
发行日期				500 000
1	50 926	40 000	10 926	489 074
2	50 926	39 126	11 800	477 274
3	50 926	38 182	12 744	464 530
4	50 926	37 162	13 764	450 766

波特技术公司在 2020 年 12 月 31 日记录了抵押贷款，如下所示：

| 12 月 31 日 | 借：库存现金 | 500 000 | |
| | 　　贷：应付抵押 | | 500 000 |

2021 年 12 月 31 日，该公司记录了第一笔分期付款，如下所示：

12 月 31 日	借：利息费用	40 000	
	应付抵押	10 926	
	贷：库存现金		50 926

在资产负债表中，公司应将下一年本金的减少部分报告为流动负债，并将剩余的未支付本金余额分类为长期负债。截至 2021 年 12 月 31 日，总负债为 489 074 美元。在该金额中，11 800 美元是当期的，477 274 美元（489 074 美元－11 800 美元）是长期的。

14.4　记录并分析长期负债

14.4.1　列示

在资产负债表中，公司在流动负债之后单独报告长期负债，如表 14 - 10 所示。另外，公司可以在资产负债表中显示汇总数据，并在附注中显示详细数据（利率、到期日、转换特权和作为抵押的抵押资产）。

表 14-10　长期负债在资产负债表上的列示

Lax 公司资产负债表（部分）		金额单位：美元
长期负债		
于 2025 年到期的利率为 10% 应付债券	1 000 000	
减：应付债券折价	80 000	920 000
于 2031 年到期的利率为 11% 的由固定资产担保的应付抵押		500 000
租赁负债		440 000
长期负债总额		1 860 000

如果长期债务将在一年内或一个经营周期内（以时间较长者为准）偿还，那么应当在流动负债下报告这些债务的到期日。

14.4.2　使用比率

两个比率有助于更好地了解公司的偿债能力和长期偿付能力。偿付能力是指公司能够长期生存的能力。长期债权人和股东对公司的长期偿付能力非常感兴趣，尤其是该公司是否有能力在到期时支付利息，并在到期时偿还债务的票面价值。

资产负债率（debt to assets ratio）衡量了债权人提供的总资产的百分比，通过将总负债（流动负债和长期负债）除以总资产来进行计算。为了说明这一点，我们使用了通用汽车公司最近年度报告中的数据。该公司报告的总负债为 1 146.53 亿美元，总资产为 1 776.77 亿美元，利息支出为 4.03 亿美元，所得税为 2.28 亿美元，净利润为 40.18 亿美元。如表 14-11 所示，该公司的资产负债率为 80%。债务占资产的百分比越高，公司无法履行其到期债务的风险就越大。

表 14-11　资产负债率

总负债	÷	总资产	=	资产负债率
1 146.53	÷	1 776.77	=	80%

利息保障倍数（times interest earned）表示公司是否有能力在到期时支付利息。通过将净利润、利息费用和所得税费用之和除以利息费用来计算。如表 14-12 所示，通用汽车的获利时间为 11.5 倍。此利息倍数处于保障范围内被认为是安全的。

表 14-12　利息保障倍数

净利润＋利息费用＋所得税费用	÷	利息费用	=	利息保障倍数
4 018＋403＋228	÷	403	=	11.5 倍

14.4.3　债务融资和债权融资

为了获得大量的长期资本，公司管理层必须决定是否发行额外的普通股（股权融资），债券或票据（债务融资），或将两者结合。这一决定对公司以及投资者和债权人都至关重要。公司的资本结构为可以实现的潜在利润和公司承担的风险提供了线索。如图 14-6 所示，债券融资对比普通股具有一些优势。

债券融资	债券融资的优点
Ballot	1.股东不受影响。债券持有人没有投票权，因此当前所有者（股东）保留对公司的完全控制权。
税单	2.节省税款。债券利息可以免税；股票股利则不然。
利润表 EPS	3.每股收益（earning per share，EPS）可能更高。尽管债券利息费用减少了净利润，但由于没有发行额外的普通股，债券融资的每股收益更高。

图 14 - 6　债券融资相比普通股具有的优势

如图 14 - 6 所示，选择发行债券的原因之一是不影响股东的控制权。由于债券持有人没有投票权，因此所有者可以通过债券筹集资金，并仍然保持公司控制权。此外，债券对公司具有吸引力，因为债券利息可抵税。正是由于这种税收待遇（股票股利不存在这种待遇），债券可能会使资本成本低于股票融资。

为了说明债券融资的另一个优势，假设微软公司正在考虑两项融资计划，为一家新的工厂融资 500 万美元。计划 A 为以当前每股 25 美元的市场价格发行 200 000 股普通股，计划 B 为发行票面价值为 500 万美元的利率 8%的债券。新工厂的息税前收入为 150 万美元，所得税税率预计为 30%。微软公司当前拥有 100 000 股流通在外的普通股。表 14 - 13 显示了每股收益。

表 14 - 13　发行股票或债券对每股收益的影响

	计划 A 发行股票	计划 B 发行债券
息税前收入	1 500 000	1 500 000
利息（8%×5 000 000 美元）	—	400 000
扣除所得税之前的收入	1 500 000	1 100 000
所得税费用（30%）	450 000	330 000
净利润	1 050 000	770 000
已发行股票	300 000	100 000
每股收益	**3. 50**	**7. 70**

请注意，通过长期债务融资（债券），净利润减少了 280 000 美元（1 050 000 美元－770 000 美元），但是每股收益更高，因为流通在外的普通股减少了 200 000 股。

使用债券的一个缺点是公司必须定期支付利息。此外，公司还必须在到期日偿还本金。当收入低时，一家盈利状况波动且现金状况不佳的公司可能会面临更大的还息压力。此外，当经济、股市或公司的收入停滞不前时，债务支付会迅速减少公司的现金流并限制公司履行其财务义务的能力。

14.4.4 租赁负债

租赁是出租人（财产的所有者）和承租人（财产的出租人）之间的合同协议。这种安排使承租人有权在特定时期内使用出租人拥有的特定财产。作为对财产使用的回报，承租人在租赁期内向出租人支付租金。

租赁已变得越来越受欢迎。今天，它是资本投资增长最快的方式。公司无须借钱购买飞机、计算机、芯片或卫星，而是定期付款来租赁这些资产。甚至赌博和赌场也会租用老虎机等设备。目前，全球租赁设备市场规模超过 9 000 亿美元，其中美国市场约占全球市场的 1/3。

租赁安排的会计处理

对于所有超过一年的租赁，承租人会记录使用权资产和租赁负债。租赁负债以租赁付款额的现值计算。使用权资产等同于租赁负债。为了说明这一点，假设 Gonzalez 公司决定租赁新设备，租赁期限为 4 年，预估使用寿命为 5 年。租赁付款额的现值为 190 000 美元。

Gonzalez 公司记录了以下租赁安排：

使用权资产	190 000	
租赁负债		190 000
（记录租赁资产和租赁负债）		

资产负债表列示

Gonzalez 公司在长期资产部分报告其租赁资产。它在资产负债表上将租赁负债报告为负债。租赁负债预计于下一年支付的部分为流动负债，其余被分类为长期负债。

利润表列示

承租人的租赁在利润表中列示取决于该租赁被视为融资租赁或经营租赁。如果该租赁符合 5 个条件之一（在更高级的会计课程中讨论），则为融资租赁。不符合 5 个条件的租赁被视为经营租赁。

在融资租赁的处理下，使用权资产的摊销（折旧）方式与其他固定资产类似，利息费用的确定方式与其他长期负债类似。在经营租赁处理下，单项费用金额是确定的，这个费用金额的计算很复杂，高级会计课程将对此进行了介绍。

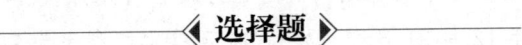

◀ 选择题 ▶

1. 无担保债券的术语是（　　）。

A. 可赎回债券　　　　B. 美国国债　　　　C. 债券　　　　　　D. 可转换债券

3. Karson 公司发行 10 年期债券，到期价值为 20 万美元。如果债券溢价发行，则表明（　　）。

A. 合同利率超过市场利率　　　　　　B. 市场利率超过合同利率

C. 合同利率与市场利率相同　　　　　D. 两者之间没有关系

5. Gester 公司在支付年利息后，于 1 月 1 日以 105 美元兑付其面值 10 万美元的债券。债券在赎回日的账面价值为 103 745 元。记录赎回的分录将包括（　　）。

A. 贷记债券赎回损失 3 745 美元   B. 借记应付债券溢价 3 745 美元

C. 贷记债券赎回收益 1 255 美元   D. 借记应付债券溢价 5 000 美元

7. Andrews 公司在 1 月 1 日发行价值 49.7 万美元，利率 10% 的 3 年期抵押债券。该债券将分 3 期支付，每年 20 万美元，每期于年底支付。Andrews 公司第 2 年应该确认的利息费用是多少？（　　）

A. 16 567 美元   B. 49 700 美元   C. 34 670 美元   D. 346 700 美元

◀ 简答题 ▶

1. Kahnle 公司于 2020 年 1 月 1 日发行了 3 000 张利率为 7%，5 年期面值为 1 000 美元的债券。每年 1 月 1 日支付利息。(a) 编制日记账分录以记录这些债券在 2020 年 1 月 1 日的销售情况。(b) 在 2020 年 12 月 31 日编制调整日记账分录，以记录利息支出。(c) 在 2021 年 1 月 1 日编制日记账分录，以记录支付的利息。

3. 以下为 Rymer 公司 2020 年 12 月 31 日的负债项目。请为 Rymer 公司编制资产负债表的长期负债部分。

应付债券，2022 年到期	700 000 美元
应付账款	100 000 美元
租赁负债	120 000 美元
应付票据，2025 年到期	110 000 美元
应付债券溢价	40 000 美元

◀ 练习题 ▶

1. 美国北方航空公司于 2020 年 1 月 1 日发行 90 万美元，利率为 8%，十年期的债券。每年 1 月 1 日支付利息。

要求： 编制日记账分录以记录以下事件。

a. 债券的发行。

b. 12 月 31 日的应计利息。

c. 2021 年 1 月 1 日支付的利息。

d. 债券到期赎回，假设最后一个利息期的利息已经支付并入账。

3. Clipper 公司于 2020 年 12 月 31 日通过发行 50 万美元，利率为 7% 的应付抵押贷款票据借入了 50 万美元。要求在每年 12 月 31 日分期付款 8 万美元。

要求：

a. 准备日记账分录，记录抵押贷款和前两次分期付款。

b. 指出 2021 年 12 月 31 日应作为流动负债和长期负债报告的应付抵押票据金额。

◀ 实践题 ▶

Snyder 软件公司成功开发了一个新的电子表格程序。为了生产并推广该程序，该公司需要 190 万

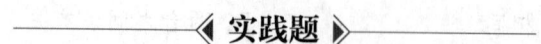

美元的额外融资。2020 年 1 月 1 日，公司的借款情况如下：

1. 公司按面值发行了 100 万美元，利率为 10%，10 年期债券。利息将于 1 月 1 日支付。

2. 公司还发行了一笔为期 15 年的抵押贷款，金额为 400 000 美元，利率为 6%，规定每年 12 月 31 日分期付款 41 185 美元。

要求：

1. 对于 10 年期，利率为 10% 的债券：

a. 将 2020 年 1 月 1 日发行的债券记入日记账。

b. 编制 2020 年利息费用的日记账分录。

c. 在 2023 年 1 月 1 日支付到期的利息后，编制债券的赎回分录。

2. 对于应付抵押：

a. 编制 2020 年 1 月 1 日发行票据的分录。

b. 编制前四次分期付款的付款计划。

c. 说明截至 2020 年 12 月 31 日应付抵押贷款的流动和非流动金额。

📚 IFRS 概览

IFRS 和 GAAP 对负债的定义相似，但对于某些长期负债的会计处理方法不同。

关键点

以下是 GAAP 与 IFRS 对于长期负债会计核算方面的关键相似点和不同点。

相似点

● 一般公认会计原则和国际财务报告准则对负债的定义类似。

● 国际财务报告准则要求公司从报表的层面将负债分类为流动负债或非流动负债（资产负债表），但基于流动性进行列报的行业将流动性视为提供更多有用的信息（例如金融机构）。当期负债（也称为短期负债）通常按流动性顺序列示。

● 根据国际财务报告准则，如果负债预计在 12 个月内偿还，则将其分类为流动负债。

● 与 GAAP 相似，项目通常按流动性顺序进行报告。公司有时会在资产前列示负债。此外，公司有时也会在流动负债之前列示非流动（长期）负债。

● 根据 GAAP 和 IFRS，债券估值的基本方法相同。除此之外，GAAP 和 IFRS 对债券交易的会计处理基本相同。

● IFRS 要求使用有效利率法对债券折价和溢价进行摊销。GAAP 也要求采用有效利率法，不同之处在于它允许在差异不大的情况下使用直线法。根据国际财务报告准则，公司不使用溢价或折价账户，而是显示债券的净额。例如，如果一笔 100 000 美元的债券于 1997 年发行，在 IFRS 下公司将记录为：

借：库存现金		97 000
贷：应付债券		97 000

不同点

● IFRS 和 GAAP 的共同目标是根据承租人和出租人记录租赁经济实质，即根据资产和负债的定义，但是 GAAP 更加"基于规则"，它具有特定的融资租赁或经营租赁。IFRS 的规定更具概念性。

● 根据国际公认会计原则，分类为经营租赁的租赁在国际财务报告准则下有不同的会计处理。同时，IFRS 允许使用权资产的其他计量基础（例如重估模型）。

未来展望

FASB 和 IASB 目前参与两个项目，每个项目都对负债的核算有影响。一个项目正在研究区分债务和权益工具的方法。另一个项目处于确定概念框架下会计要素阶段，该项目评估会计基本组成部分的定义。这些项目的结果可能会改变许多债务和股权证券的分类。

第 15 章

投　资

本章预览

　　时代华纳的管理层相信，投资现有公司的股票可以让公司迅速发展。除了购买股票，公司还购买其他有价证券，如公司或政府发行的债券。公司可以进行短期或长期的投资，作为被动投资，或意图控制另一个公司。正如你将在本章看到的，一个公司投资的方式是由许多因素决定的。

❯ 引　例

"我们还有什么可以买的吗?"

　　在一个快速变化的世界里，你必须跟上或承受后果。在商业领域，变革需要投资。娱乐行业就是一个很好的例子。

　　技术带来的创新如此之快，以至于几乎不可能猜测哪些技术将持续存在，哪些技术将很快消失。例如，卫星电视和有线电视都能生存吗? 或者，两者都会被其他事物取代?

　　以出版业为例，纸质报刊会被在线新闻完全取代吗? 如果你是一个出版商，你必须对未来做出最好的猜测，并进行相应的投资。

　　时代华纳股份有限公司（简称时代华纳）位于这一领域的中心。现在不是一个鼓励胆小鬼的环境，时代华纳绝非胆小鬼，相反，它认为"如果我们不能打败你，我们就加入你。"它的口号是"投资，投资，投资"。时代华纳持有的部分资产名单显示了其影响力。

　　杂志:《时代》《生活》《体育画报》和《财富》。

　　图书出版商: 书籍的时代与生命（Time-Life Books）; 月书俱乐部（Book-of-the Month Club）; 小布朗公司（Little，Brown&Co）; 日落书（Sunset Books）。

　　电视和电影: 华纳兄弟的《生活大爆炸》和《超感神探》，HBO，以及《霍比特人: 五大军之战》和《走进风暴》等电影。

　　广播: TNT、CNN 新闻和特纳图书馆（Turner's library）的数千部经典电影。

　　互联网: 美国在线公司。

　　时代华纳拥有比世界上任何其他公司更多的信息和娱乐版权及品牌。

　　最近，21 世纪福克斯的董事长兼首席执行官鲁珀特·默多克（Rupert Murdoch）以 800 亿美元收购这家大型媒体集团。一位分析师表示，默多克的出价"给时代华纳的资产带来了积极的影响"。但默多克最终撤回了出价，导致时代华纳股价下跌。不过，分析师预计，随着长期机构投资者开始给出低价，时代华纳公司的股价最终会回升。

　　资料来源: Gene Marcial，"Why Time Warner Will Deliver Superb Growth and Valuation Despite Murdoch's Surrender," *Forbes*（August 6，2014）.

15.1 债务投资的会计核算

15.1.1 为什么公司要投资

公司购买债券或股票通常有以下原因。一个公司可能有多余的现金，它不需要立即购买经营资产。例如，许多公司在销售方面都经历了季节性波动。科德角码头（Cape Code marina）在春夏两季的销售额要高于秋冬两季，而 Aspen 滑雪商店的情况正好相反。因此，在一个经营周期结束时，这些公司可能手头有不少现金，直到另一个经营周期开始之前，这些现金都会处于暂时闲置状态。因此，这些公司可能会把多余的资金用于投资，通过利息和股息来获得相比于只把这些资金存在银行更大的回报。图 15-1 展示了这些短期投资在经营周期中所起的作用。

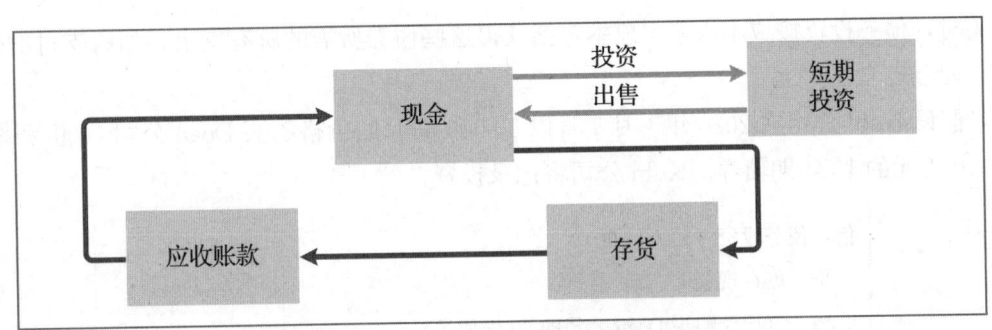

图 15-1 短期投资和经营周期

银行等购买投资产品是为了从投资中获得收益。尽管银行的大部分收入来自贷款，但它们也通过投资于证券来获得收入。银行购买证券是因为贷款需求会随季节和经济环境的变化而变化，因此，当贷款需求较低时，银行必须为其现金寻找其他用途。

一些公司试图通过投机性投资来获得收益，也就是说，它们期望投资会增值，给它们带去收益。因此，它们一般会投资其他公司的普通股。

企业投资也可能是出于战略考虑。一个公司可以购买另一个公司的非控制股权来获得在某一行业中的地位。或者，一个公司可以通过购买某个客户或供应商的股份，但不控制该公司的股份，来对该客户或供应商施加影响。另一种选择是，公司购买另一家公司的控股权，以便进入一个新行业，而无须承担白手起家的成本和风险。

总而言之，企业投资其他公司的原因如图 15-2 所示。

原因	典型的投资
为了将多余的现金暂时储存起来	低风险，高流动性，短期证券例如政府发行的债券
为了获得收益	银行和金融机构通常会购买债券，而共同基金和指数基金购买债券和股票
为了实现战略目标	购买相关行业公司的股票或该公司希望进入的不相关行业公司的股票

图 15-2 公司为什么投资

15.1.2 债务投资的会计记录

债务投资（debt investments）是对政府和公司债券的投资。在债务投资的会计分录中，公司会分别记录购买、利息收入和销售。

记录债券的获取

在购买时，债务投资按成本入账。成本包括获得这些债券所需的所有支出，如所支付的价格加上经纪费用（佣金）。

例如，假设 Kuhl 公司在 2020 年 1 月 1 日以 50 000 美元的价格购买 Doan 公司 50 份利率为 8%，面值为 1 000 美元的 10 年期债券。Kuhl 公司将记录投资：

1 月 1 日	借：债务投资（50×1 000）	50 000	
	贷：库存现金		5 000
	（记录购买 Doan 公司的 50 份债券）		

记录债券利息收入

Doan 公司在每年 1 月 1 日为债券支付 4 000 美元的利息（50 000 美元×8%）。如果 Kuhl 公司的财务年度于 12 月 31 日结束，那么每到 1 月 1 日就会产生 4 000 美元的利息。调整分录为：

12 月 31 日	借：应收利息	4 000	
	贷：利息收入		4 000
	（为 Doan 公司的债券计息）		

Kuhl 公司在资产负债表中将应收利息作为流动资产报告。在利润表中的"其他收入和收益"项下报告收入。Kuhl 公司在 1 月 1 日报告的收到的利息如下：

1 月 1 日	借：库存现金	4 000	
	贷：应收利息		4 000
	（记录收到的应计利息）		

这时候贷记利息收入是不正确的，因为这是公司在上一个会计期间赚取并应计的利息收入。

记录债券的销售

当 Kuhl 公司出售债券时，它将债券的成本记入投资账户。Kuhl 公司将销售净收入（销售价格减去经纪费用）与债券成本之间的差异视为收益或损失。

例如，假设 Kuhl 公司在收到到期利息后，从 2021 年 1 月 1 日出售的 Doan 公司债券中获得 5.4 万美元的净收益。由于债券成本为 50 000 美元，公司实现了 4 000 美元的收益。它将销售记录为：

1 月 1 日	借：库存现金	54 000	
	贷：债务投资		50 000
	销售债券获得的收益		4 000
	（记录 Doan 公司债券的销售情况）		

Kuhl 公司在利润表的"其他收入和收益"项下报告出售债务投资的收益，在"其他费用和损失"项下报告亏损。

15.2 股票投资的会计核算

股票投资（stock investments）是对其他公司股票的投资。当一个公司持有几个不同公司的股票（和/或债务）时，这组证券被认为是一个投资组合（investment portfolio）。

普通股投资的会计核算取决于投资者对发行公司（被投资者）经营和财务状况的影响程度。图 15－3 展示了一般情况下的会计核算方式。

投资方所有者权益占被投资方普通股股份的比例	对被投资企业的假定影响	会计准则
小于 20%	无关紧要的	成本法
20%～50%	重要的	权益法
大于 50%	控制性的	合并财务报表

图 15－3 股票投资的会计准则

公司要判断而不是盲目地遵循会计准则。[①] 接下来我们将解释每个准则的具体应用。

15.2.1 持股比例小于 20%

在计算小于 20% 的股票投资时，公司使用成本法。在成本法（cost method）下，公司按成本记录投资，只有在收到现金股利时才确认收入。

取得股票投资的记录

在购买时，股票投资按成本入账。成本包括获得这些股票所需的所有支出，如所支付的价格加上任何经纪费用（佣金）（如果有的话）。

例如，假设在 2020 年 7 月 1 日，Sanchez 公司购买了 1 000 股（占 Beal 公司 10% 的所有权）普通股。Sanchez 公司每股支付 40 美元。关于购买的会计分录如下：

---

① 公司在确定投资者影响时应考虑的因素包括：（1）投资者是否在被投资方董事会中有代表；（2）投资者是否参与被投资方的决策过程；（3）投资者与被投资方之间是否存在重大交易；（4）其他股东持有的普通股集中或分散。

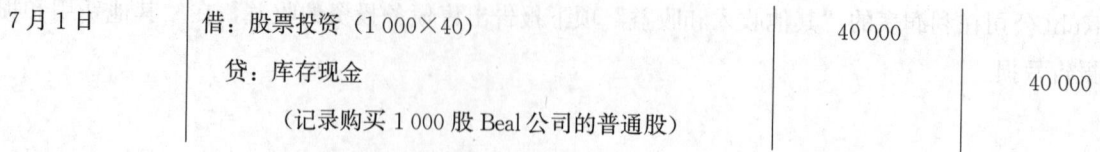

记录分红

在 Sanchez 公司拥有股票期间，应记录所有收到的现金股利。如果 Sanchez 公司在每年的 12 月 31 日收到每股 2 美元的股利，会计分录如下：

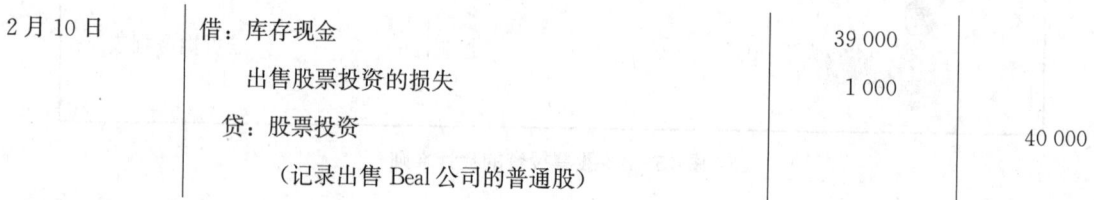

Sanchez 公司在利润表中的"其他收入和收益"项下报告股利收入。与票据和债券的利息不同，股利是不累积的，因此，公司不做调整分录来对股利收入进行累积。

记录股票的出售

当一家公司出售股票时，它将销售净收益（销售价格减去经纪费用）与股票成本之间的差额确认为收益或损失。

假设 Sanchez 公司在 2021 年 2 月 10 日出售 Beal 公司股票的净收益为 39 000 美元。由于股票价值 4 万美元，Sanchez 公司损失了 1 000 美元。该项销售的记录如下：

2 月 10 日	借：库存现金	39 000	
	出售股票投资的损失	1 000	
	贷：股票投资		40 000
	（记录出售 Beal 公司的普通股）		

Sanchez 公司在利润表的"其他费用和损失"项下报告损失。它将在"其他收入和收益"项下报告销售收益。

15.2.2　持股比例在 20%～50% 之间

当投资公司只拥有另一家公司股份的一小部分时，投资者不能对被投资公司行使控制权。但是，当一个投资者拥有被投资公司 20%～50% 的普通股时，就可以假定投资者对被投资方的财务和经营活动有重大影响。投资者可能在其董事会有一名代表。通过该代表，投资者可以行使对被投资公司的一些控制。被投资公司在某种意义上成为投资公司的一部分。

例如，在时代华纳收购特纳广播公司之前，时代华纳公司就持有特纳广播公司 20% 的股权。因为它无法对特纳广播公司的重大决策施加重大影响，时代华纳使用了权益法。在权益法下，投资者记录其在被投资企业获得净利润的当年所占的份额。另一种选择是推迟确认投资者在净利润中所占的份额，直到被投资方宣布现金股利。但是，这种方法忽略了这样一个事实，即在某种意义上，投资者和被投资对象是一家公司，这使得投资者受益于被投资对象的净利润。

按照权益法（equity method），投资者最初按成本记录对普通股的投资。此后，它每年调整投资账户，以显示投资者在被投资企业的权益。每年投资者做以下事情。（1）增加（借记）投资账户，增加（贷记）收入占被投资企业净利润的比例。[①]（2）投资者也减少（贷记）投资账户中收到的股利。由于股利的支付减少了被投资企业的净资产，因此投资账户减少了股利。

获得股票的记录

假设 Milar 公司于 2020 年 1 月 1 日以 12 万美元购买了 Beck 公司 30％的普通股，记录该交易的会计分录如下：

1月1日	借：股票投资	120 000	
	贷：库存现金		120 000
	（记录购买 Beck 公司的普通股）		

记录收入和股息

2020 年，Beck 公司的净利润为 10 万美元，它宣布并发放 4 万美元的现金股利。Milar 公司记录了来自 Beck 公司股票收入的 3 万美元（30％×100 000）和收到股息的投资账户减少的 12 000 美元（40 000×30％）。会计分录如下：

12月31日	借：股权投资	30 000	
	贷：来自股权投资的收入		30 000
	（记录 30％股权的 Beck 公司 2020 年净利润）		
12月31日	借：库存现金	12 000	
	贷：股权投资		12 000
	（用来记录收到的股利）		

在 Milar 公司公布了当年的交易后，其投资和收入账户如表 15-1 所示。

表 15-1　Milar 公司公布之后的投资和收入的会计记录

股票投资				股票投资取得的收入	
1月1日	120 000	12月31日	**12 000**	12月31日	**30 000**
12月31日	**30 000**				
12月31日 余额 138 000					

在该年，投资账户增加了 18 000 美元。这增加的 18 000 美元如下：（1）Milar 公司记录了其来自 Beck 公司股票投资增加的 30 000 美元的收入；（2）Milar 公司记录了由于其对 Beck 股票投资获得的股利而减少的 12 000 美元。

注意，成本法下报告的收入和权益法下报告的收入之间是有显著差异的。例如，如果采用成本法，Milar 公司只会报告股利收入为 12 000 美元（30％×40 000）。

---

① 反过来，投资者增加（借记）损失账户，减少（贷记）投资账户，以分担被投资方的净损失。

15.2.3 持股比例超过 50%

拥有另一个实体 50% 以上普通股的公司被称为母公司（parent company）。母公司拥有股份的实体称为子公司（附属公司）（subsidiary（affiliated）company）。由于母公司拥有股权，所以它对子公司拥有控股权（controlling interest）。

当一家公司拥有另一家公司 50% 以上的普通股股份时，它通常编制合并财务报表（consolidated financial statements）。该报表反映了母公司控制的资产和负债总额，还显示子公司的总收入和支出总额。除了母公司和子公司的财务报表外，公司还要编制合并财务报表。

如前所述，在收购特纳广播公司之前，时代华纳使用权益法对其对特纳广播公司的投资进行核算。时代华纳对特纳广播公司的净投资只列在一行中——其他投资。合并后，时代华纳将特纳广播公司的业绩与自己的业绩合并。在这种方法下，时代华纳将特纳广播公司的资产和负债与自己的资产和负债一并计入，也就是说，特纳广播公司的厂房和设备被添加到时代华纳的厂房和设备中，特纳广播公司的应收款项被添加到时代华纳的应收款项中，依此类推。当美国在线与时代华纳合并时，类似的合并也在进行。

合并财务报表对股东、董事会和母公司的管理部门都是有用的。合并财务报表表明共同控制下的公司的规模和经营范围。例如，监管机构和法院无疑会利用 AT&T 的合并财务报表来确定该公司的拆分是否符合公众利益。表 15-2 列出了编制合并财务报表的三家公司和它们拥有的公司。

表 15-2　母公司和它们的子公司示例

百事	圣达特（Cendant）	迪士尼
Frito-Lay	霍华德·约翰逊（Howard Johnson）	Capital Cities/ABC，Inc.
Tropicana	华美达（Ramada Inn）	迪士尼乐园，迪士尼世界
Quaker Oats	Century 21	Mighty Ducks
百事可乐	Coldwell Banker	Anaheim Angels
Gatorade	安飞士（Avis）	ESPN

15.3　在财务报表中报告投资

债务投资和股票投资的价值在持有期间可能会有很大的波动。例如，在 12 个月里，时代华纳的股价最高达到 58.5 美元，最低为 9 美元。在这种价格波动的情况下，公司应如何在资产负债表日对投资进行估值呢？估价可以按成本、公允价值或按成本或市场价值的较低值进行。

许多人认为公允价值提供了最好的方法，因为它代表了证券的预期现金可变现价值。公允价值（fair value）是指证券在正常市场上可以出售的金额。另一些人反驳说，除非证券即将被出售，否则公允价值是无关紧要的，因为证券的价格很可能会再次变化。

15.3.1 债务证券

为了方便在财务报表日期做出估值和报告，债务投资可分为三类：

（1）交易性证券（trading securities）的购买和持有主要是为了在短期内出售，以产生短期价差收益。

（2）持有可供出售证券（available-for-sale securities）是为了在未来某个时间卖出这些证券。

（3）持有至到期证券（held-to-maturity securities）是指投资者有意愿并有能力持有至到期的债务证券。[①]

交易性证券

持有交易性证券的目的是在短时间内（通常少于三个月，有时少于一整天）卖出。交易意味着频繁的买卖。如图 15-4 所示，公司在每个期末调整交易性证券的公允价值（一种方法称为按市值计价（mark-to-market）会计）。公司将成本的变化报告为净利润的一部分。由于这些证券尚未售出，因此将变动作为未实现损益申报。未实现的损益是证券交易总成本与其公允价值总额之间的差额。公司将交易性证券归类为流动资产。

举例来说，表 15-3 展示了 2020 年 12 月 31 日 Pace 公司的交易性证券投资的成本和公允价值。Pace 公司的未实现收益为 7 000 美元，因为总公允价值（147 000 美元）比总成本（140 000 美元）多了 7 000 美元。

图 15-4 债务证券的定价准则

表 15-3 交易性证券的价值

交易性证券 2020 年 12 月 31 日			
投资	成本	公允价值	未实现收益（损失）
Yorkville 公司债券	50 000	48 000	(2 000)
Kodak 公司债券	90 000	99 000	9 000
总计	140 000	147 000	**7 000**

证券交易属于短期投资，这一事实增加了 Pace 公司以公允价值卖出证券获利的可能性。Pace 公司记录公允价值和未实现收益。

[①] 提供该类别是为了完整性。与持有至到期证券相关的会计和估值问题将在更高级的会计课程中讨论。

编制财务报表需先编制调整分录。在这一分录中，公司使用估值备抵账户，公允价值调整——交易，来记录证券的总成本和总公允价值之间的差异。Pace公司的会计调整分录如下：

12月31日	借：公允价值调整——交易	7 000	
	贷：未实现内部交易损益		7 000
	（记录交易性证券的未实现收益）		

公允价值调整交易账户的使用可以使公司保持对投资成本的记录。实际成本用来确定证券出售时实现的收益或损失。公司将"公允价值调整——交易"账户的借方余额（或贷方余额）加到投资成本中，从而得出交易性证券的公允价值。

证券的公允价值是公司在资产负债表上报告的金额。公司在利润表的"其他收入和收益"项下报告未实现收益。账户名称中的"收入"一词表明收益会影响净利润。

交易性证券的成本总额大于公允价值总额的，已发生未实现损失。在这种情况下，调整分录是借记"未实现内部交易损益"，贷记"公允价值调整——交易"。公司在利润表的"其他费用和损失"项下报告未实现损失。

"公允价值调整——交易"账户将结转至未来会计期间。在此期间没有对该账户做分录。在每个报告期结束时，公司会根据当时的成本和公允价值的差额调整账户余额。公司在报告期末时结清"未实现内部交易损益"账户。

可供出售证券

如前所述，持有可供出售证券是为了在未来某个时间出售这些证券。如果公司打算在下一年度或一个营业周期内出售该证券，则将该证券列为资产负债表中的流动资产，否则，资产负债表的投资部分会将其归类为长期资产。

公司也会报告按公允价值出售的可供出售证券。该类证券的公允价值及未实现损益的确定程序与交易性证券相同。举例说明，假设Shelton公司有两种证券被归类为可供出售证券。表15-4提供了2020年12月31日的成本、公允价值和未实现损益金额的相关信息。未实现损失有9 537美元，这是由于总成本（293 537美元）比公允价值总额（284 000美元）多了9 537美元。

表15-4 可供出售证券的价值

可供出售证券 2020年12月31日			
投资	成本	公允价值	未实现收益（损失）
Campbell Soup 公司债券	93 537	103 600	10 063
Hershey Foods 公司债券	200 000	180 400	(19 600)
总计	293 537	284 000	(9 537)

Shelton公司可供出售证券的未实现损失的调整分录和报告与交易性证券所示均有所不同。产生差异的主要原因是这些证券在近期不会出售。因此，在实际销售之前，公允价值的变化更有可能逆转未实现损失。因此，Shelton公司在利润表中不报告未实现损失。相反，公司在综合利润表中将其列为其他综合收益的一项。在调整分录中，Shelton公司将公允价值调整账户与可供出售证券

做标识，并将未实现损益账户与股东权益做标识。Shelton 公司记录 9 537 美元未实现损失的调整分录如下：

12 月 31 日	借：未实现内部交易损益	9 537	
	贷：公允价值调整——可供出售		9 537
	（记录可供出售证券的未实现损失）		

如果总公允价值超过总成本，Shelton 公司将调整分录记为增加（借记）"公允价值调整——可供出售"，贷记"未实现内部交易损益"。

Shelton 公司的未实现损失 9 537 美元将出现在综合利润表中，如表 15 - 5 所示。

表 15 - 5　综合利润表

Shelton 公司综合利润表 截至 2020 年 12 月 31 日的年度	
净利润	118 000
其他综合收益 　待售证券综合收益未实现损失	（9 537）
综合收益	108 463

对于可供出售证券，公司将未实现利得或损失账户结转至未来期间。在未来的资产负债表日，账户会用"公允价值调整——可供出售"账户进行调整，以显示当时成本和公允价值之间的差异。

15.3.2　股权证券

如表 15 - 6 所示，股权证券在财务报表日的估值和报告取决于其对公司的影响程度。

表 15 - 6　股权证券分类下的估值和报告

类别	估值	未实现的收益和损失	其他影响收入的因素
持股少于 20%	公允价值	已确认的净利润	宣布分红；销售损益
持股比例在 20%～50% 之间	股本	未确认	投资对象净利润的比例
持股 50% 以上	合并	未确认	不适用

当投资者的股权低于 20% 时，推定该投资者对被投资方的影响很小或没有影响力。在这种情况下，如果收购后可以获得市场价格，公司就会使用公允价值对股票投资进行估值和报告。

持股比例少于 20% 的解释

截至 2020 年 12 月 31 日，Shelton 公司有两种股权证券，拥有不到 20% 的股权，因此 Shelton 公司对这两家公司几乎或没有影响力。Shelton 公司记录投资这两家公司的成本和公允价值如表 15 - 7 所示。

表 15 - 7 股权证券投资的公允价值和成本

投资	成本	公允价值	未实现收益（损失）
推特公司（Twitter）	259 700	275 000	15 300
金宝汤公司	317 500	304 000	(13 500)
总计	577 200	579 000	1 800

对于 Shelton 的股权证券投资，未实现收益总额为 15 300 美元，未实现损失总额为 13 500 美元，因此净未实现收益为 1 800 美元，也就是说，股权证券投资的公允价值高于成本 1 800 美元。

Shelton 公司在未实现收益或损失账户中记录与公允价值股权证券变动有关的未实现损益净额。在这种情况下，Shelton 公司准备了一个调整分录，借记 "公允价值调整——股票" 账户，贷记 "未实现内部交易损益" 账户，以记录公允价值的增加，并将收益记录如下。

2020 年 12 月 31 日

借：公允价值调整——股票	1 800	
贷：未实现内部交易损益		1 800
（记录股权证券的未实现收益）		

与交易性证券类似，Shelton 公司在 "公允价值调整——股票" 中计入成本和公允价值之间的差额。此外，与 Shelton 公司股权证券有关的未实现收益在利润表的 "其他收入和收益" 部分进行报告。

15.3.3　资产负债表列示

在资产负债表中，公司必须将投资分为短期投资和长期投资。

短期投资

短期投资（short-term investments）是公司持有的有价证券，该有价证券易于出售，并且打算在下一年或下一个经营周期（以较长时间为准）内转换为现金。不符合这两个标准的投资被归类为长期投资（long-term investments）。

（1）易于出售。当一项投资在需要现金时就可以出售，并且是容易的，就说明它是畅销的。短期投资①满足这一标准是因为公司可以很容易地把其卖给其他投资者。在证券市场（如纽约证券交易所）上交易的股票和债券，很容易在市场上交易，因为它们每天都可以买卖。相比之下，小公司发行的证券可能只有有限的市场，而私人控股公司的证券可能没有市场。

（2）转换意图。转换意图意味着管理层打算在下一年或下一个经营周期（以较长时间为准）内出售。一般来说，当投资被认为是公司在需要现金时使用的一种资源时，这个标准就满足了。例如，滑雪场可能会在夏季将闲置的资金投资，以便在冬季到来前不久出售证券购买供应品和设备。即使由于没有下雪而取消了下一个滑雪季，并打消了需要将证券转换成现金的意图，这种投资一般也认为是短期的。由于短期投资的高流动性，公司在资产负债表的流动资产部分将其列在现金之后。短期投资按

---

① 短期票据包括：银行发行的存款证明；银行和储蓄贷款协会发行的货币市场证明；美国政府发行的国库券；由信用评级良好的公司发行的商业票据。

公允价值列报。例如，Weber 公司在资产负债表中对短期投资的列报，如表 15-8 所示。

表 15-8 短期投资的资产负债表列示

Weber 公司 资产负债表（部分）	
流动资产	
库存现金	21 000
债券投资（按公允价值计算）	**60 000**

长期投资

公司通常在资产负债表中紧挨着"流动资产"报告长期投资，如表 15-9 所示。对可供出售证券的长期投资按公允价值列报。权益法下的普通股投资将归类为权益项目列报。

表 15-9 长期投资的资产负债表列示

Weber 公司 资产负债表（部分）		
投资		
债券投资（按公允价值计算）	100 000	
股票投资（按公允价值计算）	**50 000**	
股票投资（按权益计算）	**150 000**	
总投资		300 000

15.4 已实现和未实现的收益或损失的说明

公司必须在财务报表中反映已实现或未实现的投资损益。在利润表中，公司在非经营活动部分报告损益，以及利息收入和股息收入，如表 15-10 所示。

表 15-10 与投资有关的非经营活动

其他收入和收益	其他费用和损失
利息收入	销售投资损失
股息收入	未实现损失
出售投资的收益	
未实现收益	

公司将本年度和以往年度报告的其他综合收益项目的累计金额作为股东权益的一个独立的组成部分。举例来说，假设 Muzzillo 公司的普通股为 300 万美元，留存收益为 150 万美元，其他累计综合损失为 10 万美元。表 15-11 显示了其他累计综合损失的财务报表列报。

表15-11 股东权益部分的未实现损失

Muzzillo 公司 资产负债表（部分）	
	金额单位：美元
股东权益	
普通股	3 000 000
留存收益	1 500 000
实收资本和留存收益总额	4 500 000
其他累计综合损失	**(100 000)**
股东权益总额	4 400 000

表15-12为分类资产负债表。这张资产负债表包括短期和长期债务，股票投资以及其他累计综合收益。

表15-12 资产负债表

Pace 公司 12月31日的资产负债表		
		金额单位：美元
资产		
流动资产		
库存现金		21 000
债权投资（以公允价值计量）		**147 000**
应收账款	84 000	
减：坏账准备	4 000	80 000
存货（以先进先出法计量）		43 000
预付保险费		23 000
流动资产合计		314 000
投资		
债权投资（以公允价值计量）	**20 000**	
股权投资（以公允价值计量）	**30 000**	
股权投资（以权益法计量）	**150 000**	
投资总额		200 000
不动产、厂房和设备		
土地		200 000
房屋	800 000	
减：累计折旧——房屋	200 000	600 000
设备	180 000	
减：累计折旧——设备	54 000	126 000
不动产、厂房和设备总额		926 000

续表

Pace 公司 12 月 31 日的资产负债表	
无形资产	
商誉	270 000
总资产	1 710 000
负债和股东权益	
流动负债	
应付账款	185 000
应付联邦所得税	60 000
应付利息	10 000
流动负债总额	255 000
长期负债	
应付债券，10%，2025 年到期	300 000
减：债券折价	10 000
长期负债总额	290 000
负债总额	545 000
股东权益	
实收资本	
普通股，面值每股 10 美元，授权 200 000 股，发行 80 000 股	800 000
超出普通股面值	100 000
实收资本总额	900 000
留存收益*	255 000
实收资本和留存收益总额	1 155 000
加：其他累计综合收益	**10 000**
股东权益总额	1 165 000
负债和股东权益总额	1 710 000

* 10 万美元的留存收益仅限于工厂扩建。

◀ 选择题 ▶

1. 以下哪项不是公司投资债务和股权证券的主要原因？（　　）

A. 公司希望控制竞争对手　　　　　　　　B. 公司有多余的现金

C. 公司希望进入新的业务领域　　　　　　D. 法律要求

3. Hanes 公司以 28 000 美元出售价值 26 000 美元的债务投资。在将销售记入日记账时，贷方应记录为（　　）。

A. 债务投资和出售债务投资的损失　　　　B. 债务投资和出售债务投资的收益

C. 股票投资和出售股票投资所得

D. 未给出正确答案

5. 当投资者对被投资方有重大影响并拥有（　　）资产时，应采用权益法核算长期股票投资。

A. 被投资方普通股的 20%～50%

B. 被投资方普通股的 20% 或以上

C. 被投资方普通股的 50% 以上

D. 少于被投资方普通股的 20%

9. 以下哪项陈述是错误的？合并财务报表有助于（　　）。

A. 确定特定子公司的盈利能力

B. 确定共同控制下公司的总体盈利能力

C. 确定母公司运营的广度

D. 确定共同控制下公司的全部义务范围

11. 截至 2020 年 12 月 31 日，可供出售证券的公允价值为 41 300 美元，成本为 39 800 美元。截至 2020 年 1 月 1 日，"公允价值调整——可供出售"账户中有 900 美元的贷方余额。所需的调整分录为（　　）。

A. 借记"公允价值调整——可供出售" 1 500 美元，贷记"未实现内部交易损益" 1 500 美元

B. 借记"公允价值调整——可供出售" 600 美元，贷记"未实现内部交易损益" 600 美元

C. 借记"公允价值调整——可供出售" 2 400 美元，贷记"未实现内部交易损益" 2 400 美元

D. 借记"未实现损益——权益" 2 400 美元，贷记"公允价值调整——可供出售" 2 400 美元

13. 在资产负债表中，未实现内部交易损益的借方余额报告为（　　）。

A. 股东权益增加

B. 股东权益减少

C. 利润表中的损失

D. 留存收益表中的亏损

━━━━━◀ 简答题 ▶━━━━━

1. Liriano 公司于 2020 年 1 月 1 日以 85 000 美元购买了债务投资。2020 年 7 月 1 日，Liriano 公司收到了 6 800 美元的现金利息。请编制购买债券和收到利息的会计分录。（假设不考虑其他利息。）

3. 截至 2020 年 12 月 31 日，Dylan 公司的交易性证券成本为 46 000 美元。截至 2020 年 12 月 31 日，证券的公允价值为 50 000 美元。（a）请编制调整分录，以公允价值记录证券；（b）编制 2020 年 12 月 31 日的财务报表。

━━━━━◀ 练习题 ▶━━━━━

1. Potter 公司于 2020 年 1 月 1 日以 50 000 美元的价格购买了 50 份 Quinn 公司的 10 年期 1 000 美元债券，票面利率为 6%，每年支付一次利息。2021 年 1 月 1 日，在收到利息后，Potter 公司以 28 100 美元的价格出售了 30 份债券。

编制记录上述交易的日记账分录。

3. Remy 公司于 2020 年 1 月 1 日开业，截至 2020 年 12 月 31 日的数据如下：

证券	成本	公允价值
交易性证券	120 000	132 000
可供出售证券	100 000	86 000

可供出售证券是作为长期投资持有的。

要求：

a. 编制调整分录，以公允价值报告各类证券。

b. 列明各类证券的报表列报及相关未实现收益（损失）。

───────────◈ **实践题** ◈───────────

在运营的第一年，DeMarco 公司在股票投资中进行了以下交易（持股比例低于 20%）。

6 月 1 日，以每股 24 美元的价格购买了 600 股 Sanburg 公司的普通股。

7 月 1 日，以每股 33 美元的价格以现金购买了 Cey 公司 800 股普通股。

9 月 1 日，收到 Cey 公司每股 1 美元的现金股利。

11 月 1 日，以每股 27 美元的价格出售了 200 股 Sanburg 公司的普通股。

12 月 15 日，收到 Sanburg 公司普通股每股 0.50 美元的现金股利。

截至 12 月 31 日，Sanburg 公司和 Cey 公司的每股公允价值分别为 25 美元和 30 美元。

要求：

a. 记录交易。

b. 编制 12 月 31 日的调整分录，以公允价值报告证券。

📖 IFRS 概览

最近，IASB 发布了 IFRS 第 9 号，IFRS 和 GAAP 下对于投资的会计处理和报告在很大程度上非常相似。然而，IFRS 第 9 号引入了一个新的投资分类框架。

要点

以下是 GAAP 与 IFRS 在投资方面的异同。

相似点

● 在 IFRS 和 GAAP 下，记录购买债务证券、收取利息和出售债务证券的基本会计分录是相同的。

● 根据 IFRS 和 GAAP，记录购买股票投资、收取股利和出售股权证券的基本会计分录是相同的。

● IFRS 和 GAAP 使用相同的标准（即有重大影响，一般以超过 20% 的所有权为指导）来确定是否应使用权益法，IFRS 使用联营投资而不是股权投资一词来描述权益法下的投资。

● 根据 IFRS，股权投资一般按公允价值记录和报告。股权投资没有固定的利息或本金支付时间表，因此不能按摊销成本入账。一般来说，股权投资按公允价值估值，所有损益均在利润表中报告，与 GAAP 类似。

不同点

● 根据 IFRS，投资者和关联公司应遵循相同的会计政策。因此，在编制财务报表时，要对关联公司的政策进行调整，以符合投资者的账簿。GAAP 则没有这项要求。

- 一般来说，IFRS 要求公司根据两个标准来确定如何计量其金融资产：
  - 公司管理金融资产的业务模式；
  - 金融资产的合同现金流量特征。

如果一家公司拥有：（1）持有该金融资产的业务模式是以收取合同现金流量为目标；（2）金融资产的合同条款规定了现金流量的具体日期，现金流量仅是未偿还本金和利息的支付，那么该公司应使用成本（通常称为摊余成本）来计量该金融资产。

例如，假设三菱公司购买了一种债券，并打算持有至到期（持有待售）。这种投资是先收回利息，然后在到期时收回本金。债券上注明了利率和本金的支付日期。在这种情况下，三菱公司按成本对投资进行核算。如果三菱公司将购买债券作为交易策略的一部分，投机利率变化（交易性投资），则债务投资按公允价值列报。因此，只有应收账款、贷款和债券投资等符合上述两个标准才按摊余成本入账。所有其他债务投资均按公允价值记录和报告。

- 根据 IFRS，与可供出售证券相关的未实现损益在其他综合收益中报告。这些累计的损益随后在财务状况表中报告。根据 GAAP，股票的未实现损益作为净利润的一部分进行报告。

展望未来

如前所述，IASB 发布了新修订的 IFRS，涉及与投资证券有关的会计问题。FASB 也发布了这方面的新准则。IFRS 和 FASB 在投资方面存在一些差异，但总体上非常相似。

第 16 章

现金流量表

本章预览

资产负债表、利润表和留存收益表并不总能反映一个公司或机构的财务状况的全貌。事实上，看一些知名公司的财务报表，一个有想法的投资者可能会问这样的问题：伊士曼柯达公司（Eastman Kodak）是如何在一年只有1 700万美元利润的情况下，支付6.49亿美元的现金股利的？美国联合航空公司怎么能在一年中净损失超过20亿美元的情况下购买价值19亿美元的新飞机呢？近年来，这些公司在并购上花费了惊人的3.4万亿美元，它们是如何为这些交易融资的？这些问题和类似问题的答案可以在本章中找到，这一章讲解现金流量表。

⟩ 引 例

有现金吗

为了生存和发展，公司必须做好快速应对变化的准备。这需要谨慎管理现金。管理现金比较成功的一家公司是微软，微软用股票期权（未来以给定价格购买公司股票的权利）而不是现金支付了大部分工资。这节省了现金，而且使微软的1 000多名员工成为百万富翁。

近年来，微软遇到了各种各样的现金问题。现在，微软已经达到了一个更"成熟"的阶段，它每月能产生大约10亿美元的现金，以至于不知道应如何利用这些现金。微软曾经积累了600亿美元现金。

微软表示，它正在积累现金，以投资于新的机会，收购其他公司，并偿还未决诉讼。微软的股东抱怨，持有这些现金降低了公司的盈利能力。为什么？因为微软用现金投资于收益率非常低的政府证券。股东们认为，公司要么应该找到能带来更高回报的新投资项目，要么将部分现金返还给股东。

最后，微软宣布了一项计划，通过支付320亿美元的一次性特别股利，将现金返还给股东。根据美国商务部的数据，这笔特别股利数额巨大，导致美国个人总收入在一个月内增长了3.7%，这是有史以来最大的增幅（这也让假期变得更加美好，尤其是对西雅图地区的零售商而言）。微软还将其常规年股利提高了一倍，至每股3.50美元。此外，它还宣布将再花300亿美元购买美国国债。

苹果也遇到了这种现金"问题"。最近，苹果有近1 000亿美元的流动资产（现金、现金等价物和投资证券）。该公司每年从其经营活动中产生370亿美元的现金，但在厂房资产和购买专利方面仅花费约70亿美元。为了应对股东的压力，苹果宣布将开始支付每股2.65美元的季度股利，并回购高达100亿美元的股票。

分析师指出，股利每年仅消耗100亿美元现金，这让苹果公司陷入了现金"困境"。

资料来源："Business：An End to Growth? Microsoft's Cash Bonanza," *The Economist*（July 23，2005），p. 61.

16.1　现金流量表的用途和格式

资产负债表、利润表和留存收益表只提供了有关公司现金流量（现金收入和现金支出）的有限信息。例如，比较资产负债表显示了一年中财产、厂房和设备的净增长，但是没有显示资金是如何筹集或支付的。利润表显示以权责发生制为会计基础的净利润，但是它并不显示经营活动所产生的现金数量。留存收益表显示已宣布的现金股利，但不显示当年已支付的现金股利。这些报表都没有详细总结现金从何而来以及如何使用。

16.1.1　现金流量表的有效性

现金流量表（statement of cash flows）报告了在一定时期内由经营、投资和融资活动而产生的现金收入、现金支出和现金净变动。现金流量表中的信息有助于投资者、债权人和其他人评估公司的下列各项能力。

（1）公司产生未来现金流的能力。通过检查现金流量表中各项目之间的关系，投资者可以比使用权责发生制数据更好地预测未来现金流量的数量、时间和不确定性。

（2）公司支付股利和履行义务的能力。如果一家公司没有足够的现金，它就不能支付员工工资、清偿债务或支付股利。员工、债权人和股东应该对这份报表特别感兴趣，因为它单独显示了企业的现金流量。

（3）净利润与经营活动提供（使用）的净现金存在差异的原因。净利润提供了企业成功或失败的信息。然而，一些财务报表使用者对权责发生制净利润持批评态度，因为它需要大量的估计。因此，用户经常质疑数字的可靠性。现金就不是这样了。现金流量表的许多读者想知道经营活动提供的净利润和净现金之间存在差异的原因，然后，他们可以自己评估收入数据的可靠性。

（4）该期间的现金投资和融资交易。通过检查一个公司的投资和融资交易，财务报表阅读者可以更好地理解为什么资产和负债在该期间发生变化。

16.1.2　现金流量的分类

现金流量表将现金收入和现金支出分为经营活动、投资活动和筹资活动。各种活动的特征如下。

（1）经营活动（operating activities）包括产生收入和费用的交易的现金效果。因此，它们决定了净利润。

（2）投资活动（investing activities）包括获得和处理投资，不动产、厂房和设备，以及贷款和收回贷款。

（3）筹资活动（financing activities）包括通过发行债券获得现金并偿还借款，从股东手中获得现金、回购股票和支付股利。

经营活动是最重要的，它显示了公司运营提供的现金。这一现金来源通常被认为是衡量一家公司是否有能力产生足够的现金以持续经营下去的最佳标准。

表 16-1 列出了三类活动的典型现金收入和现金支出情况。请仔细研究这份清单，它在解决课后

习题和问题时会非常有用。

表 16-1 典型的收付分类

现金流入和现金流出的类型

经营活动——利润表项目
现金流入：
　　销售商品或提供服务所得
　　收到的利息和股利
现金流出：
　　向供应商提供商品
　　向员工支付工资
　　向政府缴纳税款
　　向贷款人支付利息
　　向其他人支付费用
投资活动——投资变动和长期资产
现金流入：
　　出售不动产、厂房和设备
　　出售其他公司的债务或股权证券投资
　　从其他公司的贷款中收取本金
现金流出：
　　购买不动产、厂房和设备
　　购买其他公司的债务或股权证券投资
　　向其他公司提供贷款
筹资活动——长期负债和股东权益的变动
现金流入：
　　出售普通股所得
　　发行债务（债券和票据）
现金流出：
　　向股东支付股利
　　赎回长期债务或重新获得资本股票（库存股）

注意以下一般指导原则：

（1）经营活动涉及利润表项目。

（2）投资活动涉及由于投资和长期资产项目的变化而产生的现金流量。

（3）融资活动涉及由于长期负债和股利权益项目的变化而产生的现金流量。

公司将一些与投资或融资活动相关的现金流分类为经营活动。例如，投资收入（利息和股利）被分类为经营活动。向贷款人支付利息也是如此。为什么这些被归类为经营活动？因为公司在利润表中报告这些项目，而运营结果显示在利润表中。

16.1.3　重要的非现金活动

并不是一家公司的所有重要活动都涉及现金。重要的非现金活动如下：

（1）直接发行普通股购买资产。

（2）将债券转换成普通股。

（3）直接发行债券以购买资产。

（4）厂房资产的交换。

公司不在现金流量表主体中报告不影响现金的重大融资和投资活动，公司要么在现金流量表的底部单独报告这些活动，要么在财务报表的附注或补充附表中报告这些活动。在单独的附表中报告这些非现金活动符合充分披露原则。

在做练习题时，你可以在现金流量表底部列出重要的非现金投资和筹资活动（见表 16-2 中的最后一项）。

16.1.4 现金流量表的格式

现金流量表显示前面讨论的三个活动——经营、投资和筹资——的结果，再加上重要的非现金投资和筹资活动。表 16-2 展示了一般情况下的现金流量表格式。

表 16-2 现金流量表格式

公司名称 指定期间的现金流量表		
经营活动产生的现金流		
（个别项目的列报）	XX	
经营活动提供（使用）的现金净额		XXX
投资活动产生的现金流		
（个别流入和流出项的列报）	XX	
投资活动提供（使用）的现金净额		XXX
筹资活动产生的现金流		
（个别流入和流出项的列报）	XX	
筹资活动提供（使用）的现金净额		
现金净增加（减少）额		XXX
期初现金		XXX
期末现金		XXX
非现金投资和筹资活动		
（单项非现金交易清单）		XXX

经营活动产生的现金流量总是最先出现，其次是投资活动，然后是筹资活动。经营、投资和筹资三个部分的总和等于该期间现金的净增额或净减额。将该金额与期初现金余额相加，就可以得到与资产负债表中期末现金余额相同的数额。

16.2 编制现金流量表 —— 间接法

公司编制现金流量表不同于其他三种基本财务报表。首先，现金流量表不是根据调整后的试算平衡表编制的，它需要两个时间点之间发生的账户余额变化的详细信息。调整后的试算平衡表不会提供必要的数据。其次，现金流量表涉及现金收支。因此，公司调整使用权责发生制会计带来的影响来确定现金流量。

准备现金流量表的信息通常有三个来源：

● 比较资产负债表。比较资产负债表中的信息显示了从期初到期末资产、负债和股东权益的变化量。

● 当前利润表。本报表中的信息有助于确定经营活动在该期间提供或使用的现金净额。

● 其他信息。包括确定该期间如何提供或使用现金所需的交易数据。

通过这些数据准备编制现金流量表需要三个主要步骤，图 16-1 做了详细解释。

第一步：通过将净利润从权责发生制转换为收付实现制，确定经营活动提供或使用的净现金。

这个步骤不仅涉及分析本年度利润表，而且要比较资产负债表和一些附加数据。

第二步：分析非流动资产、负债账户和股东权益账户的变化，记录为投资和筹资活动，或披露为非现金交易。

这一步包括分析比较资产负债表数据和选择额外的信息，以了解它们对现金的影响

第三步：比较现金流量表上的现金净额变化与资产负债表上报告的现金账户的变化，以确保金额一致。

第1年 第2年 差异

通过比较资产负债表中期初的现金余额和期末的现金余额之差，很容易计算出来

图 16-1 准备编制现金流量表的三个主要步骤

16.2.1 直接法和间接法

为了执行第一步，公司必须将净利润从权责发生制转换为收付实现制。这种转换可以用两种方法来完成：间接法或直接法。两种方法得出的"经营活动提供的净现金"数额相同。它们的不同之处在于它们是如何得出这个数字的。

间接法对不影响现金的项目进行净利润调整。绝大多数公司（98%）使用这种方法。公司喜欢间接法有两个原因：第一，它更容易准备，成本更低；第二，它侧重于净利润和经营活动的净现金流量之间的差异。

直接法展现了经营性现金收支的情况。它是通过调整利润表中的每一项目，将权责发生制调整为收付实现制来实现的。FASB 表示了对直接法的偏好，但它允许使用任何一种方法。

下面将详细解释使用更普遍的间接法。

16.2.2　间接法——计算机服务公司

为了解释如何使用间接法编制现金流量表，我们使用计算机服务公司的财务信息。表 16-3 显示了计算机服务公司本年度和上一年度的资产负债表、本年度的利润表以及本年度的相关财务信息。

表 16-3　计算机服务公司的比较资产负债表、利润表以及其他信息

	计算机服务公司 比较资产负债表 12 月 31 日		
资产	2020 年	2019 年	账户余额变化 增加/减少
流动资产			
库存现金	55 000	33 000	增加 22 000
应收账款	20 000	30 000	减少 10 000
库存商品	15 000	10 000	增加 5 000
预付费用	5 000	1 000	增加 4 000
不动产、厂房与设备			
土地	130 000	20 000	增加 110 000
房屋	160 000	40 000	增加 120 000
累计折旧——房屋	(11 000)	(5 000)	增加 6 000
设备	27 000	10 000	增加 17 000
累计折旧——设备	(3 000)	(1 000)	增加 2 000
资产总额	398 000	138 000	
负债和所有者权益			
流动负债			
应付账款	28 000	12 000	增加 16 000
应交所得税	6 000	8 000	减少 2 000
长期负债			
应付债券	130 000	20 000	增加 110 000
所有者权益			
普通股	70 000	50 000	增加 20 000
留存收益	164 000	48 000	增加 116 000
负债和所有者权益总额	398 000	138 000	

计算机服务公司 利润表 截至 2020 年 12 月 31 日的当年		
销售收入		507 000
已售商品的成本	150 000	
运营费用（除去折旧）	111 000	
折旧费用	9 000	
处置厂房资产的损失	3 000	
利息费用	42 000	315 000
税前收入		192 000
所得税费用		47 000
净利润		145 000

2020 年的其他信息：

1. 折旧费用包括 6 000 美元的建筑费和 3 000 美元的设备费。

2. 为获得 4 000 美元现金，该公司出售的设备的账面价值为 7 000 美元（成本为 8 000 美元，减去累计折旧费用 1 000 美元）。

3. 发行了 11 万美元的长期债券，直接换取土地。

4. 一栋价值 12 万美元的大楼是用现金购买的。设备成本为 25 000 美元，以现金购买。

5. 为获得 20 000 美元现金发行普通股。

6. 该公司宣布并发放了 2.9 万美元的现金股利。

我们现在将准备编制现金流量表的三个步骤应用于计算机服务公司。

16.2.3 步骤一：经营活动

通过将净利润从权责发生制转换为收付实现制，确定经营活动提供或使用的净现金。

在间接法下，为了确定经营活动提供的净现金，公司有多种方法调整净利润。一个有用的出发点是理解为什么净利润必须转换为经营活动提供的净现金。

在公认会计原则下，大多数公司使用权责发生制。这一基础要求公司在履行义务时记录收入，在发生费用时记录费用。收入包括公司尚未收回现金的赊销。发生的费用包括一些尚未以现金支付的项目。因此，在权责发生制下，净利润与经营活动提供的净现金并不相同。

因此，在间接法下，公司必须调整净利润，将某些项目折算为收付实现制。间接法（或调节法）从净利润开始，将其转化为经营活动提供或使用的净现金。表 16 - 4 列示了三种调整方案。

表 16 - 4　将净利润转换为经营活动提供或使用的净现金的三种调整

净利润	+/-	调整	=	经营活动提供或使用的净现金

- 增加非现金费用，如折旧费用、摊销费用。
- 减少投资和融资活动的收益并增加投资和融资活动的损失。
- 分析非现金流动资产和流动负债账户的变化。

接下来我们将解释这三种类型的调整。

折旧费用

计算机服务公司的利润表显示折旧费用为 9 000 美元。虽然折旧费用使净利润减少，但它并没有减少现金。换句话说，折旧费用是一项非现金支出。公司必须将其加回到净利润中，以抵消对费用的影响，从而得到经营活动提供的净现金。计算机服务公司在现金流量表中报告折旧费用，如表 16 - 5 所示。

表 16 - 5　折旧调整

经营活动产生的现金流	
净利润	145 000
将净利润调整至经营活动产生的净现金：	
折旧费用	**9 000**
经营活动现金净额	154 000

在现金流量表中，作为净利润的第一个调整，公司经常列出折旧费用和类似的无形资产摊销、坏账费用等非现金费用。

厂房资产处置损失

表 16 - 1 展示了出售（处置）厂房资产获得的现金在投资活动部分的报告。正因如此，公司从净利润中扣除与处置厂房资产有关的一切损益，从而得出由经营活动提供的净现金。在我们的例子中，计算机服务公司的利润表在厂房资产处置上报告了 3 000 美元的损失（账面价值 7 000 美元减去厂房资产处置收到的 4 000 美元现金）。为了确定经营活动提供的净现金，公司 3 000 美元的损失应该加到净利润中。亏损减少了净利润，但没有减少现金。如表 16 - 6 所示，3 000 美元的损失可以通过在净利润中再加上 3 000 美元抵销掉，从而得到经营活动提供的净现金。

表 16 - 6　厂房资产处置损失的调整

经营活动产生的现金流		
净利润		145 000
将净利润调整至经营活动产生的净现金：		
折旧费用	9 000	
厂房资产处置损失	**3 000**	12 000
经营活动现金净额		157 000

如果发生处置利得，公司应从净利润中扣除该利得，以确定经营活动提供的净现金。无论是盈利还是亏损，公司都将现金流量表的投资活动部分作为现金来源报告从出售中收到的实际现金金额。

非现金流动资产和流动负债账户的变更

将净利润与经营活动提供的现金净额进行核对的最后调整包括检查流动资产和流动负债账户的所有变化。权责发生制会计程序记录在履行义务期间的收入和发生的费用。例如，应收账款反映的是公司已完成但仍未收到现金的销售额。预付保险费是指已经支付但尚未到期的保险（因此还未发生费用）。同样，应付职工薪酬反映已经发生但尚未支付的薪酬。

公司需要对这些应计项目和提前支付的净利润进行调整，以确定经营活动提供的净现金。因此，公司必须分析每项流动资产和流动负债账户的变化，以确定其对净利润和现金的影响。

（1）非现金流动资产变动情况。非现金流动资产账户变动所需的调整如下、在流动资产项目中扣除净利润的增加，再加上流动资产项目中净利润的减少，得到经营活动提供的现金净额。我们通过分析计算机服务公司的账目来观察这些关系。

（2）应收账款减少。在此期间，计算机服务公司的应收账款减少了 1 万美元（从 3 万美元减至 2

万美元）。对于计算机服务公司来说，这意味着现金收入比销售收入高出 1 万美元。表 16 – 7 所示的
应收账款账户显示计算机服务公司的销售收入为 507 000 美元（在利润表上报告），但它收取了
517 000 美元的现金。

表 16 – 7　应收账款的分析

应收账款

2020 年 1 月 1 日	余额	30 000	来自客户的收入	**517 000**
	销售收入	**507 000**		
2020 年 12 月 31 日	余额	20 000		

如表 16 – 8 所示，为了将净利润与经营活动提供的净现金进行调整，公司在净利润上加上应收账款 10 000 美元的减少额。当应收账款余额增加时，现金收入低于权责发生制下的销售收入。因此，公司从净利润中扣除增加的应收账款，得出经营活动提供的现金净额。

（3）存货增加。在此期间，计算机服务公司的存货增加了 5 000 美元（从 10 000 美元增加到 15 000 美元）。存货账户的变化反映了购进存货总额和售出存货总额之间的差额。对于计算机服务公司来说，这意味着购买的商品成本比销售的商品成本多 5 000 美元。因此，商品销售成本不反映为购买商品而支付的 5 000 美元现金。在此期间，公司从净利润中扣除存货增加的 5 000 美元，从而得到经营活动提供的净现金。如果存货减少，公司将在净利润中增加变动的数额，以得出经营活动提供的净现金。

（4）预付费用增加。计算机服务公司的预付费用在此期间增加了 4 000 美元。这意味着现金支付的费用高于在权责发生制基础上报告的费用。换句话说，公司已经在当期支付了现金，这些支出要到以后的时期才能计入费用。为了将净利润调整为经营活动提供的净现金，公司从净利润中扣除增加的 4 000 美元预付费用（见表 16 – 8）。

表 16 – 8　流动资产账户变动的调整

经营活动产生的现金流		
净利润		145 000
将净利润调整至经营活动提供的净现金	9 000	
折旧费用	3 000	
厂房资产处置损失	**10 000**	
库存商品的增加	**(5 000)**	
待摊费用的增加	**(4 000)**	13 000
经营活动产生的净现金流		158 000

如果预付费用减少，上报的费用将高于支付的费用。因此，公司将待摊费用的减少额加到净利润中，得出经营活动提供的现金净额。

（5）流动负债变动情况。流动负债账户变动所需的调整如下：在净利润中加上流动负债账户的增加额，从净利润中减去流动负债账户的减少额，得出经营活动提供的净现金。

应付账款增加。对于计算机服务公司来说，本期间应付账款增加了 16 000 美元（从 12 000 美元

增至 28 000 美元），这意味着该公司收到的货物比实际支付的多 1.6 万美元。如表 16-9 所示，为了调整净利润以确定经营活动提供的净现金，公司在净利润上增加了 16 000 美元的应付账款。

表 16-9 流动负债账户变动的调整

经营活动产生的现金流		
净利润		145 000
将净利润调整至经营活动提供的净现金	9 000	
折旧费用	3 000	
厂房资产处置损失	10 000	
库存商品的增加	(5 000)	
待摊费用的增加	(4 000)	
应付账款增加	**16 000**	
减少应缴所得税	**(2 000)**	27 000
经营活动产生的净现金流		172 000

减少应缴所得税。当公司发生所得税费用但尚未缴纳税款时，它记录应缴所得税。应缴所得税账户的变动反映了已发生的所得税费用与实际缴纳的所得税之间的差额。计算机服务公司的应缴所得税减少了 2 000 美元。这意味着在利润表上报告的 47 000 美元所得税费用比在该期间支付的税款 49 000 美元少了 2 000 美元。如表 16-9 所示，为了将净利润调整为经营活动提供的现金净额，公司必须将净利润减少 2 000 美元。

表 16-9 显示，在净利润为 145 000 美元后，对净利润的所有调整之和为 27 000 美元，因此经营活动提供的现金净额为 172 000 美元。

16.2.4 经营活动转化为净现金的总结——间接法

如前所示，用间接法编制的现金流量表从净利润开始。然后加上或减去项目，得到经营活动提供的净现金。所需的调整有三种类型：

(1) 非现金费用，如折旧和摊销。

(2) 厂房资产处置损益。

(3) 非现金流动资产和流动负债账户变动情况。

表 16-10 提供了这些更改和所需调整的摘要。

表 16-10 将净利润转换为经营活动提供或使用的净现金所需的调整

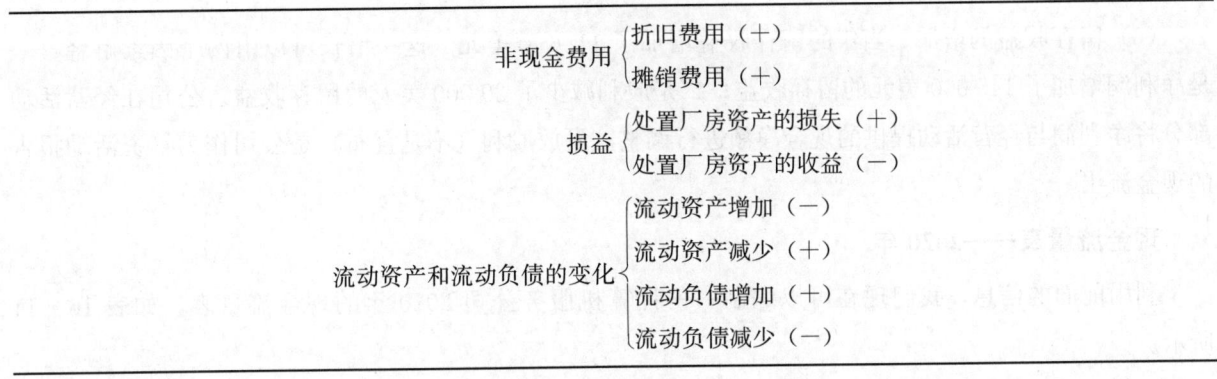

16.2.5　步骤二：投资和筹资活动

分析非流动资产和负债账户及股东权益账户的变化，并记录为投资和筹资活动或非现金投资和筹资活动

（1）增加土地。从土地账户的变化和其他资料可以看出，计算机服务公司直接以债券换土地的方式购买了 110 000 美元的土地。发行土地应付债券对现金没有影响，但它是一个重要的非现金投资和筹资活动，值得在现金流量表中披露（见表 16 - 11）。

（2）增加建筑。如数据所示，计算机服务公司以 120 000 美元现金购买了一栋办公大楼。这是投资活动部分报告的现金流出（见表 16 - 11）。

（3）增加设备。设备账户增加了 17 000 美元，这笔净增加是由两笔交易产生的：购买设备 25 000 美元和出售设备 4 000 美元，费用 8 000 美元。这些交易是投资活动。公司应该单独报告每笔交易。因此，它报告购买设备的费用为 25 000 美元的现金流出。它将出售设备报告为 4 000 美元的现金流入。下面的 T 型账户显示了本年度内该账户变动的情况。

设备			
2020 年 1 月 1 日　余额	10 000	已售设备的成本	8 000
购买的设备	**25 000**		
2020 年 12 月 31 日　余额	27 000		

下面的分录展示了设备销售交易的详细情况。

借：库存现金	4 000	
累计折旧——设备	1 000	
厂房资产处置损失	3 000	
贷：设备		8 000

（4）应付债券增加。应付债券账户增加了 11 万美元。该公司通过发行债券获得土地。它在报表底部的一个单独的表中报告这一非现金交易。

（5）普通股增加。资产负债表显示普通股增加了 20 000 美元。这一增加是由于新发行的股票，这是在筹资活动部分报告的现金流入。

（6）留存收益的增加。当年的留存收益增加了 11.6 万美元。这一增长可以由两个因素解释：一是净利润增加了 145 000 美元的留存收益；二是股利减少了 29 000 美元的留存收益。公司在经营活动部分将净利润与经营活动提供的现金净额进行调整。发放股利（不是宣布）是公司作为筹资活动报告的现金流出。

现金流量表——2020 年

利用前面的信息，我们现在可以编制一份计算机服务公司 2020 年的现金流量表，如表 16 - 11 所示。

表 16-11　现金流量表（2020 年）——间接法

计算机服务公司
现金流量表——间接法
截至 2020 年 12 月 31 日

经营活动产生的现金流		
净利润		145 000
将净利润调整至经营活动提供的净现金：		
折旧费用	9 000	
厂房资产处置损失	3 000	
应收账款的减少	10 000	
库存商品的增加	(5 000)	
预付费用增加	(4 000)	
应付账款增加	16 000	
应付所得税费用的减少	(2 000)	27 000
经营活动产生的净现金流		172 000
投资活动产生的现金流		
购买建筑	(120 000)	
购买设备	(25 000)	
销售设备	4 000	
投资活动产生的净现金流		(141 000)
筹资活动产生的现金流		
发行普通股	20 000	
发放现金股利	(29 000)	
筹资活动产生的净现金流		(9 000)
现金的净增加		22 000
期初的现金		33 000
期末的现金		55 000
投资与筹资活动产生的非现金		
发行土地应付债券		110 000

16.2.6　步骤三：现金净变化

将现金流量表上的现金净额变化与资产负债表上报告的库存现金账户的变化进行比较，以确保金额一致。

表 16-11 表明，这一期间现金的净变动为增加了 22 000 美元。这与表 16-3 所示的资产负债表上报告的库存现金账户的变化一致。

16.3 分析现金流量表

传统上，投资者和债权人使用的比率基于权责发生制会计。如今，现金比率在分析师中得到了越来越多的认可。

自由现金流

在现金流量表中，经营活动提供的现金净额旨在表明公司的现金产生能力。然而，分析人士指出，经营活动提供的净现金没有考虑到公司为了维持目前的运营水平必须投资于新的固定资产。为了让投资者满意，企业必须至少维持目前的股利水平。对自由现金流量的测量提供了有关公司现金产生能力的更多信息。自由现金流量是指经过资本支出和股利调整后的经营活动提供的净现金。

考虑下面的例子。假设 MPC 公司生产并销售了 10 000 台个人电脑。该公司报告经营活动提供的净现金为 100 000 美元。为了维持 10 000 台电脑的生产，MPC 公司投资 15 000 美元购置设备。它发放了 5 000 美元的股利。它的自由现金流为 80 000 美元（100 000 美元－15 000 美元－5 000 美元）。公司可以用这 80 000 美元购买新资产以扩大业务，或者支付 80 000 美元的股利并继续生产 10 000 台电脑。在实践中，自由现金流量通常用表 16-12 中的公式来计算。

表 16-12 自由现金流

自由现金流	=	经营活动现金净额	－	资本支出	－	现金股利

表 16-13 提供了摘自微软公司 2015 年现金流量表的基本信息。

表 16-13 微软公司的现金流信息

微软公司 2015 年现金流量表（部分）	
	（单位：百万美元）
经营活动产生的现金流	29 080
投资活动产生的现金流	
财产和设备的增加	（5 944）
购买投资	（98 729）
销售投资	70 848
公司收购	（3 723）
投资到期	15 013
其他	（466）
投资活动使用的现金流	（23 001）
股利支付的现金	（9 882）

表 16 - 14 展示了微软公司的自由现金流的计算。

表 16 - 14 微软公司自由现金流的计算	单位：百万美元
经营活动产生的现金流	29 080
减：不动产、厂房和设备	5 944
支付的股利	9 882
自由现金流	13 254

微软公司创造了大约 132.54 亿美元的自由现金流，这是一年内产生的巨额现金，它可用于购买新资产、清偿股票或债务，或支付股息。还要注意的是，微软公司 291 亿美元的经营活动产生的现金比其 2015 年 122 亿美元的净利润还要多，这为微软公司的收入数字作为未来潜在业绩的指标提供了额外的可信度。

◀ **选择题** ▶

1. 以下选项中关于现金流量表说法不正确的有（　　）。
A. 它是第四种基本财务报表
B. 它提供实体在一定时期内现金收入和现金支出的信息
C. 它将期末现金账户余额与银行对账单上的余额进行调整
D. 它提供有关企业经营、投资和筹资活动的信息

3. 现金流量表将现金收入和现金支出按下列活动分类（　　）。
A. 经营和非经营
B. 投资、筹资和经营
C. 筹资、经营和非经营
D. 投资、筹资和非经营性

5. 哪一项是来自投资活动的现金流的例子?（　　）
A. 发行应付债券获得现金收入
B. 支付现金回购已发行普通股
C. 出售设备的现金收入
D. 向供应商支付库存现金

7. 哪一项是来自筹资活动的现金流量的例子?（　　）
A. 出售土地获得的现金收入
B. 发行现金债务
C. 用现金购买设备
D. 以上都不是

9. 净利润为 132 000 美元，应付账款增加了 10 000 美元，存货减少了 6 000 美元，应收账款增加了 12 000 美元。在间接法下，经营活动提供的净现金是多少?（　　）
A. 102 000 美元　　B. 112 000 美元　　C. 124 000 美元　　D. 136 000 美元

11. 以下是关于 Allen Clapp 公司的数据：

净利润	200 000 美元
折旧费用	40 000 美元
已付股利	60 000 美元
土地销售收益	10 000 美元
应收账款减少	20 000 美元
应付账款减少	30 000 美元

经营活动提供的净现金为（　　）。

A. 160 000 美元　　　　B. 220 000 美元　　　　C. 240 000 美元　　　　D. 280 000 美元

13. 以下数据可用于一些特殊的项目。

应付账款增加	40 000 美元
应付债券增加	100 000 美元
出售投资	50 000 美元
发行普通股	60 000 美元
支付现金股利	30 000 美元

筹资活动提供的现金净额为（　　）。

A. 90 000 美元　　　　B. 130 000 美元　　　　C. 160 000 美元　　　　D. 170 000 美元

15. 自由现金流量表明公司有（　　）能力。

A. 管理存货　　　　　　　　　　　　B. 产生现金以支付额外股利

C. 产生现金以投资于新的资本支出　　D. B 和 C

◀ 简答题 ▶

1. 以下是科维公司（Covey）现金账户汇总：

库存现金（汇总表）

余额，1 月 1 日	8 000		
来自客户的收入	364 000	货物付款	200 000
股票投资股利	6 000	运营费用付款	140 000
土地销售收益	96 000	设备购买	70 000
债券发行收益	300 000	应付税款	8 000
		支付股利	50 000
余额，12 月 31 日	306 000		

投资活动提供（使用）的现金净额在现金流量表中应报告为多少？

3. Goldberg 公司报告经营活动提供的现金净额为 410 000 美元，投资活动使用的现金净额为 20 万美元（包括用于设备的现金 160 000 美元），筹资活动提供的净现金为 60 000 美元，支付了 110 000 美元的股利。计算自由现金流。

◀ 练习题 ▶

1. Furst 公司进行了以下交易。

(1) 支付工资 14 000 美元。

(2) 发行 1 000 股面值 1 美元的普通股，用于价值 16 000 美元的设备。

(3) 以 3 000 美元出售设备（成本 10 000 美元，累计折旧 6 000 美元）。

(4) 以 16 000 美元出售土地（成本 12 000 美元）。

（5）以 18 000 美元发行另外 1 000 股面值 1 美元的普通股。

（6）记录的折旧为 20 000 美元。

要求：

对于上述每一笔交易，（a）做日记账分录；（b）说明其对现金流量表的影响。假设采用间接法。

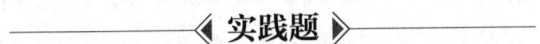

◀ **实践题** ▶

Kosinski 制造公司截至 2020 年 12 月 31 日的年度利润表包含以下简明信息：

Kosinski 制造公司截至 2020 年 12 月 31 日年度利润表		单位：美元
销售收入		6 583 000
已售商品的成本	2 810 000	
运营费用（不包括折旧）	2 086 000	
折旧费用	880 000	
厂房资产处置损失	24 000	5 800 000
所得税前收入		783 000
所得税费用		353 000
净利润		430 000

以 270 000 美元的现金出售设备造成了 24 000 美元的损失。购买设备的费用为 750 000 美元。

截至 2020 年 12 月 31 日，Kosinski 制造公司的比较资产负债表中报告了以下余额。

Kosinski 制造公司比较资产负债表（部分）		单位：美元
	2020 年	**2019 年**
库存现金	672 000	130 000
应收账款	775 000	610 000
库存商品	834 000	867 000
应付账款	521 000	501 000

所得税费用 353 000 美元为 2020 年支付的金额。2020 年宣布和发放的股利总额为 200 000 美元。

要求：

a. 使用间接法编制现金流量表。

b. 使用直接法编制现金流量表。

📚 IFRS 概览

与 GAAP 一样，现金流量表是 IFRS 所要求的报表。IFRS 现金流量表的内容和列报方式与 GAAP 相似，然而，根据公认会计原则，与现金流量表相关的披露要求更为广泛。国际会计准则第 7 号（《现金流量表》）规定了 IFRS 对现金流量信息的总体要求。

关键点

以下是 GAAP 和 IFRS 有关现金流量表的主要相似点和不同点。

相似点

- 根据 IFRS 编制财务报表的公司也必须编制现金流量表，作为财务报表的组成部分。
- IFRS 和 GAAP 都要求现金流量表应有三个主要部分——经营活动、投资活动和筹资活动，以及现金和现金等价物的变化。
- 与 GAAP 类似，根据 IFRS，现金流量表可以采用间接法或直接法编制。在美国和国际环境下，公司大多选择使用间接法报告经营活动产生的净现金流量。
- IFRS 对现金等价物的定义与 GAAP 相似。一个主要区别是，在某些情况下，IFRS 将银行透支视为现金及现金等价物的一部分（GAAP 则不然）。根据 GAAP，银行透支在现金流量表中被归类为筹资活动，在资产负债表中被报告为负债。

不同点

- IFRS 要求将非现金投资和筹资活动排除在现金流量表之外，这些非现金活动应在其他地方报告。这一要求被解释为非现金投资和筹资活动应在财务报表附注中披露，而不是在财务报表中披露。根据 GAAP，公司可以在现金流量表的正文中列出这些信息。
- 在利息、股利和税金的分类方面，IFRS 与 GAAP 之间可能存在重大差异。下表展示了两者之间的差异。

项目	IFRS	GAAP
利息支出	经营或筹资	经营
利息收入	经营或投资	经营
支付的股利	经营或筹资	筹资
收到的股利	经营或投资	经营
已付税款	经营——除非被具体确定为筹资或投资活动	经营

- 根据 IFRS，一些公司将经营活动作为一个单独的行项目，并在财务报表附注中提供完整的对账。这种列报方式在 GAAP 下是看不到的。

展望未来

目前，FASB 和 IASB 正在参与一个关于财务报表信息列报和组织的联合项目。该项目公布的一项建议中透露了一种有趣的方法，即今后利润表和资产负债表将采用与现金流量表类似的标题，也就是说，利润表和资产负债表将分为经营、投资和筹资三个部分。

第 17 章

财务分析：全局

本章预览

我们每个人都可以从沃伦·巴菲特（Warren Buffett）那里学到一条重要的经验：如果你想投资，就要仔细研究公司。不要随波逐流，要去找一些财务状况良好的公司。使用本书中提供的一些基本决策工具，你可以对任何公司进行基本分析，得出有关其财务健康状况的基本结论。显然你仅依靠自己目前的知识水平将你一生的积蓄押到一家公司的股票上是不明智的，但我们强烈鼓励你尽可能地练习你的新技能。只有通过实践，你才能提高自己解读财务数据的能力。

在我们向你介绍高级金融世界之前，我们将介绍一些更重要的概念和技术，以及对公司财务报表进行更全面的回顾。我们使用本书中介绍的决策工具来分析一家公司，并将其与竞争对手和行业平均水平进行比较。

◈ 引 例

耐心是值得的

最近一期《福布斯》杂志将沃伦·巴菲特列为世界第二富豪。据估计，他的财富为690亿美元。690亿美元是多少？如果你将690亿美元投资于一项回报率仅为4%的投资，那么你可以永远每天花760万美元。

巴菲特是如何花钱的呢？基本上，他没有！他仍然住在1958年他在内布拉斯加州奥马哈以31 500美元购买的那栋房子里，他仍然开着自己的车（凯迪拉克DTS）。如果你认为他的孩子们正走在通往安逸的路上，那就再想想，巴菲特承诺在他死前将他所有的钱捐给慈善机构。

巴菲特是如何积累这笔财富的？通过谨慎投资。巴菲特是价值投资者的缩影。他运用20世纪50年代从伟大的价值投资者本杰明·格雷厄姆那里学到的基本技术；他寻找具有良好长期潜力但目前定价过低的公司；他投资于债务敞口较低的公司，并将收益再投资于未来增长；他不会沉迷于时尚或最新潮流。

例如，巴菲特在20世纪90年代没有参与网络狂热。当其他投资者向高科技公司投入大量资金时，巴菲特没有跟风弄潮，因为他没有找到符合他标准的网络公司。他没有享受到网络泡沫时期的股价上涨，但他也不必承担股价回到现实时的代价。当网络泡沫破裂时，其他人都因投资冲击而损失巨大，巴菲特一跃而来，收购了他多年来一直关注的公司。

2012年，股市再次接近历史新高。巴菲特的回报率明显落后于市场。当时他的投资中只有26%是股票，他持有380亿美元的现金。一位评论员指出，"如果以过去为鉴，就在巴菲特看起来最像一个失败者的时候，派对就要结束了。"如果你想效仿巴菲特，把你微薄的积蓄变成一堆现金，请注意，他的技术已被广泛传播和模仿，但从未有人获得过同样的成功。

你可能应该从磨炼你的财务分析技能开始。要成为一名成功的投资者，你开始职业生涯的一个好方法是掌握本章讨论的财务分析的基本原理。

资料来源：Jason Zweig, "Buffett Is Out of Step," *Wall Street Journal*（May 7, 2012）.

17.1 可持续收入和盈余质量

17.1.1 可持续收入

像谷歌这样的公司，它的价值可以看作是其未来现金流量、时间以及不确定性的一个函数。对比谷歌当前和过去的利润表对于预测未来现金流特别有用。在使用这一方法时，分析师必须确保谷歌公司过去的收入金额可以反映其可持续收入（sustainable income），也就是说，不包括异常的收入、支出、收益和损失。可持续收入是公司未来最有可能获得的收入水平。可持续收入与实际纯收入的区别在于：该收入中包括了本年收入中的异常收入、费用、收益和损失。分析师们对可持续收入感兴趣，因为它可以帮助他们在没有异常项目影响的情况下估算出未来的收入。

幸运的是，利润表通过区分经营交易和非经营交易提供了有关可持续收入的信息。利润表还强调了收入的中间部分，如经营收入、所得税前收入和持续经营收入，此外，还披露了关于已终止项目的收入和其他综合收益组成部分等异常项目的资料。

表 17-1 是 Cruz 公司 2020 年的综合利润表。本报表的两项主要异常项目是非持续经营业务和其他综合收益（黑色突出部分）。在估计未来现金流时，分析师必须考虑每一个组成部分的含义。

表 17-1　综合利润表

Cruz 公司 2020 年综合利润表	金额单位：美元
销售收入	900 000
销售成本	650 000
毛利润	250 000
运营费用	100 000
营业收入	150 000
其他收入（费用）和利得（损失）	20 000
税前收入	170 000
所得税费用	24 000
持续经营收入	146 000
非持续经营收入（税后）	**30 000**
净利润	176 000
其他综合收益（税后）	**10 000**
综合收益	186 000

在查看表 17-1 时，请注意，Cruz 公司的两种主要类型的异常项目，非持续经营收入和其他综合收益是税后的，也就是说，该公司首先计算所得税费用，然后是持续经营收入。然后，计算与非持续经营收入相关的所得税费用和其他综合收益，并单独显示每一项，扣除税金。一般的概念是，"让税收跟随收入或损失。"下面我们将详细地讨论非持续经营收入和其他综合收益。

非持续经营收入

非持续经营收入（discontinued operations）指的是处理一个企业的重要组成部分，如消除一个主要类别的活动。例如，为了缩减业务规模，通用动力公司（General Dynamics Corp.）以 4.5 亿美元的价格将其业务出售给休斯飞机公司（Hughes Aircraft Co.）。在综合利润表的净利润部分，通用动力公司在一个单独的栏目中报告了这笔销售，类别为"非持续经营收入"。

在处置重大组成部分后，公司应在报表上同时报告持续经营收入和非持续经营收入（或损失）。非持续经营所得（损失）由经营所得（损失）和处置该组成部分的收益（损失）两部分组成。

举例来说，假设 2020 年 Acro 能源公司的税前收入为 80 万美元。2020 年，Acro 公司停止并出售了不盈利的化工部门。2020 年，化工业务的亏损（扣除 6 万美元税款）为 14 万美元。处置化工部门的损失（扣除 30 000 美元的税）为 70 000 美元。假设对收入征收 30% 的税率，表 17 - 2 显示了 Acro 的综合收益报告。

表 17 - 2　非持续经营收入的报告

Acro 能源公司 综合利润表（部分） 截至 2020 年 12 月 31 日		
税前收入		800 000
所得税费用		240 000
持续经营收入		560 000
非持续经营收入（税后）		
化工部门经营亏损，扣除 6 万元所得税后节余 14 万元	140 000	
处置化工部门的损失，扣除 30 000 美元的所得税节余	70 000	210 000
净利润		350 000

请注意，报表使用了"持续经营收入"的科目，并增加了"非持续经营收入"科目。报表还报告了经营亏损和处置损失，扣除适用的所得税。该报表清楚地表明继续经营收入和非持续经营收入对净利润的不同影响。

综合收益

大多数的收入、费用、收益和损失都包括在净利润中。然而，正如前面几章所讨论的，某些绕过净利润的损益被报告为一个更具包容性的收益衡量指标，即综合收益（comprehensive income）[①] 的一部分。综合收益是净利润和其他综合收益的总和。

（1）综合收益说明。会计准则要求公司在每个会计期末调整股票和债券的大部分投资，使之与市场价格相适应。例如，假设在 2020 年，Stassi 公司以 10 500 美元购买了 IBM 债券，并打算在未来某个时候出售这些债券。到 2020 年底，Stassi 公司仍持有这笔投资，但债券的市场价格是 80 000 美元。在这种情况下，Stassi 公司将其 IBM 的投资记录价值减少 2 500 美元。2 500 美元是未实现损失。

[①]　财务会计准则委员会的概念框架将综合收益描述为包括一段时间内股东权益的所有变化，但股东投资和股东分配产生的变化除外。

　　Stassi 公司应该把这 2 500 美元的未实现损失包括在净利润中吗？这取决于 Stassi 公司是将 IBM 债券归类为交易性证券还是可供出售证券。交易性证券主要是为了在短期内出售而买进并持有的，以赚取短期价差的收益。公司在利润表的"其他费用和损失"部分报告证券交易的未实现损失。由于公司很可能会实现未实现损失（或未实现收益），因此公司应将损失（收益）作为净利润的一部分报告。

　　如果 Stassi 公司不是出于交易目的购买证券，那么它就归类为可供出售证券。持有可供出售证券是为了在未来某个时候卖出这些证券。公司净利润不包括可供出售证券的未实现损失，公司将其列为"其他综合收益"的一部分。其他综合收益不计入净利润。

　　（2）格式。报告其他综合收益的一种格式是单独报告综合收益表。例如，假设 Stassi 公司的净利润为 300 000 美元，税率为 20%，未实现损失将被报告在净利润（不纳税）之下，如表 17-3 所示。

表 17-3　综合利润表的下半部分

Stassi 公司 综合利润表 截至 2020 年 12 月 31 日	
净利润	300 000
其他综合收益	
可供出售证券的未实现损失，扣除 500 美元的税金节约额	2 000
综合收益	298 000

　　公司将所有年度其他综合收益的累计金额作为股东权益的单独组成部分进行报告。举例来说，假设 Stassi 公司的普通股为 300 万美元，留存收益为 30 万美元，其他综合损失为 2 000 美元。（简单地说，我们假设这是 Stassi 公司的第一年运营。由于只经营了一年，其他综合收益的累计金额为今年的损失 2 000 美元。）表 17-4 显示了累计其他综合损失的资产负债表。

表 17-4　所有者权益项目下的未实现损失

Stassi 公司 资产负债表（部分）	
所有者权益	
普通股	3 000 000
留存收益	300 000
实收资本和留存收益总额	3 300 000
累计的其他综合损失	**（2 000）**
所有者权益总额	3 298 000

　　请注意，累计的其他综合损失的列报与存货成本在股东权益部分的列报类似（未实现收益将添加到资产负债表的这一部分）。

完整的综合利润表

　　如表 17-1 所示，作为编制单独的综合利润表的一种选择，许多公司在综合利润表中报告净利润和其他综合收益。表 17-5 中 Pace 公司的综合利润表显示了在该报表中的项目类型，如净销售额、已售商品的成本、运营费用和所得税，此外，它还显示了公司如何报告非持续收入和其他综合收益

（用黑色突出显示）。

表 17-5 完整的综合利润表

Pace 公司 综合利润表（部分） 截至 2020 年 12 月 31 日		
净销售额		44 000
已售商品的成本		260 000
毛利润		180 000
运营费用		110 000
营业收入		70 000
其他收入和利得		5 600
其他费用和损失		9 600
税前收入		66 000
所得税费用（66 000×30%）		198 000
持续经营收入		46 200
非持续经营收入（税后）		
塑料部门运营亏损，扣除所得税节余 18 000 美元（60 000 美元×30%）	42 000	
塑料部门处置收益，扣除 15 000 美元所得税（50 000×30%）	35 000	7 000
净利润		39 200
其他综合收益		
可供出售证券的未实现收益（扣除所得税费用 15 000×30%）		10 500
综合收益		49 700

会计准则变更

为便于比较，财务报表使用者希望公司在与前一时期一致的基础上编制报表。如果本年度所使用的会计准则与以前年度所使用的会计准则不同，就说明这一年会计准则发生变更。例如，存货成本计算方法的改变（例如先进先出法到平均成本法）。当管理层能够证明新准则比旧准则更可取时，会计准则允许更改。

大多数情况下，公司财务报告会计准则的变更具有可追溯性[①]。也就是说，公司新的会计准则适用于当期和以前的期间。因此，同样的准则适用于所有时期。这增强了公司财务报告的可比性。

17.1.2 盈余质量

一家公司的盈余质量对分析师来说是极其重要的。盈余质量（quality of earnings）高的公司提供完整透明的信息，不会混淆或误导财务报表使用者。

最近的一些会计丑闻表明，一些公司花了太多时间管理它们的收入，而没有足够的时间管理它们

[①] 一般规则的一个特例是折旧方法的改变。这一变化的影响将在当前和未来期间报告。

的业务。以下是影响盈利质量的一些因素。

选择会计方法

各公司在应用公认会计原则方面的差异可能会妨碍可比性和降低盈余质量。例如，假设一家公司使用存货成本的先进先出法，而同一行业的另一家公司使用后进先出法。如果存货对两家公司来说都是重要资产，那么它们当前的比率就不太可能具有可比性。例如，如果通用汽车公司使用先进先出法而不是后进先出法来评估存货，那么该公司最近一年的存货量会增加 26%，这会显著影响流动比率（以及其他比率）。

除了存货成本计算方法不同之外，在报告折旧和摊销等项目上也存在差异。虽然阅读财务报表附注可以发现会计方法上的这些差异，但调整财务数据以消除不同的方法的差异往往是困难的，如果可能的话。

预估收入

股票公开交易的公司必须按照公认会计原则提交其利润表。近年来，许多公司也报告了第二个衡量收入的指标，称为预估收入。预估收入（proforma income）通常不包括公司认为不寻常或非经常性的项目。例如，最近几年，思科系统公司根据公认会计原则公布的季度净损失为 27 亿美元，而思科系统公司公布的同一季度预估收入为 2.3 亿美元。GAAP 收入数据和预估收入之间的利润差异如此之大并不罕见。例如，在 9 个月的时间里，在纳斯达克上市的 100 家最大的公司报告的总预估收入为 191 亿美元，但根据公认会计原则计算的总损失为 823 亿美元！

为了计算预估收入，公司通常会排除任何它们认为不适合衡量其业绩的项目。许多分析师和投资者对使用预估收入的做法持批评态度，因为这些数字往往让公司看起来比实际情况更好。正如财经媒体所指出的，预估数字可能被称为"坏事之前的盈利"。但企业辩称，预估数据更清楚地表明了可持续收入，因为它们排除了异常和非经常性支出。思科公司在一份声明中表示："思科的技术让财务报表的读者清楚地了解思科的正常业务活动。"该声明是针对有关其预估收入会计的问题发布的。

最近，美国证券交易委员会就公司应如何提交预估信息提供了一些指导。如果预估数据能提供确定公司可持续收入的看法，它会很有用。然而，许多公司滥用了预估数据所允许的灵活性，并利用这一措施使自己的公司更有利。

不适当确认

由于一些经理人感受到来自华尔街对持续增加收益的压力，他们操纵收益数据来满足这些预期。最常见的手段是对收入的不适当确认。有些公司采用的一种做法叫作渠道填充。通过提供大幅度的折扣，商家鼓励顾客提早购买（塞满渠道）而不是晚些时候购买。这增加了卖方当期的收入，但往往会导致后续时期的灾难，因为顾客不需要额外的商品。例如，百时美施贵宝公司曾表示，该公司曾利用销售激励措施鼓励批发商购买超出需求的药品，结果，该公司不得不发布修正后的财务报表，显示修正后的收入和利润。

另一种做法是经营费用的不当资本化。世通公司为了报告正数净利润，投入了超过 70 亿美元的运营费用。在其他情况下，公司未能报告其全部负债。安然承诺如果出现财务困难，将对某些合同进行付款，但这些担保并没有作为负债进行报告。此外，披露信息的透明度如此之低，以至于人们不可能了解该公司究竟发生了什么。

17.2 横向分析和纵向分析

在评估公司的财务业绩时，投资者对公司的核心盈利或可持续盈利感兴趣。此外，投资者对不同时期之间的比较感兴趣。在本书中，我们依靠三种类型的比较方法来提高财务信息的决策有用性：

（1）公司内部的比较。公司内部的比较通常有助于发现财务关系和重大趋势的变化。例如，对家乐氏公司今年的现金金额与上一年度的现金金额进行比较，可以看出现金是增加了还是减少了。同样，家乐氏公司的年终现金总额与其资产总额的比较显示出现金在总资产中所占的比例。

（2）公司间的比较。与其他公司的比较可以帮助你洞察一个公司的竞争地位。例如，投资者可以将家乐氏公司今年的总销售额与其竞争对手在早餐麦片领域的总销售额进行比较，比如通用磨坊公司（General Mills）。

（3）与行业平均水平的比较。与行业平均水平的比较提供了公司在行业中的相对位置信息。例如，财务报表读者可以将家乐氏公司的财务数据与邓白氏（Dun & Bradstreet）、穆迪（Moody's）和标准普尔（Standard & Poor's）等金融评级机构汇编的行业平均数据进行比较，或者将家乐氏公司的数据与雅虎等在其财经网站上提供的信息进行比较。

在财务报表分析中，我们使用以下三种分析来强调财务报表数据的重要性：

（1）横向分析。

（2）纵向分析。

（3）比率分析。

在前几章中，我们主要依靠比率分析，并辅以一些基本的横向和纵向分析。在本节我们将更正式地介绍横向和纵向分析。在 17.3 节中，我们将详细介绍比率分析。

17.2.1 横向分析

横向分析（horizontal analysis），也称为趋势分析，是一种评估一段时期内一系列财务报表数据的技术。它的目的是确定已经发生的增加或减少，以数量或百分比表示。例如，下面是芝加哥谷物公司最近的净销售额。

金额单位：千美元

2020 年	2019 年	2018 年	2017 年	2016 年
11 776	10 907	10 177	9 614	8 812

如果我们假设 2016 年是基准年，我们可以用表 17－6 所示的公式来衡量相对于这个基准期数量的百分比的增加或减少情况。

表 17－6　计算基期以来的变化——横向分析

基期以来变动＝（本年金额－基年金额）/基年金额

例如，我们可以确定芝加哥谷物公司的净销售额 2017 年比 2016 年增长了大约 9.1％（（9 614－8 812）÷

8 812）。同样，我们还可以确定 2020 年比 2016 年净销售额增长了 33.6%（（11 776－8 812）÷8 812）。

或者，我们也可以用基准期的百分比来表示当年的销售额。为了做到这一点，我们将当年的金额除以基础年的金额，如表 17 - 7 所示。

表 17 - 7　计算基准期的百分比——横向分析

与基期对比的百分比＝本年金额/基年金额

以 2016 年为基期，以下五年中的每一年用当期销售额占基期的百分比表示，如表 17 - 8 所示。

表 17 - 8　净销售额的横向分析

芝加哥谷物公司 净销售额（千美元） 基于 2016 年				
2020 年	2019 年	2018 年	2017 年	2016 年
11 776	10 907	10 177	9 614	8 812
133.6%	123.8%	115.5%	109.1%	100%

2017 年净销售额的大幅增长引发人们对造成这种重大变化的可能原因的重视。芝加哥谷物公司 2017 年财务报表附注说明，该公司在 2017 年完成了对 Elf Foods 公司的收购。这一重大收购将有助于解释横向分析强调的销售增长。

为了进一步说明横向分析，我们使用芝加哥谷物公司的财务报表。其 2020 年和 2019 年两年的精简资产负债表显示了金额和百分比的变化，如表 17 - 9 所示。

表 17 - 9　资产负债表横向分析

芝加哥谷物公司 精简资产负债表 截至 12 月 31 日（千美元）			2020 年的增加（减少）	
	2020 年	2019 年	金额	百分比（%）
资产				
流动资产	2 717	2 427	290	**11.9**
不动产（净值）	2 990	2 816	174	**6.2**
其他资产	5 690	5 471	219	**4.0**
总资产	11 397	10 714	683	**6.4**
负债和所有者权益				
流动负债	4 044	4 020	24	**0.6**
长期负债	4 827	4 625	202	**4.4**
总负债	8 871	8 645	226	**2.6**
所有者权益				
普通股	493	397	96	**24.2**

续表

	芝加哥谷物公司 精简资产负债表 截至 12 月 31 日（千美元）			
留存收益	3 390	2 584	806	**31.2**
库存股票（成本）	(1 357)	(912)	(445)	**48.8**
所有者权益总额	2 526	2 069	457	**22.1**
负债和所有者权益总额	11 397	10 714	683	**6.4**

对比资产负债表显示，从 2019 年到 2020 年芝加哥谷物公司的财务状况发生了一些变化。在资产部分，流动资产增加了 29 万美元，增幅为 11.9%（290÷2 427），不动产（净值）增加了 17.4 万美元，增幅为 6.2%。其他资产增加 21.9 万美元，涨幅 4.0%。在负债部分，流动负债增加 2.4 万美元，增幅为 0.6%，长期负债增加 20.2 万美元，增幅为 4.4%。在所有者权益部分，留存收益增加了 80.6 万美元，增幅为 31.2%。

表 17-10 展示了芝加哥谷物公司 2020 年和 2019 年两年的利润表，显示了金额和百分比的变化。

表 17-10　利润表横向分析

	芝加哥谷物公司 精简利润表 截至 12 月 31 日的当年（千美元）			
	2020 年	**2019 年**	**2020 年的增加（减少）**	
			金额	百分比（%）
净销售额	11 776	10 907	869	**8.0**
销售成本	6 597	6 082	515	**8.5**
毛利润	5 179	4 825	354	**7.3**
销售和管理费用	3 311	3 059	252	**8.2**
经营产生的收入	1 868	1 766	102	**5.8**
利息费用	321	294	27	**9.2**
税前收入	1 547	1 472	75	**5.1**
所得税费用	444	468	(24)	**(5.1)**
净利润	1 103	1 004	99	**9.9**

对利润表的横向分析显示了以下变化。净销售额增长了 86.9 美元，增幅为 8.0%（869÷10 907）。销售成本增加 51.5 万美元，增幅为 8.5%（515÷6 082）。销售和管理费用增加了 25.2 万美元，增幅为 8.2%（252÷3 059）。毛利润增长了 7.3%，净利润增长了 9.9%。净利润的增加可以归因于净销售额的增加和所得税费用的减少。

以百分比衡量不同时期的变化是相对直接且相当有用的。然而，复杂的情况可能需要计算。如果某一项目在基期或前一年没有价值，而在下一年有价值，则不能计算百分比变动。

17.2.2　纵向分析

纵向分析（vertical analysis），也称为共同规模分析，是一种评估财务报表数据的技术，它将财务报表中的每一项目表示为一个基本金额的百分比。例如，在资产负债表上，我们可能会把流动资产表示为总资产的 22%（总资产是基础金额）。或者在利润表中，我们可以将销售费用表示为净销售额的 16%（净销售额是基础金额）。

表 17-11 是芝加哥谷物公司 2020 年和 2019 年的比较资产负债表的纵向分析。资产项目的基础是总资产，负债和所有者权益项目的基础是负债和所有者权益总额。

表 17-11　资产负债表纵向分析

<table>
<tr><td colspan="5" align="center">芝加哥谷物公司
精简资产负债表
12 月 31 日（千美元）</td></tr>
<tr><td></td><td colspan="2" align="center">2020 年</td><td colspan="2" align="center">2019 年</td></tr>
<tr><td></td><td>金额</td><td>百分比（%）*</td><td>金额</td><td>百分比（%）*</td></tr>
<tr><td>资产</td><td></td><td></td><td></td><td></td></tr>
<tr><td>流动资产</td><td>2 717</td><td>23.8</td><td>2 427</td><td>22.6</td></tr>
<tr><td>不动产（净值）</td><td>2 990</td><td>26.2</td><td>2 816</td><td>26.3</td></tr>
<tr><td>其他资产</td><td>5 690</td><td>50.0</td><td>5 471</td><td>51.1</td></tr>
<tr><td>　　　总资产</td><td>11 397</td><td>100.0</td><td>10 714</td><td>100.0</td></tr>
<tr><td>负债和所有者权益</td><td></td><td></td><td></td><td></td></tr>
<tr><td>流动负债</td><td>4 044</td><td>35.5</td><td>4 020</td><td>37.5</td></tr>
<tr><td>长期负债</td><td>4 827</td><td>42.4</td><td>4 625</td><td>43.2</td></tr>
<tr><td>　　　总负债</td><td>8 871</td><td>77.9</td><td>8 645</td><td>80.7</td></tr>
<tr><td>所有者权益</td><td></td><td></td><td></td><td></td></tr>
<tr><td>　普通股</td><td>493</td><td>4.3</td><td>397</td><td>3.7</td></tr>
<tr><td>　留存收益</td><td>3 390</td><td>29.7</td><td>2 584</td><td>24.1</td></tr>
<tr><td>　库存股票（成本）</td><td>(1 357)</td><td>(11.9)</td><td>(912)</td><td>(48.5)</td></tr>
<tr><td>　　所有者权益总额</td><td>2 526</td><td>22.1</td><td>2 069</td><td>19.3</td></tr>
<tr><td>　负债和所有者权益总额</td><td>11 397</td><td>100.0</td><td>10 714</td><td>100.0</td></tr>
</table>

* 数字在四舍五入后合计为 100%。

除了在资产负债表上显示每一类别的金额之外，纵向分析还可显示资产、负债和所有者权益项目的百分比变化。表 17-11 显示，流动资产从 2019 年到 2020 年增加了 29 万美元，占总资产的比例从 22.6% 增加到 23.8%。不动产（净值）占总资产的比例由 26.3% 降至 26.2%。其他资产占总资产的比例由 51.1% 下降至 50.0%。此外，从 2019 年到 2020 年，留存收益增加了 80.6 万美元，所有者权益总额占负债和股东权益总额的比例从 19.3% 增加到 22.1%。这种向更高比例股权融资的转变有两个原因：首先，总负债增加了 22.6 万美元，总负债占负债和股东权益总额的百分比从 80.7% 下降到 77.9%；其次，留存收益增加了 80.6 万美元，从占负债和股东权益总额的 24.1% 增加到了 29.7%。因此，公司通过减少对债务的依赖和增加留存收益的数量，转向股权融资。

对芝加哥谷物公司比较利润表的纵向分析（如表 17 - 12 所示）显示，销售成本占净销售额的比例从 55.8% 增加到 56.0%，销售和管理费用从 28.0% 增加到 28.1%。净利润占净销售额的比例从 9.2% 上升到 9.4%。芝加哥谷物公司的净利润在净销售额中所占比例的增长，主要是由所得税费用在净销售额中所占比例的下降导致的。

表 17 - 12　利润表的纵向分析

芝加哥谷物公司 精简利润表 截至 12 月 31 日的当年（千美元）				
	2020 年		2019 年	
	金额	百分比（%）*	金额	百分比（%）*
净销售额	11 776	100.0	10 907	100.0
销售成本	6 597	56.0	6 082	55.8
毛利润	5 179	44.0	4 825	44.2
销售和管理费用	3 311	28.1	3 059	28.0
经营产生的收入	1 868	15.9	1 766	16.2
利息费用	321	2.7	294	2.7
税前收入	1 547	13.2	1 472	13.5
所得税费用	444	3.8	468	4.3
净利润	1 103	9.4	1 004	9.2

* 数字已四舍五入总计为 100%。

纵向分析还能够比较不同规模的公司。例如，芝加哥谷物公司的一个竞争对手是巨型磨坊公司（Griant Mills）。巨型磨坊公司的销售额是芝加哥谷物公司的 1 000 倍。纵向分析使我们能够有意义地比较芝加哥谷物公司和巨型磨坊公司的精简利润表，如表 17 - 13 所示。

表 17 - 13　公司之间的纵向分析

精简利润表 截至 12 月 31 日的当年				
	芝加哥谷物公司（千美元）		巨型磨坊公司	
	金额	百分比（%）*	金额	百分比（%）*
净销售额	11 776	100.0	17 910	100.0
销售成本	6 597	56.0	11 540	64.4
毛利润	5 179	44.0	6 370	35.6
销售和管理费用	3 311	28.1	3 474	19.4
非经常性费用（利得）	0	—	(62)	(0.3)
经营产生的收入	1 868	15.9	2 958	16.5
其他收入和费用（包括所得税费用）	765	6.5	1 134	6.3
净利润	1 103	9.4	1 824	10.2

* 数字已四舍五入总计为 100%。

尽管芝加哥谷物公司的净销售额远低于巨型磨坊公司，但纵向分析消除了这种规模差异对分析的影响。芝加哥谷物公司的毛利百分比为 44.0%，而巨型磨坊公司的毛利率为 35.6%。芝加哥谷物公司的销售和管理费用占净销售额的 28.1%，而巨型磨坊公司的销售和管理费用占净销售额的 19.4%。从净利润来看，我们可以看到巨型磨坊公司的比例更高，芝加哥谷物公司的净利润占净销售额的比例为 9.4%，而巨型磨坊公司的这一比例为 10.2%。

17.3　比率分析

比率分析反映了财务报表数据项目之间的关系。比率表示一个量与另一个量之间的数学关系。这种关系可以用百分比、比率或简单比例来表示。例如，在最近的一年中，耐克公司的流动资产为 136.26 亿美元，流动负债为 39.26 亿美元。我们可以用流动资产除以流动负债来得出这两个指标之间的关系。

百分比：流动资产为流动负债的 347%。

比率：流动资产是流动负债的 3.47 倍。

比例：流动资产与流动负债之比为 3.47:1。

为了分析财务报表，我们可以使用比率来评估流动性、盈利能力和偿付能力。图 17-1 描述了这些分类。

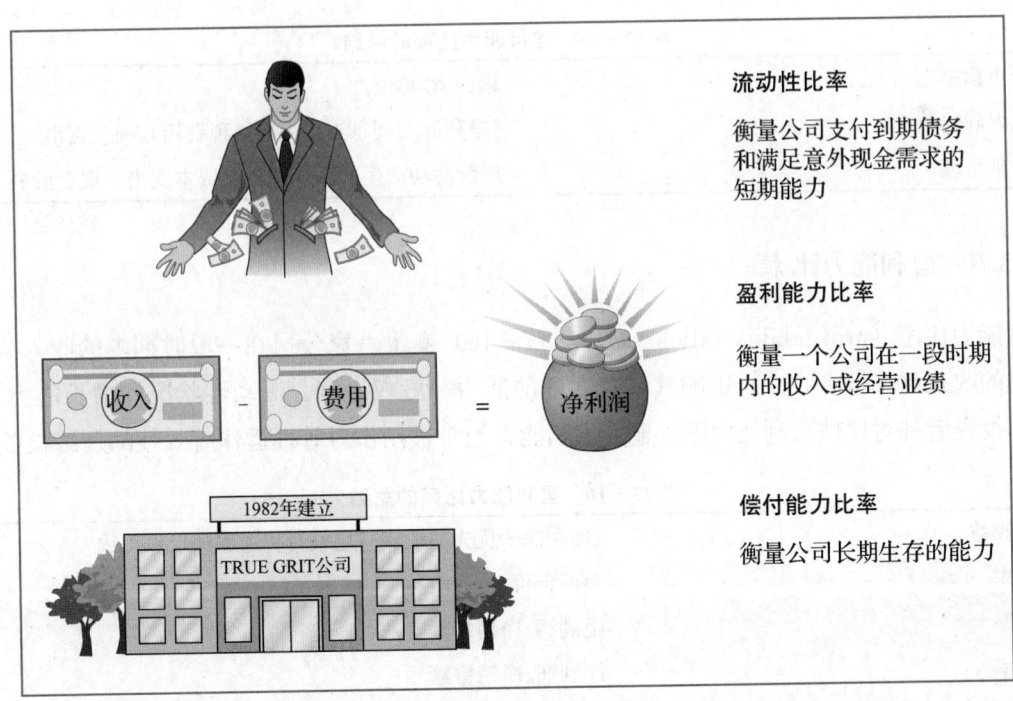

图 17-1　财务比率分类

比率可以为了解潜在状况提供线索，这些情况可能无法从单个财务报表组成部分中看出。然而，单一的比率本身并没有多大意义，因此，在讨论比率时，我们将使用以下几种比较方法。

（1）芝加哥谷物公司两年来的业绩比较。

（2）基于行业中位数比率的行业平均比较。

（3）巨型磨坊公司作为芝加哥谷物公司的主要竞争对手与之进行公司间的比较。

17.3.1 流动性比率

流动性比率（liquidity ratios）（见表 17-14）衡量公司支付到期债务和满足意外现金需求的短期能力。银行和供应商等短期债权人对评估流动性特别感兴趣。

表 17-14 流动性比率的总结

营运资本	流动资产—流动负债
流动比率	流动资产/流动负债
存货周转成本	销售成本/平均存货
存货周转天数	365 天/存货周转率
应收账款周转率	赊销净额/平均应收账款净额
平均收款周期	365 天/应收账款周转率

17.3.2 偿付能力比率

偿付能力比率（solvency ratios）（见表 17-15）衡量公司长期生存的能力。长期债权人和股东对公司的长期偿债能力感兴趣，特别是公司支付到期利息和到期偿还债务余额的能力。

表 17-15 偿付能力比率的总结

资产负债率	总负债/总资产
利息保障倍数	（净利润＋利息支出＋所得税费用）/利息支出
自由现金流	经营活动产生的净现金流—资本支出—现金股利

17.3.3 盈利能力比率

盈利能力比率（profitability ratios）（见表 17-16）衡量一家公司在一段时期内的收入或经营业绩。公司的收入（或没有收入）影响其债务融资的能力、股权融资、流动性状况和增长能力。因此，债权人和投资者都对评估盈利能力感兴趣。盈利能力经常被用作对管理运作有效性的最终检验。

表 17-16 盈利能力比率的总结

每股收益	（净利润—优先股股利）/已发行普通股加权平均数
市盈率	每股市价/每股收益
毛利率	毛利润/净销售额
利润率	净利润/净销售额
资产回报率	净利润/平均总资产
资产周转率	净销售额/平均总资产
股利支付比率	普通股现金股利/净利润
普通股股东权益回报率	（净利润—优先股股利）/平均普通股股东权益

17.3.4 比率分析的综合例子

在本节中，我们将全面回顾用于评估公司财务健康状况和业绩的比率。我们使用表 17 - 17 到表 17 - 20 中的财务信息来计算芝加哥谷物公司 2020 年的比率，这些数据可用于检查计算结果。

表 17 - 17 芝加哥谷物公司的资产负债表

芝加哥谷物公司 资产负债表 截至 12 月 31 日（千美元）		
	2020 年	**2019 年**
资产		
流动资产		
库存现金	524	411
应收账款	1 026	945
存货	924	824
预付费用和其他流动资产	243	247
流动资产总额	2 717	2 427
固定资产（净值）	2 990	2 816
无形资产和其他资产	5 690	5 471
总资产	11 397	10 714
负债和所有者权益		
流动负债	4 044	4 020
非流动负债	4 827	4 625
股东权益——普通股	2 526	2 069
负债和所有者权益总额	11 397	10 714

表 17 - 18 芝加哥谷物公司利润表

芝加哥谷物公司 简明利润表 截至 12 月 31 日（千美元）		
	2020 年	**2019 年**
净销售额	11 776	10 907
已售商品的成本	6 597	6 082
毛利润	5 179	4 825
销售和管理费用	3 311	3 059
经营产生的收入	1 868	1 766
利息费用	321	294

续表

芝加哥谷物公司 简明利润表 截至 12 月 31 日（千美元）		
税前收入	1 547	1 472
所得税费用	444	468
净利润	1 103	1 004

表 17 - 19 芝加哥谷物公司的现金流量表

芝加哥谷物公司 现金流量表 截至 12 月 31 日的当年（千美元）		
	2020 年	**2019 年**
经营活动产生的现金流		
经营活动现金收入	11 695	10 841
支付经营活动现金	10 192	9 431
经营活动产生的现金净额	1 503	1 410
投资活动产生的现金流		
不动产、厂房和设备的购入	(472)	(453)
其他投资活动	(129)	8
用于投资活动的净现金	(601)	(445)
筹资活动产生的现金流		
发行普通股	163	218
发行债券	2 179	721
减免债务	(2 011)	(650)
股利支付	(475)	(450)
普通股和其他项目的回购	(645)	(612)
筹资活动提供（使用）的现金净额	(789)	(773)
现金及现金等价物增加（减少）	113	192
年初现金及现金等价物	411	219
年末现金及现金等价物	524	411

表 17 - 20 芝加哥谷物公司的附加信息

附加信息		
	2020 年	**2019 年**
加权平均股数（千）	418.7	418.5
年末股价（美元）	52.92	50.06

如本章所述，我们可以将比率分为三种类型，用于分析主要财务报表：

（1）流动性比率。衡量公司短期偿债能力的一种方法就是衡量债务和应付意外的现金需求。

（2）偿付能力比率。衡量公司长期生存能力的指标。

（3）盈利能力比率。衡量一家公司在一定时期内的收入或经营业绩的指标。

作为一种分析工具，比率可以为潜在条件提供线索，而这些条件在检查一个特定比率的各个组成部分时可能不太明显。但是，单一的比率本身并没有多大意义。因此，在本文的讨论中，我们使用以下三种比较方法。

（1）包含芝加哥谷物公司两年的公司内部比较数据（使用表 17-17 到表 17-20 中的比较财务信息）。

（2）将巨型磨坊公司作为芝加哥谷物公司的竞争对手之一进行公司间比较。

（3）行业平均比较是根据 MSN.com 上面粉和其他谷物研磨产品制造商的中位数比率，以及与其他来源的比较。对于我们使用的一些比率，行业比较是不可用的（用"na"表示）。

流动性比率

流动性比率衡量的是公司支付到期债务和应付意外现金需求的短期能力。银行和供应商等短期债权人对评估流动性特别感兴趣。确定公司短期偿债能力的指标有流动比率、应收账款周转率、平均回款期、存货周转率和存货天数。

流动比率　流动比率（current ratio）表示流动资产与流动负债的关系，计算方法为流动资产除以流动负债。它被广泛用于评估公司的流动性和短期偿债能力。表 17-21 显示了 2020 年和 2019 年芝加哥谷物公司的流动比率和可比较的数据。

表 17-21　流动比率

比率	公式	芝加哥谷物公司 2020 年	芝加哥谷物公司 2019 年	巨型磨坊公司 2020 年	行业平均 2020 年
流动比率	流动资产/流动负债	2 717/4 044			
		0.67	0.60	0.67	1.06

由表 17-21 可知，芝加哥谷物公司 2020 年的流动比率为 0.67，这意味着每 1 美元的流动负债对应 0.67 美元的流动资产。我们有时用 0.67:1 来表示。芝加哥谷物公司的流动性在 2020 年显著增加。虽然远低于行业平均水平，但与巨型磨坊公司的水平相同。

应收账款周转率　分析师可以通过一家公司将某些资产转换为现金的速度来衡量其流动性。如果公司的一些流动资产具有高流动性，流动比率的低值有时可以得到补偿。

例如，应收账款的流动性如何？用来评估应收账款流动性的比率是应收账款周转率（accounts receivable turnover），它衡量的是一家公司在同一期间内收回应收账款的平均次数。应收账款周转率的计算方法是用赊销净额（销货额减去现金销货额）除以当年的平均应收账款净额。芝加哥谷物公司的应收账款周转率如表 17-22 所示。

表 17-22　应收账款周转率

比率	公式	芝加哥谷物公司 2020 年	芝加哥谷物公司 2019 年	巨型磨坊公司 2020 年	行业平均 2020 年
应收账款周转率	赊销净额/平均应收账款净额	11 776/[（1 026＋945）÷2]			
		11.9	12.0	12.2	11.2

在计算应收账款周转率时，我们假设芝加哥谷物公司的所有销售都是赊销。其应收账款周转率在

2020 年略有下降。11.9 倍的周转率高于 11.2 倍的行业平均水平，略低于巨型磨坊公司 12.2 倍的周转率。

平均收款周期　应收账款周转率（average collection period）通常可转换为以天为单位的平均收款周期。这是通过将 365 天除以应收账款周转率来实现的。芝加哥谷物公司的平均收款周期如表 17 - 23 所示。

表 17 - 23　平均收款周期

比率	公式		芝加哥谷物公司		巨型磨坊公司	行业平均
			2020 年	2019 年	2020 年	2020 年
平均收款周期	365 天/应收账款周转率	365/11.9	30.7	30.4	29.9	32.6

芝加哥谷物公司 2020 年的应收账款周转率为 11.9 倍，平均收款周期约 31 天。其平均收款周期略长于巨型磨坊公司，短于行业平均水平。

分析师经常使用平均收款周期来评估公司的信用和收款政策的有效性。一般的规则是托收期限不应大大超过信用证的期限（即允许支付的时间）。

存货周转率　存货周转率（inventory turnover）衡量的是同一时期平均存货的销售次数。其目的是衡量存货的流动性。高存货周转率表明库存正在被频繁地出售和补充。存货周转率的计算方法是销售成本除以同一时期的平均存货。除非季节性因素是显著的，平均存货可以由存货期初和期末余额计算。芝加哥谷物公司的存货周转率如表 17 - 24 所示。

表 17 - 24　存货周转率

比率	公式		芝加哥谷物公司		巨型磨坊公司	行业平均
			2020 年	2019 年	2020 年	2020 年
存货周转率	销售成本/平均存货	6 597/[（924＋824）÷2]	7.5	7.9	7.4	6.7

芝加哥谷物公司的存货周转率在 2020 年略有下降。7.5 倍的周转率高于 6.7 倍的行业平均水平，与巨型磨坊公司的周转率相近。一般来说，存货周转率越高，套牢在存货中的现金就越少，存货过时的机会也就越低。当然，高存货周转率的一个负面影响是，它有时会导致销售损失，因为如果公司手头的存货较少，在需要的时候更有可能用完存货。

存货周转天数　存货周转率的一个变形是存货周转天数（days in inventory），它衡量的是存货的平均持有天数。芝加哥谷物公司的存货周转天数如表 17 - 25 所示。

表 17 - 25　存货周转天数

比率	公式		芝加哥谷物公司		巨型磨坊公司	行业平均
			2020 年	2019 年	2020 年	2020 年
存货周转天数	365 天/存货周转率	365/7.5	48.7	46.2	49.3	54.5

芝加哥谷物公司 2020 年的库存周转天数为 365 除以 7.5，大约是 49 天。平均 49 天的销售时间快于行业平均水平，与巨型磨坊公司的存货周转天数相仿。虽然这两家公司的产品类型在很多方面非常相似，但这两家公司的产品线的不同或许可以解释其中的一些差异。

不同行业的存货周转率差异很大。例如，食品杂货连锁店的存货周转率是 10 倍，平均存货周转天数为 37 天。相比之下，珠宝店的平均存货周转率为 1.3 倍，平均存货周转天数为 281 天。在一个公司内，不同类型的产品在存货周转率上甚至可能存在显著差异。因此，在杂货店里，像农产品、肉类和奶制品等易腐物品的周转比肥皂和洗涤剂的周转要快。

综上所述，几乎所有这些流动性比率都表明，芝加哥谷物公司的流动性在 2020 年相比于 2019 年几乎没有变化，与整个行业和巨型磨坊公司相比，它的流动性似乎是可以接受的。

偿付能力比率

偿付能力比率（solvency ratios）衡量的是公司长期生存的能力。长期债权人和股东对公司的长期偿债能力感兴趣，特别是公司支付到期利息和到期偿还债务本金的能力。资产负债率和利息保障倍数提供有关偿付能力的信息。此外，自由现金流提供了有关公司的偿付能力和支付额外股利或投资新项目的能力的信息。

资产负债率　资产负债率（debt to assets ratio）衡量的是债权人提供的融资总额的百分比。它的计算方法是将总负债（包括流动负债和非流动负债）除以总资产。这个比率表明了金融杠杆的程度，它也显示了公司在不损害债权人利益的情况下承受损失的能力。资产负债率越高，公司无法偿付到期债务的风险就越大。因此，从债权人的观点来看，低的资产负债率是可取的。芝加哥谷物公司的资产负债率如表 17-26 所示。

表 17-26　资产负债率

比率	公式		芝加哥谷物公司		巨型磨坊公司	行业平均
			2020 年	2019 年	2020 年	2020 年
资产负债率	总负债/总资产	8 871/11 397	78%	81%	55%	55%

芝加哥谷物公司 2020 年的资产负债率为 78%，这意味着债权人提供的融资足以覆盖该公司 78% 的总资产。另一种说法是，为偿还所有的债务，它必须按账面价值清算 78% 的资产。这一比率高于行业平均水平 55%，也高于巨型磨坊公司。这表明它的偿付能力低于行业平均水平和巨型磨坊公司。

一般来说，收益相对稳定的公司，如公用事业公司，其资产负债率高于收益波动较大的公司，如许多高科技公司。

另一个有类似含义的比率是负债权益比率，它显示了借入资金（总负债）与所有者投入的资源的相对使用情况。因为这个比率可以用几种方法计算，所以在使用它时要小心。债务可以只包括负债的非流动部分，无形资产可以不包括股东权益（它等于有形净资产）。如果将债务和资产如上定义（全部负债和全部资产），那么当资产负债率为 50% 时，负债权益比为 1∶1。

利息保障倍数　利息保障倍数（times interest earned）（也称为利息保障率）表明公司在利息支付到期时的偿付能力。它的计算方法是净利润、利息费用和所得税费用之和除以利息费用。请注意，这个比率使用的是息税前收入，因为这个数字代表的是可用来支付利息的金额。芝加哥谷物公司的利息保障倍数如表 17-27 所示。

表 17-27 利息保障倍数

比率	公式		芝加哥谷物公司		巨型磨坊公司	行业平均
			2020 年	2019 年	2020 年	2020 年
利息保障倍数	（净利润＋利息费用＋所得税费用）/利息费用	（1 103＋321＋444）/321	5.8	6.0	9.9	5.5

芝加哥谷物公司 2020 年的利息保障倍数是 5.8 倍，这意味着息税前收入是利息支出所需金额的 5.8 倍。这低于巨型磨坊公司的但略高于整个行业的利息保障倍数。芝加哥谷物公司的资产负债率在 2020 年有所下降，其利息保障倍数保持相对不变。

自由现金流 它是衡量一家公司的偿付能力以及支付股利或扩大业务的能力的一个指标，是在资本支出和支付现金股利后所产生的超额现金数量，这一数额称为自由现金流（free cash flow）。例如，如果你从经营活动中获得了 10 万美元的净现金，但你花费了 3 万美元用于资本支出并支付了 1 万美元的现金股利，那么你有 6 万美元（10 万美元－3 万美元－1 万美元）用于扩大经营、支付额外股利或偿还债务。芝加哥谷物公司的自由现金流如表 17-28 所示。

表 17-28 自由现金流

单位：千美元

比率	公式		芝加哥谷物公司		巨型磨坊公司	行业平均
			2020 年	2019 年	2020 年	2020 年
自由现金流	经营活动产生的净现金流－资本支出－现金股利	1 503－472－475	556	507	895	na

芝加哥谷物公司的自由现金流从 2019 年到 2020 年略有增长。在这两年中，经营活动提供的净现金足以使公司获得额外的生产性资产并维持股利支付。如果有必要，它本可以用剩下的现金来减少债务。考虑到芝加哥谷物公司的规模比巨型磨坊公司小得多，我们预计它的自由现金流会少得多，事实也的确如此。

盈利能力比率

盈利能力比率衡量一家公司在一定时期内的收入或经营业绩。一家公司有收入，或缺乏收入，影响其获得债务融资和股权融资的能力，其流动性状况和其增长的能力。因此，债权人和投资者都对评估盈利能力感兴趣。分析人士经常将盈利能力作为检验管理层运营效率的最终标准。

衡量盈利能力的各项比率之间的关系非常重要，理解它们可以帮助管理层确定提高盈利能力的重点。图 17-2 显示了这些关系。我们对芝加哥谷物公司盈利能力的讨论围绕着这个图展开。

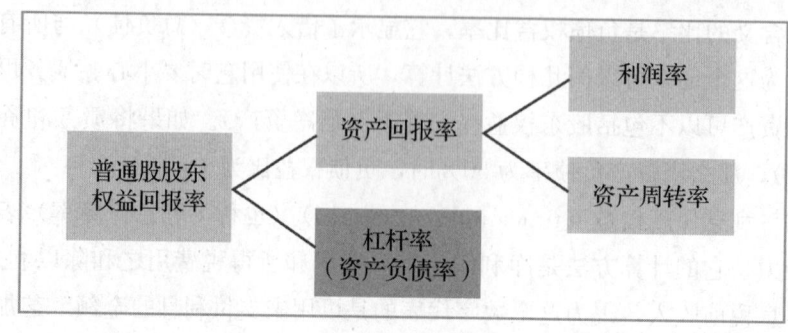

图 17-2 盈利能力比率之间的关系

普通股股东权益回报率（ROE） 从普通股股东的角度来看，一个广泛使用的衡量盈利能力的指标是普通股股东权益回报率（return on common stockholders'equity，ROE）。这个比率显示了所有者每投资一美元，公司所获得的净利润是多少美元。它的计算方法是用净利润减去优先股股利，再除以普通股股东平均权益。芝加哥谷物公司的普通股股东权益回报率如表 17-29 所示。

表 17-29 普通股股东权益回报率

比率	公式		芝加哥谷物公司		巨型磨坊公司	行业平均
			2020 年	2019 年	2020 年	2020 年
普通股股东权益回报率	（净利润－优先股股利）/普通股股东平均权益	(1 103－0)/[(2 526＋2 069)÷2]	48%	46%	25%	19%

芝加哥谷物公司 2020 年的普通股股东权益回报率高达 48%，这一数字非同寻常。行业平均水平为 19%，巨型磨坊公司为 25%。在接下来的部分中，我们将研究这种高回报率产生的原因。

资产回报率 普通股股东权益回报率受两个因素的影响：资产回报率和杠杆程度。资产回报率（return on assets）以投资于资产的每一美元所获得的收入来衡量资产的总体盈利能力。它的计算方法是净利润除以平均总资产。芝加哥谷物公司的资产回报率如表 17-30 所示。

表 17-30 资产回报率

比率	公式		芝加哥谷物公司		巨型磨坊公司	行业平均
			2020 年	2019 年	2020 年	2020 年
资产回报率	净利润/平均总资产	1 103/[(11 397＋10 714)÷2]	10%	9.4%	6.2%	5.3%

芝加哥谷物公司 2020 年的资产回报率为 10.0%。这一比率明显高于巨型磨坊和行业平均水平。

值得注意的是，其普通股股东权益回报率（48%）大大高于其资产回报率（10%），原因是它有效地利用了杠杆。杠杆化（leveraging）或股票交易（trading on the equity）获利意味着公司借入资金的利率低于用借来的资金购买资产的回报率。杠杆使管理层能够使用非所有者提供的资金来增加所有者的回报。

资产回报率与借款利率的比较表明股票交易的盈利能力。如果你以 8% 的利率借钱，而你的资产回报率是 11%，那么你的股票交易获得了收益。然而，如果你以 11% 的利率借钱，只能获得 8% 的资产回报率，那么你的股票交易是亏本的。

芝加哥谷物公司用借来的资金赚的钱比它必须支付的利息还要多。由于杠杆的积极好处，股东的权益回报率超过了资产回报率。回想一下我们之前的讨论，芝加哥谷物公司的债务融资比例，以债务与资产（或债务与权益）的比率衡量，高于巨型磨坊公司和行业平均水平。芝加哥谷物公司的高普通股股东权益回报率部分归功于它对杠杆的运用。

利润率 资产回报率受到两个因素的影响，首先是利润率（profit margin）。利润率或销售报酬率，是衡量每一美元销售收入产生净利润的百分比。它的计算方法是净利润除以当期的净销售额。芝加哥谷物的利润率如表 17-31 所示。

表 17-31　利润率

比率	公式		芝加哥谷物公司		巨型磨坊公司	行业平均
			2020 年	2019 年	2020 年	2020 年
利润率	净利润/净销售额	1 103/11 776	9.4％	9.2％	8.2％	6.1％

芝加哥谷物公司的利润率在 2019 年至 2020 年期间从 9.2％小幅增长至 9.4％。它的利润率高于行业平均水平和巨型磨坊公司。

高成交量（高存货周转率）的生意，如杂货店和连锁药房，通常利润率很低。珠宝店和飞机制造商等业务量小的企业利润率很高。

资产周转率　影响资产回报率的另一个因素是资产周转率。资产周转率（asset turnover）衡量公司利用其资产产生销售的效率。它是由净销售额除以同期平均总资产计算的。资产周转率显示了投资于资产的每一美元所产生的销售额。表 17-32 显示了芝加哥谷物公司的资产周转率。

表 17-32　资产周转率

比率	公式		芝加哥谷物公司		巨型磨坊公司	行业平均
			2020 年	2019 年	2020 年	2020 年
资产周转率	净销售额/平均总资产	11 776/(11 397＋10 714)÷2	1.07	1.02	0.76	0.87

资产周转率显示，在 2020 年芝加哥谷物公司每投资 1 美元资产就能产生 1.07 美元的销售额。从 2019 年到 2020 年，这一比率有所上升。芝加哥谷物公司的资产周转率高于行业平均水平和巨型磨坊公司。

不同行业的资产周转率差异很大。例如，公用事业公司的平均资产周转率为 0.45，而杂货店的平均资产周转率为 3.49。

综上所述，芝加哥谷物公司的资产回报率从 2019 年的 9.4％上升到了 2020 年的 10.0％。这一增长背后的原因是每一美元销售额的盈利能力（以利润率衡量）的提高，以及资产的销售效率（以资产周转率衡量）的提高。如表 17-33 所示，我们可以分析利润率和资产周转率对芝加哥谷物公司资产回报率的综合影响。

表 17-33　资产回报率的组成

比率	净利润/净销售额 （利润率）	×	净销售额/平均总资产 （资产周转率）	=	净利润/平均总资产 （资产收益率）
芝加哥谷物公司					
2020	9.4％	×	1.07 倍	=	10.1％*
2019	9.2％	×	1.02 倍	=	9.4％

* 由于四舍五入，与表 17-32 中的数据有差异。

毛利率　毛利率是影响利润率的一个重要因素。毛利率（gross profit rate）的计算方法是毛利润（净销售额减去销货成本）除以净销售额。这一比率表明公司有能力将销售价格维持在销售成本之上。

随着行业竞争的加剧，这一比率会下降。例如，在早期的个人电脑行业，毛利率是相当高的。如今，由于竞争加剧以及人们认为大多数品牌的个人电脑质量都差不多，毛利率已经变得很低。分析师应该密切关注一段时期内的毛利率。表 17 - 34 显示芝加哥谷物公司的毛利率。

表 17 - 34　毛利率

比率	公式		芝加哥谷物公司		巨型磨坊公司	行业平均
			2020 年	2019 年	2020 年	2020 年
毛利率	毛利润/净销售额	5 179/11 776	44％	44％	34％	30％

每股收益（EPS）　股东通常从他们拥有的股份数量或计划买卖的股份数量来考虑。以每股为基础表示净利润为确定盈利能力提供了一个有用的视角。每股收益是衡量普通股每股净利润的指标。它的计算方法是净利润除以该年度发行在外的普通股的平均数量。

每股净利润或每股收益（earnings per share），是指每一股普通股的净利润金额。当我们计算每股收益时，如果有当期宣布的优先股股利，我们必须从净利润中扣除它，从而得出普通股股东可以得到的收益。芝加哥谷物公司的每股收益如表 17 - 35 所示。

表 17 - 35　每股收益

比率	公式		芝加哥谷物公司		巨型磨坊公司	行业平均
			2020 年	2019 年	2020 年	2020 年
每股收益	（净利润－优先股股利）/普通股股东平均权益	（1 103－0）/418.7	2.63	2.40	2.90	na

请注意，表 17 - 35 中没有给出行业平均值。企业没有公布每股收益的行业平均数据，事实上，芝加哥谷物公司和巨型磨坊公司也不应该比较每股收益。这种比较没有意义，因为公司间流通在外股票的数量差异很大。芝加哥谷物公司的每股收益在 2020 年增长了 23 美分，这意味着它在 2019 年每股 2.40 美元的基础上增长了 9.6％。

市盈率　市盈率（price-earnings ratio）是一个经常被引用的统计数据，衡量的是普通股每股市场价格与每股收益的比率。市盈率反映投资者对公司未来盈利水平的评估。它的计算方法是每股股票的市场价格除以每股收益。芝加哥谷物公司的市盈率如表 17 - 36 所示。

表 17 - 36　市盈率

比率	公式		芝加哥谷物公司		巨型磨坊公司	行业平均
			2020 年	2019 年	2020 年	2020 年
市盈率	普通股每股市场价格/每股收益	52.92/2.63	20.1	20.9	24.3	35.8

2020 年底和 2019 年底，芝加哥谷物公司的股价分别为每股 52.92 美元和每股 50.06 美元。

2020 年芝加哥谷物公司每股股票的售价是其每股盈利的 20.1 倍。芝加哥谷物公司的市盈率低于巨型磨坊公司的 24.3 倍，也低于行业平均水平 35.8 倍。该公司较低的市盈率表明，市场对芝加哥谷物公司的乐观程度不如对巨型磨坊公司的乐观。然而，这也可能意味着芝加哥谷物公司的股票被低估了。

股利支付比率　股利支付比率（payout ratio）衡量以现金股利形式分配的收益的百分比。它的计算方法是将普通股宣布的现金股利除以净利润。高增长率的公司的特点是低股利支付比率，因为它们将大部分净利润再投资于业务。芝加哥谷物公司的股利支出比率如表 17 - 37 所示。

表 17 - 37 股利支付比率

比率	公式		芝加哥谷物公司		巨型磨坊公司	行业平均
			2020 年	2019 年	2020 年	2020 年
股利支付比率	普通股宣布的现金股利/净利润	475/1 103	43%	45%	54%	37%

芝加哥谷物公司 2020 年和 2019 年的股利支付比率略低于巨型磨坊公司（54%），但高于行业平均水平（37%）。

管理层对每年支付的股利有一定的控制，公司通常不愿将股利减少到低于上一年度支付的数额。因此，如果公司的净利润减少，股利支付比率实际上会提高，但是公司保持其总股利支付不变。当然，除非公司的盈利能力恢复到以前的水平，否则维持这样高的派息率从长期来看是不可能的。

在对芝加哥谷物公司的股利支付比率得出任何结论之前，我们应该在一段较长的时间内计算这个比率，以评估任何趋势，并试图找出最近管理层关于股利的政策是否发生了变化。

就可获得的财务信息的类型和不同行业使用的比率而言，本书中介绍的内容只是冰山一角，也就是说，与计算机上可用的庞大数据库和各种比率分析相比，这些只是很小的一部分。获取信息不是问题，真正的技巧是有足够的鉴别能力来进行相关分析和选择相关的比较数据。

◀ 选择题 ▶

1. 在报告非连续性经营时，利润表应在（   ）中显示。

A. 非连续性部分的处置收益　　　　　　B. 非连续性部分的处置损失

C. 既不是 A 也不是 B　　　　　　　　D. A 和 B

3. 以下哪项将被视为"其他综合收益"项目？（   ）

A. 非连续经营处置收益　　　　　　　　B. 可供出售证券的未实现损失

C. 与燃料有关的损失　　　　　　　　　D. 净利润

5. 在横向分析中，每个项目都表示为（   ）。

A. 净利润金额的百分比　　　　　　　　B. 股东权益金额

C. 资产总额　　　　　　　　　　　　　D. 基准年金额

7. 以下时间表显示了哪种类型的分析？（   ）

	金额（美元）	百分比
流动资产	200 000	25%
不动产、厂房和设备	600 000	75%
总资产	800 000	

A. 横向分析　　　　B. 差异分析　　　　C. 纵向分析　　　　D. 比率分析

9. 哪种衡量标准是对公司支付流动负债能力的评估？（   ）

A. 应收账款周转率　　　　　　　　B. 流动比率

C. A 和 B　　　　　　　　　　　　D. 以上都不是

11. 以下哪项不是流动性比率？（　　）

A. 流动比率　　　　　　　　　　　B. 资产周转率

C. 存货周转率　　　　　　　　　　D. 应收账款周转率

使用以下截至每年年底的财务报表信息回答问题。

	2020 年	2019 年
存货	54 000	48 000
流动资产	81 000	106 000
总资产	382 000	326 000
流动负债	27 000	36 000
总负债	102 000	88 000
普通股股东权益	240 000	198 000
净销售额	784 000	697 000
已售商品的成本	306 000	277 000
净利润	134 000	90 000
所得税费用	22 000	18 000
利息费用	12 000	12 000
给优先股股东的股利	4 000	4 000
给普通股股东的股利	15 000	10 000

13. 计算 2020 年存货周转天数为（　　）。

A. 64.4 天　　　　B. 60.8 天　　　　C. 6 天　　　　D. 24 天

15. 计算 2020 年利润率为（　　）。

A. 17.1%　　　　B. 37.9%　　　　C. 18.1%　　　　D. 5.9%

17. 计算 2020 年利息保障倍数为（　　）。

A. 11.2 次　　　　B. 14.0 次　　　　C. 65.3 次　　　　D. 13.0 次

◁ 简答题 ▷

1. 9 月 30 日，Reynaldo 公司停止了在非洲的业务。公司本年税前营业收入为 10 万美元。9 月 1 日，Reynaldo 公司处置了公司在非洲的投资设施，税前损失为 350 000 美元。适用税率为 30%。请编制综合利润表的非连续经营部分。

3. Gonzalez 公司的期初存货为 400 000 美元，销售成本为 2 200 000 美元，存货周转天数为 73 天。Gonzalez 公司的存货周转率和期末存货是多少？

◀ 练习题 ▶

1. Roaway 公司的比较简明资产负债表如下所示：

Roaway 公司简明资产负债表
2020 年 12 月 31 日

金额单位：美元

资产	2020 年	2019 年
流动资产	76 000	80 000
不动产、厂房和设备（净）	99 000	90 000
无形资产	25 000	40 000
总资产	200 000	210 000

负债和所有者权益	2020 年	2019 年
流动负债	40 800	48 000
长期负债	143 000	150 000
股东权益	16 200	12 000
总负债和股东股权	200 000	210 000

要求：

a. 以 2019 年为基础，编制 Roaway 公司资产负债表数据的横向分析。

b. 为 Roaway 公司编制 2020 年资产负债表数据的纵向分析。

◀ 实践题 ▶

Dever 公司截至 2020 年 12 月 31 日的年度事件和交易产生了以下数据：

已售商品的成本	260 000 美元
净销售额	4 400 000 美元
其他费用和损失	9 600 美元
其他收入和收益	5 600 美元
销售和管理费用	1 100 000 美元
塑料部门营业收入	70 000 美元
塑料部门处置利得	500 000 美元
可供出售证券的未实现损失	60 000 美元

说明：

1. 所有项目均在适用 30% 所得税税率之前。

2. 塑料部门于 7 月 1 日被出售。

3. 塑料部门的所有运营数据均已分离。

要求：

编制本年度综合利润表。

IFRS 概览

比较 GAAP 和 IFRS 下的财务报表分析和利润表列报。

全世界的财务报表分析工具都是一样的。例如，纵向分析和横向分析等都是分析师使用的工具，无论评估的是与 GAAP 还是 IFRS 相关的财务报表。此外，本书中提供的比率也是国际通用的比率。

本章的开头涉及利润表。与 GAAP 一样，利润表是 IFRS 要求的报表。此外，IFRS 利润表的内容和列报方式与 GAAP 相似。国际会计准则第 1 号（修订版）"财务报表的列报"规定了报告利润表信息的一般准则。一般来说，财务报表信息列报方面的差异相对较小。

要点

以下是 GAAP 和 IFRS 在财务报表分析和利润表列报方面的主要相似之处。两种准则之间没有明显差异。

- 本章所涉及的财务报表分析工具是通用的，所使用的分析方法也不存在重大差异。
- 在 GAAP 和 IFRS 下，利润表的基本目标是相同的。正如本书所指出的，一个非常重要的目标是确保利润表的使用者能够评估公司的可持续收入。因此，国际会计准则委员会和财务会计准则委员会都希望区分正常收入和异常项目，以便更好地预测公司未来的盈利能力。
- 在 IFRS 和 GAAP 下，终止经营的基本会计处理方法是相同的。
- GAAP 和 IFRS 对会计原则变更和会计估算变更的会计处理是相同的。
- GAAP 和 IFRS 在报告综合收益时采用相同的方法。

展望未来

FASB 和 IASB 正在开展一个重新设计财务报表结构的项目。最近，国际会计准则理事会决定要求编制全面收益表，这与公认会计原则的要求类似。此外，该项目的另一部分内容涉及如何对利润表中的各项目进行分类的问题。这种新方法的一个主要目标是提供能更好地反映企业经营状况的信息。此外，这种方法还将注意力从净利润上转移开来。

第 18 章

管理会计

本章预览

　　本章重点讨论关于 Current Designs 公司及其母公司 Wenonah Canoe 在引例中所阐述的问题。为了取得成功，公司需要确定和控制材料成本、人工成本和间接费用，并了解成本和利润之间的关系。经理们所做的决策往往决定着公司的命运，也决定着他们自己的命运。管理会计提供工具帮助管理人员做出决定并评估这些决定的有效性。

▶ 引　例

把握好会计数据

　　迈克·西查诺夫斯基（Mike Cichanowski）在明尼苏达州威诺纳长大。在很小的时候，他学会了划独木舟，这样他就可以探索这条河（密西西比河）了。迈克在他父亲的车库里制作自己的独木舟，后来当独木舟制造店发展太快，超出车库的容量时，迈克把它搬到了一座旧仓库。当仓库被拆除时，迈克迎来了他生命中的一个关键时刻，他申请了银行贷款，建立了自己的小店，创立了 Wenonah Canoe 公司。

　　Wenonah Canoe 公司很快成为开发技术的先驱，它使用塑料、复合材料和碳纤维等新材料，提高船体的强度，同时减少重量。

　　20 世纪 90 年代，随着皮划艇运动的普及，迈克收购了加拿大首屈一指的皮划艇制造商 Current Designs 公司。这次冒险使 Wenonah Canoe 公司能够拓展新的产品线，同时为现有的产品扩展产能和提供专业制造知识。迈克将 Current Designs 公司的总部迁至明尼苏达州，并在新的生产设施上进行了大量（具有潜在风险）投资。

　　如今，该公司 90 名员工每年生产约 12 000 艘独木舟和皮划艇，这些产品销往美国各地和世界各地。

　　迈克会告诉你，商业成功是"一张三条腿的凳子"。第一条腿是知识和承诺，用以创造一个伟大的产品。Wenonah Canoe 公司的独木舟和 Current Designs 公司的皮艇被广泛认为是最好的。第二条腿是销售产品的能力。迈克的公司生产的是很棒的独木舟，但花了一些时间才弄清楚如何销售。第三条腿是会计。良好的会计信息对于制定确保公司生存和发展的决策至关重要。

　　总而言之，不管你的产品有多好，不管你卖了多少产品，如果你对自己的数据没有把握，你就会陷入困境。

　　资料来源：www. wenonah. com.

18.1　管理会计基础知识

　　管理会计（managerial accounting）为管理者和其他内部用户提供经济和财务信息。你在本书中所学到的技能对你未来的商业成功至关重要。

　　总有一天，你会面临这样的抉择：你可能会从事销售、市场营销、管理、生产或财务工作，你可能在一家提供医疗服务、生产软件或提供令人垂涎欲滴的饭菜的公司工作。无论你的职位是什么，无论你的产品是什么，你在本书中获得的技能将增加你成功的机会。换句话说，在商界，你可以猜测，也可以根据情况做出决定。正如微软的一位首席执行官指出的那样："如果你想在生意上赚钱，想要满足客户并建立市场份额，有一些数字可以描述这些事情。如果有人不能定量地告诉我，我就会紧张。"本书教给你量化信息的技能，这样你就可以做出明智的商业决策。

18.1.1 管理会计与财务会计的比较

管理会计与财务会计既有相同之处，又有不同之处。首先，会计的每一个领域都涉及企业的经济事件。例如，确定生产一件产品的单位成本是管理会计的一部分。报告产品制造和销售的总成本是财务会计的一部分。此外，管理会计和财务会计都要求公司的经济活动被量化并传达给相关方。表 18-1 总结了财务会计和管理会计之间的主要区别。

表 18-1　财务会计和管理会计之间的主要区别

功能	财务会计	管理会计
主要使用者	外部用户：股东、债权人和监管机构	内部用户：官员和经理
报告的类型和频率	财务报表；季度和每年	内部报告；视需要而定
目的	通用	专为特定决策使用
内容	与业务整体有关；高度聚合（浓缩）；限于复式记账和成本数据；普遍接受的会计原则	与业务的子单元有关；非常详细；超越复式记账核算相关数据；评估基础上的相关性决策
验证过程	由注册会计师审计	没有独立审计

18.1.2 管理功能

管理者有三种主要职能：

（1）计划。

（2）组织。

（3）控制。

在执行这些职能时，管理者要做出对组织有重大影响的决策。

计划职能要求管理者向前看并建立目标。这些目标通常是多种多样的：最大化短期利润和市场份额，维持对环境保护的承诺，以及为社会项目做出贡献。例如，惠普公司为了在计算机行业站稳脚跟，大幅降低价格与戴尔公司竞争。管理的一个关键目标是在控制下为企业增加价值。价值通常由公司股票的价格和公司的潜在售价来衡量。

组织职能涉及协调公司的各种活动和人力资源，以产生一个平稳运行的环境。这一职能涉及制定实施计划的目标和提供必要的激励来激励员工。例如，像金宝汤公司、通用汽车和戴尔这样的制造商需要协调采购、制造、仓储和销售。服务公司，如美国航空公司、联邦快递和 AT&T 需要协调调度、销售、服务、设备和采购。组织职能还包括选择高管，任命经理和主管，以及雇用和培训员工。

控制职能是保持公司活动正常进行。在执行控制职能时，管理者决定计划的目标是否得到实现。当偏离目标时，管理者决定需要做什么改变以回到正轨。安然、朗讯和施乐等公司的丑闻证明，公司需要适当的控制，以确保公司的信息准确。

管理者如何实现控制呢？在非常小的企业中，一个聪明的管理者能够进行个人观察，提出好的问题，并知道如何评估答案。但是在较大的组织中使用这种方法会导致混乱。想象一下，管理者试图确定公司是否达到了计划的目标，但公司没有记录已经发生了什么以及预期会发生什么。因此，大型企业通常使用正式的评估系统。这些系统包括诸如预算、责任中心和绩效评估报告等，所有这些都是管理会计的范畴。

决策不是一个独立的管理职能，它是在计划、组织和控制方面进行良好判断的结果。

18.1.3 组织结构

大多数公司编制组织结构图来显示活动之间的相互关系以及公司内部权力和责任的分配。图 18-1 显示了一个典型的组织结构图。

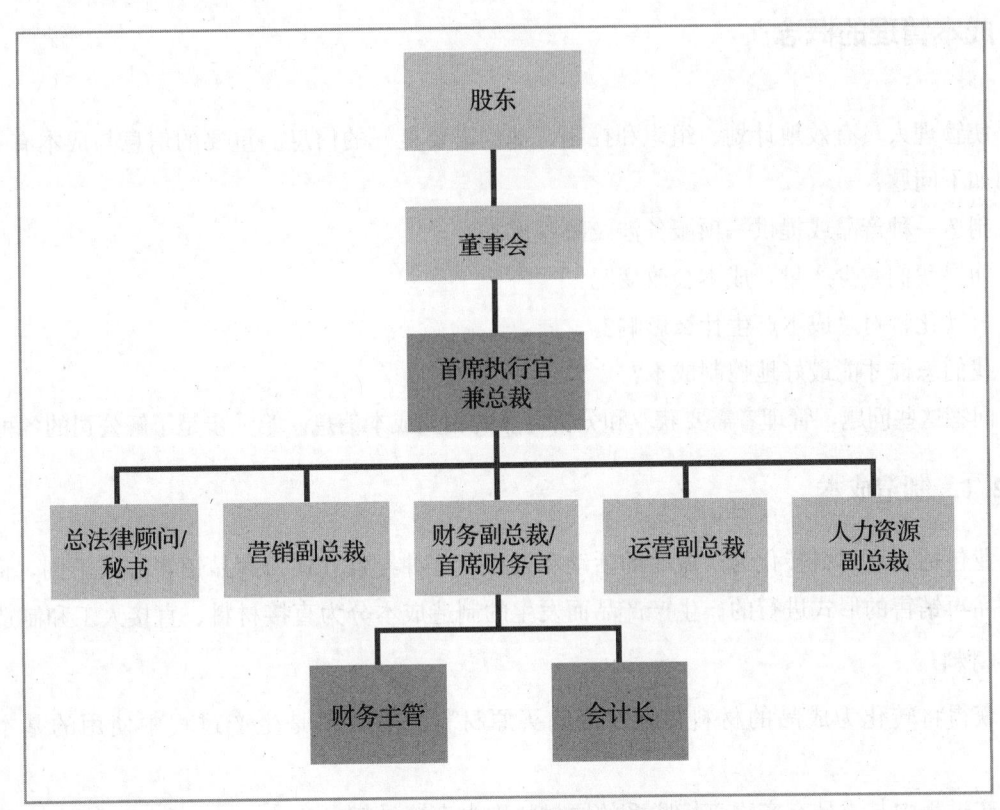

图 18-1 典型的组织结构图

股东拥有公司，他们通过选举产生董事会来间接管理公司。董事会为公司或组织制定经营方针。董事会还挑选管理者，如总裁和一名或多名副总裁，执行政策和执行日常管理职能。

首席执行官（CEO）全面负责管理企业。正如组织结构图所示，首席执行官将职责委派给其他管理者。

公司内部的职责通常分为业务岗位和职员岗位。业务岗位（line positions）的员工直接参与公司主要的创收经营活动。例如，生产线岗位包括运营副总裁、营销副总裁、工厂经理、主管和生产人员。职员岗位（staff positions）的员工从事支持业务岗位员工工作的活动。在通用电气或脸书这样的公司，财务、法律和人力资源部门的员工都属于职员岗位，他们的工作对公司也很重要，但仍然要服务于业务岗位的员工从事公司的主要业务。

首席财务官（CFO）负责公司的所有会计和财务问题。CEO 由会计长（controller）和财务主管（treasurer）支持工作。会计长的职责包括：（1）保持会计记录；（2）确保内部控制的适当制度；（3）编制财务报表、纳税申报单和内部报告。财务主管管理公司的资金，负责维持公司的现金状况。

服务于首席财务官的还有内部审计人员，其职责包括核查会计长和财务主管提供的财务资料的可靠性和完整性，确保内部控制系统能够正常运作以维护企业资产。此外，他们还检查公司对政策和法规的遵守情况。在许多公司中，内部审计人员还决定资源是否以最经济、最有效的方式使用。

运营副总裁负责监督生产线上的员工。例如，公司可能有多个工厂经理，每个工厂经理都向运营副总裁报告。每个工厂也有部门主管，如制造、油漆和运输，他们都向工厂经理报告。

18.2 成本管理的概念

为了使管理人员有效地计划、组织和控制，他们需要良好的信息。重要的信息与成本有关。管理者应该问如下问题：

（1）制造一种产品或提供一项服务涉及哪些成本？

（2）如果我们减少产量，成本会改变吗？

（3）自动化将对总成本产生什么影响？

（4）我们怎样才能最好地控制成本？

为了回答这些问题，管理者需要获取和分析可靠的相关成本信息。第一步是了解公司的各种成本。

18.2.1 制造成本

制造业包括将原材料转化为产成品的活动和过程。这种经营方式与商品销售方式不同，商品销售是外购商品再销售的形式进行的。生产产品而发生的制造成本分为直接材料、直接人工和制造费用。

直接材料

为了获得将转化为成品的材料，制造商购买原材料。原材料是生产过程中使用的基本材料和部件。

在生产过程中与成品有实物直接联系的原材料称为直接材料（direct materials）。例如，用于做面包的面粉，用于制作饮料的糖浆，以及用于制造汽车的钢铁。

有些原材料不容易与成品联系起来，这些称为间接材料（indirect materials）。间接材料有两个特征：（1）它们在物理上不成为成品的一部分（如用于皮划艇的抛光化合物）；（2）由于其与成品的物理关联在成本上太小（如皮划艇艇舵装配中使用的开口销、锁紧垫圈等），无法追溯到成品。公司将间接材料作为间接制造费用的一部分。

直接人工

工厂工人的劳动是直接劳动（direct labor），这种劳动与把原材料转化为成品有直接的物理联系。可口可乐公司的装瓶工、Sara Lee 公司的面包师以及设备操作员等，他们的劳动通常被归类为直接人工。间接人工（indirect labor）是指员工所做的与成品没有实际联系的工作，或者对所生产的产品追溯成本是不现实的。例如工厂维修人员的工资，工厂工时管理员和工厂主管的工资。像间接材料一样，公司把间接人工归入制造费用。

制造费用

制造费用（manufacturing overhead）是指与产成品的制造相关的成本，还包括不能归类为直接材料或直接人工的制造成本。制造费用包括间接材料、间接人工、厂房及机器的折旧、保险、税以及工厂设施的维护保养。

一项对产成品的研究发现，三种不同产品成本占总产品成本的比例如下：直接材料 54%，直接人工 13%，制造费用 33%。请注意，直接人工是占比最小的。由于自动化，产品成本的这一组成部分正在大幅下降。公司正努力通过减少劳动力来提高生产率。在一些公司，直接人工只占总成本的 5%。

追踪特定产品的直接材料和直接人工是相当直接的。良好的记录可以告诉一家公司，它在制造每一个齿轮时使用了多少材料，或者它组装一个零件需要多少工时。但是，将间接成本分配到特定的产品上存在问题。采购代理的工资中有多少来自同一工厂生产的数百种不同产品？那保证机器顺利运转的润滑油，或者确保工资准时核算的计算机呢？归结为最简单的形式，问题就变成了：哪些产品导致了哪些成本产生？在接下来的内容中，我们将展示给产品分配成本的各种方法。

18.2.2　产品成本与期间成本

每一种制造成本的成分——直接材料、直接人工和制造费用——都是产品成本。正如定义所说的那样，产品成本（product costs）是生产最终产品的必要的和不可分割的部分。当产品成本发生时，公司将产品成本记录为一种称为存货的资产。这些成本在公司出售成品存货之前不会成为费用。销售时，公司将这些费用记录为销售成本。

期间成本（period costs）是与特定时期的收入相匹配的成本，而不是作为可销售产品成本的一部分。这些是非制造成本。期间成本包括销售和管理费用。为了确定净利润，公司要将这些成本在它们发生的期间从收入中扣除。

图 18-2 总结了成本术语和这些关系。本章我们主要关注的是产品成本。

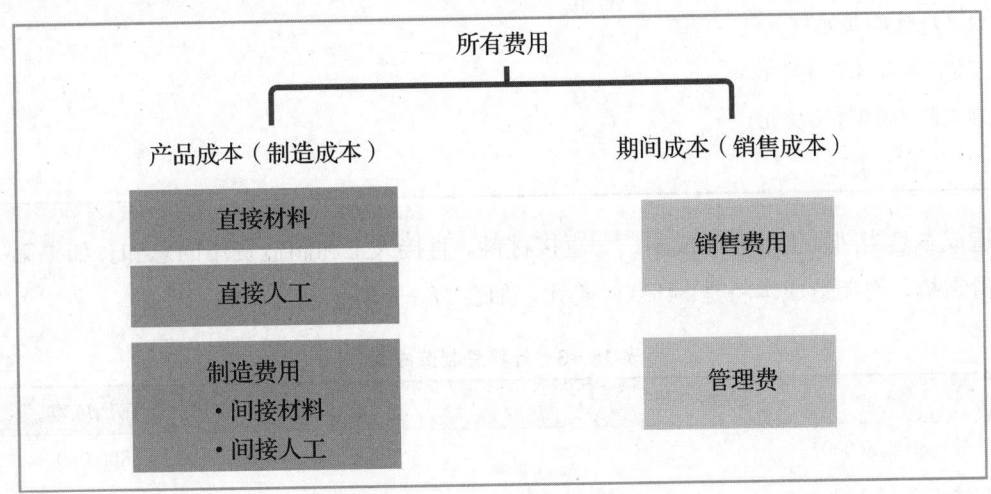

图 18-2　产品成本与期间成本

18.2.3 成本概念说明

为了提高你对成本概念的理解，我们在这里通过一个示例来说明它。伯顿滑雪板公司是由年仅 23 岁的杰克·伯顿·卡彭特创办的。在最终确定设计方案之前，杰克尝试了 100 种不同的原型设计。杰克和两个亲戚、一个朋友在佛蒙特州的伦敦德里每天制作 50 块木板。遗憾的是，虽然他们在第一年做了很多滑雪板，但只卖出了 300 个。为了生活，杰克教网球、当律师来付账单。

假设你有一家滑雪板工厂，生产地形公园滑雪板（terrian park boards），会产生以下一些成本。

（1）每块滑雪板的材料成本（木芯、玻璃纤维、树脂、金属螺丝孔、金属边和油墨）是 30 美元。

（2）人工成本（例如，用夹具和带锯制造每块板）是 40 美元。

（3）用于制造滑雪板的厂房和设备（如压机、研磨机和漆机）的折旧为每年 25 000 美元。

（4）工厂建筑（生产滑雪板的地方）的房产税是每年 6 000 美元。

（5）广告成本（主要是在线广告和目录）是每年 6 万美元。

（6）与滑雪板销售相关的销售佣金是每个滑雪板 20 美元。

（7）工厂维修工的年薪是 45 000 美元。

（8）工厂经理的工资是 70 000 美元。

（9）每个滑雪板的运费是 8 美元。

表 18-2 显示了如何将这些制造和销售成本分配到不同的类别。

表 18-2　生产成本的分类

成本项目	直接材料	直接人工	制造费用	期间成本
1. 材料费（每板 30 美元）	✓			
2. 人工费（每板 40 美元）		✓		
3. 工厂设备折旧（每年 2.5 万美元）			✓	
4. 厂房房产税（每年 6 000 美元）			✓	
5. 广告费（每年 6 万美元）				✓
6. 销售佣金（每板 20 美元）				✓
7. 维修工工资（每年 4.5 万美元）			✓	
8. 工厂经理工资（每年 7 万美元）			✓	
9. 运输费用（每板 8 美元）				✓

*产品成本*栏目涵盖直接材料、直接人工、制造费用三列。

总制造成本是当期发生的产品成本——直接材料、直接人工和制造费用的总和。如果第一年生产 10 000 块滑雪板，总制造成本将是 846 000 美元，如表 18-3 所示。

表 18-3　计算总制造成本　　　　　　　　　　　　　　　　单位：美元

成本项目	制造成本
1. 材料费（30×10 000）	300 000
2. 人工费（40×10 000）	400 000

续表

成本项目	制造成本
3. 工厂设备折旧	25 000
4. 厂房房产税	6 000
7. 维修工工资	45 000
8. 工厂经理工资	70 000
总制造成本	846 000

一旦知道了总制造成本，就可以计算出每单位的制造成本。假设生产 10 000 块滑雪板，生产一块滑雪板的成本是 84.60 美元（84.6 万美元÷10 000）。

18.3 财务报表中的制造成本

制造商的财务报表与销售商的财务报表非常相似。例如，你可以在宝洁公司的财务报表中找到许多与 Dick 体育用品公司的财务报表相同的账户。两家公司财务报表的主要差异体现在两个地方：利润表中的销货成本部分和资产负债表中的流动资产部分。

18.3.1 利润表

在定期盘存制度下，销售商和制造商的利润表在销货成本部分是不同的。销售商计算销货成本的方法是期初存货加购货成本，然后减去期末存货。制造商计算销货成本的方法是期初产成品库存加产成品成本，然后减去期末产成品库存。图 18－3 假设有一个定期盘存系统，展示了这两种不同的方法。

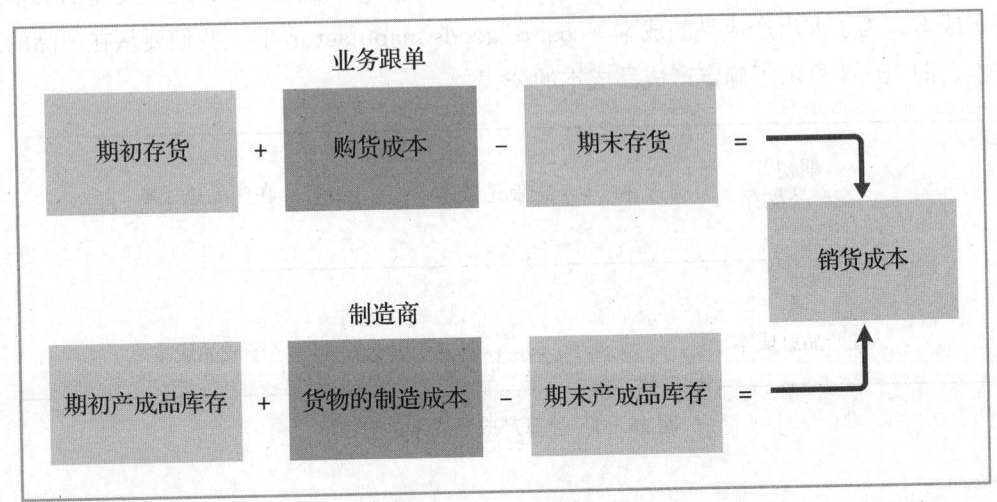

图 18－3　销货成本的计算

确定所制造产品的成本涉及许多会计核算。为了消除过多的细节，利润表通常只显示所制造产品的总成本。另一个单独的报表，称为产品制造成本表，提供了详细信息（见表 18－5）。

表 18 - 4 显示了销售商和制造商的销货成本部分。利润表的其他部分对于销售商和制造商来说是类似的。

表 18 - 4　销售商和制造商利润表的销货成本部分

单位：美元

销售商 利润表（部分） 截至 2020 年 12 月 31 日的年度		制造商 利润表（部分） 截至 2020 年 12 月 31 日的年度	
销货成本		销货成本	
存货，1 月 1 日	70 000	产成品库存，1 月 1 日	90 000
购货成本	650 000	产成品成本（见表 18 - 5）	370 000
可供销售的货物成本	720 000	可供销售的货物成本	460 000
减：存货，12 月 31 日	400 000	减：产成品库存，12 月 31 日	80 000
销货成本	320 000	销货成本	380 000

18.3.2　产成品成本

举一个例子说明公司如何确定产成品成本。假设在 1 月 1 日，有许多处于不同生产阶段的皮划艇，这部分称为在产品（work in process inventory）。这些在前一年制作但没有完成的皮划艇将在本年度完成。在产品存货的初始成本是基于前期发生的制造成本。

Current Designs 公司首先在本年度产生制造成本，以完成 1 月 1 日正在加工的皮艇。然后还会产生生产新订单的制造成本。当年发生的直接材料、直接人工和制造费用之和为当期总制造成本。

现在有两个成本：在产品的初始成本和本期的总制造成本。它们的总和就是这一年在制品的总成本（total cost of work in process）。

到今年年底，Current Designs 公司可能会有一些只完成了部分的皮艇，这些皮艇的成本成为在产品盘存期末成本。为了求出产成品的成本（cost of goods manufactured），我们要从在产品的总成本中减去该成本。图 18 - 4 显示了确定产成品成本的公式。

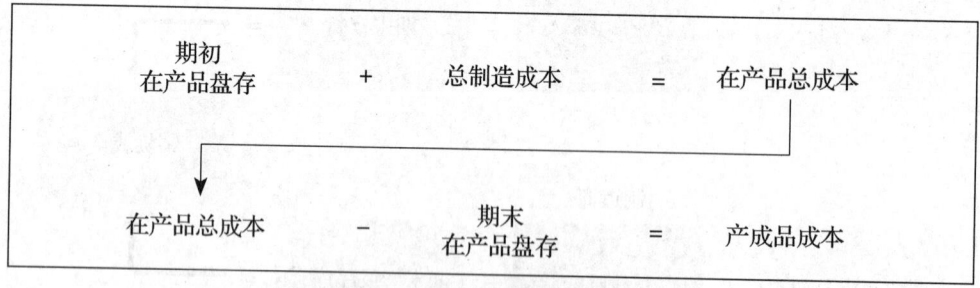

图 18 - 4　计算产成品成本的公式

18.3.3　产品制造成本明细表

产品制造成本表报告了用于计算产成品成本的成本要素。表 18 - 5 显示了 Current Designs 公司的成本表（使用虚拟数据）。成本表提供了直接材料和制造费用的详细数据。

表 18-5　产品制造成本表　　　　　　　　　　　　　　　　　　　　单位：美元

Current Designs 公司 截至 2020 年 12 月 31 日的年度产品制造成本表		
在产品，1 月 1 日		18 400
直接材料		
原材料库存，1 月 1 日	16 700	
原材料购买	152 500	
可以使用的原材料总额	169 200	
减：原材料库存，12 月 31 日	22 800	
使用的直接材料		146 400
直接人工		175 600
制造费用		
间接人工	14 300	
工厂维修	12 600	
工厂设施	10 100	
工厂折旧	9 440	
工厂保险	8 360	
制造费用总额	54 800	
总生产成本		37 600
在产品总成本		395 200
减：在产品，12 月 31 日		25 200
产成品成本		370 000

你应该能够区分"总生产成本"和"产成品成本"。如表 18-5 所示，总制造成本是在此期间发生的所有制造成本（直接材料、直接人工和制造费用）的总和。产品制造成本是指在同一时期内完成的产品的成本。如果我们将期初在制品库存加到期间发生的总制造成本中，然后减去期末在产品库存（如表 18-4 所示的公式），我们就得到了本期生产产品的成本。

18.3.4　资产负债表

销售商的资产负债表只显示一种存货类别，制造商的资产负债表可能有三个存货账户。图 18-5 显示了 Current Designs 公司的皮划艇存货。

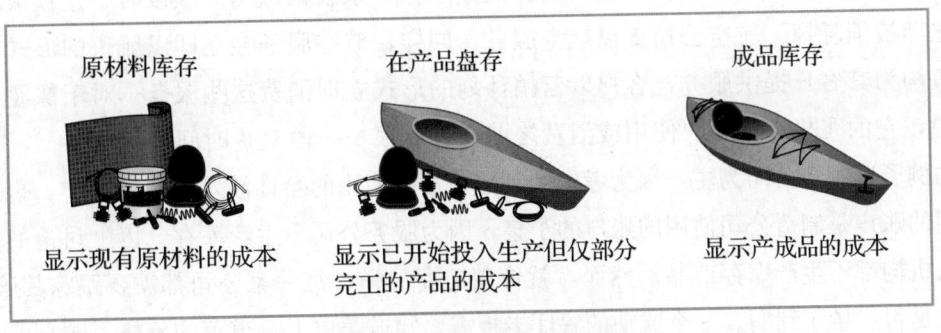

图 18-5　制造商的库存账户

产成品库存对于制造商来说就像存货对于经销商一样。成品的每一种分类都代表公司可供销售的商品。表 18-6 所示的流动资产部分对比了销售商和制造商的存货。这两类公司资产负债表的其余部分类似。

表 18-6　销售商和制造商资产负债表的流动资产部分

单位：美元

销售商 资产负债表 2020 年 12 月 31 日		制造商 资产负债表 2020 年 12 月 31 日		
流动资产		流动资产		
库存现金	100 000	库存现金		180 000
应收账款（净）	210 000	应收账款（净）		210 000
存货	**400 000**	**存货**		
预付费用	22 000	产成品	80 000	
流动资产总额	732 000	在产品	25 200	
		原材料	22 800	128 000
		预付费用		18 000
		流动资产总额		536 000

经销商会计循环中的每一步都适用于制造商。例如，在编制财务报表之前，制造商要做调整分录，调整分录在本质上与经销商做的分录相同。制造商和销售商的期末分录也类似。

18.4　今天的管理会计

商业环境总在变化，全球竞争加剧，技术进步是不断变化的根源之一。在这个快速变化的世界中，管理会计需要不断创新，以便为管理者提供他们所需的信息。

18.4.1　服务行业

美国经济的重心已经转向服务业。今天，超过 50% 的美国工人受雇于服务公司。航空公司、营销机构、有线电视公司和政府机构只是服务公司的几个例子。服务公司与制造公司有何不同？一个不同之处在于：服务是由客户立即消费的。例如，当一家餐馆做出一顿饭时，这顿饭不会进入库存，而是立即被消耗掉。航空公司提供航空服务，同样，航空服务会立即以航班的形式被客户消耗掉。营销机构为其客户提供服务，客户以营销计划的形式立即消费这些服务。对于像波音这样的制造公司来说，它的飞机在被客户使用或消费之前通常有很长一段交货时间。

本章的例子以制造公司为主，因为考虑到制造公司所使用的会计涉及的范围更广，也就是说，服务公司使用的账户是制造公司使用的账户的子集，因为服务公司不生产库存。以上讨论的餐厅、航空公司或营销机构都不生产库存产品。然而，就像制造商一样，每一家公司都需要跟踪其服务的成本，以便知道它是否产生了利润。一个成功的餐厅老板需要知道菜单上每道菜的价格，航空公司需要知道飞往每个目的地的航班服务的价格，营销机构需要知道制定营销计划的成本。因此，本章所展示的方法，对于确定提供服务的成本同样有用。

例如，让我们考虑一下惠普公司在咨询业务上可能花费的成本。其费用的一大部分是咨询人员的工资，也可能产生差旅费、材料、软件费用和设备折旧费用。就像惠普需要跟踪电脑和打印机的制造成本一样，它也需要了解每项咨询工作的成本。它可以编制一份服务执行成本表，类似于表 18-5 的产品制造成本表。其结构基本上与产品制造成本表相同，但各账户将反映特定服务组织的费用。

18.4.2 关注价值链

价值链（value chain）指的是与提供产品或服务相关的所有业务流程。图 18-6 描述了制造商的价值链。近年来，许多重大的商业创新都直接或间接地源于对价值链的关注。例如，精益生产最初由日本汽车制造商丰田公司开创，现在被广泛应用，它审查所有的业务流程，以提高生产力和消除浪费，同时不断提高质量。

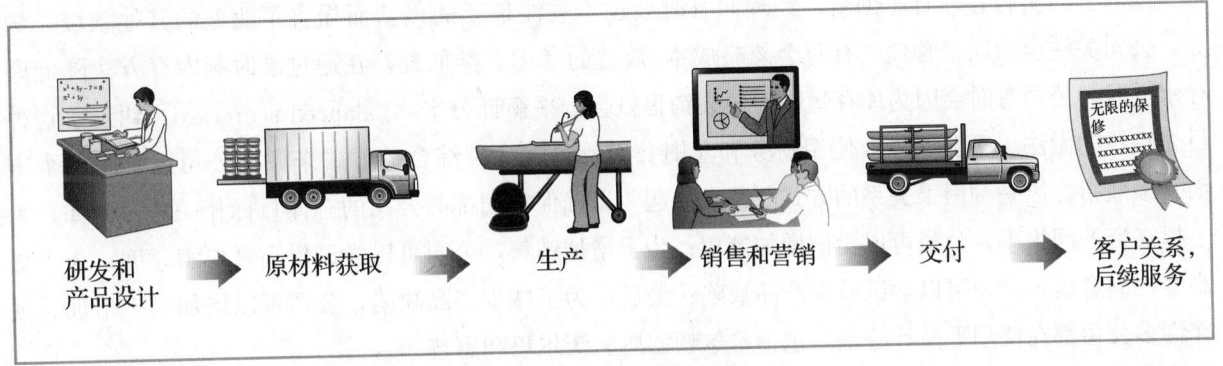

图 18-6 制造商的价值链

准时制库存（just-in-time（JIT）inventory）方法大大降低了许多公司的库存水平和成本，是对价值链的关注带来的一项创新。在准时制存货法下，货物被及时制造或购买以供销售。例如，戴尔可以在客户发出订单后 48 小时内生产并交付定制电脑。然而，JIT 也需要增加对产品质量的重视。因为JIT 生产的公司没有多余的存货，它们承担不起因为缺陷或机器故障而停止生产的代价。如果它们停止生产，交货就会推迟，客户会不高兴。例如，英特尔电脑芯片的一个设计缺陷估计给公司造成了 10 亿美元的维修费用和收入减少。

因此，许多公司现在专注于全面质量管理（total quality management，TQM），以减少成品中的缺陷，并以零缺陷为目标。早在 20 世纪 40 年代，丰田是全面质量管理的先驱之一。世界上一些最大的公司，包括福特汽车和埃克森美孚，都从 TQM 中受益。

另一项创新是约束理论（theory of constraints），它可以帮助识别"瓶颈"——价值链中限制公司盈利能力的约束。一旦发现并消除了一个主要的约束，公司就继续修复下一个重要的约束。通用汽车公司发现，将约束理论应用到其分销系统中，可以更有效地满足经销商的需求，并使分销系统中的超额库存最小化，这也减少了它对加班劳动力的需求。

技术在关注价值链和实施精益生产方面发挥了很大的作用。例如，企业资源计划系统（enterprise resource planning（ERP）systems），提供了一个全面的、集中的、集成的信息源来管理所有主要的业务流程——从采购、制造、销售到人力资源。在一些大公司里，ERP 系统已经取代了多达 200 个单独的软件包。此外，对提高价值链效率的关注导致了对自动化制造流程的采用。许多公司现在使用计算机集成制造。这些系统通常通过使用机器人设备来减少对人工的依赖，这增加了间接费用占产品总成本的百分比。

由于工厂自动化导致管理费用增加，分配到特定产品的管理费用的准确性变得更加重要。管理会计设计了一种方法，称为作业成本法（activity-based costing，ABC），它根据每个产品在生产过程中使用的特定活动来分配间接费用。除了提供更准确的产品成本计算外，作业成本法还有助于提高价值链的效率。例如，假设一个公司的全部间接费用是根据生产每个产品生产的流程复杂程度来确定的。如果一个特定产品的成本很高，它由于生产流程比较复杂而分配了大量的管理费用，那么管理层就会减少其生产流程的复杂程度，从而减少其费用的分配。

18.4.3 平衡计分卡

随着公司实施各种商业创新，经理们有时会过于关注最新的创新而损害了业务的其他领域。例如，公司关注全面质量管理，有时会忽略成本/效益的考虑。类似地，在通过准时制库存方法降低库存水平时，公司有时会因为库存短缺而失去销售机会。平衡计分卡（balanced scorecard）纠正了这种目光短浅的做法。平衡计分卡使用财务和非财务指标，以一种综合的方式来评估公司运营的各个方面。绩效指标以一种因果关系的方式联系在一起，以确保它们都与公司的总体目标相关联。例如，为了提高资产回报率，公司可以尝试增加销售；为了增加销售，公司可以尝试提高客户满意度；为了提高客户满意度，公司可以尝试减少产品缺陷；最后，为了减少产品缺陷，公司可以增加员工培训。现在许多公司都在使用平衡计分卡，包括希尔顿酒店、沃尔玛和惠普。

18.4.4 商业道德

一个组织的所有员工都应该在他们的商业活动中表现出道德行为。鉴于道德行为对公司及其所有者（股东）的重要性，越来越多的组织为其员工提供商业道德规范。

建立适当的激励

像亚马逊、IBM和耐克这样的公司使用复杂的系统来监视、控制和评估管理者的行为。不幸的是，这些制度和控制有时反而会在不知不觉中促使管理者采取不道德的行为。例如，由于预算被用作一种评估工具，一些经理试图通过低估部门的预期表现来"玩弄"预算过程，以便更容易地实现业绩目标。如果预算设定在难以达到的水平，经理们有时会采取不道德的行为来达到目标，以获得更高的报酬，或者在某些情况下，为了保住他们的工作。

例如，飞机制造商波音公司曾被一系列丑闻困扰，包括受到多收费、商业间谍和非法利益冲突等指控。波音的一些老员工将道德滑坡归咎于波音与麦道合并后公司文化的变化。他们认为，在合并后实施的员工绩效评估系统给员工留下了这样一种印象，即无论采取什么行动，他们要的是成功。

在最近的一个例子中，美国富国银行解雇了 5 300 名员工，原因是他们在未经客户同意或知情的情况下开设了超过 200 万个账户。根据美国消费者金融保护局（Consumer Financial Protection Bureau）局长的说法，"富国银行的员工秘密开立未经授权的账户，以达到销售目标并获得奖金。"

道德标准准则

为了应对公司丑闻，美国国会通过了《萨班斯-奥克斯利法案》，以防止内部控制的失误。《萨班斯-奥克斯利法案》的结果之一是明确了最高管理层对公司财务报表的责任。现在要求首席执行官和首席财务官证明财务报表公允地反映了公司的经营成果和财务状况。此外，高层管理人员必须证明公司维持适当的内部控制系统，以保护公司资产和确保准确的财务报告。

该法案的另一个结果是，公司更加关注董事会的组成。特别地，董事会的审计委员会必须完全由独立成员（即非雇员）组成，并且必须包含至少一名财务专家。最后，法律大幅增加了对不当行为的惩罚。

为了给管理会计师提供指导，管理会计师协会（IMA）制定了一套职业道德标准守则，名为《IMA 职业道德实践声明》。管理会计人员不得违反该准则，他们也不应宽恕组织内其他人违反该准则的行为。

18.4.5　企业社会责任

平衡计分卡试图对企业盈利能力指标采取更广泛、更具包容性的观点。许多公司已经不仅评估盈利能力，而且开始评估企业社会责任（corporate social responsibility）。除了盈利能力，企业社会责任还考虑公司在员工、社会和环境方面所做的可持续商业实践的努力。有时这被称为三重底线（triple bottom line），因为它评估了一个公司在人、财产和利润方面的表现。最近的报告显示，美国最大的500 家公司中有超过 50％的公司提供了可持续发展报告。毫无疑问，这些公司仍在努力实现利润最大化——在一个竞争激烈的世界里，如果不这样做，它们将无法长久生存。事实上，在最近的 100 家世界上最可持续发展的公司名单（由 Corporate Knights 发布）中，你可能知道一些。你对通用电气、阿迪达斯、宝马、可口可乐或苹果榜上有名感到惊讶吗？这些公司已经认识到，通过长期的、可持续的方法，它们可以实现利润最大化，同时也符合员工、社区和环境的最大利益。事实上，该名单上87％的公司都向达到可持续发展目标的经理人提供了奖金。

可持续的商业实践给管理和管理会计师带来了许多问题。首先，公司需要决定哪些项目应衡量，通常是那些对利益相关者至关重要的项目。例如，一家公司可能关心最小化水污染或最大限度地提高员工的安全。对于确定的每一个项目，公司确定可测量的属性，这些属性提供了公司在该项目方面的绩效相关信息，例如排入公共水道的废物数量或每 1 000 小时工作的事故数量。最后，公司需要考虑项目的重要性，测量这些属性的成本，以及测量的可靠性。如果公司使用这些信息来做决策，那么准确性是至关重要的。特别值得关注的是，测量结果能否被外部的第三方核实。

与由财务会计准则委员会（Financial Accounting Standards Board）监督的财务报告不同，可持续发展报告目前还没有得到一致认可。然而，一些组织已经发布了指导方针。全球报告倡议组织（Global Reporting Initiative，GRI）发布的准则是得到最广泛认可和遵循的准则之一。表 18-7 展现了全球报告倡议组织为可持续发展报告提供的主要类别清单，以及公司在每个类别中可能考虑的样本。

表 18-7 全球报告倡议组织指南中的样本类别

经济	环境	社会			
		劳动实践和体面的工作	人权	社会	产品责任
经济表现 市场份额 间接经济影响 采购实践	能源 生物多样性 废水和浪费 合规	职业健康和安全 培训和教育 多样性和平等机会 劳动实践 申诉机制	不歧视 童工 供应商的人权评估	反腐败 反竞争行为 评估供应商对 社会的影响 对社会影响的 申诉机制	顾客的健康和安全 产品和服务的标签 营销沟通 客户的隐私

资料来源：Global Reporting Initiative, *G4 Sustainability Reporting Guidelines*，p. 9. The full report is available at *www. global-reporting. org*.

◀ 选择题 ▶

1. 管理会计（　　）。

A. 受普遍接受的会计原则管辖

B. 强调特殊用途的信息

C. 与业务整体有关，并且高度聚集

D. 仅限于成本数据

3. 直接材料是一种（　　）。

	产品成本	制造费用	期间成本
A	是	是	否
B	是	否	否
C	是	是	是
D	否	否	否

5. 以下哪项不是制造费用的组成部分？（　　）

A. 销售经理的工资

B. 工厂经理的工资

C. 工厂修理工的工资

D. 产品检验员的工资

7. 下列哪项费用属于期间成本？（　　）

A. 支付给工厂保管员的工资

B. 支付给生产部门主管的工资

C. 支付给成本会计部门主管的工资

D. 付给装配工人的工资

9. 可供出售商品的成本是计算下列哪种公司的已售商品的成本的一个步骤？（　　）

A. 是销售公司，但不是制造公司

B. 制造公司，但不是销售公司

C. 销售公司和制造公司

D. 既不是制造公司，也不是销售公司

11. 确定产成品成本的公式为（　　）。

A. 期初原材料库存＋总制造成本－期末在产品库存

B. 期初在产品库存＋总制造成本－期末产成品库存

C. 期初产成品库存＋总制造成本－期末产成品库存

D. 期初在产品库存＋总制造成本－期末在产品库存

13. 下列哪一种管理会计方法试图以一种更有意义的方式来分配制造费用？（　　）

A. 准时制库存　　　　　B. 全面质量管理　　　　C. 平衡计分卡　　　　D. 作业成本法

◀《 简答题 》▶

1. 以下是 Lopez 家具公司的数据：

制造设备的公用设施	120 000 美元
木材	850 000 美元
厂房建筑的折旧	220 000 美元
生产工人工资	391 000 美元
织物	313 000 美元
交付费用	144 000 美元
工厂财产税	70 000 美元

使用上述数据，确定（a）直接材料，（b）直接人工，（c）制造费用，（d）产品成本和（e）期间成本。

3. 以下是 Asche 公司截至 2020 年 12 月 31 日资产负债表中的流动资产项目。请编制流动资产部分。

应收账款	100 000 美元
现金	29 000 美元
成品	47 000 美元
预付费用	20 000 美元
原材料	39 000 美元
短期投资	51 000 美元
在制品	44 000 美元

◀《 练习题 》▶

1. Fredricks 公司 5 月份报告了以下成本和费用：

工厂公用设施	15 600 美元
直接人工	89 100 美元
工厂设备折旧	12 650 美元
销售费用	46 400 美元
工厂建筑物财产税	2 500 美元
送货车折旧	8 800 美元

间接人工	48 900 美元
办公设备维修	2 300 美元
辅助材料	80 800 美元
工厂维修	2 000 美元
使用的直接材料	137 600 美元
广告费	18 000 美元
工厂经理工资	13 000 美元
使用的办公用品	5 640 美元

要求：

根据信息，确定下列各项的总额：

a. 制造费用。

b. 产品成本。

c. 期间成本。

◀ 实践问题 ▶

截至 2020 年 12 月 31 日 Superior 公司的年度成本和费用数据如下：

原材料，2020/1/1	30 000 美元	厂房财产税	6 000 美元
原材料，2020/12/31	20 000 美元	销售收入	1 500 000 美元
原材料采购	205 000 美元	运费	100 000 美元
在产品，2020/1/1	80 000 美元	销售佣金	150 000 美元
在产品，2020/12/31	50 000 美元	间接人工	105 000 美元
产成品，2020/1/1	110 000 美元	工厂机械租金	40 000 美元
产成品，2020/12/31	120 000 美元	工厂公用设施	65 000 美元
直接人工	350 000 美元	工厂建筑折旧	24 000 美元
工厂经理工资	35 000 美元	管理费用	300 000 美元
工厂保险	14 000 美元		

要求：

a. 为 Superior 公司编制 2020 年的产品制造成本计划表（假设使用的所有原材料都是直接材料）。

b. 为 Superior 公司编制 2020 年利润表。

c. 假设上级公司的会计记录显示了以下流动资产账户的余额：库存现金 17 000 美元、应收账款（净额）120 000 美元、预付费用 13 000 美元和短期投资 26 000 美元。编制截至 2020 年 12 月 31 日的 Superior 公司资产负债表中的流动资产部分。

附　　录

附录 A　财务报表样本：苹果公司

附录 B　财务报表样本：百事公司

附录 C　财务报表样本：可口可乐公司

附录 D　财务报表样本：亚马逊公司

附录 E　财务报表样本：沃尔玛公司

附录 F　财务报表样本：路易威登公司

Accounting Principles，Thirteenth Edition by Jerry J. Weygandt PhD，CPA，Paul D. Kimmel PhD，CPA，Donald E. Kieso PhD，CPA，

ISBN：9781119411017

WILEY

老师您好，若您需要与 **John Wiley** 教材配套的教辅（免费），烦请填写本表并传真给我们。也可联络 **John Wiley** 北京代表处索取本表的电子文件，填好后 **e-mail** 给我们。

原书信息

原版 ISBN：

英文书名（Title）：

版次（Edition）：

作者（Author）：

配套教辅可能包含下列一项或多项

教师用书（或指导手册）/ 习题解答/ 习题库 /PPT 讲义/ 其他

教师信息(中英文信息均需填写)

➢　学校名称(中文)：

➢　学校名称(英文)：

➢　学校地址（中文）：

➢　学校地址（英文）：

➢　学校邮编：

➢　院 / 系名称(中文)：

➢　院 / 系名称(英文) ：

课程名称（Course Name）：

年级 / 程度（Year / Level）：□大专 □本科 Grade: 1 2 3 4 　□硕士 □博士 □MBA □EMBA

课程性质（多选项）：　□必修课　　□选修课　　□国外合作办学项目　　□指定的双语课程

学年（学期）：□春季　　□秋季　　□整学年使用　　□其他（起止月份_____）

使用的教材版本：　□中文版　□英文影印（改编）版　□进口英文原版（购买价格为____元）

学生：_____个班共_____人

授课教师姓名：

电话：

传真：

E-mail：

WILEY - 约翰威立商务服务（北京）有限公司

John Wiley & Sons Commercial Service (Beijing) Co Ltd

北京市朝阳区太阳宫中路12A号,太阳宫大厦8层 805-808室，邮政编码100028

Direct +86 10 8418 7869　　Fax +86 10 8418 7810

Email: Iris Wang iwang@wiley.com; Li Li lli@wiley.com;

中国人民大学出版社　管理分社

教师教学服务说明

中国人民大学出版社管理分社以出版工商管理和公共管理类精品图书为宗旨。为更好地服务一线教师，我们着力建设了一批数字化、立体化的网络教学资源。教师可以通过以下方式获得免费下载教学资源的权限：

★ 在中国人民大学出版社网站 www.crup.com.cn 进行注册，注册后进入"会员中心"，在左侧点击"我的教师认证"，填写相关信息，提交后等待审核。我们将在一个工作日内为您开通相关资源的下载权限。

★ 如您急需教学资源或需要其他帮助，请加入教师 QQ 群或在工作时间与我们联络。

中国人民大学出版社　管理分社

🔲 **教师 QQ 群**：648333426（工商管理）　114970332（财会）　648117133（公共管理）
　　教师群仅限教师加入，入群请备注（学校＋姓名）

☎ **联系电话**：010-62515735，62515987，62515782，82501048，62514760

✉ **电子邮箱**：glcbfs@crup.com.cn

📍 **通讯地址**：北京市海淀区中关村大街甲 59 号文化大厦 1501 室（100872）

管理书社

人大社财会

公共管理与政治学悦读坊